Empresa Invencível

The Invincible Company

The Invincible Company (Empresa Invencível)

ISBN: 978-65-5520-188-8

Impresso no Brasil — 1ª Edição, 2021 — Edição revisada conforme o Acordo Ortográfico da Língua Portuguesa de 2009.

Erratas e arquivos de apoio: No site da editora relatamos, com a devida correção, qualquer erro encontrado em nossos livros, bem como disponibilizamos arquivos de apoio se aplicáveis à obra em questão.

Acesse o site **www.altabooks.com.br** e procure pelo título do livro desejado para ter acesso às erratas, aos arquivos de apoio e/ou a outros conteúdos aplicáveis à obra.

Suporte Técnico: A obra é comercializada na forma em que está, sem direito a suporte técnico ou orientação pessoal/exclusiva ao leitor.

A editora não se responsabiliza pela manutenção, atualização e idioma dos sites referidos pelos autores nesta obra.

Produção Editorial
Editora Alta Books

Diretor Editorial
Anderson Vieira

Gerência Comercial
Daniele Fonseca

Coordenação Financeira
Solange Souza

Editor de Aquisição
José Rugeri
acquisition@altabooks.com.br

Produtores Editoriais
Illysabelle Trajano
Thales Silva
Thiê Alves

Produtor da Obra
Maria de Lourdes Borges

Marketing Editorial
Livia Carvalho
Gabriela Carvalho
Thiago Brito
marketing@altabooks.com.br

Equipe Ass. Editorial
Brenda Rodrigues
Caroline David
Luana Rodrigues
Mariana Portugal
Raquel Porto

Equipe de Design
Larissa Lima
Marcelli Ferreira
Paulo Gomes

Equipe Comercial
Adriana Baricelli
Daiana Costa
Fillipe Amorim
Kaique Luiz
Victor Hugo Morais
Viviane Paiva

Atuaram na edição desta obra:

Tradução
Carolina Gaio

Revisão Gramatical
Vivian Sbravatti
Thaís Pol

Copidesque
Edite Siergerte

Revisão Técnica
Adriano Teles
Empreendedor Serial

Diagramação
Lucia Quaresma

Dados Internacionais de Catalogação na Publicação (CIP) de acordo com ISBD

I62 The Invincible Company - Empresa Invencível / Alex Osterwalder ... [et al.] ; traduzido por Carolina Gaio. - Rio de Janeiro, RJ : Alta Books, 2021.
400 p. : il. ; 24cm x 17cm.

Tradução de: The Invincible Company
Inclui índice.
ISBN: 978-65-5520-188-8

1. Administração. 2. Negócios. I. Osterwalder, Alex. II. Pigneur, Yves. III. Etiemble, Fred. IV. Smith, Alan. V. Gaio, Carolina. VI. Título.

2021-2925 CDD 658.4012
CDU 65.011.4

Elaborado por Vagner Rodolfo da Silva - CRB-8/9410

Ouvidoria: ouvidoria@altabooks.com.br

Editora afiliada à:

ASSOCIADO

ALTA BOOKS
EDITORA

Rua Viúva Cláudio, 291 —
Bairro Industrial do Jacaré
CEP: 20.970-031 — Rio de Janeiro (RJ)
Tels.: (21) 3278-8069 / 3278-8419
www.altabooks.com.br
altabooks@altabooks.com.br

Você tem em mãos um guia dos melhores modelos de negócios do mundo. Use-o para inspirar seu próprio portfólio de novas ideias e reinvenções. Projete uma cultura de inovação e transformação para se tornar uma...

Empresa Invencível

The Invincible Company

ESCRITO POR
Alex Osterwalder
Yves Pigneur
Fred Etiemble
Alan Smith

PROJETO GRÁFICO
Chris White
Trish Papadakos

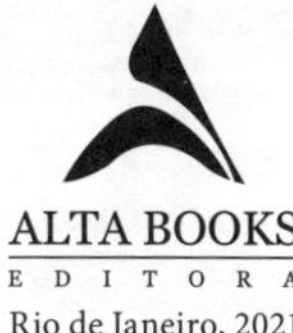

ALTA BOOKS
EDITORA
Rio de Janeiro, 2021

Empresa Invencível

Uma organização que sempre se reinventa antes de se tornar obsoleta. A Empresa Invencível desbrava o futuro enquanto se destaca explorando o presente. Cultiva, em harmonia, uma cultura de inovação e de execução. Concorre com modelos de negócios superiores e transcende os limites tradicionais do setor.

Como se tornar uma
Empresa Invencível...

Reinvente-se constantemente

Para sair na frente e vencer a disrupção, você precisa se reinventar constantemente. Os modelos de negócios expiram mais rápido do que nunca, e você não quer se tornar obsoleto e decair com eles. A concorrência, cada vez mais, vem de lugares inesperados, de startups insurgentes a rivais tradicionais. As empresas invencíveis sempre reinventam quem são e onde e como competem para permanecerem representativas e na liderança.

Descubra como gerenciar e melhorar o que você tem e, simultaneamente, desbrave o futuro com portfólios de modelos de negócios.

Projete, implemente e gerencie uma cultura de inovação para alimentar constantemente seu funil de inovação e manter sua relevância.

Concorra com Modelos de Negócios Superiores

A disputa por novos produtos, serviços, preços e tecnologias se acirra cada vez mais. Deixe os concorrentes para trás e maximize as oportunidades de mercado, as necessidades dos clientes e as tecnologias emergentes, incorporando-as em modelos de negócios superiores. Projete, teste e construa-os para que abalem os outros, mas sejam difíceis de serem abalados.

Descubra como projetar, testar e gerenciar modelos de negócios superiores.

Aplique padrões de modelos de negócios para tirar o melhor proveito das oportunidades de mercado, das novas tecnologias e das inovações em produtos e serviços.

Transcenda os Limites do Setor

A disputa por novos produtos, serviços, preços e tecnologias se acirra cada vez mais. Deixe os concorrentes para trás e maximize as oportunidades de mercado, as necessidades dos clientes e as tecnologias emergentes, incorporando-as em modelos de negócios superiores. Projete, teste e construa-os para que abalem os outros, mas sejam difíceis de serem abalados.

Descubra como criar e gerenciar uma organização adaptável capaz de melhorar seu negócio principal e desbravar oportunidades além dos limites tradicionais do setor.

Saiba como a empresa chinesa Ping An evoluiu de um conglomerado bancário e de seguros para um grupo de tecnologia atuante em cinco arenas e se tornou uma das maiores do mundo.

... e criar mais valor

Para a Sociedade
Pequenas e grandes empresas que se reinventam têm um impacto extremamente positivo na sociedade. Proporcionam crescimento econômico e inovações com potencial revolucionário. As melhores colocam os impactos ambientais e sociais no centro de seus esforços para mudar o mundo. Por outro lado, o declínio ou a morte de empresas pode ser devastador para cidades e regiões inteiras, que sofrerão com o declínio econômico.

Para os Clientes
Empresas que inovam e desbravam novos modelos de negócios constantemente criam novas e melhores propostas de valor a preços mais atraentes. Algumas inovações podem ser banais e só gerar mais consumo. No entanto, muitas criarão um valor substancial para os clientes na forma de conveniência, entretenimento, bem-estar e satisfação.

Para as Equipes
As Empresas Invencíveis prosperam com o tempo e geram empregos seguros, enquanto as que não conseguem se reinventar abandonam milhares de funcionários. As Empresas Invencíveis são uma base para talentos de execução e inovação e apresentam estruturas e processos organizacionais superiores, adequados aos desafios do século XXI.

Para os Proprietários
Os empresários se beneficiam do crescimento de longo prazo, do menor risco de disrupção e da atração de talentos de alto nível de execução e inovação. As Empresas Invencíveis prosperam em longo prazo pois colhem os frutos da gestão do presente, enquanto plantam as sementes para o amanhã. Sua capacidade de desbravar e explorar reduz substancialmente o risco de disrupção e obsolescência, e atrai grandes talentos.

Do Business Model Generation à Invincible Company

The Invincible Company é o quarto livro da série Strategyzer. Complementa os anteriores e aborda vários trabalhos a serem realizados por equipes de inovação, empreendedores e líderes seniores que gerenciam organizações. O novo conteúdo é baseado no que aprendemos ao trabalhar com organizações líderes em todo o mundo e ao estudar as poucas empresas invencíveis do mundo.

strategyzer.com/books [conteúdo em inglês]

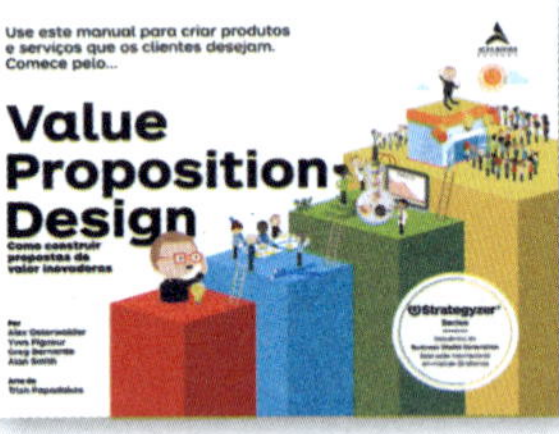

	Tarefa a Ser Feita	Questões-chave	Ferramentas e Processos	Livros
Inovação e Design *Invente e Aprimore*	Mapear seus negócios, ideias e inovações	Como criar lucros sustentáveis e valor para a empresa?	Canvas do Modelo de Negócios (BMC) ou Canvas do Modelo de Missões (MMC)	*Business Model Generation* (2009)
	Mapear seus produtos e serviços	Como criar valor para os clientes?	Canvas da Proposta de Valor (VPC)	*Value Proposition Design* (2014)
	Maximizar oportunidades e competir com modelos de negócios	Como maximizar oportunidades e aprimorar os negócios projetando os melhores modelos de negócios?	Padrões de Modelo de Negócios (invenção e substituição de padrões)	*The Invincible Company* (2020), *Business Model Generation* (2009)
Teste e Redução de Risco	Usar testes e redução de risco em suas ideias	Como reduzir os riscos de abraçar uma ideia que pode não funcionar?	Desenvolvimento do Cliente (Steve Blank), Engenharia Ágil/ Lean Startup (Eric Ries), Cartão de Teste, Cartão de Aprendizado	*Startup Manual do Empreendedor* (Steve Blank, 2012), *Startup Enxuta* (Eric Ries, 2011), *Value Proposition Design* (2014)
	Escolher os experimentos certos para testar suas ideias	Quais são os experimentos mais adequados para testar e reduzir riscos de ideias?	Biblioteca de Experimentos	*Testando Ideias de Negócios* (2020)
	Avaliar a redução de riscos e de incertezas	A ideia está progredindo para um modelo de negócios real?	Métricas de Inovação Strategyzer	*The Invincible Company* (2021)
Desenvolvimento da Cultura de Inovação e Gestão de Portfólio	Liderar a concorrência e se tornar invencível	Como prevenir a disrupção e se reinventar constantemente?	Mapa de Portfólio, Portfólio de Ações	*The Invincible Company* (2021)
	Criar uma cultura de inovação	Como projetar, testar e gerir uma cultura de inovação?	Mapa da Cultura (CM), Avaliação da Cultura de Inovação	*The Invincible Company* (2021)
	Investir nas melhores ideias	Em quais ideias e equipes investir?	Funil de Crescimento Strategyzer (SGF), Scorecard de Inovação no Projeto (IPS)	*The Invincible Company* (2021)
	Alinhar equipes de inovação	Como fomentar a execução e manter as equipes alinhadas?	Mapa de Alinhamento de Equipe (TAM)	*The Team Alignment Map* (2020)

Como Ler Este Livro

Líderes Seniores

Líderes e Equipes de Inovação

Empreendedores

Como líder de negócios, você estabelece as condições para manter sua organização funcionando e crescendo. Você precisa de transparência para entender quais partes dela têm mais potencial para crescer, quais peças precisam de renovação e quais estão em risco de disrupção. Você precisa entender quais iniciativas têm o potencial de definir os negócios de amanhã. Faça investimentos sólidos no futuro enquanto gerencia conscientemente os riscos.

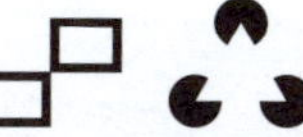

Use o **MAPA DE PORTFÓLIO (p. 10)** *para projeto, teste e* **GESTÃO (p. 49)** *de seu portfólio de negócios. Crie ORIENTAÇÃO e lidere suas wequipes no rumo certo e com transparência para todos gerirem o presente e investirem no futuro.*

Crie condições para o sucesso com uma **CULTURA DE INOVAÇÃO (p. 306)**. *Complete sua cultura central de execução com uma de alto nível de inovação.*

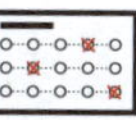

Pergunte as **QUESTÕES PARA LÍDERES (p. 212)** *corretas e ajude suas equipes a desbravarem oportunidades e competirem com modelos de negócios superiores.*

Como líder e equipe de inovação, você ajuda sua organização a reduzir riscos de ideias que a mantêm crescendo e melhorando. Prepara as ferramentas, processos e métricas para ajudar a gerenciar a inovação. Entende como aprimorar as oportunidades incorporando-as a modelos de negócios sólidos para causar a disrupção em arenas inteiras ou renovar os modelos em declínio da empresa.

Use a **BIBLIOTECA DE PADRÕES (p. 130)** *e aprimore oportunidades de mercado, novas tecnologias e outras inovações. Aplique os Padrões de Modelos de Negócios e crie modelos superiores.*

Use o **MAPA DE PORTFÓLIO (p. 42)** *e crie a transparência de que os líderes seniores precisam para tomar decisões de investimento. Veja as oportunidades. Aprenda* **GESTÃO (p. 49)** *para seu portfólio de negócios.*

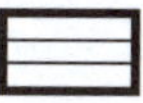

Ajude seus líderes seniores com uma **CULTURA DE INOVAÇÃO (p. 296)**. *Entenda os facilitadores que fomentam a inovação e os bloqueadores que a impedem.*

Como empreendedor, seu objetivo é reduzir o risco de sua ideia e transformá-la em um negócio real. A parte mais difícil do empreendedorismo é testar e adaptar constantemente a ideia com base nas informações do mundo real. Você sabe que modelos de negócios superiores – em vez de apenas inovação em tecnologia ou produto – permitem a disrupção em setores e constroem negócios mais sustentáveis.

Use o **MAPA DE DESBRAVAMENTO (p. 18)** *e descubra qual de suas ideias é mais promissora e menos arriscada. Use as* **MÉTRICAS DE INOVAÇÃO E TESTE (p. 88)** *e meça seu progresso, da ideia ao negócio.*

Use a **BIBLIOTECA DE PADRÕES (p. 130)** *e aprimore oportunidades de mercado, novas tecnologias e outras inovações. Aplique os Padrões de Modelos de Negócios e crie modelos superiores.*

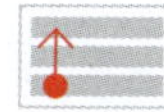

Desenvolva **EQUIPES E LIDERANÇAS EMPREENDEDORAS (p. 310)** *que te ajudarão a ter sucesso. Descubra as principais características dos vencedores.*

Foto: "Mosunmola Abudu", por Nkemonwudiwe / en.wikipedia / CC BY 3.0

Sumário

1 Ferramentas

O Mapa de Portfólio *p. 10*

Desbrave o Portfólio *p. 14*

Explore o Portfólio *p. 27*

Desbrave e Explore *p. 37*

2 Gestão

Orientação Estratégica *p. 50*

Gestão para Desbravar o Portfólio *p. 70*

Gestão para Explorar o Portfólio *p. 109*

3 Criação da Biblioteca de Padrões

Disrupção do Frontstage *p. 142*

Disrupção do Backstage *p. 162*

Disrupção da Fórmula de Lucro *p. 188*

Questões de Avaliação para Líderes *p. 212*

4 Aprimoramento da Biblioteca de Padrões

Mudanças de Proposta de Valor *p. 230*

Mudanças no Frontstage *p. 242*

Mudanças no Backstage *p. 254*

Mudanças na Fórmula do Lucro *p. 266*

Questões para Líderes *p. 280*

5 Cultura

O Mapa da Cultura *p. 296*

Criando uma Cultura de Desbravamento *p. 308*

Avaliação da Cultura de Inovação *p. 314*

1

Ferramentas

Portfólio do Modelo de Negócios

A coleção de modelos de negócios que uma empresa explora e os novos modelos que desbrava para evitar disrupções e assegurar a longevidade.

Perseguindo a Invencibilidade

Nenhuma empresa é invencível. As que mais se aproximam disso são as que se reinventam constantemente diante da disrupção. Essas empresas gerenciam um portfólio de modelos de negócios, os quais exploram e aprimoram continuamente. Ao mesmo tempo, gerenciam um portfólio de novos modelos de negócios, os quais desbravam para produzir sistematicamente novos mecanismos de crescimento.

MAPA DE PORTFÓLIO

Uma ferramenta de gerenciamento estratégico para visualizar, analisar e gerenciar os modelos de negócios que você aprimora e desenvolve e os futuros que você procura e testa.

DICOTOMIA DO PORTFÓLIO

Acreditamos que ótimos portfólios de modelos de negócios são compostos de dois portfólios distintos, com lógicas particulares: o Explore e o Desbrave. O primeiro inclui negócios existentes, propostas de valor, produtos e serviços que você gerencia e desenvolve. O último inclui todos os seus projetos de inovação, novos modelos de negócios, novas propostas de valor e novos produtos e serviços que você testa.

Gestão de Portfólio

Projetar e manter um forte portfólio de modelos de negócios requer três atividades principais: visualizar, analisar e gerir.

VISUALIZAR

O ponto de partida de qualquer boa discussão, reunião ou workshop sobre o portfólio de modelos de negócios é uma linguagem em comum para visualizá-lo. Você precisa de um entendimento compartilhado de quais modelos de negócios tem e quais está desbravando.

ANALISAR

Um entendimento compartilhado do portfólio de modelos de negócios permite identificar se você está em risco de disrupção e se está fazendo o suficiente para evitar isso, o que inclui analisar quais modelos de negócios são mais lucrativos, quais estão em risco e quais está desbravando para garantir o crescimento futuro.

GERIR

Uma boa gestão de portfólio inclui ações para projetar e manter um portfólio equilibrado que o proteja de disrupções. Isso inclui o crescimento contínuo e a melhoria dos modelos existentes, passando os desatualizados para novos modelos e protegendo os estabelecidos. Também inclui desbravar modelos de negócios completamente novos, dos quais muitos fracassarão, mas alguns produzirão retornos enormes e garantirão o futuro.

Desbrave

Explore

O Continuum Desbrave/ Explore

As Empresas Invencíveis *não* priorizam explorar em detrimento de desbravar. São as melhores em gerir simultaneamente todo o continuum, desbravando novos negócios e explorando os já existentes. Mantêm uma cultura de "primeiro dia", um espírito de startup, enquanto geram milhares de pessoas e empresas multibilionárias. Cada vez mais, essa capacidade de gerir os atos de explorar e desbravar não se limita às grandes empresas consolidadas. É também uma questão de sobrevivência para as PME e para as startups, com a redução da vida útil dos modelos de negócios dos setores.

Desbrave	⟷	Explore
Pesquisa e revolução	**Foco**	Eficiência e crescimento
Alta	**Incerteza**	Baixa
Risco a nível de capital de risco, esperam-se poucos grandes vencedores	**Filosofia Financeira**	Porto seguro com retornos e dividendos constantes
Experimentação iterativa, abrangendo velocidade, falha, aprendizado e adaptação rápida	**Cultura & Processos**	Execução linear, abrangendo planejamento, previsibilidade e falha mínima
Desbravadores que se destacam na incerteza, são fortes em reconhecer padrões, e navegam entre o panorama geral e os detalhes	**Pessoas & Habilidades**	Gerentes fortes na organização e planejamento projetam processos eficientes para entregar resultados dentro do prazo e orçamento

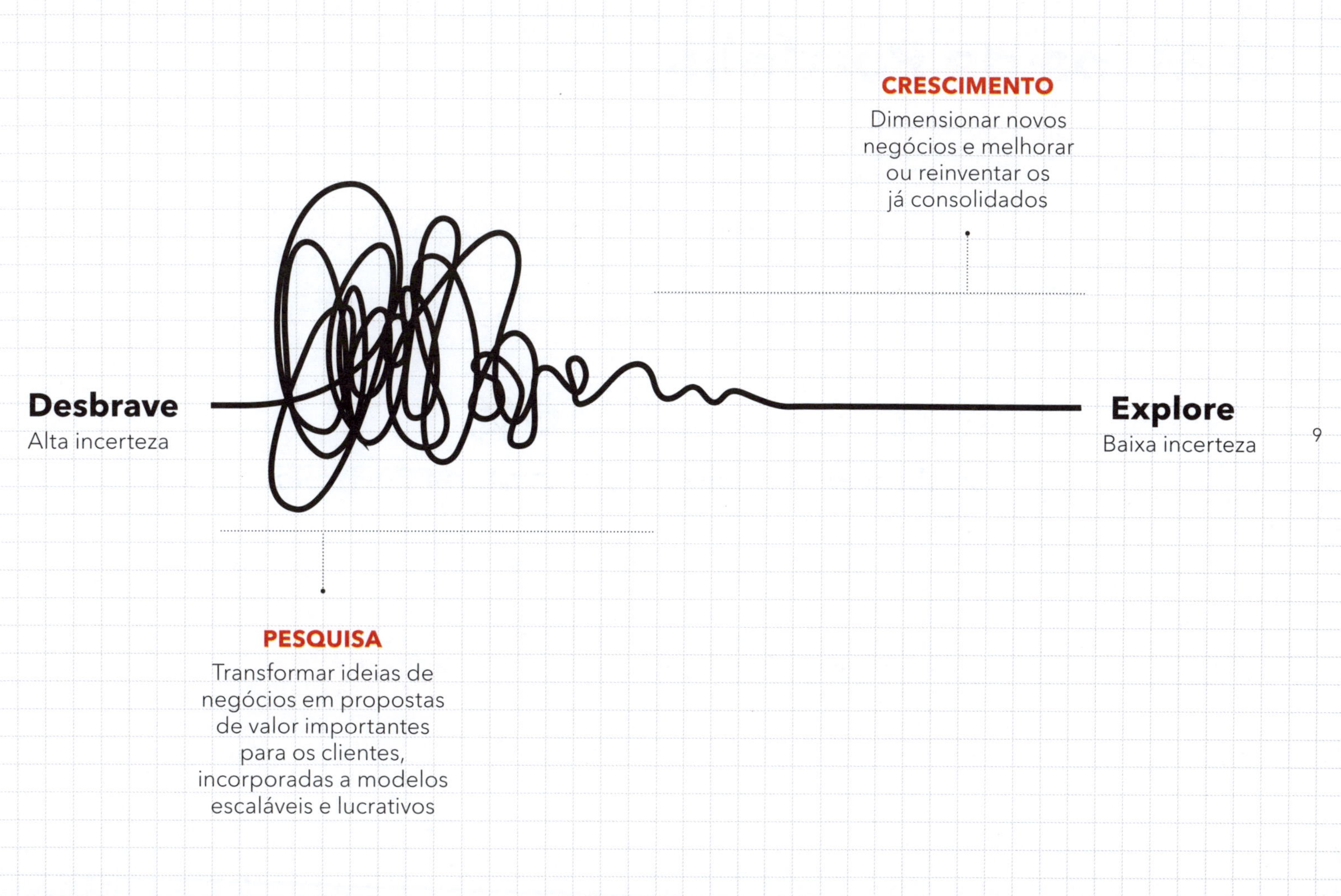
CRESCIMENTO
Dimensionar novos
negócios e melhorar
ou reinventar os
já consolidados
Desbrave
Alta incerteza
Explore
Baixa incerteza
PESQUISA
Transformar ideias de
negócios em propostas
de valor importantes
para os clientes,
incorporadas a modelos
escaláveis e lucrativos

O Mapa de Portfólio

Uma ferramenta de gestão estratégica para visualizar, analisar e gerir simultaneamente os modelos de negócios que você aprimora e desenvolve e os futuros, que procura e testa.

Desbravar Portfólio

Seu portfólio de projetos de inovação, novos modelos de negócios, novas propostas de valor e novos produtos e serviços, todos mapeados em termos de **Retorno Esperado** e **Risco de Inovação**.

Explorar Portfólio

Seu portfólio de negócios, propostas de valor, produtos e serviços existentes, todos mapeados em termos de **Retorno** e **Risco de Extinção e Disrupção**.

Retorno
Quão lucrativa é uma área de negócios para a empresa.

Retorno Esperado
Quão lucrativa poderia ser uma ideia de negócio para a empresa, se tivesse sucesso.

Risco de Extinção & Disrupção

Risco da Inovação

Risco da Inovação
O risco de uma ideia de negócio (convincente) falhar. O risco é alto quando há pouca evidência além de slides e planilhas para apoiar as chances de sucesso. O risco diminui com a quantidade de evidências que respaldam desejo, viabilidade e adaptabilidade de uma ideia de negócio.

Risco de Extinção & Disrupção
O risco de ocorrer a extinção ou disrupção de uma empresa. O risco é alto quando uma empresa está emergindo e ainda vulnerável, ou quando está sob ameaça de disrupção pela tecnologia, concorrência, mudanças regulatórias e outras tendências. O risco diminui com os fossos que protegem os negócios.

DESBRAVE/EXPLORE

Gestão de Portfólio

Desbrave: pesquisa

Desbravar o portfólio é buscar novas ideias, propostas de valor e modelos de negócios para garantir o futuro da empresa. A pesquisa envolve maximizar os retornos esperados e minimizar o Risco da Inovação. Você melhora o retorno esperado trabalhando no design do modelo de negócios. Diminui o risco de trabalhar em uma ideia que pode falhar ao testá-la e adaptá-la.

Explore: crescimento

Explorar o portfólio objetiva manter os modelos de negócios existentes em trajetória ascendente. Inclui escalar modelos de negócios emergentes, renovar modelos em declínio e proteger os de sucesso. Você garante o crescimento melhorando os retornos e minimizando os riscos de disrupção. Para isso, é melhor mudar todos os modelos desatualizados para outros mais fortes.

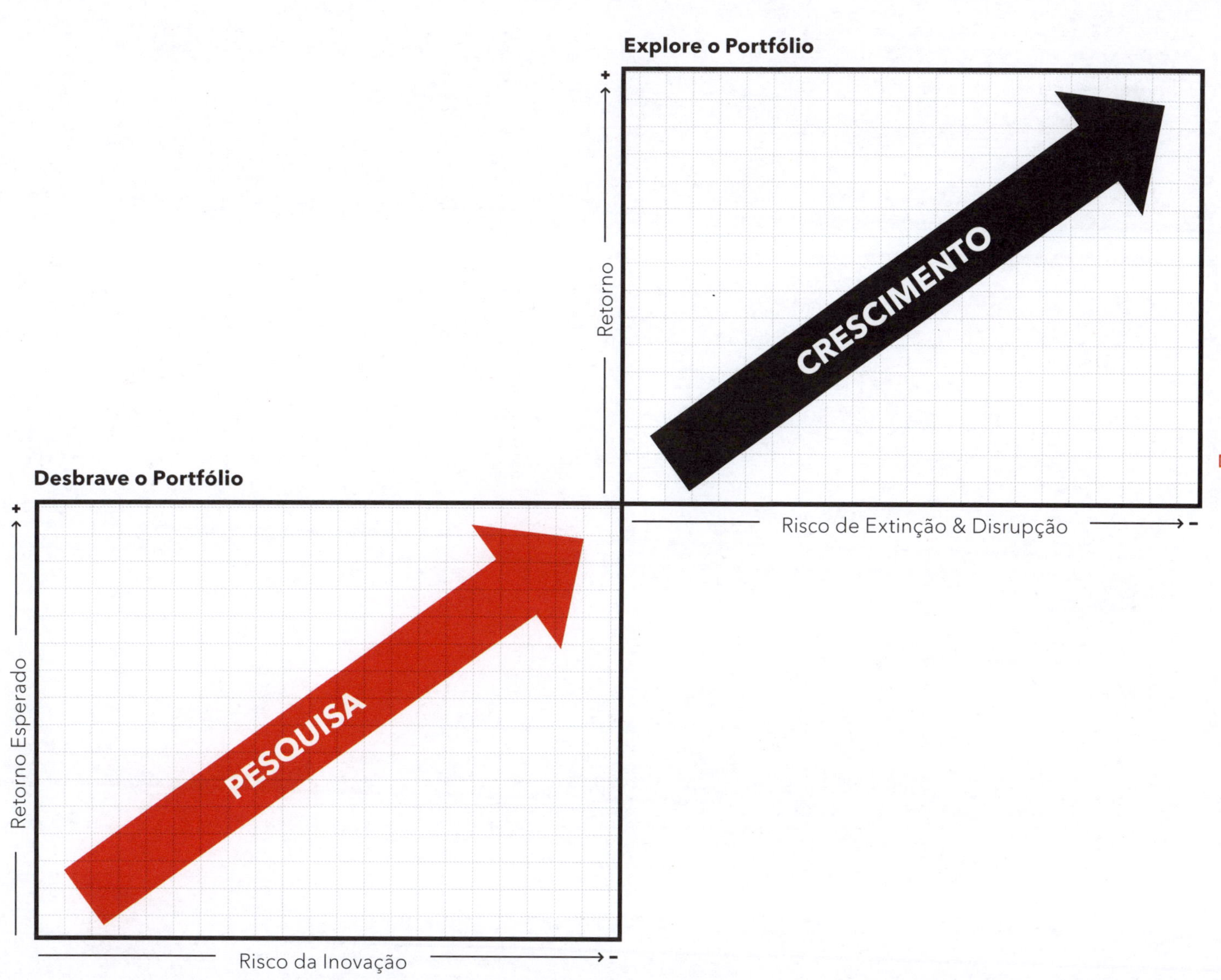
Explore o Portfólio
+
Retorno
CRESCIMENTO
Risco de Extinção & Disrupção
-
Desbrave o Portfólio
+
Retorno Esperado
PESQUISA
Risco da Inovação
-

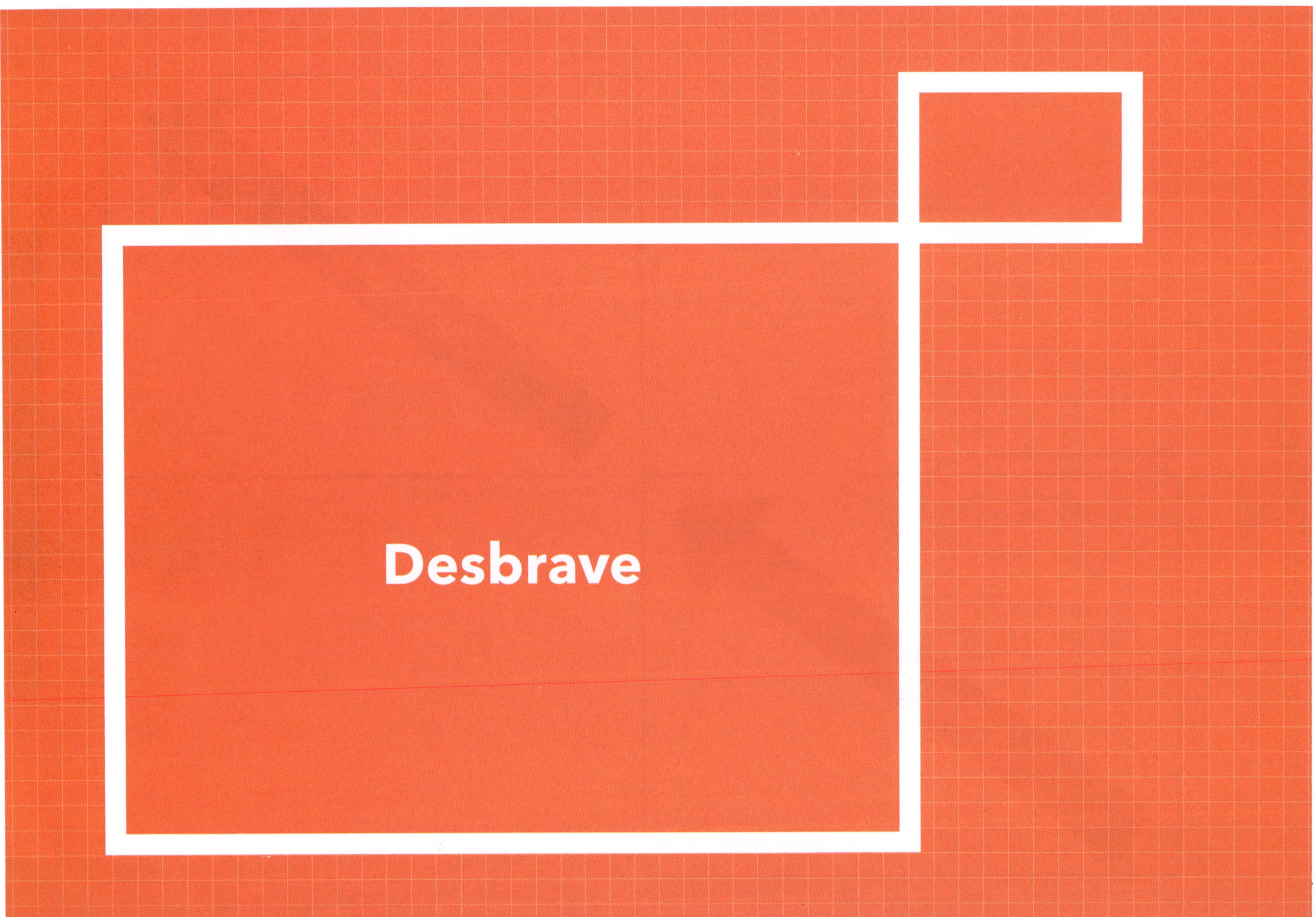
Desbrave

A Jornada da Inovação

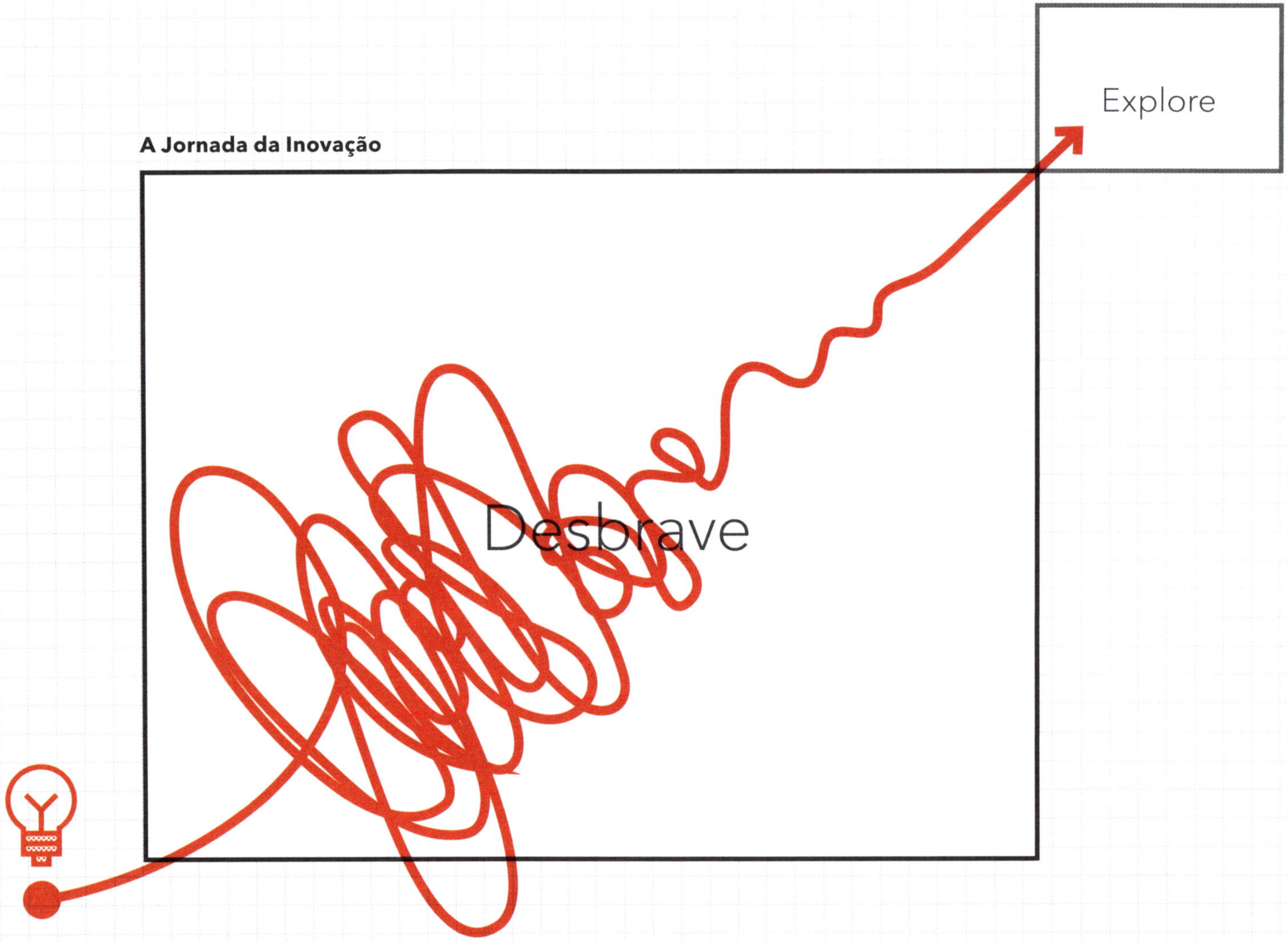

Desbrave

Explore

Cinco Mitos da Jornada da Inovação

A jornada de desbravar novas ideias de negócios não é linear e difere radicalmente da gestão de um negócio existente. Descrevemos cinco mitos da jornada de inovação e empreendedorismo que podem impedir que você transforme uma ideia em um negócio real.

Mito #1: **A parte mais importante da jornada de inovação e empreendedorismo é encontrar e executar a ideia perfeita.**
Realidade: **A jornada é transformar ideias em propostas de valor relevantes para os clientes e modelos de negócios escaláveis.**
Ideias são fáceis, mas apenas um ponto de partida. O difícil é testar e adaptar constantemente ideias que são ótimas na teoria até que haja evidências suficientes de que funcionarão na prática. A jornada de desbravamento trata da adaptação iterativa de ideias até que se encontre uma proposta de valor que os clientes realmente desejam e um modelo de negócios que seja escalável com lucro.

Mito #2: **As evidências mostrarão o que fazer ao testar sistematicamente as ideias. A solução surgirá como mágica, basta testar e adaptar a ideia com bastante frequência.**
Realidade: **Inovação e empreendedorismo se baseiam em tomar decisões conscientes com base em evidências incompletas e potencialmente contraditórias. E, às vezes, matar uma ideia é saudável.**
Transformar uma ideia em um negócio real sempre será uma arte, mesmo com o teste mais rigoroso. É raro as evidências indicarem um rumo óbvio. Elas permitem detectar padrões e tomar decisões informadas, menos arriscadas do que apostas baseadas em opinião. Portanto, não se prenda a testes ou análises de evidências. Decida perseverar, mudar ou abandonar uma ideia com base nas evidências disponíveis.

Mito #3: **Um pequeno número de boas apostas gera um grande retorno.**
Realidade: **O desbravamento requer um grande número de pequenas apostas, reduzidas gradualmente com base nas evidências.**
Nos estágios iniciais da inovação, é impossível saber quais ideias funcionarão e quais não funcionarão. Invista pouco dinheiro e tempo em um grande número de ideias e projetos. Invista de novo nas ideias e projetos que mostrarem evidências reais. As melhores ideias e as equipes com os retornos mais promissores surgirão se fizer isso sistematicamente várias vezes.

Mito #4: **As habilidades necessárias para desbravar um novo negócio e gerir um existente são similares. Negócio é negócio.**
Realidade: **Desbravar e explorar são radicalmente diferentes e exigem habilidades e experiências diferentes.**
Testar e adaptar uma ideia de negócio até que funcione requer um conjunto de habilidades radicalmente diferente da gestão de uma empresa. Em inovação e empreendedorismo, você lida com alta incerteza. É preciso detectar padrões nos dados que coletar dos testes e transformá-los em algo escalável com lucro. Quanto mais experiência você tiver, melhor será em desbravar, assim como a gestão melhora com o tempo.

Mito #5: **As equipes de inovação são compostas de renegados ou piratas que desejam atrapalhar os negócios antigos. Precisam operar no modo furtivo para sobreviver dentro da empresa.**
Realidade: **Os inovadores precisam ser vistos como parceiros cruciais para o futuro da empresa. Do contrário, é improvável que surja uma inovação relevante em larga escala.**
As equipes de inovação vistas como renegadas têm dificuldade em acessar os recursos da empresa, como acesso a clientes, marca, prototipagem etc. Elas precisam ser vistas como parceiras que têm a autorização de criar o futuro da empresa para operar com sucesso.

Etapas Potenciais na Jornada do Desbravamento

DESBRAVE

Retorno Esperado e Risco da Inovação

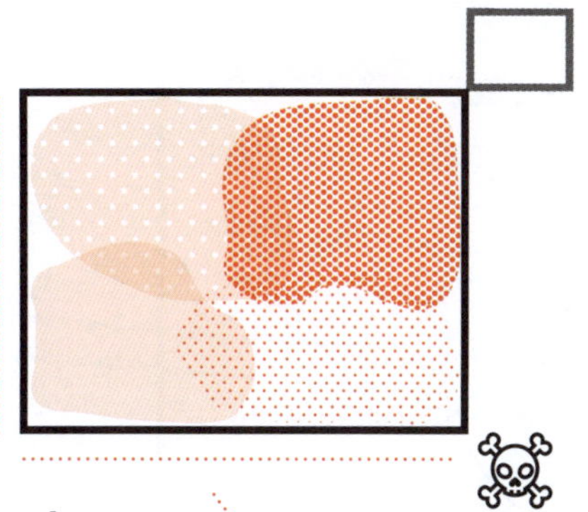

Retorno Esperado
O potencial (ou impacto) financeiro de uma ideia de negócio bem-sucedida. Defina o Retorno Esperado de acordo com suas preferências. Pode ser rentabilidade, potencial de receita, potencial de crescimento, margens ou qualquer outra métrica financeira que permita avaliar o potencial financeiro de uma ideia. Como alternativa, foque o retorno social ou ambiental, não o retorno financeiro.

Risco da Inovação
Há quatro tipos de Riscos da Inovação que podem acabar com uma ideia de negócio: Riscos de Desejo, de Viabilidade, de Praticabilidade e de Adaptabilidade.

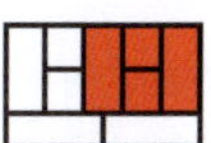

Risco de Desejo
Clientes não estão interessados.

O risco é o de que o mercado-alvo seja muito pequeno; que poucos clientes queiram a proposta de valor; ou que a empresa não possa atingir, adquirir e reter os clientes-alvo.

Risco de Viabilidade
Não conseguimos ganhar dinheiro suficiente.

O risco é o de que o negócio não possa gerar fluxos de receita de sucesso, que os clientes não estejam dispostos a pagar (o suficiente) ou que os custos sejam muito altos para gerar um lucro sustentável.

Risco de Praticabilidade
Não podemos construir nem entregar.

O risco é o de que uma empresa não possa acessar recursos-chave (tecnologia, PI, marca etc.), não possa desenvolver capacidades de realizar atividades-chave ou não possa encontrar parceiros-chave para construir e proporcionar escala à proposta de valor.

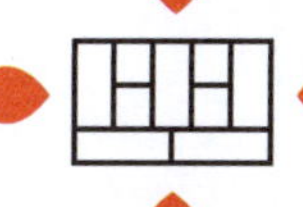

Risco de Adaptabilidade
Fatores externos são desfavoráveis.

O risco de que uma empresa não se adapte às tendências competitivas do ambiente, tecnologia, regulamentação, social ou mercado, ou que o macroambiente não seja favorável (sem infraestrutura, recessão etc.).

Este ícone é do Canvas do Modelo de Negócios; veja a introdução na p. 78.

Explore

Jornada do Desbravamento

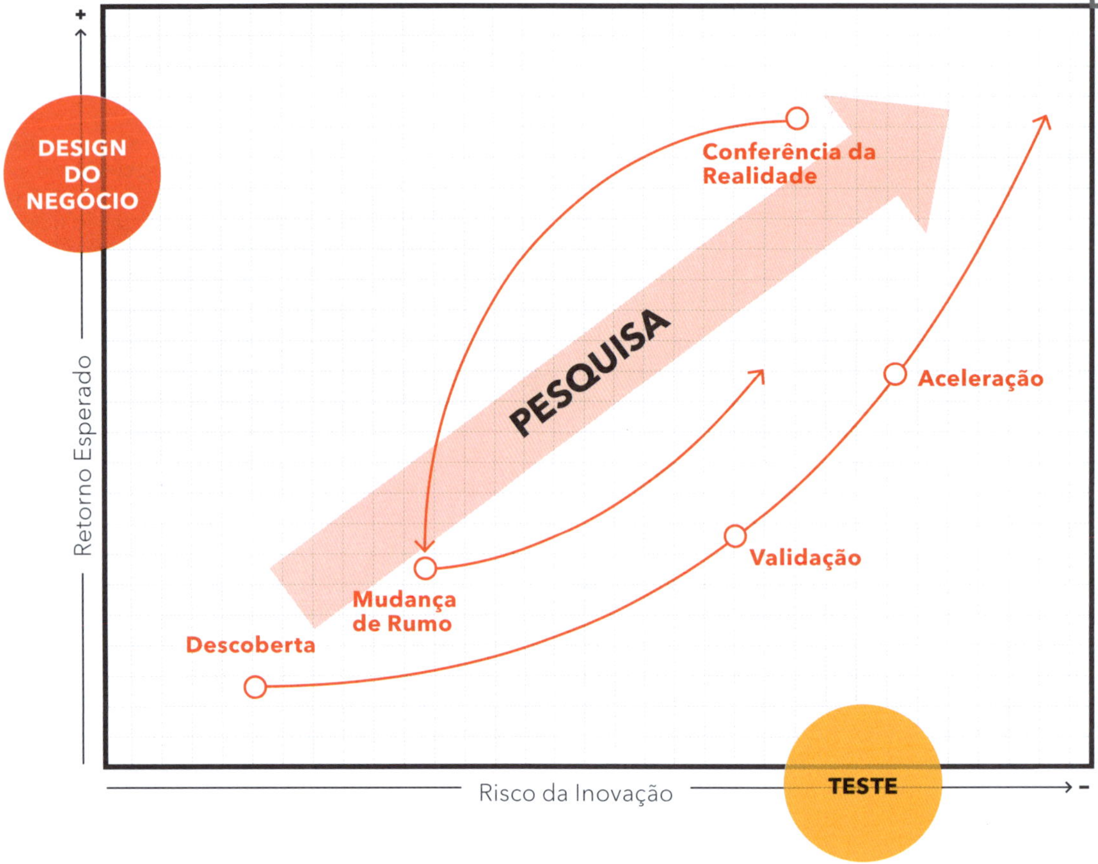

DESBRAVE

Pesquise e Pivote

A jornada no portfólio Desbrave é de pesquisa e pivotação, até que você tenha evidências suficientes de que uma nova ideia de negócio funcionará. A busca de ideias, propostas de valor e modelos de negócios que funcionem consiste em duas atividades principais que se retroalimentam:

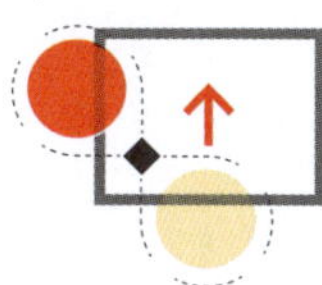

Design do Negócio

Atividade de transformar ideias vagas, insights de mercado e evidências de testes em propostas de valor concretas e modelos de negócios sólidos. Um bom design usa fortes padrões de modelo de negócios para maximizar retornos e competir além de produto, preço e tecnologia.

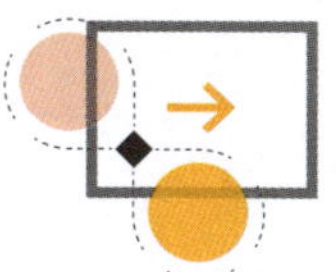

Teste

Reduz o risco de ideias que parecem boas na teoria, mas não funcionam na prática. Defina hipóteses críticas, conduza experimentos rápidos e aprenda com as evidências. A evidência pode apoiar ou refutar as propostas de valor e os modelos de negócios explorados.

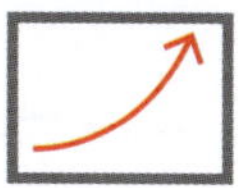

Trajetória de Pesquisa

Descoberta

Compreensão, contexto e disposição do cliente de pagar

É onde se começa a reduzir os riscos com testes. Evidências iniciais indicam que os clientes se importam com o que se pretende abordar (desejo). Evidências adicionais indicam a disposição do cliente em pagar (viabilidade). Os protótipos de descoberta neste estágio não precisam de habilidades técnicas. Exemplos são storyboards, vídeos e brochuras.

Validação

Comprovação de interesse e indicações de rentabilidade

Procurar evidências mais sólidas que demonstrem interesse por seus produtos e serviços (desejo). As primeiras vendas simuladas ou cartas de intenção sinalizam quanto os clientes pagarão (viabilidade). A primeira evidência da estrutura de custos requerida indica rentabilidade esperada (viabilidade). Protótipos técnicos sugerem capacidade de gerenciar atividades e recursos (praticabilidade).

Aceleração

Modelo comprovado em escala limitada

Um protótipo funcional ou os primeiros produtos e serviços para testar a proposta de valor em um mercado limitado. Buscam-se evidências que mostrem que se pode criar e entregar valor ao cliente em uma escala limitada e com lucro, e para justificar investimentos maiores para dimensionar a aquisição e retenção de clientes e testar a lucratividade em escala.

Trajetória de Pivô

Conferência de Realidade

Falha na trajetória inicial

É necessária quando novas evidências indicam que é improvável que a ideia testada funcione, apesar das evidências promissoras anteriores. Isso pode levar você a questionar todo o modelo de negócios ou certos aspectos dele. É necessário repensar a ideia inicial e o modelo de negócios.

Mudança de Rumo

Teste de uma nova direção

Aqui, a trajetória inicial muda. Há alterações significativas em um ou mais elementos do modelo de negócios. Isso significa reconsiderar hipóteses subjacentes à nova direção e avaliar quais evidências ainda são relevantes e quais não são. Uma mudança de rumo requer novo teste de elementos do modelo de negócios.

Veja na p. 76 informações sobre Gestão e o ciclo de teste de design.

Veja na p. 128 mais sobre o design de poderosos modelos de negócios.

Ações Potenciais no Portfólio Desbrave

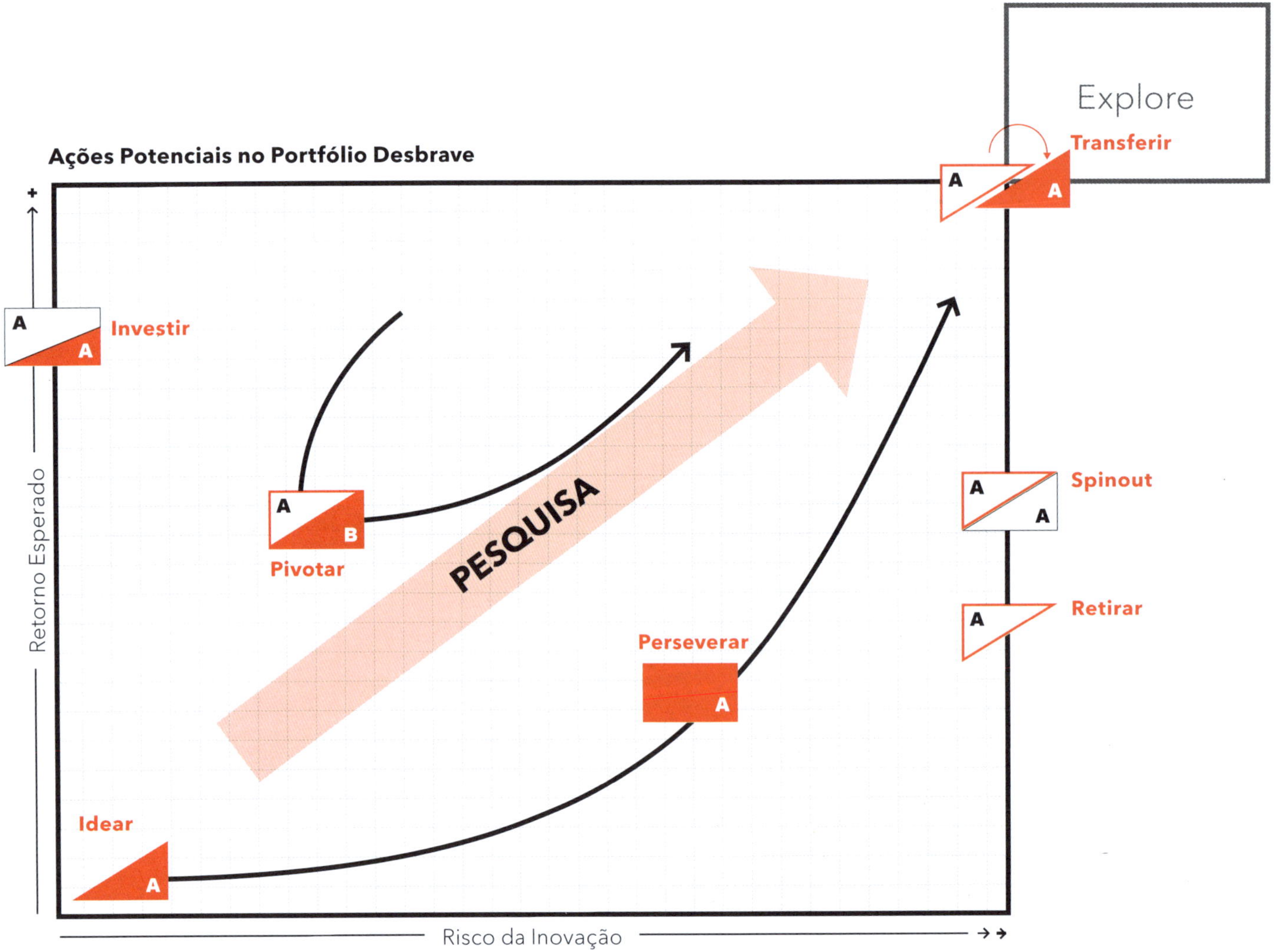

EXPLORE

Ações Desbrave

Este portfólio conta com sete ações. Todas relacionadas à modelagem e ao teste de novas ideias de negócios, a fim de melhorar o retorno e reduzir o Risco da Inovação. O desbravamento de novas ideias inclui tudo, de modelos de negócios radicalmente novos ao teste de melhorias incrementais dos modelos existentes.

A ideia de visualizar ações em triângulo surgiu de uma discussão com Luis Felipe Cisneros. Veja na p. 96 mais sobre as ações do portfólio Desbrave.

Idear

A ainda existe, mas fora do portfólio
↓
A pertence ao portfólio

A atividade de transformar oportunidades de mercado, tecnologias, produtos ou serviços em um primeiro modelo de negócios e protótipos de proposta de valor. Geralmente acontece em um workshop. Neste estágio, não há evidências reais que reduzam o Risco da Inovação, apenas suposições que se planejam testar. Você capta resultados em slides e planilhas.

Investir

A existe fora do portfólio
↓
A pertence, em parte, ao portfólio

A decisão de investir total ou parcialmente em um projeto externo de startup ou de desbravamento para reforçar o portfólio de projetos internos.

Perseverar

A pertence ao portfólio
↓
A inalterado, dentro do portfólio

Decisão de continuar testando uma ideia com base em evidências. Acontece depois de obter insights a partir da análise das evidências com os quais você se sente confiante. Você persevera testando a mesma hipótese com um experimento mais sólido ou passando para a próxima hipótese importante.

Pivotar

A pertence ao portfólio
↓
A muda para **B**, dentro do portfólio

A decisão de alterar um ou mais elementos do modelo de negócios. Acontece depois de saber que a ideia testada não funcionará na prática sem modificações. Um pivô significa que algumas das evidências anteriores podem ser irrelevantes para a nova trajetória. É necessário testar novamente os elementos já testados do modelo de negócios.

Retirar

A pertence ao portfólio
↓
A foi extinto

Mata-se um projeto de pesquisa com base em evidências ou falta de ajuste estratégico. As evidências mostram que uma ideia não funciona ou que seu potencial de lucro é insuficiente.

Spinout

A pertence ao portfólio
↓
A ainda existe, mas fora dele

A decisão de separar em vez de matar uma ideia promissora. Isso pode ocorrer com a sua venda para outra empresa, para investidores ou para a equipe que desbravou a ideia. A empresa pode investir no spinout ou comprá-lo novamente em um estágio posterior e menos arriscado.

Transferir

A pertence ao portfólio Desbrave
↓
A muda para o portfólio Explore

Mudar uma ideia de modelo de negócios de desbrave para explore com base em fortes evidências acontece após uma forte evidência de desejo, viabilidade, praticabilidade e adaptabilidade. Transferir requer encontrar um bom lugar no portfólio desbrave, podendo ser parte de um negócio existente ou de um novo, independente.

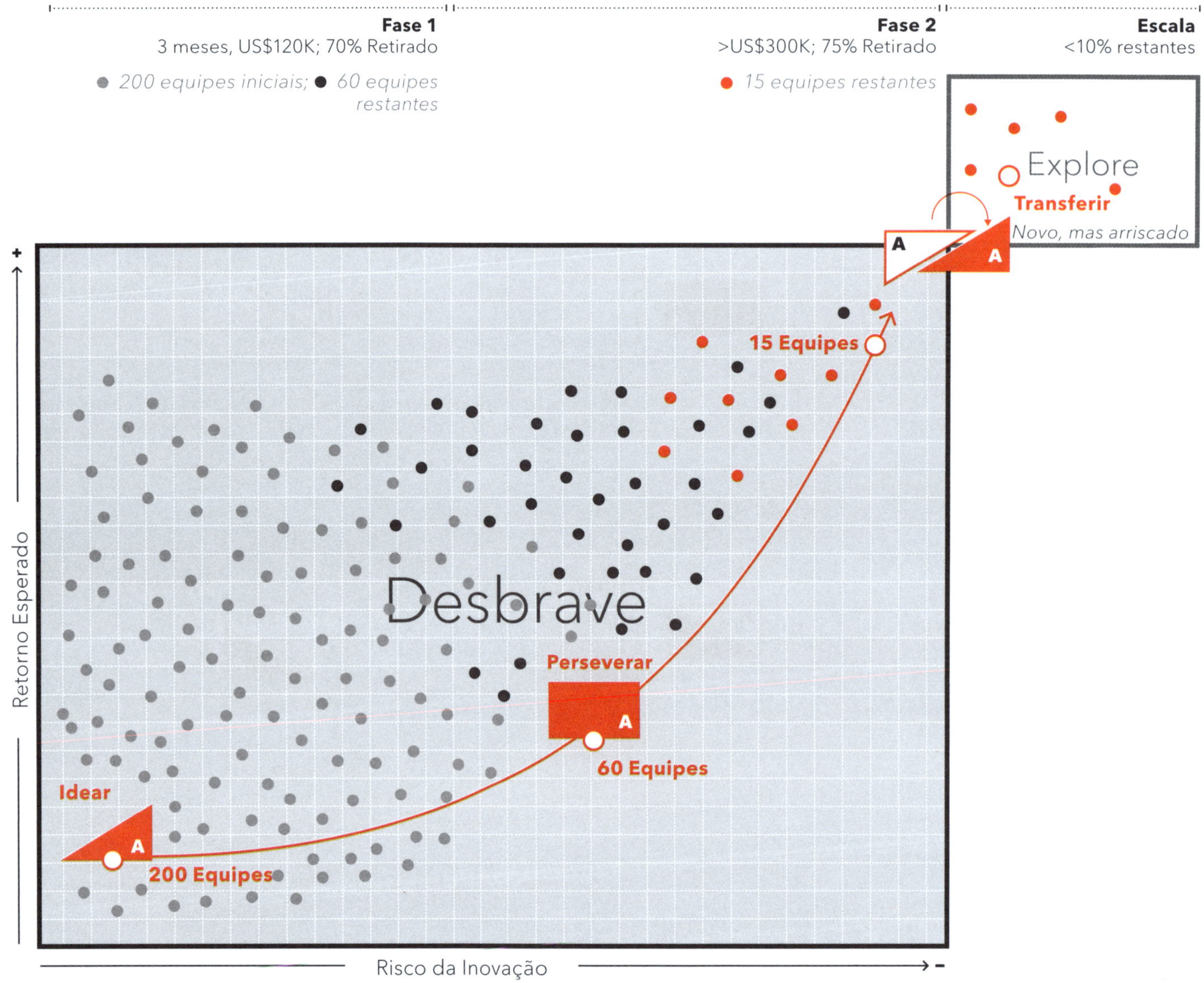

Fase 1
3 meses, US$120K; 70% Retirado

200 equipes iniciais; 60 equipes restantes

Fase 2
>US$300K; 75% Retirado

15 equipes restantes

Escala
<10% restantes

Explore

Transferir

Novo, mas arriscado

A

A

15 Equipes

Desbrave

Perseverar

A

60 Equipes

Idear

A

200 Equipes

Retorno Esperado +

Risco da Inovação –

Exemplo Portfólio
2017 ~~ 2019

Bosch

Para ilustrar o portfólio Desbrave, usamos a Bosch, multinacional alemã de engenharia e tecnologia fundada em 1886. Este exemplo se baseia em dados anonimizados do Bosch Accelerator Program entre 2017 e 2019.

O Grupo Bosch emprega 410 mil associados em todo o mundo, com vendas anuais de €78,5 bilhões (2018).[1]

A Bosch possui quatro setores de negócios principais: Soluções de Mobilidade (hardware e software), Bens de Consumo (eletrodomésticos e ferramentas elétricas), Tecnologia Industrial (incluindo acionamento e controle) e Tecnologia de Energia e Construção.

De Produtos e Tecnologia para Modelos de Negócios

Desde o início, a Bosch tem sido uma força motriz na inovação tecnológica. Seu P&D levou a sucessos, como a bomba de injeção a diesel e o sistema de freio antibloqueio (ABS).

Em 2014, o CEO da Bosch, Volkmar Denner, enviou um comunicado para estimular a inovação do modelo de negócios. A Bosch precisava manter tecnologia e foco no produto, mas, ao mesmo tempo, voltou sua atenção para novos tipos de modelos de negócios.

Em 2015, a Bosch criou o Departamento de Inovação de Modelos de Negócios para complementar o processo de inovação com os recursos de desenvolvimento de modelos de negócios, vendo a necessidade de criar um ecossistema dedicado a desbravar, nutrir e facilitar a inovação do crescimento, além da inovação do produto.

Programa Acelerador da Bosch

Como parte do portfólio de serviços, o Departamento de Inovação de Modelos de Negócios da Bosch criou o Programa Acelerador.

As equipes que participam do programa desbravam uma nova ideia ou conceito originário de um negócio existente e procedem a um mergulho profundo no modelo de negócios e refinam, testam e adaptam ideias em duas fases.

A gestão do programa seleciona uma coorte inicial de 20 a 25 equipes de todo o mundo, que trabalham juntas por 2 a 10 meses. As equipes recebem um financiamento inicial de €120 mil e recebem dois meses para testar se suas ideias de modelo de negócios podem ser escaladas. Dependendo dos resultados, as equipes podem obter um adicional de €300 mil ou mais durante a Fase 2 do programa. Com esse financiamento adicional, as equipes podem testar o produto viável mínimo (PVMs) com os clientes e demonstrar a capacidade da ideia de modelo de negócios escalar de forma lucrativa.

Após a conclusão bem-sucedida do Programa Acelerador da Bosch, somente as equipes com as melhores evidências passam à incubação.

Desde 2017, a Bosch investiu em mais de 200 equipes. Destas, 70% retiraram seus projetos após a primeira rodada de investimentos e 75% das demais equipes pararam após a segunda. Com esse processo, 15 equipes transferiram com sucesso seus projetos para escalar, com financiamento subsequente.

O Programa Acelerador da Bosch tornou-se o padrão global da empresa para validar novas ideias de negócios com rodadas na Europa, Ásia, América do Norte e América do Sul.

"O Programa Acelerador da Bosch permitiu à empresa implementar um processo rápido, estruturado e com eficiência de capital para validar modelos de negócios em escala, e levou ao estabelecimento de um portfólio de inovação em toda a organização."

DR. UWE KIRSCHNER
VP do Modelo de Inovação de Negócios, Bosch Management Consulting

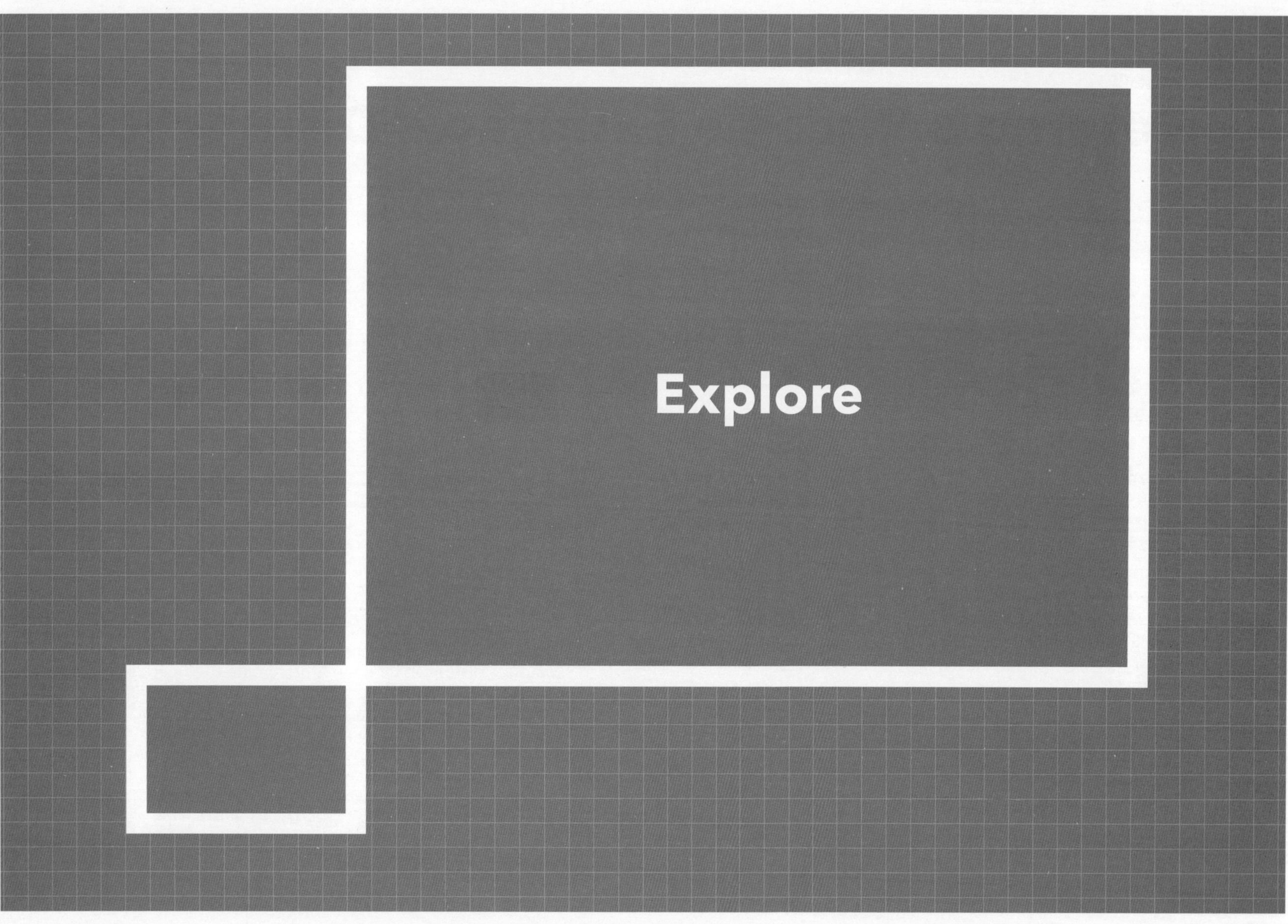
Explore

Retorno e Risco de Extinção e Disrupção

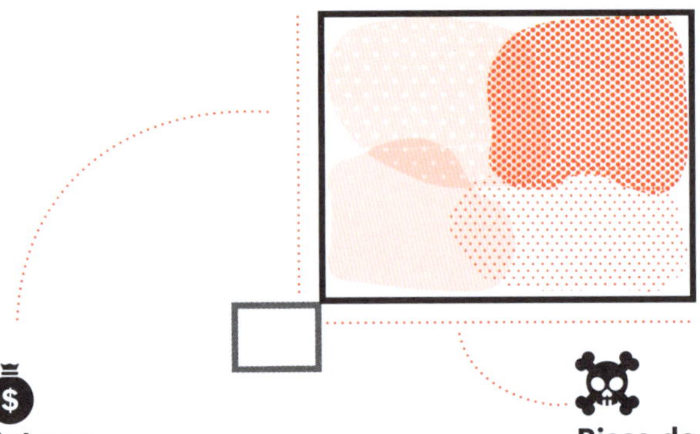

Retorno
O retorno financeiro (ou impacto) de um negócio existente. Defina o retorno conforme suas preferências, baseado em lucratividade, receita, crescimento da receita, margens ou qualquer outra métrica financeira que permita avaliar o retorno financeiro da empresa. Como alternativa, foque o retorno social ou o ambiental, não o financeiro.

Risco de Extinção & Disrupção
Há dois tipos de risco de extinção e disrupção que aniquilam uma empresa:

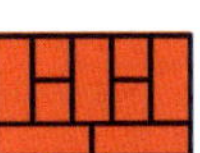

Risco do Design do Modelo de Negócios Interno
Fraquezas
Um modelo de negócios pode ser mais ou menos vulnerável a disrupções com base em seu design. Por exemplo, é mais fácil causar a disrupção de uma empresa que concorre em produtos, serviços ou preço do que uma protegida por fortes fossos de modelos de negócios. As seções Inventar e Aprimorar deste livro descrevem como competir com um melhor modelo de negócios.

Risco de Disrupção do Modelo de Negócios Externo
Ameaças
A disrupção por forças externas pode ocorrer até nos modelos de negócios mais poderosos. Ela pode vir de quatro áreas diferentes: mercados em mudança, tendências disruptivas (tecnológicas, sociais, ambientais, regulatórias), mudanças nas cadeias de suprimentos e na concorrência e mudanças nas circunstâncias macroeconômicas.

Áreas de Risco no Portfólio Explore

Trajetórias de Ascensão e Queda

A jornada no portfólio Explore é de ascensão e queda de um negócio. O objetivo é impedir continuamente que os modelos de negócios existentes diminuam, protegendo, melhorando e reinventando-os.

Veja na p. 124 mais sobre o teste de mudanças do modelo de negócios. Veja na p. 228-229 informações sobre a mudança de modelos de negócios antigos para novos.

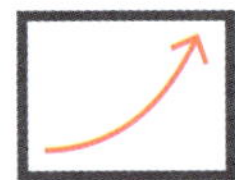

Trajetória de Ascensão

Escalada
Erga sua empresa

Esta é a primeira fase de crescimento, quando uma oportunidade promissora vira um negócio real. As principais atividades consistem em escalar da aquisição, retenção e entrega de produtos/serviços. A equipe foca a expansão das frentes, incluindo infraestrutura e RH.

Crescimento
Amplifique a performance de um negócio consolidado

Impulsiona e mantém o crescimento do modelo de negócios comprovado, sustentando a inovação. Reforça o modelo com inovações de novos produtos, novos canais e a exploração de mercados adjacentes.

Proteção
Tornar um negócio mais eficiente e protegê-lo de disrupções

Mantém a posição forte do negócio, protegendo-o da concorrência e aumentando sua eficiência. A inovação em eficiência geralmente domina esta fase, na qual a empresa é grande e lucrativa, mas o crescimento tende a se estagnar.

Trajetória de Queda

Disrupção
Surgimento de forças externas que ameaçam seus negócios

Nesta fase, as mudanças no ambiente externo tornam os negócios vulneráveis e ameaçados. A disrupção pode vir da mudança de mercados; tendências tecnológicas, sociais, ambientais, regulatórias; de cadeias de suprimentos; competição; novas entrantes; ou de um ambiente macroeconômico em mudança. Nesta fase, a empresa ainda é grande e lucrativa, mas sob risco.

Crise
Forças externas causam a disrupção dos negócios e provocam declínio

Forças externas causam a disrupção e o negócio está em rápido declínio. Nesta fase, você ainda está muito comprometido com o antigo modelo de negócios, mas precisa de grandes mudanças para evitar a obsolescência.

Mudança & Reemergência
Mudança substancial do modelo de negócios e crescimento renovado

Você consegue mudar de um modelo de negócios desatualizado para um renovado. O novo modelo inicia uma nova era de crescimento.

Jornada do Portfólio Explore

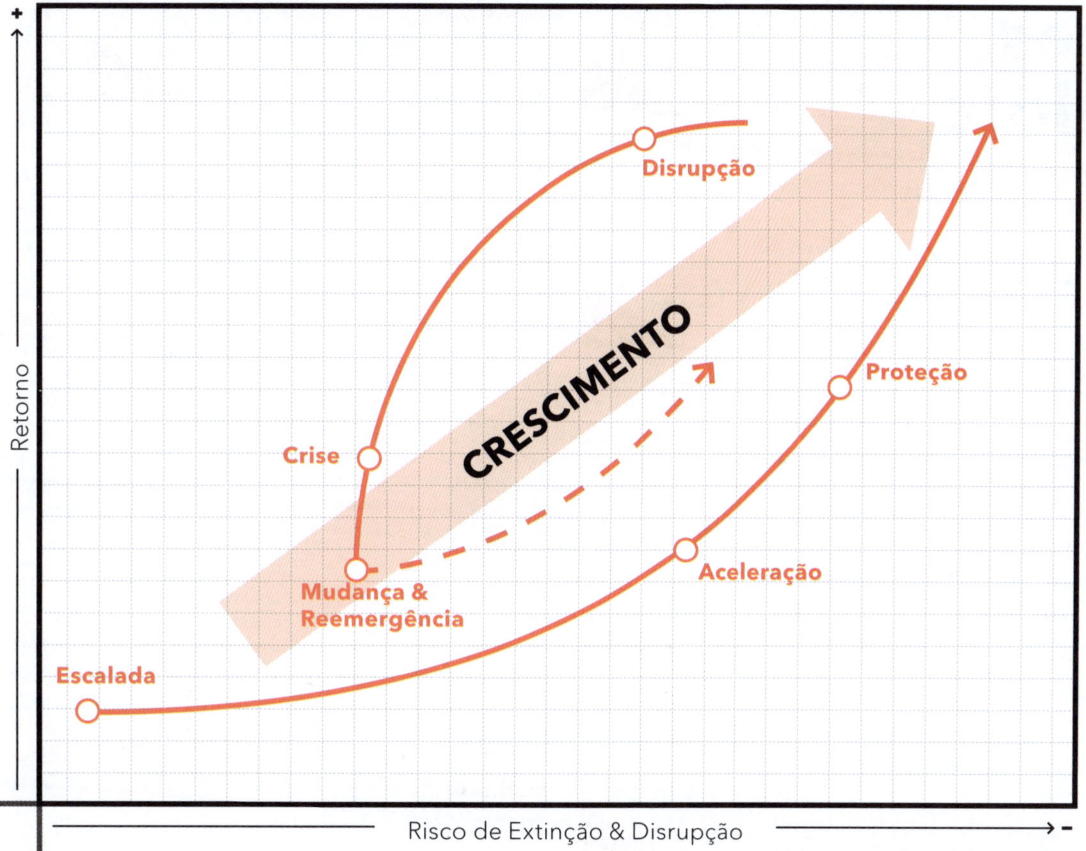

Desbrave

EXPLORE

Ações Explore

Há sete ações que você pode executar no portfólio Explore, todas relacionadas à gestão dos modelos de negócios existentes e ao alinhamento com sua identidade corporativa. Isso pode incluir desde a adição de novos negócios à eliminação de alguns que não se encaixam mais. Também inclui a melhoria gradual ou radical dos modelos existentes, que você indicará no seu portfólio Explore, a fim de reduzir o risco de disrupção. No entanto, você testará essa melhoria no portfólio Desbrave, a fim de reduzir o Risco da Inovação.

Veja na p. 110 mais sobre as ações do portfólio Explore.

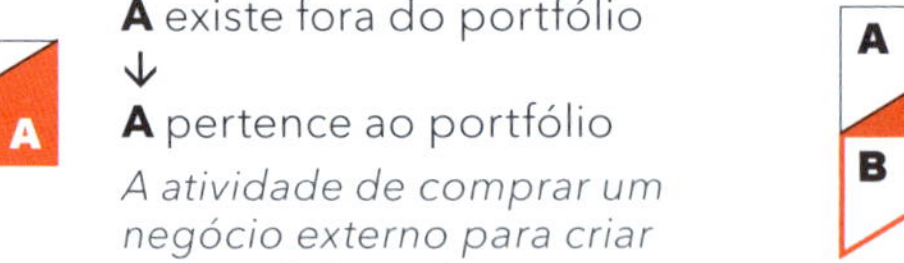

Aquisição

A existe fora do portfólio

↓

A pertence ao portfólio

A atividade de comprar um negócio externo para criar um negócio autônomo ou fundi-lo com um existente.

Parceria

A pertence ao portfólio, **B** existe fora do portfólio

↓

A ainda pertence ao portfólio, reforçado por **B**, **B** existe fora do portfólio

Parceria com uma empresa externa para fortalecer um ou mais dos modelos de negócios.

Investimento

A existe fora do portfólio

↓

A pertence parcialmente ao portfólio

Investir total ou parcialmente em um negócio externo para reforçar o portfólio.

Melhoria

A pertence ao portfólio

↓

A vira **B**, dentro do portfólio

Renovar um modelo de negócios desatualizado para mudá-lo para um novo modelo de negócios mais competitivo.

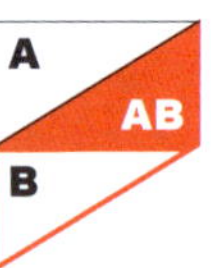

Fusão

A existe fora do portfólio, **B**, dentro do portfólio

↓

A é adquirido ou fundido com **B**, dentro do portfólio

A atividade de fundir uma aquisição de fora ou pertencente a uma empresa com uma ou várias empresas pertencentes.

Desinvestimento

A pertence ao portfólio

↓

A ainda existe, mas fora do portfólio

Retirada de um dos modelos de negócios, vendendo-o para outra empresa, para investidores ou para a gerência atual (compra dos gestores).

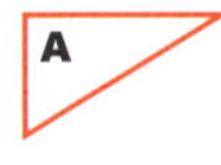

Término

A pertence ao portfólio

↓

A é extinto

A atividade de encerrar e desintegrar um negócio.

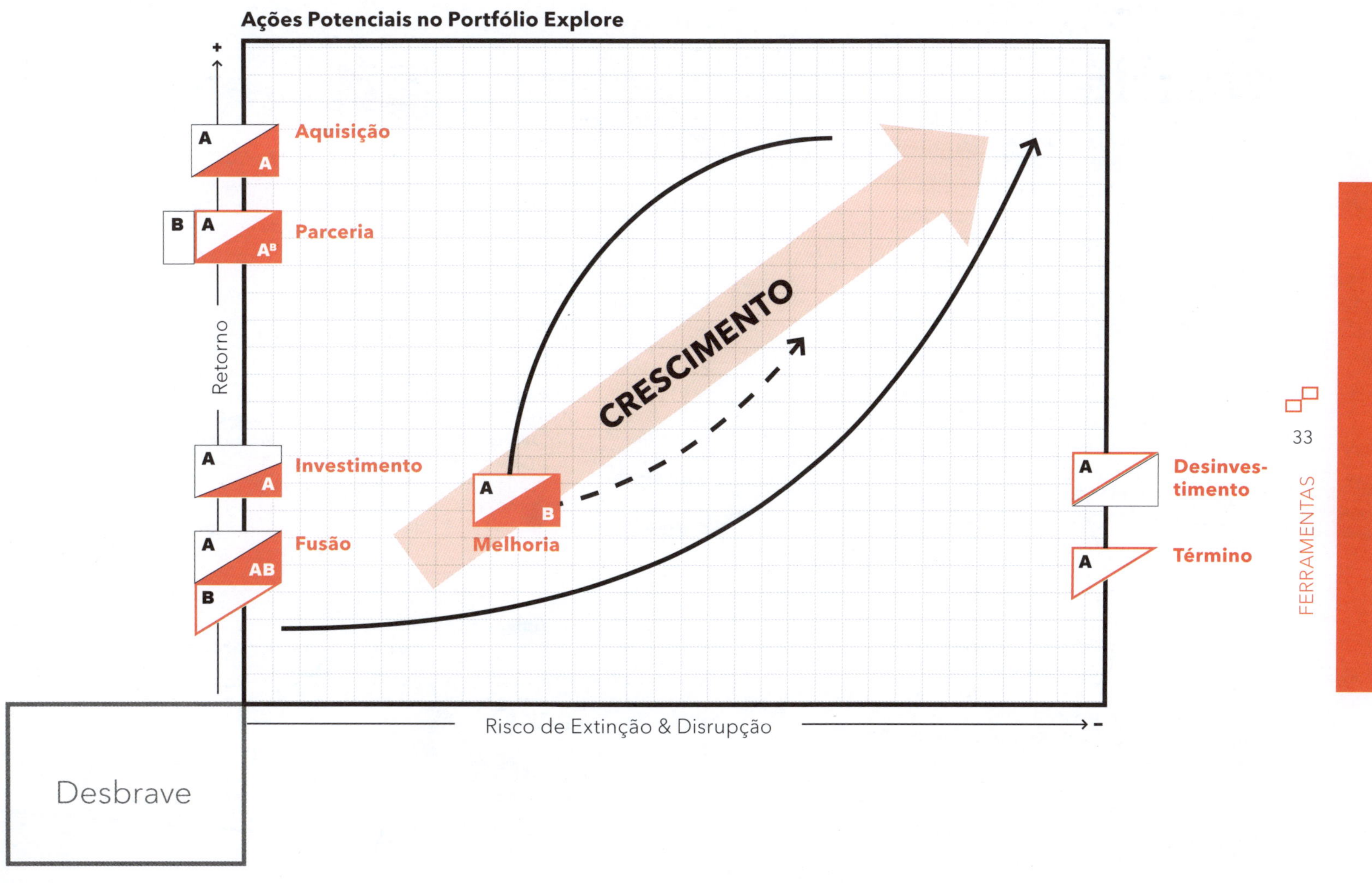

Ações Potenciais no Portfólio Explore
+
Retorno
Risco de Extinção & Disrupção
-
Aquisição
Parceria
Investimento
Fusão
Melhoria
CRESCIMENTO
Desinves-
timento
Término
Desbrave

Nestlé

Para ilustrar o uso do portfólio Explore, descrevemos como a empresa suíça de alimentos Nestlé gerenciou seu portfólio de negócios existentes ao longo de 2017 e 2018. O exemplo se baseia na apresentação do CEO Ulf Mark Schneider no dia anual no investidor, em 14 de fevereiro de 2019. Schneider ingressou na Nestlé em janeiro de 2017 como primeiro CEO externo desde 1922.

Posicionamos as principais categorias de negócios da Nestlé verticalmente, com base no tamanho da receita total da categoria. Como alternativa, organize as informações por lucratividade, margens ou outro indicador que sua empresa usa para avaliar retornos.

Na ausência de informações claras sobre o risco de extinção e disrupção, não posicionamos as principais categorias de negócios da Nestlé com base no risco. No entanto, em sua apresentação no dia do investidor, o CEO Ulf Mark Schneider mencionou empresas e marcas individuais que estavam sendo ajustadas ou sob revisão estratégica. Posicionamos essas marcas na área Melhoria do Mapa do Portfólio.

Aquisição, Investimento, Parceria

A Nestlé expandiu o portfólio entre categorias, adquirindo, investindo ou firmando parcerias com empresas externas.

Em bebidas, a Nestlé adquiriu uma licença global perpétua da Starbucks para comercializar seus produtos para os consumidores por meio do varejo. Anteriormente, a Nestlé adquiriu uma participação majoritária na Blue Bottle Coffee, uma startup da cadeia de café de São Francisco.

Na ciência da saúde, a Nestlé expandiu-se com a aquisição da Atrium Innovations.

Em petcare, a Nestlé Purina adquiriu uma participação majoritária na tails.com.

Em pratos prontos, a Nestlé adquiriu Sweet Earth, fabricante de alimentos à base de plantas na Califórnia.[2]

Melhoria

Ao longo de 2017 e 2018, a Nestlé aprimorou suas marcas de comida para bebê Gerber, de comida chinesa Yinlu e Nestlé Skin Health. Colocou a Nestlé Skin Health e a marca de alimentos Herta em revisão estratégica para potencialmente vendê-las.

Desinvestimento

A Nestlé adaptou seu portfólio com vários desinvestimentos. Vendeu a unidade americana de doces à Ferrero por US$2,8 bilhões em espécie, em 2018.

Vendeu a Gerber Life Insurance Company ("Gerber Life") ao Western & Southern Financial Group por US$1,55 bilhão em espécie.[2]

Principais Categorias de Negócios
A Nestlé divide seus resultados em sete principais categorias de negócios. Cada uma possui várias marcas e pode abranger vários modelos de negócios diferentes. A Nestlé não apresenta os resultados em termos individuais, que podem diferir substancialmente (por exemplo, Nespresso e Dolce Gusto vendem café em porções, mas com modelos de negócios radicalmente diferentes e com marcas diferentes).

Portfólio Explore da Nestlé em Fevereiro de 2019

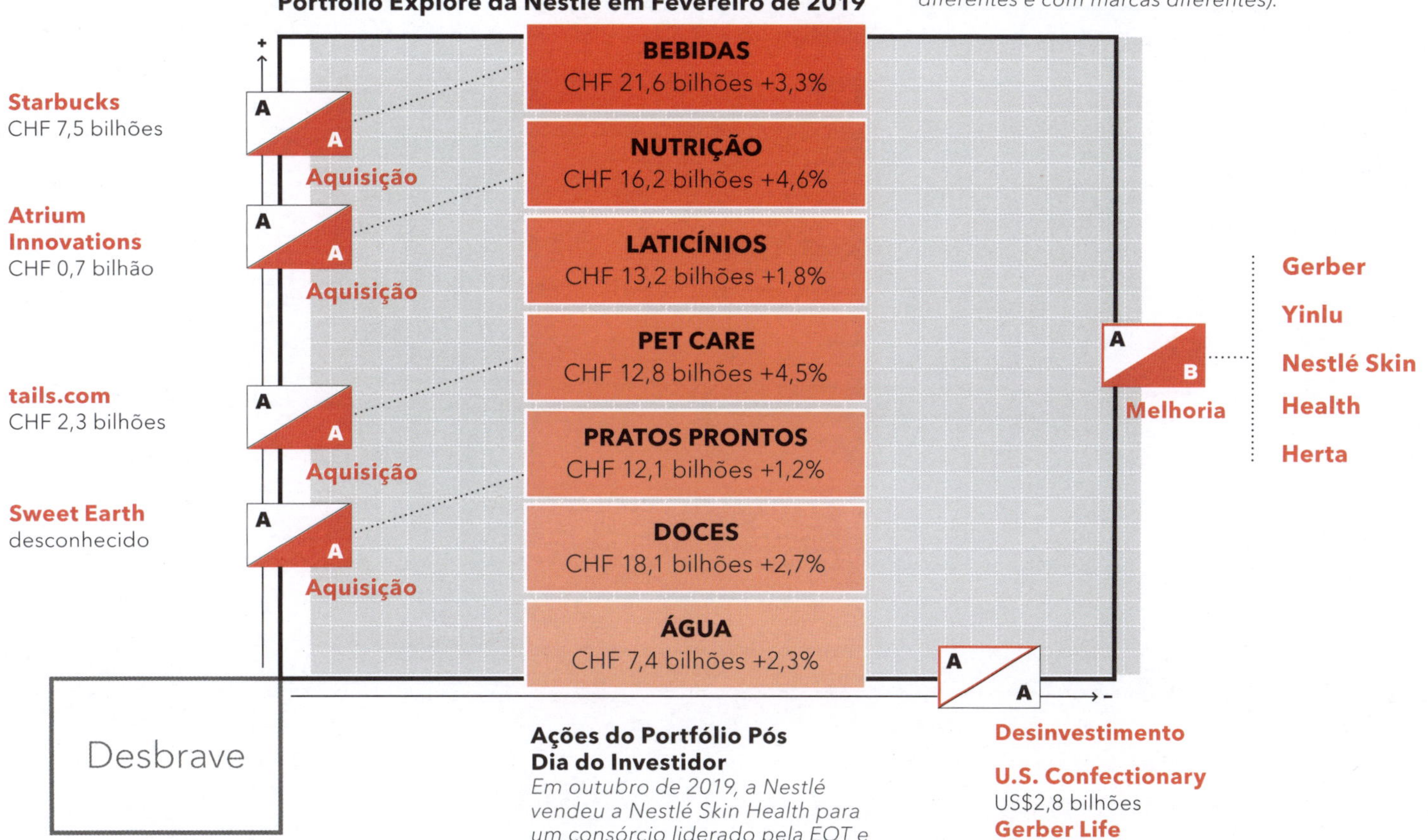

Ações do Portfólio Pós Dia do Investidor
Em outubro de 2019, a Nestlé vendeu a Nestlé Skin Health para um consórcio liderado pela EQT e uma subsidiária da Autoridade de Investimentos de Abu Dhabi (ADIA) por um valor de CHF de 10,2 bilhões.[3]

Portfólio Explore

Portfólio Desbrave

DEFINIÇÃO

Tipos de Inovação

Nem todas as inovações são iguais. Diferentes tipos requerem diferentes habilidades, recursos, níveis de experiência e apoio da organização. Idealmente, também vivem em diferentes partes da organização e têm diferentes graus de autonomia para ser bem-sucedidos. Distinguimos três tipos diferentes de inovação cunhados pelo professor de Harvard, Clayton Christensen: inovações de eficiência, de manutenção e de transformação.

Desbrave

Explore

Transformação

A Inovação de Transformação é a mais difícil. Trata de explorar oportunidades fora do campo tradicional da empresa. Ela geralmente requer uma mudança radical ou expansão dos modelos de negócios. Inclui oportunidades que ajudam uma empresa a expandir e criar novo crescimento, mas também abrange oportunidades que causam disrupção de negócios existentes. Ela ajuda a posicionar uma empresa no longo prazo.

Ponto Forte
Posiciona a empresa no longo prazo; oferece proteção contra disrupções.

Ponto Fraco
Alto risco e incerteza; retornos raramente são rápidos.

Para a Empresa
Equipes de inovação autônomas e dedicadas fora das unidades de negócios, com acesso a habilidades e recursos dos negócios operacionais.

Manutenção

A Inovação de Manutenção explora oportunidades que se baseiam nos modelos de negócios existentes para fortalecê-los e mantê-los vivos. Exemplos típicos são novos produtos e serviços, novos canais de distribuição, novas tecnologias de suporte e produção ou expansões geográficas.

Ponto Forte
Baixo risco e incerteza, impacto imediato, previsibilidade; abrange toda a gama de pequeno a grande impacto financeiro, depende da inovação.

Ponto Fraco
Sem proteção contra disrupções; não ajuda a posicionar a empresa para o futuro.

Para a Empresa
Em toda a organização e em todos os níveis, idealmente com o apoio de inovadores profissionais.

Eficiência

A Inovação de Eficiência explora oportunidades que aprimoram os aspectos operacionais dos modelos de negócios existentes. Não mudam o modelo de negócios de maneira substancial. Exemplos típicos incluem tecnologias que melhoram operações, distribuição ou suporte e inovações de processos que tornam uma organização mais eficaz.

Ponto Forte
Baixo risco e incerteza, impacto imediato, previsibilidade; abrange toda a gama de pequeno a grande impacto financeiro, depende da inovação.

Ponto Fraco
Sem proteção contra disrupções; não ajuda a posicionar a empresa para o futuro.

Para a Empresa
Em toda a organização e em todos os níveis, idealmente com o apoio de inovadores profissionais.

Exemplo de Portfólio

2015 ~~~ 2019

Gore

Usamos a W. L. Gore & Associates para ilustrar um portfólio equilibrado de desbravar e explorar. A Gore é uma multinacional norte-americana de engenharia e tecnologia fundada em 1958 pelo casal Bill e Vieve Gore.

A Gore atua em ciência de materiais, criando soluções inovadoras, orientadas por tecnologia, que variam de dispositivos médicos que tratam aneurismas a tecidos GORE-TEX® de alto desempenho para roupas casuais e profissionais.

As três principais áreas de foco da Gore são industriais e eletrônicos, tecidos de desempenho e dispositivos médicos implantáveis. Possui uma receita anual de US$ 3,7 bilhões e é uma das 200 maiores empresas de capital fechado dos Estados Unidos. A empresa emprega mais de 10.500 associados em 50 instalações no mundo.[4]

Gatilho

Tradicionalmente, o crescimento da receita dependia da adição de novas divisões. Começou com fios e cabos isolados, depois, eletrônicos em 1970, dispositivos médicos em 1975 e tecidos usáveis em 1976. Na última década, no entanto, o mercado de seus produtos de maior sucesso amadureceu, o que, com alternativas competitivas e baratas, levou a Gore a ser mais ambiciosa na estratégia de inovação, decidindo lançar iniciativas de inovação para os principais negócios e explorar possíveis negócios futuros.

Funil de Inovação

Em 2015, lançou uma iniciativa para aumentar o funil de inovação para explorar, testar e adaptar novas ideias, visando construir um ecossistema orientado a processos que permitisse geração e teste contínuos de mecanismos de crescimento em potencial, além de procurar meios de melhorar constantemente os negócios existentes.

No outono do mesmo ano, o primeiro grupo de seis equipes de intraempreendedores iniciou a jornada de inovação. Até o final de 2019, 12 coortes de 103 equipes passaram pelo funil de inovação.

O processo é composto de duas fases principais. Na primeira, Desenvolvimento do Conceito, as equipes fazem recomendações baseadas em evidências para cada componente do Canvas do Modelo de Negócios. Na segunda, Desenvolvimento de Produto, enfrentam as principais incertezas e riscos técnicos e de mercado para reduzi-los.

As equipes são compostas de engenheiros e outros associados que dedicam 100% do tempo à inicialização interna de cada fase. A Gore quer construir uma fonte de intraempreendedores à qual recorrer para futuros desbraves.

Para a Gore, a inovação é uma atividade contínua com um processo de ponta a ponta e um pipeline contínuo de exploração.

"Inovamos promovendo curiosidade genuína, imaginação profunda e coragem para assumir riscos. Nossa cultura inovadora e nossa experiência em materiais avançados nos permitem encontrar possibilidades onde ainda não existem."

GREG HANNON

Diretor de Tecnologia

Calçados GORE-TEX® INFINIUM THERMIUM

Um dos primeiros produtos testados e validados a saírem do funil de inovação foi o calçado GORE-TEX® INFINIUM THERMIUM. A equipe pegou uma tecnologia existente e a transformou em algo que os clientes desejavam. Ele aquece como uma bota de inverno, mas sem o mesmo volume. Seu lançamento, em 2018, incluiu vários estilos de calçados femininos disponíveis no ECCO® e FRAU® com marcas adicionais utilizando a tecnologia em suas coleções de 2019.

Isolante térmico GORE®

Uma equipe de inovação conversou com mais de oitenta contatos do setor na cadeia de suprimentos de eletrônicos móveis para esmiuçar a proposta de valor. Isso resultou em uma extensa colaboração com a DELL para usar o isolamento térmico GORE® em seus mais recentes notebooks XPS para evitar o superaquecimento dos dispositivos.

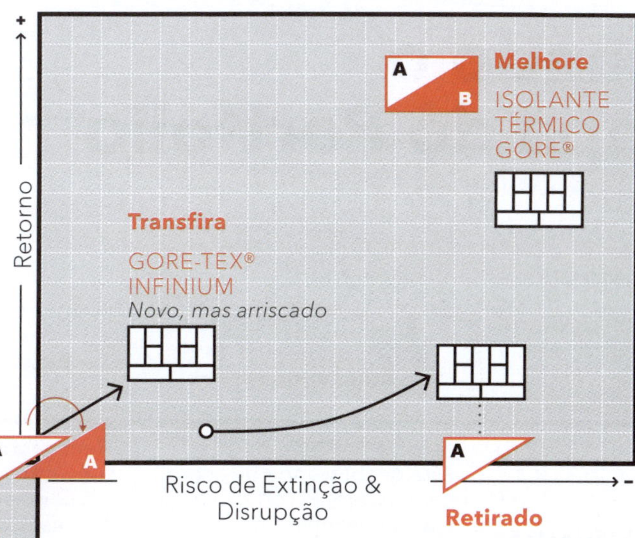

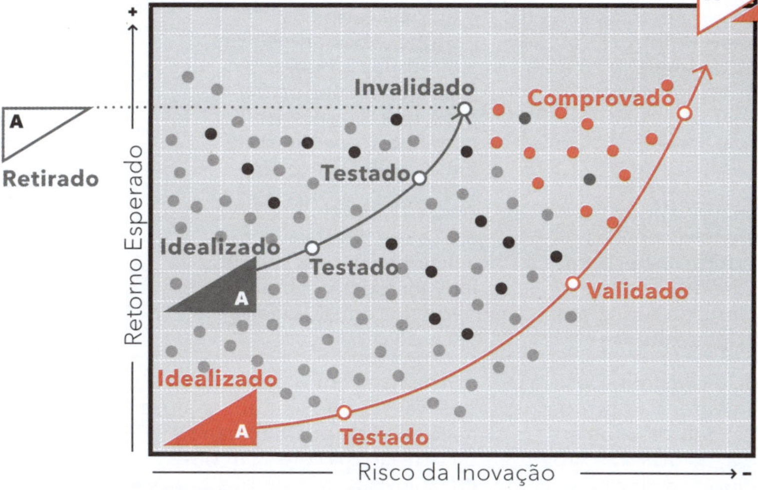

Do nicho ao mercado de massa

Uma equipe explorou como expandir as vendas de um produto existente de um mercado premium para um segmento intermediário. A hipótese era que o novo segmento valorizaria a diferença que o produto faria. No entanto, as evidências das entrevistas com os clientes provaram que estavam erradas e mostravam baixa demanda e valor percebido dos usuários finais. A ideia foi arquivada sem desperdiçar muito tempo e energia em algo que não funcionaria no mercado.

Usando o Mapa do Portfólio

Use o Mapa do Portfólio para visualizar, analisar e gerir seus negócios existentes e as novas ideias que está desbravando.

	Empreendedores	Equipes de Inovação Corporativa	Líderes Seniores
VISUALIZE	Mapeie todas as ideias que está desbravando de acordo com o perfil Retorno Esperado e Risco da Inovação.	Reúna todos os líderes de inovação e mapeie os projetos conforme o Retorno Esperado e o Risco da Inovação (com base em evidências).	Reúna a liderança sênior e mapeie todos os negócios existentes (categorias, unidades, modelos de negócios, produtos, marcas) de acordo com Retorno e Risco de Extinção & Disrupção.
ANALISE	Avalie todas as ideias e identifique a mais promissora com base em suas ambições e apetite pelo risco.	Avalie se o portfólio Desbrave tem chances de gerar os retornos esperados. Veja se desbrava ideias suficientes e se reduz seus riscos o suficiente.	Avalie os portfólios Desbrave e Explore. Desbrave suficientes novos projetos de inovação para compensar os negócios consolidados em risco de disrupção.
GERENCIE	Continue testando e reduzindo o risco da ideia mais promissora e aprimorando o modelo de negócios para otimizar o Retorno Esperado.	Expanda o portfólio Desbrave para aumentar o Retorno Esperado. Intensifique e teste se a maioria dos projetos não puderam reduzir riscos e incertezas.	Invista mais em desbravamento se houver alto risco de disrupção. Expanda o Portfólio Explore com base em sua visão e aprimore negócios em risco.

O Mapa do Portfólio

Negócio:

Por:

Data:

+ Retorno

Explore

Risco de Extinção & Disrupção –

+ Retorno Esperado

Desbrave

Risco da Inovação –

DESIGNED BY: Strategyzer AG
The makers of Business Model Generation and Strategyzer

Strategyzer
strategyzer.com

CRIE TRANSPARÊNCIA PARA FICAR DE OLHO NO FUTURO

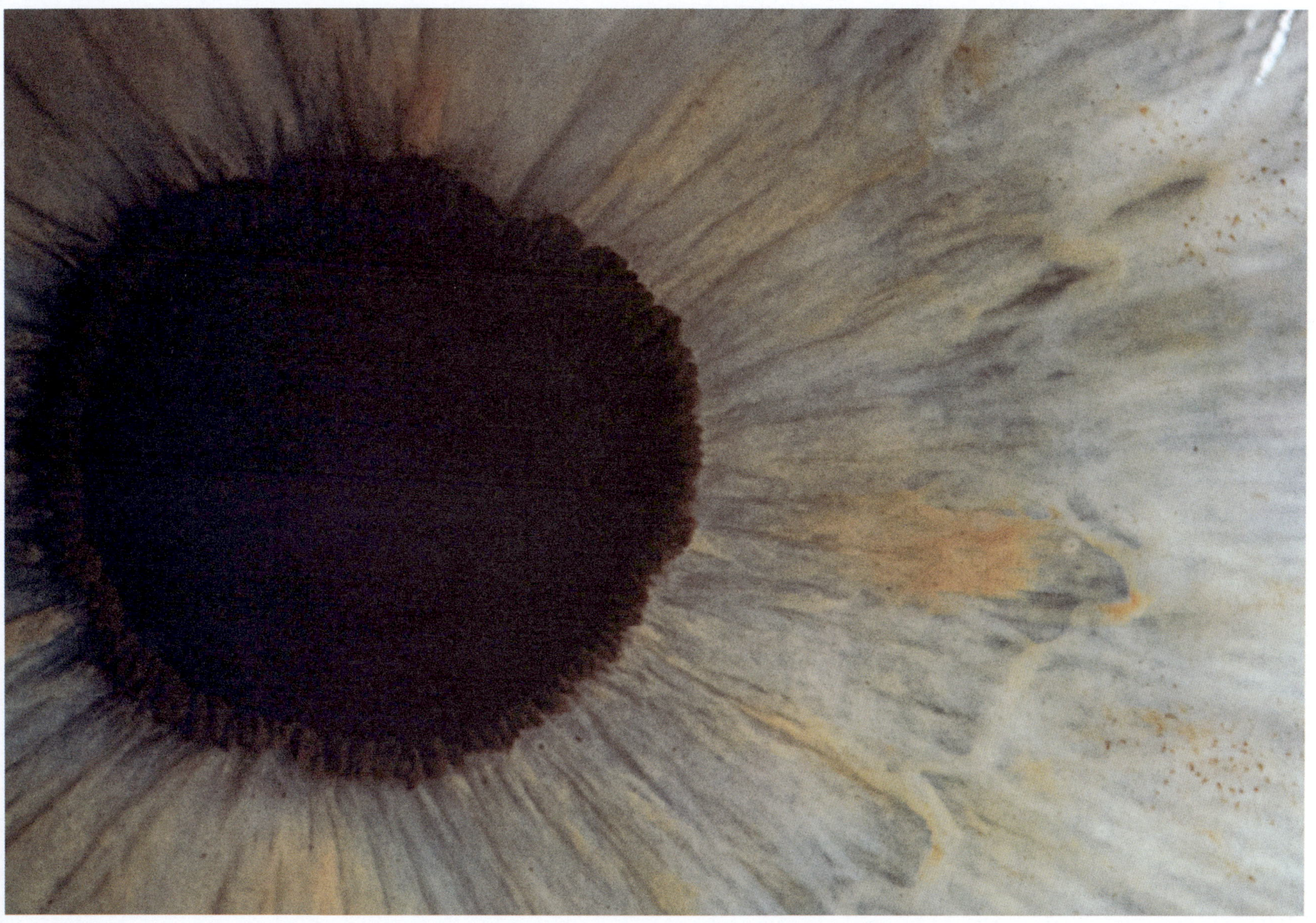

2

Gestão

Gerencie Seu Portfólio

As Empresas Invencíveis orientam de forma estratégica, diversificam, medem e agem simultaneamente em seu portfólio de negócios existentes e potenciais.

GUIE

Dê orientação estratégica de portfólio para deixar claro que tipo de projetos, inovações, melhorias e ações de portfólio estão dentro ou fora.

DIVERSIFIQUE

Crie um funil de inovação, espalhe apostas para minimizar o risco de inovação. Deixe os melhores projetos e equipes emergirem. Invista de forma incremental em equipes com evidências.

MEÇA

Meça e visualize sistematicamente o risco de inovação e disrupção de todos os negócios e oportunidades. Entenda a adequação do seu portfólio ao futuro.

AJA

Use toda a gama de ações do portfólio para otimizá-lo. Aumente os negócios internamente, faça aquisições e desinvestimentos ou faça os dois, dependendo do contexto.

Guie

Você precisa fornecer uma direção clara para projetar e manter um portfólio forte. Chamamos isso de orientação estratégica e consiste em descrever sua direção estratégica, a cultura organizacional necessária e a imagem corporativa que deseja projetar para o mundo exterior. Depois de definir a orientação estratégica do portfólio, você terá tudo o que precisa para determinar as ações do portfólio.

Define as aspirações para sua organização. Aqui, você deixa explícito onde deseja jogar e que tipo de desempenho financeiro espera obter. A direção estratégica consiste em definir que tipo de empresa deseja construir ou se tornar.

Identidade Corporativa

Quem você é

Cultura Organizacional

Como seus valores o guiam

Define os principais comportamentos que as pessoas da empresa precisam ter para implementar a direção estratégica escolhida. Aqui você descreve quais facilitadores implementará para viabilizar a cultura que deseja.

Imagem da Marca

O que você diz sobre o que você faz

Define como você deseja que o mundo exterior o perceba. Isso inclui clientes, stakeholders, acionistas e mídia. Sua imagem externa desejada deve estar alinhada com sua direção estratégica e cultura organizacional.

Guia de Portfólio

Sua orientação estratégica fornece um contexto claro para a gestão do portfólio. Ajuda a definir sua orientação para alocação de recursos e ações do portfólio. A orientação do portfólio fornece limites explícitos para entender o que focar e o que não focar, em que investir e desinvestir ou o que explorar e não explorar.

GUIA GERAL
Define...

- ☐ filosofia de desempenho financeiro (como dividendos seguros, desempenho em crescimento etc.)
- ☐ arenas para longo prazo (como mercados, regiões geográficas, tecnologias etc.)
- ☐ principais recursos estratégicos e capacidades a serem desenvolvidos (como recursos tecnológicos, fundações de modelos de negócios etc.)

GUIA EXPLORE

- ☐ metas de desempenho financeiro de curto prazo
- ☐ metas de aprimoramento do modelo de negócios (como investimentos em tecnologia, mudanças nos modelos)
- ☐ desenvolver ou melhorar propostas de valor para o portfólio existente

Retorno (+)

Risco de Extinção & Disrupção (-)

GUIA DESBRAVE

- ☐ diretrizes de desempenho para priorizar projetos de desbravamento (como tamanhos de oportunidade, de mercados, de economia de custos etc.)
- ☐ limites de desbravamento e ajuste estratégico (como novas arenas ou não, novos modelos de negócios ou não, novas tecnologias ou não etc.)
- ☐ principais recursos e capacidades a serem priorizados (como recursos de tecnologia, fundações de modelos de negócios etc.)

Retorno Esperado (+)

Risco de Inovação (-)

GUIA DE TRANSFERÊNCIA
Define...

- ☐ a governança de como os projetos desbrave serão integrados às divisões de lucros e perdas existentes ou como novos serão criados
- ☐ a governança de como os projetos desbrave serão protegidos de serem engolidos por modelos de negócios estabelecidos dominantes

GESTÃO DO PORTFÓLIO

Quiz do Funil do Portfólio

Em quantas equipes de projeto uma empresa precisaria investir US$100 mil para produzir, pelo menos, um sucesso desproporcional (como um novo negócio de US$500 milhões)?

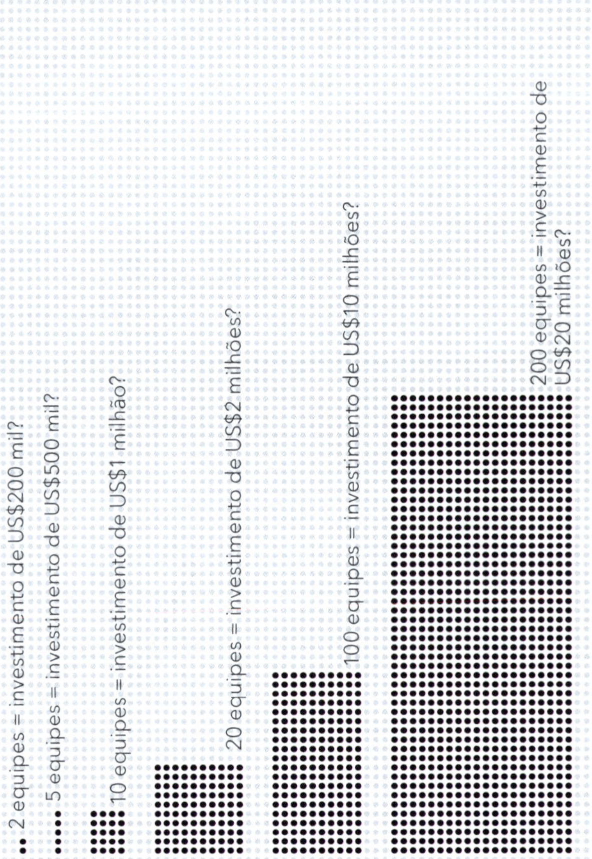

Se investirmos US$100 mil em cada um de ______ projetos, [A]______ falharão, [B]______ terão um pouco de sucesso e [C]______ se tornarão um novo mecanismo de crescimento.

Respostas a seguir →

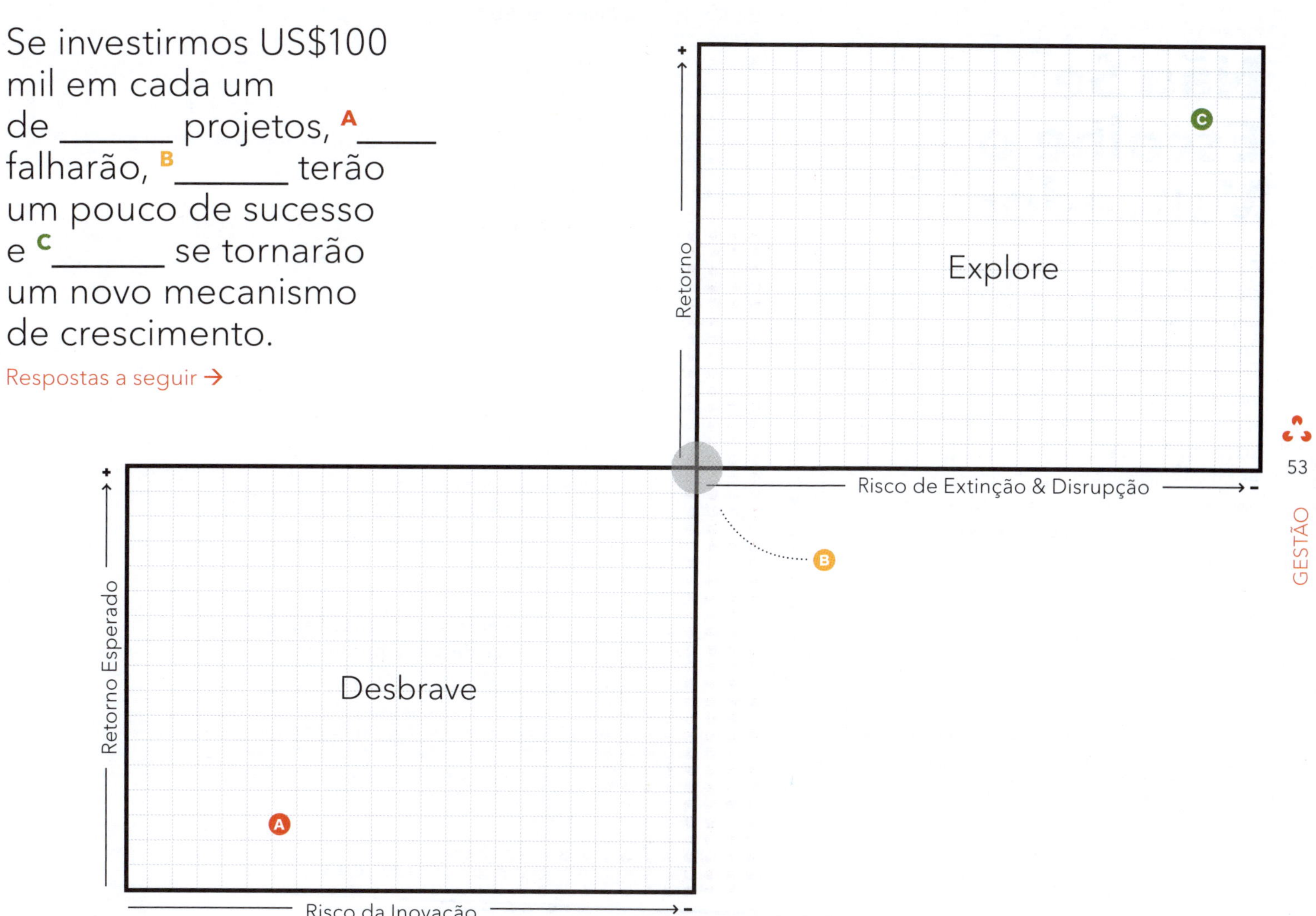

Não Se Escolhe o Vencedor

As estatísticas desta página decorrem de investimentos de capital de risco em estágios iniciais em startups. Esses dados fornecem um proxy muito bom para estimar a ordem de magnitude em relação à taxa de sucesso/falha em organizações estabelecidas. A proporção pode ser ainda mais extrema se assumirmos que as empresas estabelecidas são frequentemente menos inovadoras e mais avessas ao risco do que as startups.

Distribuição de Retorno do Capital de Risco nos EUA
2004-2013
As estatísticas do investimento em capital de risco em estágio inicial mostram que a maioria desses investimentos não retornará capital ou só fornecerá retornos pequenos.

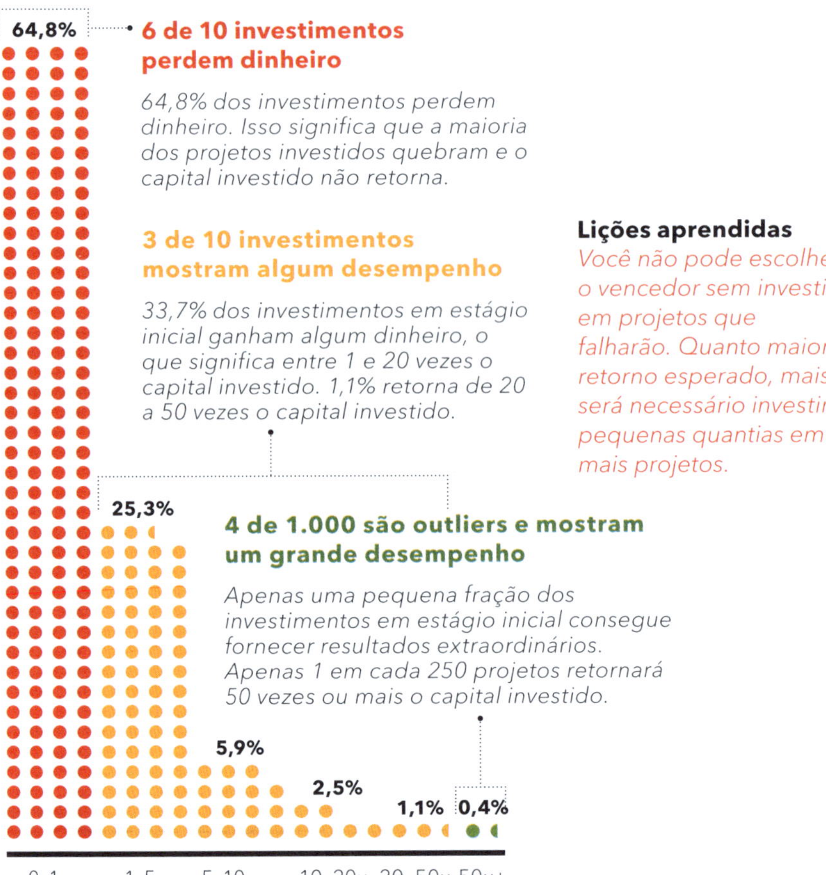

Lições aprendidas
Você não pode escolher o vencedor sem investir em projetos que falharão. Quanto maior o retorno esperado, mais será necessário investir pequenas quantias em mais projetos.

Se investirmos US$100 mil em cada um de _250_ projetos, A _162_ falharão, B _87_ terão um pouco de sucesso e C _1_ se tornará um novo mecanismo de crescimento.

Retorno +

Explore

C

Risco de Extinção & Disrupção –

Funil da Inovação

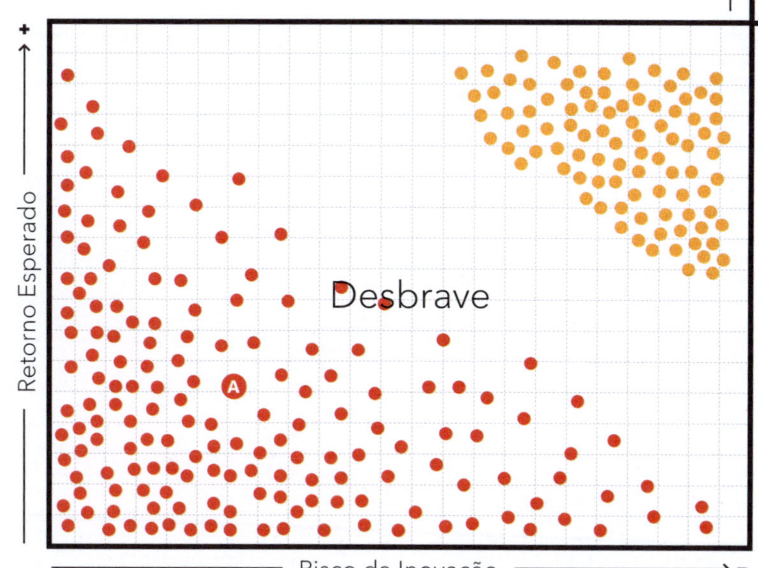

Financiamento Medido

B O processo tradicional mune as equipes de um bom orçamento inicial para implementar todo o projeto, levando a apostas arriscadas em ideias não comprovadas. Em inovação, não se sabe o que funciona.

No mundo das startups e do capital de risco, os riscos e as incertezas são conhecidos e os investimentos são distribuídos no portfólio de projetos, combinados ao financiamento medido que dá às equipes capital em uma série de rodadas. Só ideias sólidas ficam e recebem financiamento posterior. Ou seja, muitas ideias recebem pouco dinheiro de início. De todas, apenas aquelas com apelo e evidência suficientes recebem financiamento de acompanhamento, as que não funcionam são eliminadas.

Resultados Menores, Menos Apostas

Nem todo investimento precisa produzir discrepâncias. Uma pequena ou média empresa (PME), por exemplo, fica satisfeita com um novo negócio alinhado com suas receitas e lucros atuais. Ou uma divisão ou unidade de negócios de uma empresa estabelecida não precisa produzir as expectativas de crescimento que a empresa em geral tem. O que permanece constante, no entanto, é que você não pode escolher o vencedor. Você precisa investir em pelo menos quatro projetos se quiser ter algum tipo de retorno além do capital investido. As estatísticas preveem um retorno entre 1x e 5x. Apenas 6 em 100 produzem um retorno de 5x a 10x.

Se investirmos US$100 mil em cada um de _10_ projetos, A _6_ falharão, B _3_ terão um pouco de sucesso e C _1_ se tornará um novo mecanismo de crescimento.

Funil da Inovação

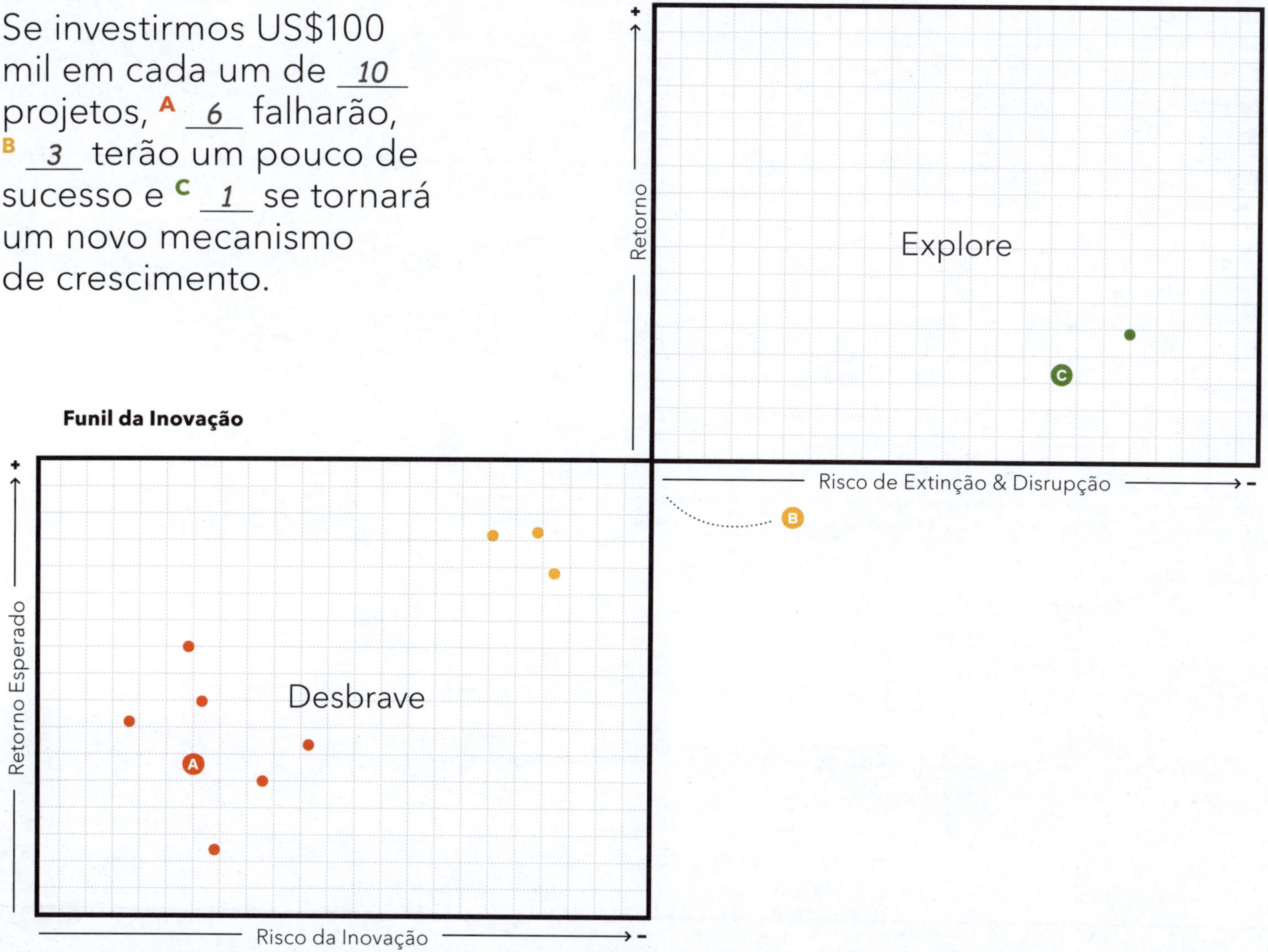

+
Retorno
Explore
C
Risco de Extinção & Disrupção -
B

+
Retorno Esperado
Desbrave
A
Risco da Inovação -

TUDO QUE VOCÊ TOCAR NÃO VAI VIRAR OURO
FAÇA VÁRIAS PEQUENAS APOSTAS PARA ACERTAR UMA

Exemplo de Portfólio
2008 ~~~ 2018

Amazon

"Fracasso e invenção são companheiros inseparáveis", diz Jeff Bezos, CEO da Amazon. O aprendizado vem dos erros, e compreender isso foi essencial para o sucesso desenfreado da Amazon. Essa empresa conseguiu construir a cultura de toda a organização abraçando o fracasso desde a liderança e incentivando cada funcionário a experimentar.

Bezos entende que o caminho para o sucesso está repleto de falhas. A sagacidade da estratégia da Amazon é a capacidade de criar valor a partir de uma cultura de fracasso. Externamente, acostumou os investidores a muitas falhas dispendiosas, de modo que o valor da empresa não se vincula às perdas, mas aos potenciais sucessos. Internamente, recompensa os funcionários que tomam a iniciativa de buscar algo que está longe de ser certo, tornando "aceitável correr riscos, se esforçar e falhar".

Bezos também diz que quanto maior a Amazon se torna, maiores são suas falhas. Para que uma empresa ultrapasse seus limites inovadores, falhas menores "seguras" não surtem efeito. Cometer muitos erros, até falhas desastrosas (prejuízo de US$170 milhões com o Fire Phone), é o que manterá a Amazon relevante no futuro.[1]

Leia mais sobre a cultura de inovação da Amazon na p. 302.

✓ Marketplace da Amazon		✓ Amazon Web Service
	2007	
Lança Fulfilment by Amazon (FBA)		Lança o Amazon AWS
	2005	
		Instalação do satélite hub na África do Sul
Lança entrega grátis para pedidos acima de US$99		
	2003	
Os leilões são encerrados		Destina equipe de 57 pessoas para construir "infraestrutura mundial"
Vários fornecedores saem de leilões; conflito varejo vs leilões		Bezos determina que a tecnologia seja "boa o suficiente para uso externo"
Lança o marketplace		
zShops são encerrados	2001	Problemas com a implementação oportuna de tecnologia / infraestrutura
Lança mini zShops para outros varejistas no site da Amazon		
Cria um site de leilão conjunto para produtos de alta qualidade com a Sotheby's		Cria o merchant.com para que terceiros criem site de vendas online
Compra o LiveBid para permitir a transmissão de leilões ao vivo		
	1999	
Lança o Amazon Auctions		
Projeto secreto para construir um site de leilões do zero para competir com o eBay		

Abrace o Fracasso para que os Vencedores Surjam
Esta é uma seleção de negócios que a Amazon desbravou e desligou desde 2001.

JEFF BEZOS
Fundador & CEO da Amazon

"As grandes vitórias compensam milhares de experiências fracassadas."

× Amazon Wallet

× Endless.com

× Amazon Music Importer

× Amazon Destination

× zShops

× Amazon Local Register

× Kozmo.com

× Amazon Spark

× Askville

× Instant Pickup

× Amazon Local

× Dash Buttoms

× Testdrive

× Leilões

× Quidsi

× Storybuilder

× Webpay

× Fire Phone

× Webstore da Amazon

× Amazon Restaurants

Ping An

Em 2008, Peter Ma, fundador da Ping An Insurance (Group) Company of China, Ltd., começa a transformar o conglomerado financeiro em uma empresa de tecnologia. A Ping An constrói um funil de inovação para transcender as fronteiras do setor e competir em cinco áreas diferentes, além do setor bancário e de seguros.

A Ping An Insurance Company of China, Ltd., fundada em 1988 por Peter Ma, é um conglomerado financeiro cujas subsidiárias lidam com seguros, serviços bancários e financeiros. Em 2007, era o segundo maior fornecedor de seguros da China.

Em 2008, Peter Ma passou a Ping An de uma instituição financeira para uma empresa de tecnologia. Construiu um funil de inovação para transcender as fronteiras do setor e competir em cinco áreas distintas, além de bancos e seguros.

Em 2008, foi classificada em 462 na *Fortune* Global 500. Em 2019, ficou em 29º lugar e foi a terceira empresa de serviços financeiros mais valiosa do mundo.[2]

Disrupção Antecipada

A crise financeira global de 2008 fez com que a Ping An percebesse o quão vulnerável era às disrupções. A empresa decidiu mudar a estratégia e os modelos de negócios para criar resiliência no sistema.

PETER MA

Fundador e CEO da Ping An Insurance

Direção Estratégica

Em 2008, a Ping An muda sua direção estratégica de um conglomerado financeiro para uma empresa de tecnologia, na qual suas capacidades podem ser usadas em diversos setores, passando de uma estratégia única para múltiplos ecossistemas: finanças, saúde, serviços automotivos, imóveis e ecossistemas de cidades inteligentes.

Cultura Organizacional

Para ser um gigante da tecnologia, Ping An entende que eles precisam pensar e agir como uma startup, priorizando as startups de tecnologia em seu ecossistema – agora valendo um terço do valor da empresa. Eles até contrataram uma coCEO, Jessica Tan, encarregada de conduzir a transformação da tecnologia da Ping An e dedicada a idear e gerenciar as startups no portfólio da Ping An.

Assim como uma startup, a Ping An reconhece que há áreas em que eles não têm experiência, mas não têm medo de tentar. A Ping An fundou startups em novos setores que falharam rápido, aprendeu com seus erros e transformou essas startups fracassadas em versões mais bem-sucedidas.

Imagem da Marca

A Ping An não vê mais a empresa como um provedor de serviços financeiros; pelo contrário, está evoluindo para uma organização com conjuntos de habilidades e capacidades adaptáveis que podem resolver problemas em qualquer setor. A Ping An quer redefinir as linhas do setor e ser vista como líder de uma empresa de tecnologia em uma variedade de setores, como imóveis, serviços automotivos e até entretenimento. Assim como outras startups de tecnologia, a Ping An mede o sucesso em termos de usuários ativos online.

Guia Explore
Na última década, a Ping An investiu US$7 bilhões na Ping An Technology, desenvolvendo as quatro principais tecnologias consideradas críticas para o futuro dos serviços financeiros:[3] reconhecimento cognitivo, IA, blockchain e nuvem. Essas tecnologias dão nova vida aos principais serviços financeiros da Ping An, aumentando os lucros e diminuindo o risco de disrupção.

Mudança de Receita nas Empresas Existentes, de 2008 a 2018

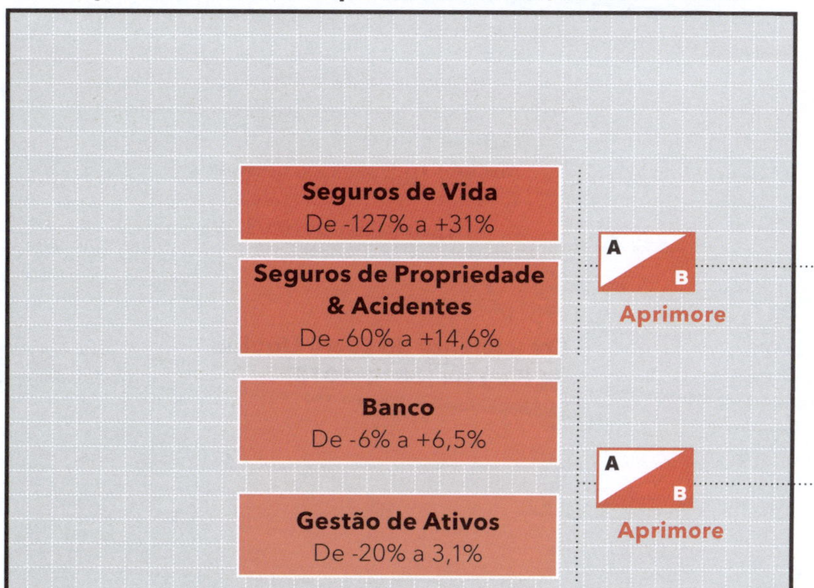

Em 2014, a **Ping An Property & Casualty Insurance** criou o app Ping An Auto Owner, com IA e telemática, para rastrear o comportamento do motorista, a fim de ajustar preços e riscos. Redefiniu a relação com os clientes, tornando um produto passivo em que compensa o bom comportamento. Por meio do app, a Ping An reduz o tempo médio de resposta de um pedido de indenização para 168 segundos, sem operação manual de back-end. A partir de 2019, o app tinha 16 milhões de usuários ativos mensais, no topo da lista de apps de serviço automotivo da China.[4]

A Ping An levou quatro anos para desenvolver uma tecnologia proprietária de IA para empréstimos e detecção de fraudes. Em 2017, o programa detectava mentiras nas microexpressões de candidatos com 90% de precisão. Isso é usado na aprovação de empréstimos no lugar das pontuações de crédito, dando à Ping An acesso a um novo segmento de clientes: 40% dos consumidores chineses que não possuíam pontuação de crédito. A tecnologia ajuda a reduzir as perdas de crédito em 60%, com precisão maior que outras abordagens.[5,6]

Desbravando o Futuro

Desde a mudança estratégica da Ping An, em 2008, eles se comprometeram a gastar 1% da receita em P&D (~ 10% do lucro) ao ano.[7] Isso estabeleceu a Ping An Technology como o braço de incubadora de tecnologia do Ping An Group. Ela financiou as startups mais bem-sucedidas do grupo enquanto revolucionava os serviços financeiros da Ping An. Até 2028, ela espera ter gasto US$21 bilhões em P&D para apoiar sua estratégia de evoluir para uma gigante da tecnologia.[8]

Esse firme compromisso com o investimento em pesquisa e desenvolvimento, com uma cultura ágil de "pode fazer", permitiu à Ping An ter um forte pipeline de inovação, resultando em um portfólio diversificado de exploração que agora vale um terço do valor da marca. Isso inclui onze startups de tecnologia. Duas estão listadas (Lufax, Autohome) e quatro, avaliadas em mais de US$1 bilhão (Lufax, Good Doctor, Autohome e OneConnect).[9]

JESSICA TAN
CoCEO do Ping An Group

Medindo o Sucesso

As plataformas mais bem-sucedidas da Ping An são as que adotaram a estratégia de ecossistema de "balcão único" para os clientes, melhorando a experiência do usuário online e alinhando os casos de uso às suas necessidades. A Ping An rastreia o envolvimento do usuário para medir o sucesso dos negócios. Em 2019, os usuários ativos anuais atingiram 269 milhões, traduzidos em 2,49 serviços online por usuário.[10]

Good Doctor (2014)

Ping An percebeu que as necessidades médicas na China eram mal atendidas e viu uma oportunidade de reforçar o ecossistema. A Good Doctor foi desenvolvida por Wang Tao, ex-PV do grupo Alibaba. Ele ingressou em 2013 como CEO da Ping An Health, com o objetivo de criar o maior app médico da China. A Good Doctor agora é a maior plataforma de assistência médica online da China, com mais de 265 milhões de usuários. Fornece consultas online 24h por dia por meio de IA. A Good Doctor tornou-se de capital aberto em 2018 com um IPO de US$1,12 bilhão.[11]

Crescimento do Lucro Líquido da Ping An (2010-2018)
Em bilhões (De Yuan)

US$23 bilhões

Oneconnect (2015)
A tecnologia proprietária da Ping An tornou-se tão avançada que foi reunida em uma plataforma em nuvem conhecida como OneConnect, fornecendo soluções de fintech para outras instituições financeiras. Em 2018, a OneConnect prestava serviços para 3.289 instituições financeiras, incluindo 590 bancos, 72 seguradoras e 2.627 instituições não bancárias em toda a China. Agora foi lançada no resto da Ásia e Europa.

Autohome (2016)
A Ping An assumiu uma participação majoritária (US$1,6 bilhão) na Autohome, uma plataforma australiana de O2O. Fez melhorias na plataforma, integrando produtos de dados, como recomendação inteligente, vendas online inteligentes e marketing inteligente para ajudar fabricantes de automóveis e revendedores a aumentar as taxas de conversão.[15]

Autohome (2019)
Avaliada em US$10 bilhões. No primeiro semestre de 2019, registrou um rápido crescimento, com receita total de RMB3.921 milhões, um aumento de 24,2% ano a ano. O app teve uma média de 38 milhões de visitantes diários em 2019[12,13].

Explore 2019

A

A

Investir

Good Doctor (2019)
62,7 milhões de usuários ativos mensais.

Oneconnect (2019)
Produtos de gestão de risco usados 721 milhões de vezes.

Lufax (2019)
11,58 milhões de usuários investidores ativos.

Desbrave 2008-2018

A

A

Transferir

A

Retirar

A

Idear

Ping HaoChe (2013-2016)
Plataforma de vendas de automóveis usados O2O conectando montadoras e revendedores. Um ano após o lançamento, com US$200 milhões de custos irrecuperáveis, foi extinta.[14]

Lufax
A Lufax é um exemplo de como a Ping An conseguiu fornecer serviços financeiros a um segmento do mercado inacessível até fazer a transição para uma empresa de tecnologia. Ela combina mutuários e credores, fornecendo à classe média mais de 5 mil produtos financeiros para investimentos de até US$1.000. A Lufax usa IA (robô consultor) para cortar custos operacionais e otimizar interações, abrindo um mercado novo de investidores para a Ping An. Atualmente, está avaliada em US$5 bilhões, com a Ping An detendo 41%.[10]

Ping Haufang (2014-2018)
Uma única empresa para vendas de imóveis residenciais, aluguel, investimento imobiliário e empreendimentos. Falhou porque não conseguiu captar a complexidade do setor, um ecossistema em que a Ping An não tinha experiência, mas estava disposta a tentar.

PESQUISA & DESENVOLVIMENTO DE NEGÓCIOS

P&D de Negócio

A inovação é uma profissão jovem e emergente, que difere substancialmente da administração de um negócio, e não é a mesma que a pesquisa e o desenvolvimento tradicionais. Por ser uma disciplina tão jovem, persistem alguns conceitos equivocados que, infelizmente, impedem as organizações de investirem nela da maneira certa. Descrevemos cinco equívocos a que vimos líderes seniores se apegarem.

Equívoco #1

Inovação = Novas tecnologias e P&D.

Realidade

A tecnologia pode ou não ser relevante para uma inovação específica.

Inovação, antes de tudo, diz respeito a desbravar novas maneiras de criar valor para os clientes e para a organização. Isso é mais amplo do que apenas inovação baseada em tecnologia. O Nintendo Wii, por exemplo, era uma plataforma tecnológica inferior quando foi lançado, e ainda assim causou a disrupção do setor de jogos. (cf p. 240).

Equívoco #2

Inovação = Achar a ideia perfeita.

Realidade

Boas ideias são simples.

A parte mais difícil da inovação é o processo de busca e iteração de modelar e adaptar ideias até encontrar uma proposta de valor concreta que interesse aos clientes, incorporada a um modelo de negócios que pode ser escalado de maneira lucrativa. Finalmente, para reduzir o risco, você não deve apostar em poucas ideias ousadas que parecem boas, mas criar um portfólio no qual desbrave muitas ideias, para que surjam as melhores.

Inovação de Sucesso = (P&D)* + P&D de Negócios + Execução[16]

Equívoco #3

Inovação = Criar produtos (e serviços) que os clientes adoram.

Realidade

Produtos, serviços e propostas de valor relevantes para os clientes são um pilar da inovação, mas insuficientes por si só.

Sem um modelo de negócios escalável com lucro, até os melhores produtos fracassam. Todos os tipos de inovações, da eficiência à inovação transformadora, exigem um modelo de negócios sustentável.

Equívoco #4

Inovação = Gênio criativo que não se aprende.

Realidade

Inovação não é magia que depende de gênio criativo.

Transformar ideias inovadoras em resultados de negócios é uma arte e uma ciência que podem ser aprendidas. Alguns aspectos, como ferramentas, padrões de modelo de negócios ou testes, podem ser aprendidos "na sala de aula". Outros, como transformar evidências de testes em melhores propostas de valor e modelos de negócios, são mais uma "arte" (isto é, reconhecimento de padrões) e vêm da experiência.

Equívoco #5

Inovação = Negócios e estratégia, como de costume.

Realidade

A maioria das organizações faz pesquisa e desenvolvimento tradicional há décadas.

No entanto, o que funcionou no passado não é adequado para o futuro. Modelos de negócios e propostas de valor estão expirando mais rápido do que nunca, os limites do setor estão desaparecendo e os concorrentes vêm cada vez mais de lugares inesperados. É hora de um novo tipo de pesquisa e desenvolvimento de negócios na agenda estratégica.

Guia

As atividades que uma empresa realiza para identificar, criar, testar, arriscar e investir em um portfólio de novas oportunidades de negócios. As oportunidades vão desde melhorar os negócios existentes até desbravar radicalmente os novos. O cerne da pesquisa e desenvolvimento de negócios é a arte e a ciência de moldar propostas de valor e modelos de negócios e a identificação e teste de riscos de desejo, praticabilidade, viabilidade e adaptabilidade para cada oportunidade. Complementam a tecnologia tradicional e o P&D de produtos, que se concentram principalmente na praticabilidade.

Desempenho em Inovação e Gastos em P&D

De acordo com um estudo de 2018 da Strategy& da PwC, não há um vínculo direto entre o sucesso da inovação e os gastos em P&D. Por exemplo, a fabricante de automóveis Volkswagen gastou US$15,8 bilhões em P&D e foi a terceira que mais gastou do estudo, sem ficar entre os dez principais inovadores. A Tesla gastou US$1,5 bilhão em P&D, 7% da receita, e ficou em quinto entre as empresas mais inovadoras do estudo.[17]

Os dois primeiros da lista foram bem diferentes. A Apple é a sétima maior investidora em P&D, com US$11,6 bilhões ou 5,1% da receita. A Amazon, segunda classificada, é a investidora número um em P&D, com US$22,6 bilhões ou 12,7% da receita. Empresas farmacêuticas como Roche, Johnson & Johnson, Merck, Novartis, Pfizer e Sanofi são as 20 que mais gastam (de 14% a 25%), mas nenhuma foi classificada entre as 10 principais inovadoras.

O estudo mostra que as dez empresas mais inovadoras superaram as dez que mais gastam em P&D em termos de crescimento de receita, margem bruta e crescimento de capitalização de mercado.

Inovação vs. Gastos[7]

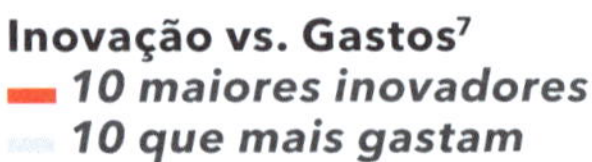

As empresas selecionadas pelo estudo como as mais inovadoras superaram as que mais gastam em P&D.

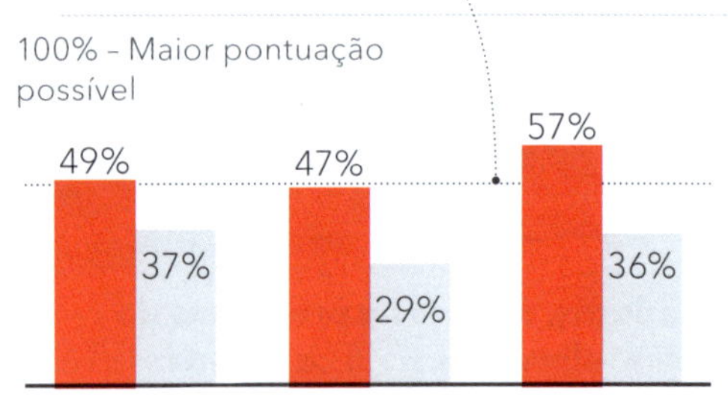

P&D de Negócios em Ação

P&D de negócios não substitui a tecnologia tradicional e P&D de produtos. É complementar. Seu objetivo é criar, explorar e pesquisar novas propostas de valor e de modelos de negócios, e reduzir o risco das hipóteses de negócios subjacentes. P&D de negócios pode recorrer à P&D tradicional, que se concentra mais nos aspectos tecnológicos da praticabilidade.

As principais tarefas de P&D de negócios incluem:

1) Identificação de Oportunidades
Essa é a atividade de varrer o ambiente em busca de oportunidades promissoras para melhorar os negócios existentes ou desbravar os novos. As oportunidades podem surgir da mudança das necessidades dos clientes, inovações tecnológicas, mudanças regulatórias, tendências sociais e muito mais. Também pode incluir a aquisição de concorrentes, startups ou organizações complementares.

2) Modelagem, Teste e Adaptação de Propostas de Valor e Modelos de Negócios Gestão de Portfólio
A maioria dos negócios de P&D é dedicada a testar oportunidades e transformá-las em negócios reais. Isso consiste em moldar, testar e adaptar propostas de valor e modelos de negócios até que sejam relevantes para os clientes e as evidências mostrem que você pode construir e escalar o modelo de negócios de maneira lucrativa.

3) Gestão de Portfólio
Esta última atividade de P&D de negócios consiste em proteger sua empresa de disrupções mantendo um portfólio de negócios (modelo). Isso inclui espalhar suas apostas de inovação em todos os tipos de projetos de inovação e investir cada vez mais naqueles que produzem evidências, além de arquivar aqueles que não o fazem. Isso diversifica o risco e permite que surjam as melhores ideias e equipes.

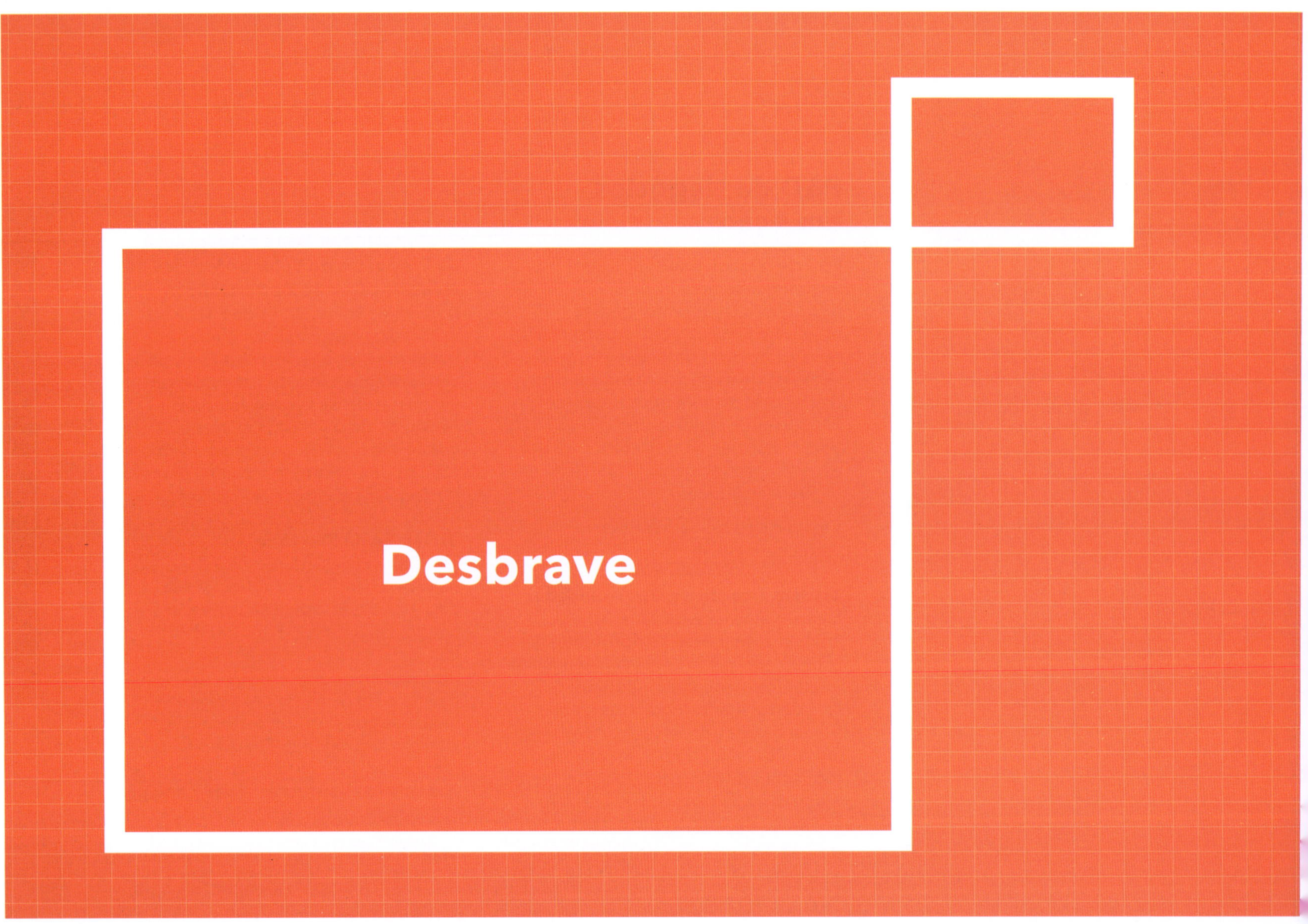
Desbrave

Portfólio Desbrave

Objetiva desenvolver novos mecanismos de crescimento para o futuro e te protege de disrupções externas. Auxilia a redução de risco em novas áreas de negócios que você espera desenvolver e implementar, além de conferir insights suficientes para fazer as melhores aquisições.

Para todos os projetos de desbravar, trabalhe a partir de dois ciclos de iteração principais: a melhoria do design dos negócios para maximizar os retornos esperados e a redução de riscos e incertezas para evitar investir em projetos que não funcionam no mundo real.

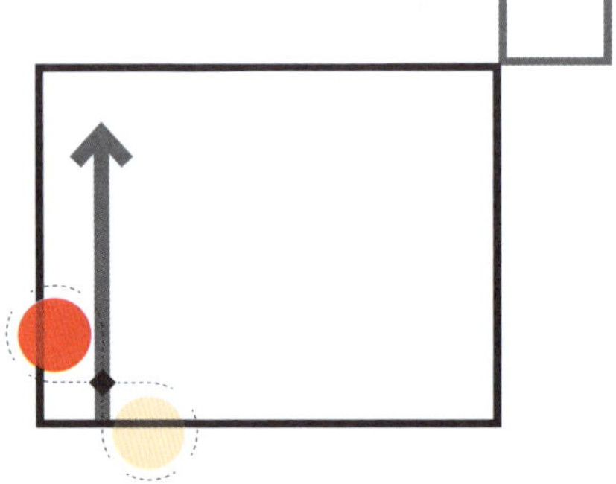

Design do Negócio
Aumento do Retorno Esperado

No ciclo de design de negócios, as equipes moldam e reformulam as ideias de negócios para transformá-las em modelos de negócios com o melhor retorno esperado possível. As primeiras iterações são baseadas na intuição e nos pontos de partida (ideias de produtos, tecnologias, oportunidades de mercado etc.). As iterações subsequentes são baseadas em evidências e insights do ciclo de teste.

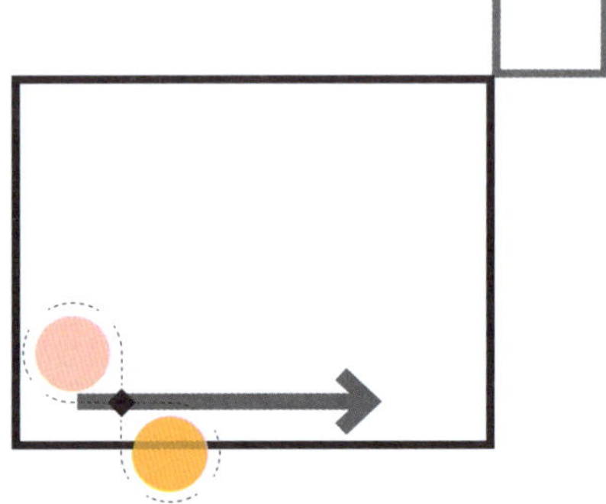

Teste
Redução do Risco da Inovação

No ciclo de teste, as equipes testam várias vezes as hipóteses subjacentes às ideias de negócios até reduzirem seu risco e incerteza a ponto de justificar investimentos maiores. As primeiras iterações são baseadas em experiências rápidas e baratas (como entrevistas e pesquisas para avaliar o interesse do cliente). Experimentos subsequentes e mais sofisticados ajudam a confirmar as percepções iniciais.

Um forte design de modelo de negócios "no papel" não significa necessariamente que uma ideia funciona. Para descobrir se ela vai funcionar, é preciso testar o design do modelo de negócios "no mundo real". Design e teste são dois ciclos que se retroalimentam continuamente.

Desempenho do Design do Modelo de Negócios

Um bom design de modelo de negócios envolve competir além de produtos e serviços inovadores e superiores e preços mais baixos. Diz respeito a criar modelos de negócios que vencem ou até perturbam a concorrência, com base em rentabilidade e proteção superiores. Em todas as etapas da jornada de inovação, você deve se perguntar como criar um melhor modelo de negócios com base no que aprende com o mercado.

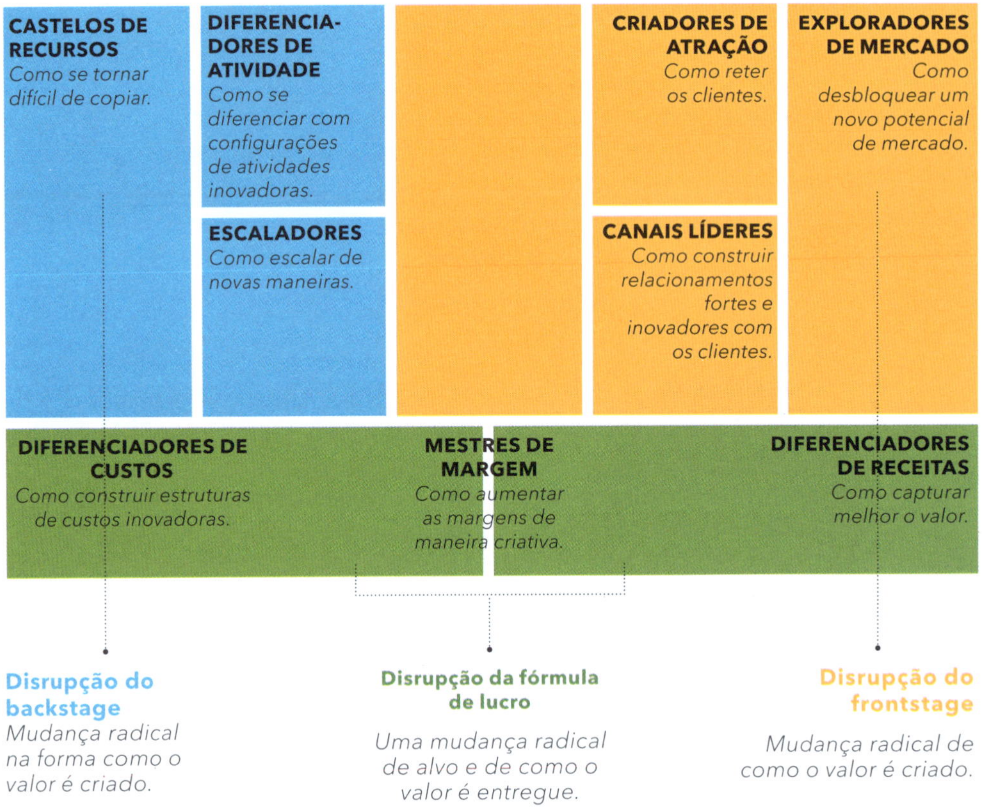

CASTELOS DE RECURSOS
Como se tornar difícil de copiar.

DIFERENCIADORES DE ATIVIDADE
Como se diferenciar com configurações de atividades inovadoras.

ESCALADORES
Como escalar de novas maneiras.

CRIADORES DE ATRAÇÃO
Como reter os clientes.

CANAIS LÍDERES
Como construir relacionamentos fortes e inovadores com os clientes.

EXPLORADORES DE MERCADO
Como desbloquear um novo potencial de mercado.

DIFERENCIADORES DE CUSTOS
Como construir estruturas de custos inovadoras.

MESTRES DE MARGEM
Como aumentar as margens de maneira criativa.

DIFERENCIADORES DE RECEITAS
Como capturar melhor o valor.

Disrupção do backstage
Mudança radical na forma como o valor é criado.

Disrupção da fórmula de lucro
Uma mudança radical de alvo e de como o valor é entregue.

Disrupção do frontstage
Mudança radical de como o valor é criado.

Biblioteca de Padrões de Modelos de Negócios
Para ajudá-lo a aumentar o desempenho do modelo de negócios, veja a biblioteca de nove padrões de modelos de negócios no Capítulo 3. Esses padrões servem como referência e inspiração para ajudá-lo a competir além de produtos, serviços e preços.

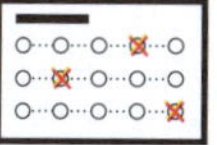

Avalie Seu Design
Também apresentamos uma folha de avaliação nas pp. 213-214 para avaliar o design atual da ideia do modelo de negócios, dos negócios existentes ou da unidade de negócios. Uma pontuação alta indica um forte modelo de negócios. Uma pontuação baixa indica um forte potencial de melhoria. Você também pode usar essa pontuação para avaliar os concorrentes novos e existentes no mercado. Alerta: Um bom design NÃO IMPLICA que "vai funcionar".

Design-Teste

Para desbravar ideias sistematicamente, trabalhe em dois ciclos iterativos: modele ideias com design de negócios e reduza riscos com testes.

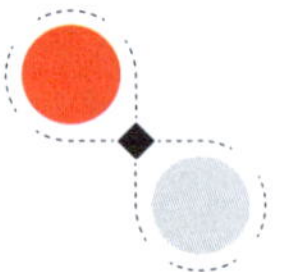

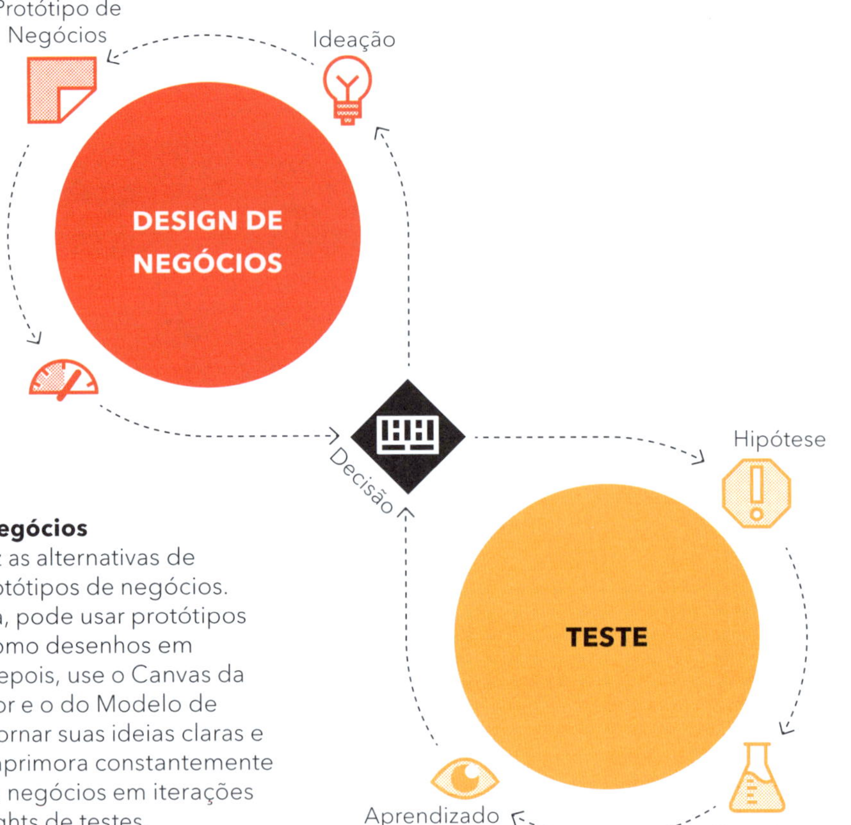

Ciclo do Design de Negócios

No ciclo do design, você formula e reformula a ideia de negócio para transformá-la no melhor modelo possível. As primeiras iterações são baseadas em sua intuição e seu ponto de partida (ideia do produto, tecnologia, oportunidade de mercado etc.). As iterações subsequentes, em evidências e insights do ciclo de teste.

Ideação
Nesta primeira etapa, você tenta encontrar o maior número de alternativas para aplicar a intuição ou os insights iniciais dos testes a fim de transformar a ideia em um negócio mais sólido. Aqui, é importante não se apegar às primeiras ideias.

Protótipo de Negócios
Aqui, você reduz as alternativas de ideação com protótipos de negócios. Quando começa, pode usar protótipos rudimentares, como desenhos em guardanapos. Depois, use o Canvas da Proposta de Valor e o do Modelo de Negócios para tornar suas ideias claras e tangíveis. Você aprimora constantemente os protótipos de negócios em iterações futuras com insights de testes.

Avaliação
Nesta última etapa, você avalia o design dos protótipos de negócios com a folha de avaliação da p. 110. Quando estiver satisfeito com o design dos protótipos, comece a testar em campo ou volte a testar se estiver trabalhando em iterações subsequentes.

STEVE BLANK

Inventor de desenvolvimento de clientes e padrinho do movimento Lean Startup

"Nenhum plano de negócios sobrevive ao primeiro contato com os clientes."

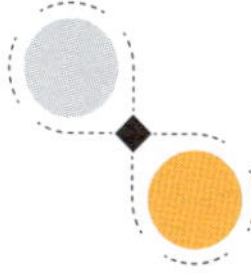

Ciclo de Teste

Toda ideia, produto, serviço, proposta de valor (modelo de negócio ou estratégia) radicalmente nova exige um salto de fé. Se provados falsos, esses aspectos importantes e ainda não comprovados de sua ideia podem representar o êxito ou fracasso dos negócios.

Por esse motivo, é importante dividir sua ideia em partes menores que você pode testar. Você consegue isso explicitando as incertezas e suposições inerentes à sua ideia na forma de hipóteses, que então você prioriza para testar as mais importantes.

Hipótese
O primeiro passo para testar uma ideia de negócio é entender seus riscos e incerteza. Pergunte: "O que precisa ser verdade para essa ideia funcionar?" Essa pergunta explicita as suposições subjacentes de uma ideia na forma de hipóteses testáveis. Em outras palavras, você divide uma grande ideia em partes testáveis.

Experimento
Para reduzir o risco e a incerteza das ideias, não basta explicitar as hipóteses. Não cometa o erro de executar ideias de negócios sem evidências. Teste-as com experimentos, independentemente de quão grandes sejam em teoria. Esse passo impedirá que você persista em ideias que parecem boas, mas não funcionam na prática.

Aprendizado
Nesta última etapa do processo de teste, você analisa as evidências das experiências para apoiar ou refutar suas hipóteses, o que orientará a decisão de insistir, mudar ou matar a ideia.

DESIGN DE NEGÓCIOS

Canvas do Modelo de Negócios

Você não precisa ser um mestre do Canvas do Modelo de Negócios para usar este livro, mas pode usá-lo para transformar ideias em um modelo para definir, testar e gerir riscos. Neste livro, o usamos para definir o desejo, a praticabilidade e a viabilidade de uma ideia. Se quer ir além da sinopse do Canvas do Modelo de Negócios, recomendamos a leitura de *Business Model Generation* ou uma pesquisa online para saber mais.

Segmentos de Clientes
Descreve os diferentes grupos de pessoas ou organizações que deseja atingir e servir.

Proposta de Valor
Descreve o pacote de produtos e serviços que criam valor para um segmento de clientes específico.

Canais
Descreve como uma empresa se comunica e alcança seus segmentos de clientes para entregar uma proposta de valor.

Relacionamento com Clientes
Descreve a relação que a empresa estabelece com segmentos específicos de clientes.

Fontes de Receita
Descreve a renda que a empresa gera de cada segmento de cliente.

Recursos Principais
Descreve os ativos mais importantes necessários para fazer um modelo de negócios funcionar.

Atividades-chave
Descreve o que a empresa deve fazer para que o modelo de negócios funcione.

Parcerias Principais
Descreve a rede de fornecedores e parceiros que fazem o modelo de negócios funcionar.

Estrutura de Custo
Descreve os custos incorridos para operar um modelo de negócios.

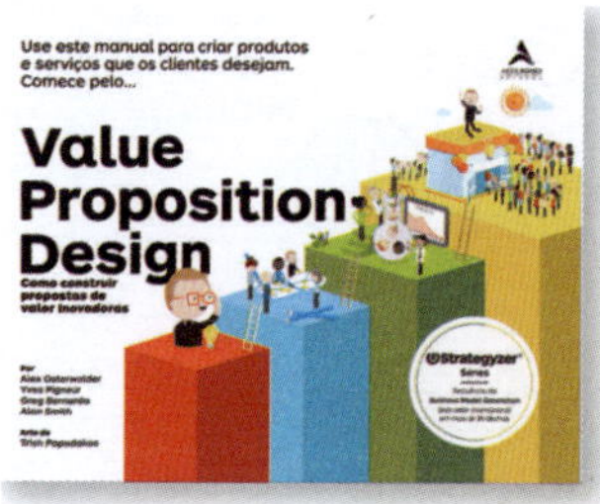

Canvas da Proposta de Valor

O mesmo vale para o Canvas da Proposta de Valor. Você obterá valor deste livro sem ter proficiência em usá-lo, mas fazemos referência a ele para estruturar sua experiência no que diz respeito à compreensão do cliente e à forma como seus produtos e serviços criam valor para ele. Se quer ir além da sinopse deste Canvas, recomendamos a leitura de *Value Proposition Design* ou uma pesquisa online para saber mais.

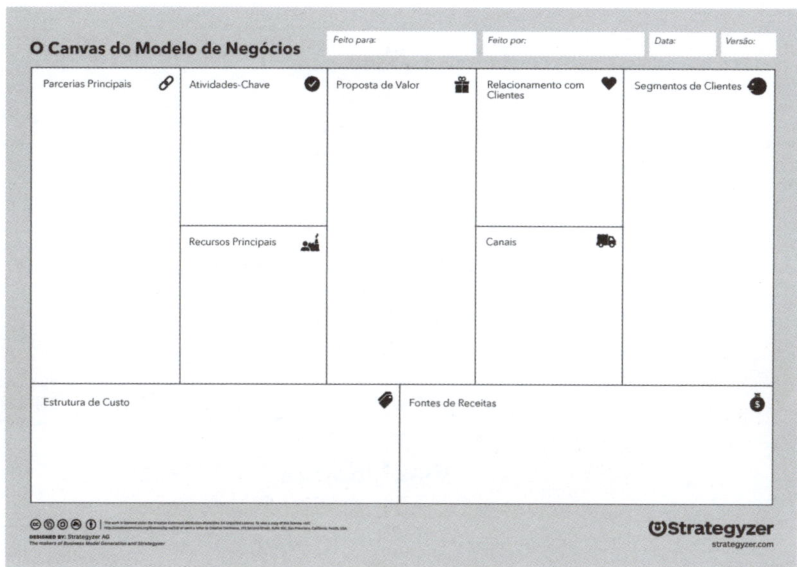

Para conhecer melhor o Canvas do Modelo de Negócios, visite: strategyzer.com/books/business-model-generation.

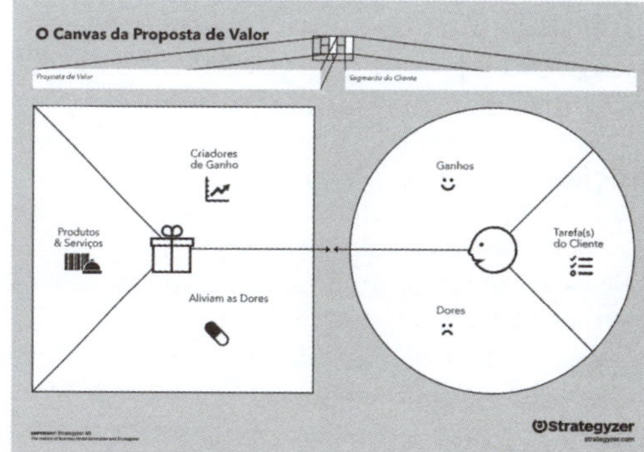

Para conhecer melhor o Canvas da Proposta de Valor, visite: strategyzer.com/books/value-proposition-design.

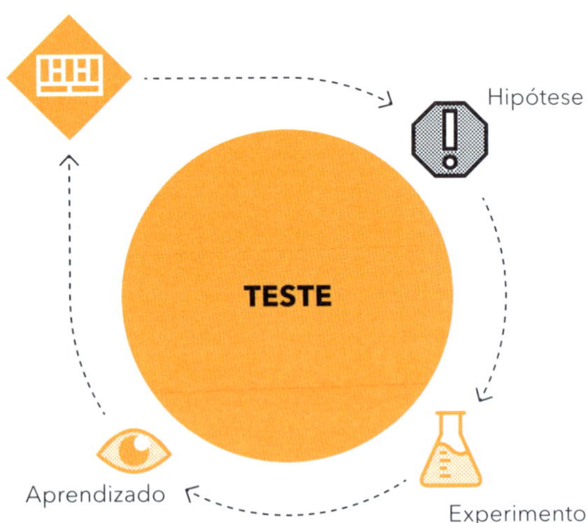

TESTE

Hipótese

A primeira etapa do ciclo de teste é identificar e priorizar as hipóteses críticas subjacentes da ideia de negócio. Isso permite que você defina os riscos mais importantes da ideia para testá-los.

Definição

- *uma suposição na qual a proposta de valor, o modelo de negócios ou a estratégia se baseia.*
- *o que é preciso aprender para entender se a ideia de negócio pode funcionar.*
- *ligada ao desejo, praticabilidade, viabilidade ou adaptabilidade de uma ideia de negócio.*
- *formulada para que possa ser testada e suportada (validada) ou refutada (invalidada) com base em evidências e guiada pela experiência.*

Identificação dos Quatro Tipos de Hipóteses

Para entender o risco e a incerteza da sua ideia, você precisa perguntar: "Quais são todos os elementos que precisam ser verdadeiros para que essa ideia funcione?" Isso permitirá identificar todos os quatro tipos de hipóteses subjacentes de uma ideia de negócio: desejo, viabilidade, praticabilidade e adaptabilidade.

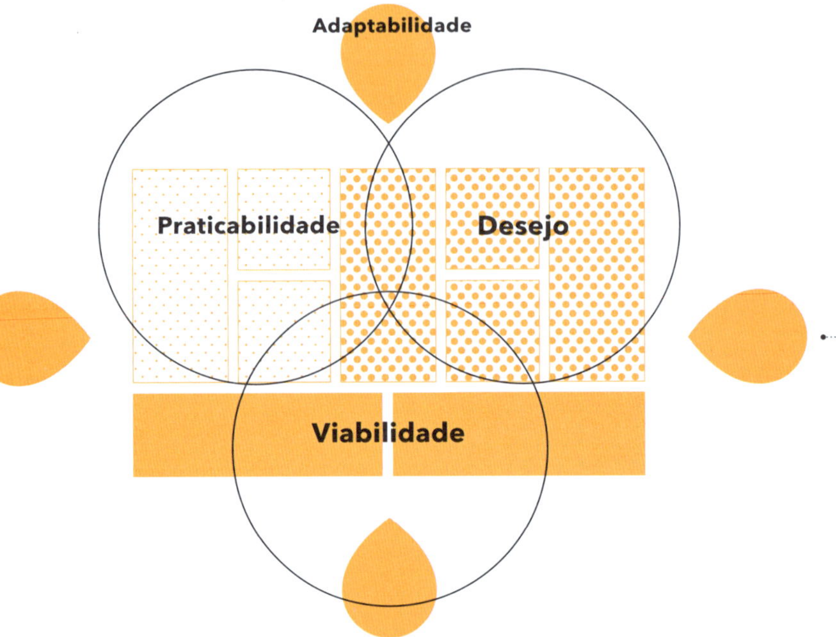

Priorize Suas Hipóteses

Nem todas as hipóteses são iguais. É importante identificar as mais relevantes para as quais você não tem evidências, a fim de testá-las primeiro. Você consegue isso usando uma ferramenta chamada Mapa de Hipóteses, com as dimensões a seguir:

Desejo
O mercado deseja essa ideia?
Use o Canvas da Proposta de Valor e o frontstage do Modelo de Negócios para identificar hipóteses de desejo.

Praticabilidade
É possível escalar?
Use o backstage do Canvas do Modelo de Negócios para identificar hipóteses de praticabilidade.

Viabilidade
A ideia gerará lucro suficiente?
Use as fontes de receita e a estrutura de custos do Canvas para identificar hipóteses de viabilidade.

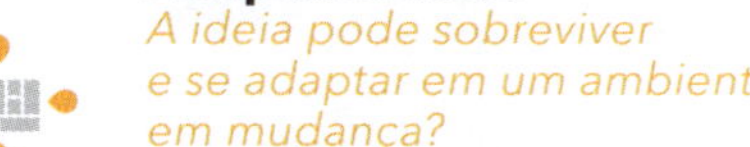

Adaptabilidade
A ideia pode sobreviver e se adaptar em um ambiente em mudança?
Use o ambiente em torno do modelo de negócios para identificar hipóteses de adaptabilidade.

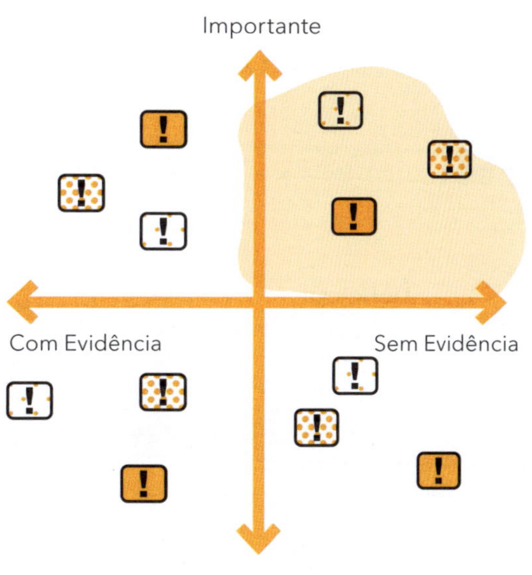

Importância
Pergunte o quão crítica é a hipótese para que a ideia de negócio seja bem-sucedida. Ou seja, se for refutada, seu negócio falhará e todas as outras hipóteses se tornarão irrelevantes.

Existência de Evidência
Pergunte quantas evidências observáveis e recentes em primeira mão você tem – ou não – para apoiar ou refutar tal hipótese.

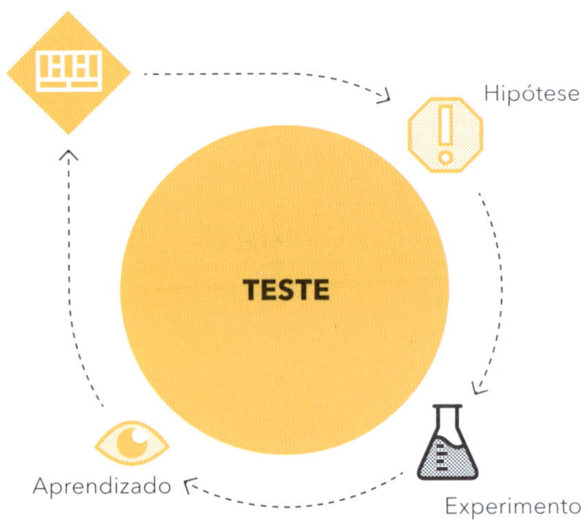

TESTE

Experimento

Redução do Risco da Ideia com Experimentos

Para evitar a criação de algo que ninguém deseja, você precisa testar as ideias cuidadosamente com experiências de negócios. Teste as hipóteses mais importantes primeiro e continue até ter certeza de que a ideia funcionará.

Definição

- *um procedimento para reduzir o risco e a incerteza de uma ideia de negócio.*
- *produz evidência fraca ou forte que apoia ou refuta uma hipótese.*
- *pode ser rápido/lento e barato/caro para conduzir.*

Há inúmeras experiências para testar as ideias. Descrevemos em detalhes 44 experiências de negócios em nosso livro *Testando Ideias de Negócios* (strategyzer.com/test). As experiências podem variar de entrevistas simples a protótipos de discussão, até vendas simuladas, protótipos em funcionamento (os chamados produtos viáveis mínimos, [PVM]) e cocriação com os clientes. Em geral, observamos que a maioria das equipes não testa as ideias e mal vai além das entrevistas. Gostaríamos de convidá-lo a testar as ideias mais detalhadamente em três fases antes de transferi-las para o portfólio de execução e escalá-las.

Para conhecer melhor Testando Ideias de Negócios, *visite: strategyzer.com/test.*

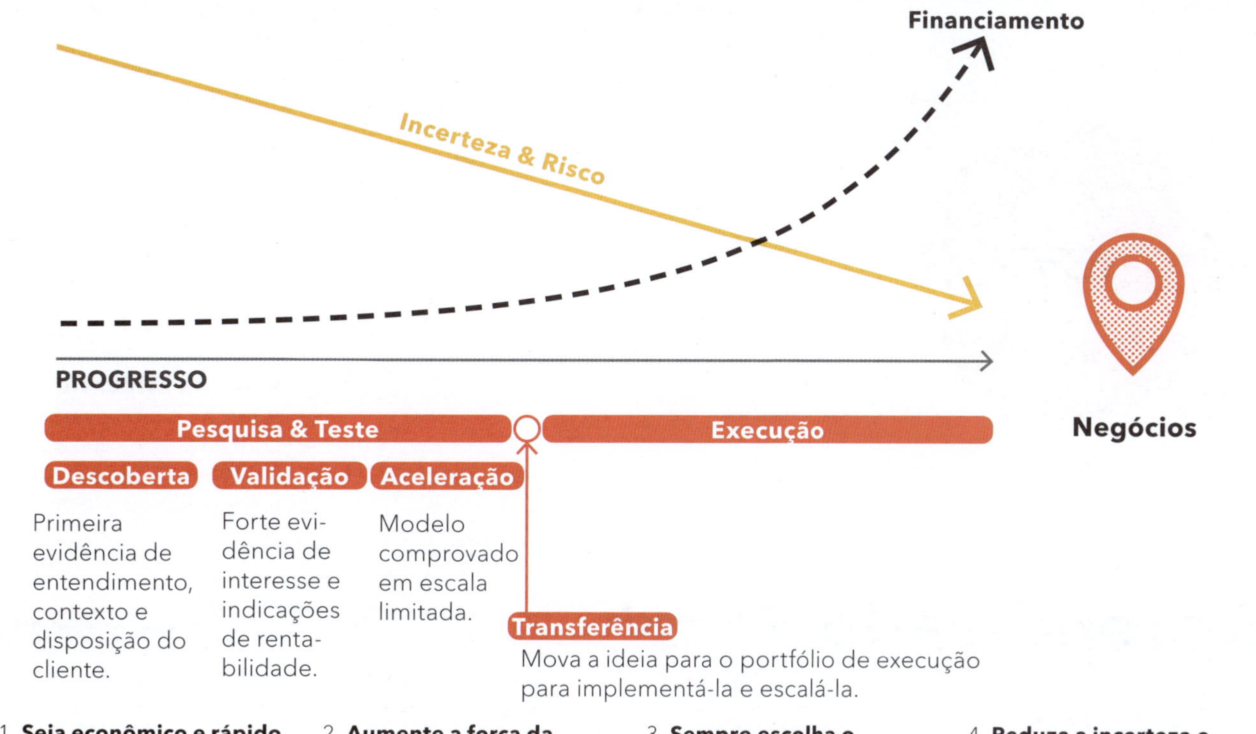

Quatro regras de ouro descritas em Testando Ideias de Negócios *para escolher as experiências ideais para testar suas ideias de negócios.*

1. **Seja econômico e rápido no começo.**
   No início, você geralmente sabe pouco. Fique com experimentos baratos e rápidos para identificar a direção certa. Você pode se permitir começar com evidências mais fracas, porque realizará mais testes depois. Escolha um experimento que seja barato, rápido e ainda gere evidências fortes.

2. **Aumente a força da experiência com múltiplos experimentos para a mesma hipótese.**
   Realize vários experimentos para apoiar ou refutar uma hipótese. Tente aprender sobre ela o mais rápido possível, depois realize mais experimentos para gerar evidências de confirmação mais fortes. Não tome decisões importantes com base em um único experimento ou em uma evidência fraca.

3. **Sempre escolha o experimento que gerar a evidência mais forte, considerando suas limitações.**
   Sempre escolha e planeje o experimento mais forte possível, respeitando o contexto. Quando a incerteza for alta, aja depressa e gaste pouco, mas isso não significa necessariamente que você não possa gerar evidências fortes.

4. **Reduza a incerteza o quanto puder antes de criar qualquer coisa.**
   As pessoas costumam achar que precisam criar algo para começar a testar uma ideia. Muito pelo contrário. Quanto maior for o custo para construir algo, mais experimentos você precisará realizar para mostrar que os clientes realmente têm as tarefas, as dores e os ganhos que imaginam.

TESTE

Hipótese

Experimento

Aprendizado

Aprendizado

A última etapa do Ciclo de Teste diz respeito ao aprendizado, se as evidências dos testes suportam ou refutam as hipóteses de negócios. É a análise de evidências para detectar padrões e obter insights. Quanto mais experimentos você realiza, mais evidências tem, mais fortes elas são e mais confiante você fica sobre seus insights.

Evidência

Evidência é o que você usa para apoiar ou refutar as hipóteses subjacentes da ideia de negócio. São dados obtidos de pesquisas ou de experimentos de negócios. As evidências têm muitas formas e variam de fracas a fortes.

Definição

- *dados gerados a partir de um experimento ou coletados em campo.*
- *fatos que apoiam ou refutam uma hipótese.*
- *pode ser de natureza diferente (por exemplo, cotações, comportamentos, taxas de conversão, pedidos, compras etc.) e pode ser fraca/forte.*

Força da Evidência
A força de uma evidência determina a confiança com que apoia ou refuta uma hipótese. Avalie a força das evidências verificando quatro áreas.

Fraca	Forte
Opiniões (crenças)	Fatos (eventos)
O que as pessoas dizem	O que as pessoas fazem
Ambiente de laboratório	Ambiente de mundo real
Pequenos investimentos	Grandes investimentos

Suporte *Obscuro* *Refutação*

Insights

As ideias são o resultado do estudo das evidências. Você precisa procurar padrões que apoiem ou refutem as hipóteses testadas.

Definição

- *o que se aprende estudando as evidências.*
- *aprendizado relacionado à validade de hipóteses e potenciais novas direções.*
- *base para tomar decisões de negócios informadas e agir.*

Nível de Confiança
Indica o quanto você acredita que a evidência é forte o suficiente para apoiar ou refutar uma hipótese específica.

0 0,1 0,2 0,3 0,4 0,5 0,6 0,7 0,8 0,9 1,0

Nada Confiável *Muito Confiável*

Muito confiável
Atinge esse nível se realizou vários experimentos, dos quais pelo menos um é um teste de apelo à ação que produziu evidências muito fortes.

Relativamente confiável
Atinge esse nível se realizou vários experimentos que produzem evidências fortes ou um com chamada para ação particularmente forte.

Não muito confiável
É preciso fazer experimentos cada vez mais fortes se tiver realizado apenas entrevistas ou pesquisas nas quais as pessoas dizem o que farão. Elas podem se comportar de modo diferente na prática.

Nada confiável
É preciso testar mais se tiver realizado apenas um experimento que produz evidências fracas, como uma entrevista ou pesquisa.

EVITE OS GRANDES ERROS, OU SERÁ ANIQUILADO

ACEITE OS PEQUENOS ERROS, OU SERÁ ANIQUILADO

DEFINIÇÃO

Métricas de Inovação

Na inovação, a principal tarefa não é medir se você está dentro do prazo e do orçamento, que são as principais métricas de um projeto de execução. Em inovação e desbravamento, é crucial avaliar se você reduz o risco e a incerteza de novas ideias de negócios antes de investir e escalar.

Desbrave	⟷	Explore
Pesquisa e descoberta	**Objetivo**	Execução e escala
Baixa	**Previsibilidade**	Alta
Redução do risco e da incerteza das novas ideias	**Indicadores-chave de Performance (KPIs)**	Conforme o prazo e o orçamento
Aprendizado e adaptação	**Atividade-chave**	Planejamento e implementação
Ok (barato e rápido)	**Falha**	Não é uma opção
Investimento para aprendizado	**Custo das Falhas**	Perda = Punição
ROI esperado	**Finanças**	ROI real

Para cada projeto de desbravamento, observe quatro Indicadores-chave de Performance (KPIs):

- *Risco e Incerteza*
  Quanto você reduziu os riscos de uma ideia até agora? Quanto risco resta?
- *Lucro Esperado*
  Qual é o impacto financeiro da ideia?
- *Velocidade de Aprendizado e Tempo Gasto*
  Quanto tempo você gastou até agora? Quanto aprendeu durante esse período?
- *Custo*
  Quanto você gastou para testar a ideia?

O risco e a incerteza são avaliados em diferentes níveis:

1. Nível da Hipótese

Ao segmentar uma ideia, os riscos são entendidos e testados em um nível mais granular. Chamamos isso de hipóteses subjacentes da ideia. Em outras palavras, o que precisa ser verdadeiro para que a ideia funcione. Se você não possui evidências recentes para apoiar ou refutar uma hipótese, precisa testar para reduzir o risco e a incerteza.

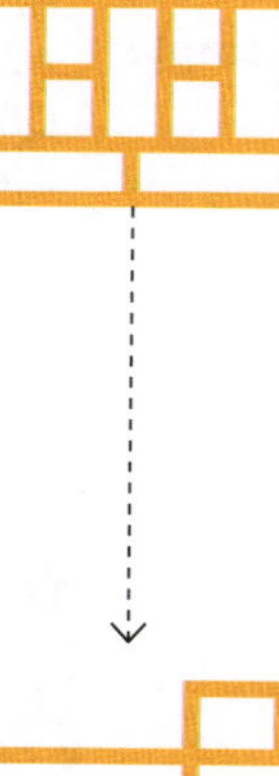

2. Nível do Modelo de Negócios

No nível do modelo de negócios, você analisa todas as hipóteses importantes subjacentes da ideia. Quanto mais hipóteses não comprovadas tiver, mais arriscada será a ideia. Para eliminar os riscos de uma ideia, é preciso testar as hipóteses mais importantes até ter certeza de que a ideia funciona.

3. Nível do Portfólio

No nível do portfólio, você analisa todas as ideias que tem atualmente e o quanto diminuiu os riscos até agora. Você também analisa o potencial financeiro de cada uma.

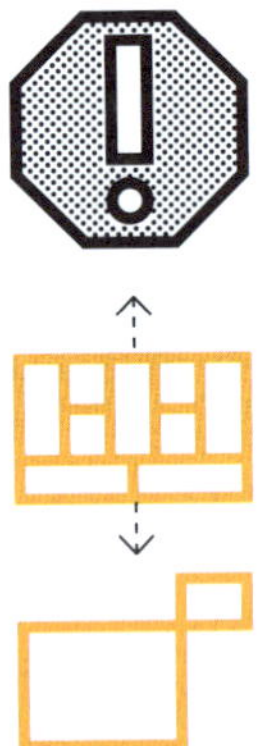

MÉTRICAS DE INOVAÇÃO

90

GESTÃO

Nível da Hipótese

No nível da hipótese, você captura tudo relacionado a uma hipótese específica em termos de experimentos realizados e insights obtidos.

	Hipótese	Registro do Experimento
Dados	Declaração da hipótese	• Descrição do experimento • Métricas de sucesso • Critérios de sucesso
Tipos	• Desejo • Praticabilidade • Viabilidade	• Laboratório vs. mundo real • Dizer vs. fazer
Métricas	Status	• Custo • Tempo de execução
Exemplo	*HIPÓTESE 1: ACREDITAMOS QUE AS PESSOAS COMPRARÃO SAPATOS ONLINE (DESEJO 1)*	*EXPERIMENTO 1 : LANDING PAGE* *MÉTRICA: % DE CLICKS NO BOTÃO "COMPRAR SAPATOS"* *SUCESSO: % DE CLICKS NO BOTÃO "COMPRAR SAPATOS" > 10% DE VISITANTES* *CUSTO: US$200*

Registro do Experimento
Aqui você registra todos os experimentos realizados para apoiar ou refutar uma hipótese específica. Para cada experimento, você captura o tipo, o que mediu, os critérios de sucesso, quanto tempo cada um levou e quanto custou.

Registro do Aprendizado			Ação
• Evidência • Força baixa/média/alta • Número de pontos de dados	Insight Suporte / Obscuro / Refutação	Nível de Confiança 0 / 0,1 / 0,2 / 0,3 / 0,4 / 0,5 / 0,6 / 0,7 / 0,8 / 0,9 / 1,0 Nada Confiável … Muito Confiável	• Pivotar • Arquivar • Perseverar • Retestar
FORÇA DA EVIDÊNCIA: ALTO NÚMERO DE PONTOS DE DADOS: 10 MIL + RESULTADO DA QUALIDADE DA EV.:FORÇA	√ APOIO DA HIPÓTESE I	.75 CONFIÁVEL	PERSEVERAR

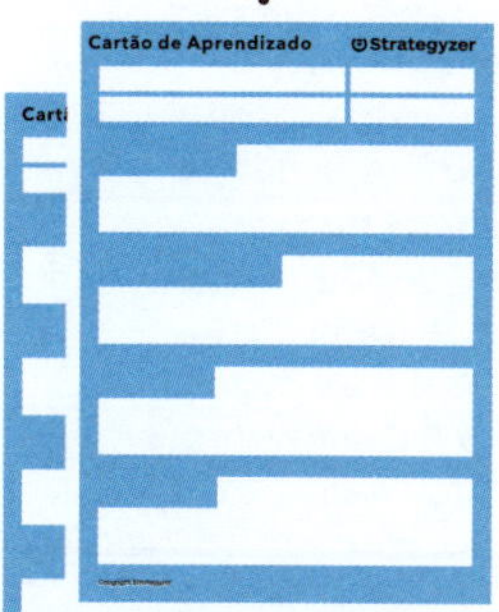

Registro do Aprendizado
Aqui você registra o que aprendeu com as evidências para apoiar ou refutar uma hipótese específica. Você captura especificamente todas as evidências reunidas, o número de pontos de dados, a força das evidências e o quão confiante você está de que suas ideias são verdadeiras.

Insight
Indica se apoiamos (√) ou refutamos (×) a hipótese, ou se ainda está obscura (?).

Nível de Confiança
Indica o quão confiante você está de que a evidência é forte o suficiente para apoiar o insight (de 0 = nada confiável a 1 = confiança absoluta).

Ação
Indica se você mata o projeto, persevera e testa a próxima hipótese ou a pivota.

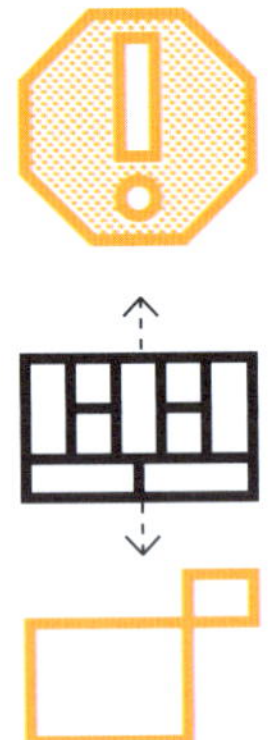

MÉTRICAS DE INOVAÇÃO

Nível do Modelo de Negócios

No nível do modelo de negócios, agregue todas as hipóteses relacionadas a um projeto específico. Estime quanto risco cada hipótese representa do risco geral e da incerteza de uma ideia. Isso permite que você acompanhe quanto risco eliminou de uma ideia ao longo de um projeto.

No nível agregado do projeto você vê:

- **Nível de Risco da Inovação**: Indica quanto você reduziu o risco da ideia e quão arriscada ainda é.
- **Lucro esperado**: Destaca a oportunidade financeira da ideia.
- **Duração do projeto**: Mostra quanto tempo você gastou no teste da ideia.
- **Custo total**: Descreve quanto você gastou para testar a ideia. Pode ou não incluir os salários dos membros da equipe.

Redução de Risco
Multiplica a porcentagem de risco que a hipótese representa com o nível de confiança para determinar quanto o risco para ela foi reduzido.

Após capturar todos os dados, você pode plotar facilmente a alteração do nível de risco ao longo do tempo e quanto gastou para testar a ideia.

Pivôs

Cada pivô significa que você decidiu mudar a ideia anterior, o que leva a um aumento do risco da ideia, porque algumas das hipóteses que você já testou e diminuiu os riscos não são mais relevantes para o novo rumo, o que, por sua vez, leva a novas hipóteses que precisam ser testadas para reduzir riscos e incertezas.

Aumento de Custo

Em geral, a duração e o custo dos experimentos aumentam com a redução do risco, pois se torna menos arriscado realizar experimentos caros. Mais tarde na vida de um projeto, você precisa produzir evidências mais fortes e até criar partes da ideia para continuar a reduzir riscos e incertezas. Isso aumenta o custo do experimento.

Métricas de Projetos

Nome	Data de Início	Duração do Projeto
PROJETO A	9/12/2020	8 semanas

Registro de Hipóteses		 Registro de Experimentos		 Registro de Aprendizado			 Ações
Nome	**Risco** %	**Nome**	**Custo** US$	**Insight** ✓ ? ✗	**Confiança** #0-1	**Redução do Risco** = Risco x Confiança	**Retestar, Arquivar, Perseverar, Pivotar**
Desejo							
HIPÓTESE 1	*10%*	*EXP. 1*	*US$0,2K*	*V*	*0,75*	*10% x 0,75 = 7,5%*	*Perseverar*
HIPÓTESE 2	*7,5%*	*EXP. 2*	*US$0,5K*	*X*	*1*	*0%*	*Pivotar*
HIPÓTESE 3	*7,5%*	*EXP. 3, EXP. 4*	*US$1,2K*	*V*	*1*	*7,5% x 1 = 7,5%*	*Perseverar*
Praticabilidade							
HIPÓTESE 7	*15%*	*EXP. 9, EXP. 10*	*US$0,2K*	*V*	*0,5*	*15% x 0,5 = 7,5%*	*Perseverar*
HIPÓTESE 8	*10%*	*EXP. 11*	*US$1K*	*?*		*0%*	*Retestar*
Viabilidade							
HIPÓTESE 4	*15%*	*EXP. 5*	*US$1,3K*	*X*	*1*	*0%*	*Pivotar*
HIPÓTESE 5	*10%*	*EXP. 6, EXP. 7*	*US$0,5K*	*V*	*0,5*	*10% x 0,5 = 5%*	*Perseverar*
Adaptabilidade							
HIPÓTESE 6	*15%*	*EXP. 8*	*US$0,2K*	*?*		*0%*	*Retestar*
HIPÓTESE 9	*10%*	*EXP. 12*	*US$0,7K*	*V*	*0,25*	*10% x 0,25 = 2,5%*	*Perseverar*

Retorno Esperado

Receita em Potencial

US$1 bilhão

Estruturas de Custo

US$250 milhões

Custos Gerais
US$

US$5.800

Nível do Risco da Inovação
%

70%

Retorno Esperado
US$

US$750 milhões

Nível do Portfólio

Você pode visualizar o estado do portfólio Desbrave após as equipes acompanharem os KPIs do projeto individual. Isso fornece uma visão geral poderosa do potencial financeiro das ideias e o nível atual de risco. Munido desses dados e de uma visão geral, você pode tomar melhores decisões de investimento e decidir quais projetos financiar e apoiar e quais retirar.

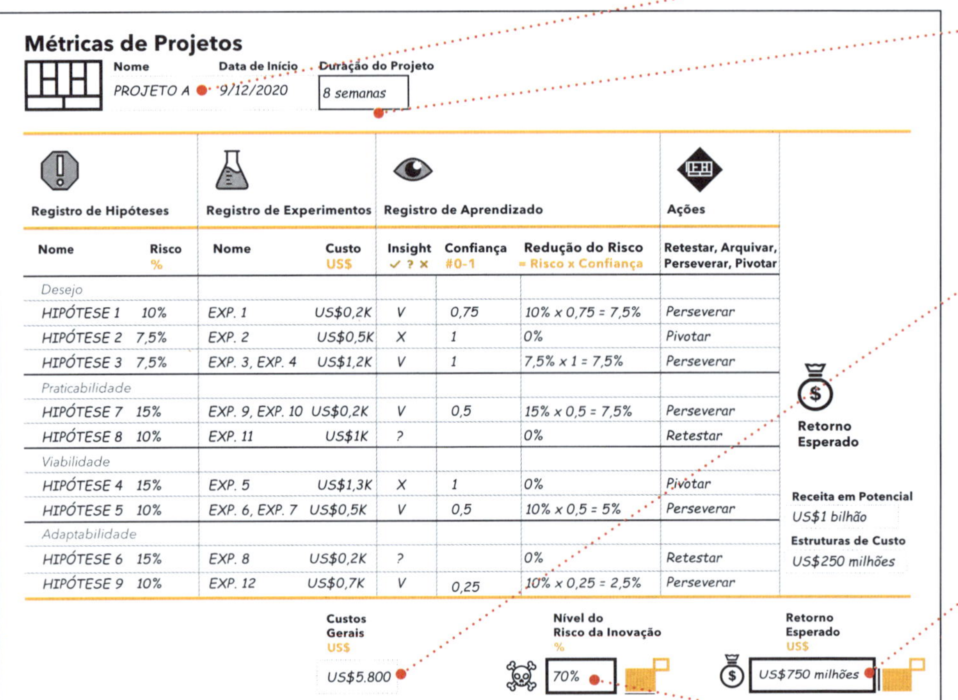

Métricas de Projetos

Nome: PROJETO A — Data de Início: 9/12/2020 — Duração do Projeto: 8 semanas

Registro de Hipóteses		Registro de Experimentos		Registro de Aprendizado			Ações
Nome	Risco %	Nome	Custo US$	Insight ✓ ? ✗	Confiança #0-1	Redução do Risco = Risco x Confiança	Retestar, Arquivar, Perseverar, Pivotar
Desejo							
HIPÓTESE 1	10%	EXP. 1	US$0,2K	V	0,75	10% x 0,75 = 7,5%	Perseverar
HIPÓTESE 2	7,5%	EXP. 2	US$0,5K	X	1	0%	Pivotar
HIPÓTESE 3	7,5%	EXP. 3, EXP. 4	US$1,2K	V	1	7,5% x 1 = 7,5%	Perseverar
Praticabilidade							
HIPÓTESE 7	15%	EXP. 9, EXP. 10	US$0,2K	V	0,5	15% x 0,5 = 7,5%	Perseverar
HIPÓTESE 8	10%	EXP. 11	US$1K	?		0%	Retestar
Viabilidade							
HIPÓTESE 4	15%	EXP. 5	US$1,3K	X	1	0%	Pivotar
HIPÓTESE 5	10%	EXP. 6, EXP. 7	US$0,5K	V	0,5	10% x 0,5 = 5%	Perseverar
Adaptabilidade							
HIPÓTESE 6	15%	EXP. 8	US$0,2K	?		0%	Retestar
HIPÓTESE 9	10%	EXP. 12	US$0,7K	V	0,25	10% x 0,25 = 2,5%	Perseverar

Retorno Esperado

Receita em Potencial: US$1 bilhão

Estruturas de Custo: US$250 milhões

Custos Gerais US$: US$5.800

Nível do Risco da Inovação %: 70%

Retorno Esperado US$: US$750 milhões

LEGENDA:

PROJETO
Receitas esperadas
Custo dos testes/Tempo de execução

Explore

Portfólio do Modelo de Negócios (Desbrave)

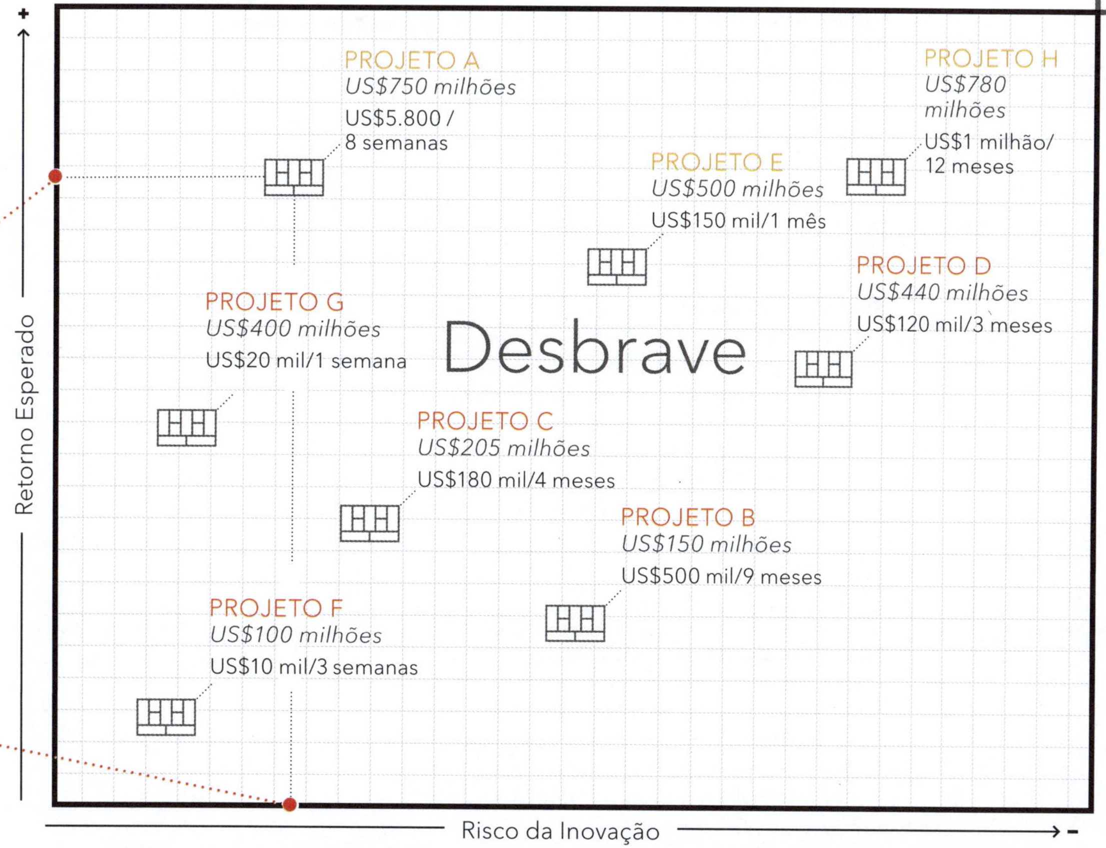

Retorno Esperado +

Desbrave

PROJETO A
US$750 milhões
US$5.800 / 8 semanas

PROJETO H
US$780 milhões
US$1 milhão/ 12 meses

PROJETO E
US$500 milhões
US$150 mil/1 mês

PROJETO D
US$440 milhões
US$120 mil/3 meses

PROJETO G
US$400 milhões
US$20 mil/1 semana

PROJETO C
US$205 milhões
US$180 mil/4 meses

PROJETO B
US$150 milhões
US$500 mil/9 meses

PROJETO F
US$100 milhões
US$10 mil/3 semanas

Risco da Inovação -

AÇÕES DESBRAVE

Decisões e Ações

Desenvolvemos a tabela de desempenho da inovação do projeto para avaliar sistematicamente o progresso que as equipes de inovação e desbravamento fazem na busca de ideias de negócios que funcionem. A avaliação ajuda a tomar melhores decisões de investimento.

A tabela de desempenho possui três dimensões, com base nas métricas de inovação e nas diretrizes de portfólio descritas anteriormente:

Ajuste Estratégico
A primeira dimensão é o ajuste. Os projetos precisam se encaixar na visão, cultura e imagem da empresa, além de na orientação de portfólio, e demonstrar respaldo da liderança.

Redução do Risco
Essa é a mais importante. Trata de avaliar se uma equipe está progredindo na redução do risco e incerteza da ideia de negócio. As equipes precisam produzir fortes evidências, além de planilhas e slides do PowerPoint, de que é provável que a ideia funcione no mundo real.

Tamanho da Oportunidade
A terceira dimensão diz respeito ao ajuste financeiro. As equipes precisam mostrar um entendimento claro da oportunidade financeira e fornecer evidências de experimentos de que as estimativas financeiras têm respaldo real.

A função da tabela de desempenho é:

Para líderes

- *Avaliar um pedido de investimento.*
- *Fazer perguntas melhores e orientar as equipes.*

Para equipes

- *Avaliar seu próprio progresso durante sprints e reuniões em pé.*

Para líderes e equipes

- *Comparar o status atual de um projeto de inovação.*
- *Decidir as próximas etapas de teste.*

Ajuste Estratégico

p. 50

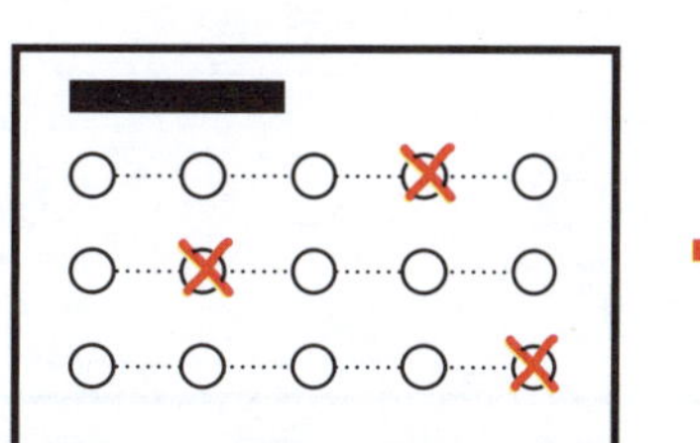

Tabela de Desempenho do Projeto

p. 98

Ações Desbrave

p. 23 e 100

Tabela de Desempenho do Projeto

Ajuste estratégico	*Alinhamento*				
	nenhum	*pouco*	*limitado*	*forte*	*muito forte*
IDENTIDADE CORPORATIVA A ideia/projeto se alinha à identidade corporativa (Direção Estratégica, Cultura Organizacional, Imagem da Marca).	0	○	5	○	10
GUIA DA INOVAÇÃO A ideia/projeto se alinha às diretrizes de inovação da empresa.	0	○	5	○	10
APOIO DA LIDERANÇA A ideia/projeto tem o apoio de pelo menos um dos patrocinadores que pode torná-la/o real.	0	○	5	○	10

Oportunidade	*Valor*				
	nenhum	*pouco*	*limitado*	*forte*	*muito forte*
Entendemos o potencial financeiro da ideia.	0	○	5	○	10

Redução de Risco · Desejo	*Evidência & Confiança*				
	nenhuma	*pouca*	*limitada*	*forte*	*muito forte*
SEGMENTOS DE CLIENTES O segmento crítico de clientes tem trabalhos, dores e ganhos relevantes para vender a proposta de valor.	0	○	5	○	10
PROPOSTA DE VALOR A proposta de valor ressoa com os segmentos críticos de clientes.	0	○	5	○	10
CANAIS Encontramos os melhores canais para alcançar e adquirir os segmentos críticos de clientes.	0	○	5	○	10
RELAÇÃO COM OS CLIENTES Desenvolvemos os relacionamentos certos para reter clientes e ganhar com eles repetidamente.	0	○	5	○	10

Algumas empresas classificam as oportunidades pelo alcance geográfico do valor criado:

- *pouca oportunidade impactaria apenas a equipe local*
- *a oportunidade muito forte teria impacto global*

Outras empresas classificam a oportunidade pelo valor em US$:

- *pouca oportunidade seria <US$100 mil*
- *uma oportunidade muito forte seria > US$100 milhões*

Redução do Risco · Praticabilidade

	Evidência & Confiança				
	nenhuma	*pouca*	*limitada*	*forte*	*muito forte*
RECURSOS-CHAVE Temos as tecnologias e os recursos certos para criar a proposta de valor.	0	○	5	○	10
ATIVIDADES-CHAVE Temos os recursos certos para lidar com as atividades mais críticas para criar a proposta de valor.	0	○	5	○	10
PARCERIAS PRINCIPAIS Temos os parceiros certos dispostos a trabalhar conosco para criar e entregar a proposta de valor.	0	○	5	○	10

Redução do Risco · Viabilidade

	Evidência & Confiança				
	nenhuma	*pouca*	*limitada*	*forte*	*muito forte*
RECEITAS Sabemos o quanto nossos clientes estão dispostos a nos pagar e como pagarão.	0	○	5	○	10
CUSTOS Conhecemos nossos custos para criar e entregar a proposta de valor.	0	○	5	○	10

Redução do Risco · Adaptabilidade

	Evidência & Confiança				
	nenhuma	*pouca*	*limitada*	*forte*	*muito forte*
FORÇAS DO SETOR A ideia/projeto está bem posicionada para ter sucesso contra concorrentes estabelecidos e agentes emergentes.	0	○	5	○	10
FORÇAS DO MERCADO A ideia /projeto leva em conta mudanças de mercado conhecidas e emergentes.	0	○	5	○	10
TENDÊNCIAS-CHAVE A ideia/projeto pode se beneficiar das principais tendências tecnológicas, regulatórias, culturais e sociais.	0	○	5	○	10
FORÇAS MACROECONÔMICAS A ideia/projeto se ajusta às tendências de infraestrutura e macroeconômicas conhecidas e emergentes.	0	○	5	○	10

*por exemplo, **limitada** seria a evidência de apenas um experimento; **forte**, de um experimento com muita confiança; e **muito forte**, de vários experimentos.*

AÇÕES DESBRAVE

Da Avaliação do Risco à Ação

Apresentamos as ações do portfólio Desbrave na p. 96. Aqui desenvolvemos o tópico para destacar a tomada de decisão nesse contexto, no qual duas entidades fazem isso:

Equipes: As equipes precisam avaliar e reavaliar constantemente o modelo de negócios e propostas de valor com base nas evidências do processo de teste. Toda semana a equipe deve decidir manter o rumo (perseverar), alterar substancialmente os aspectos da ideia (pivotar) ou retirá-la.

Comitê: Um comitê de decisão ou investimento deve se reunir a cada dois meses para decidir em quais equipes e ideias investir e quais retirar. A planilha de desempenho do projeto de inovação e as evidências dos testes devem ser os principais fatores para a tomada de decisão. O comitê deve confiar no processo e não interferir nas equipes entre as reuniões do comitê.

Ação	Equipe de Inovação/ Empreendedor	Comitê
Idear	As equipes não propõem ideias apenas no início de um projeto, mas durante toda a jornada, para criar um modelo de negócios mais poderoso e uma melhor proposta de valor. O ideal é que a ideação se baseie em evidências de testes.	O papel do comitê na fase de ideação inicial é definir as diretrizes de desbravamento, o que faz as equipes entenderem como avaliar o ajuste estratégico em termos de tamanho e direção. O comitê deve apoiar o desbravamento de várias ideias em paralelo.
Investir	Com base em evidências de testes, uma equipe pode sugerir investir em uma startup* ou adquirir uma tecnologia em vez de criá-la internamente.	O comitê deve sempre perguntar se é mais apropriado investir externamente ou desbravar internamente. Além disso, testes internos levam a melhores investimentos.
Perseverar	Em todas as etapas da jornada, a equipe avaliará evidências para justificar a manutenção do curso. Quanto mais sólida a evidência, mais confiança ela terá para perseverar.	O comitê só deve fazer recomendações de perseverar, pivotar, retirar ou spinout em datas predefinidas. O papel do comitê é apoiar as equipes a tomar decisões baseadas em evidências por conta própria, entre as datas das reuniões do comitê. Todas as recomendações do comitê devem ser baseadas em evidências, e não em opiniões, e fundamentadas em ajustes estratégicos. Recomendações devem ser feitas no contexto de todas as equipes. As equipes que desbravam ideias estratégicas, mas são incapazes de produzir evidências suficientes, raramente devem ser incentivadas a perseverar.
Pivotar	A equipe deve considerar uma mudança leve ou radical do curso quando as evidências não o apoiarem. Certifique-se de que a evidência seja forte o suficiente antes de pivotar.	
Retirar	Às vezes, não há motivo para pivotar e a melhor opção é retirar uma ideia. Lembre-se de que você economiza dinheiro, tempo e energia eliminando uma ideia que não funciona.	
Spinout	As equipes podem sugerir um spinout se acreditarem que um projeto pode ser bem-sucedido, mas não se encaixa nas diretrizes de portfólio da empresa.	
Transferir	Uma equipe deve escalar e executar uma ideia quando tiver confiança de que funcionará com base em evidências fortes de muitos experimentos.	O comitê deve passar uma ideia da exploração para a execução se uma das equipes mostrar evidências fortes de que a ideia será bem-sucedida.

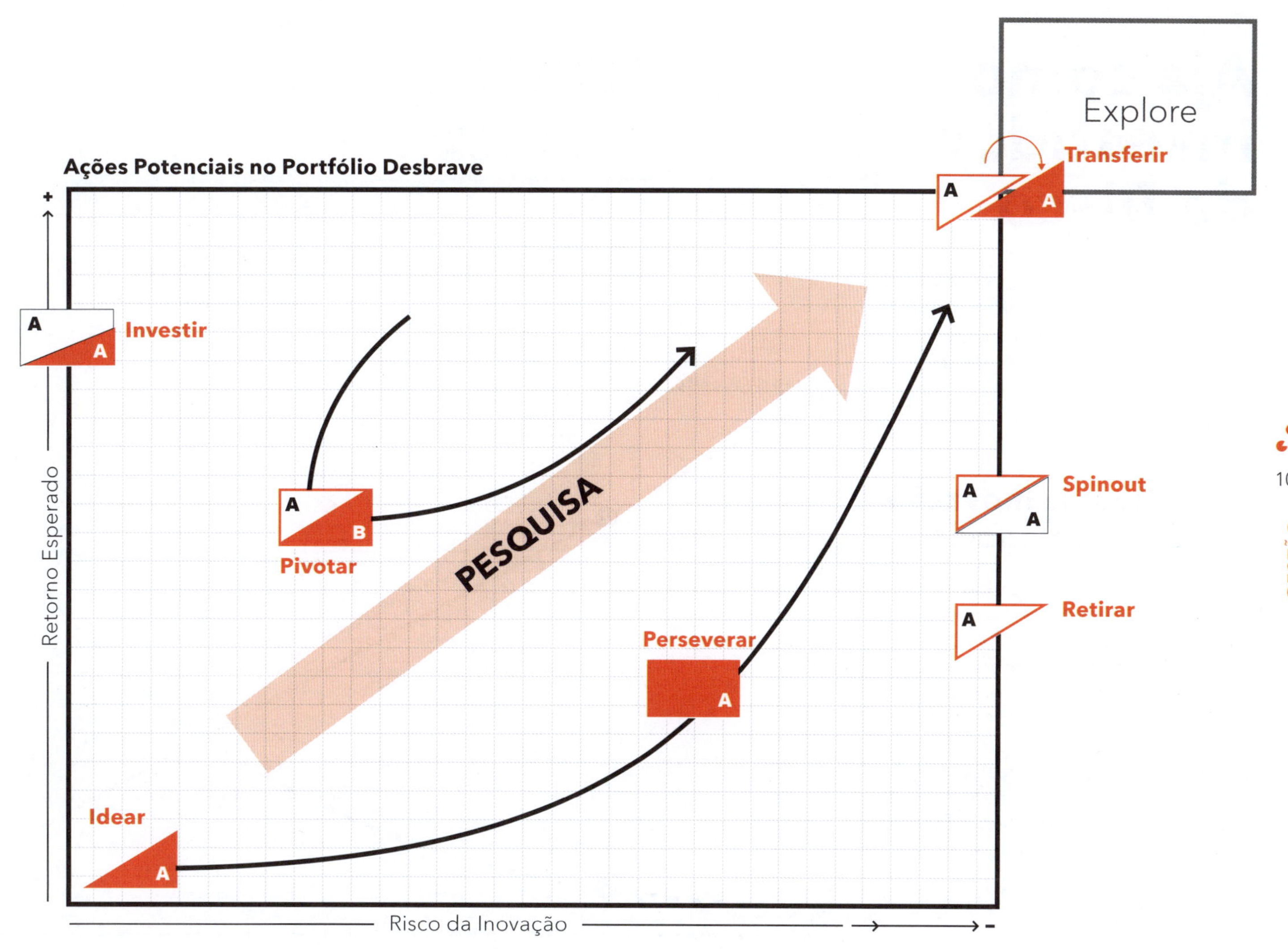
Explore
Transferir
Ações Potenciais no Portfólio Desbrave
A
A
+
Investir
A
A
PESQUISA
A
B
Pivotar
Spinout
A
A
Retirar
A
Retorno Esperado
Perseverar
A
Idear
A
Risco da Inovação
-

Aja como Investidor de Risco

Para desbravar, adote uma abordagem de investimento no estilo capital de risco, em oposição aos ciclos orçamentários anuais relativamente rígidos praticados com os projetos Explore.

O Inimigo da Inovação: O Plano de Negócios

As empresas que ainda exigem planos de negócios das equipes do projeto maximizam o risco de falhas. O plano de negócios é um documento que descreve uma ideia e sua execução em detalhes. Isso maximiza o risco de executar uma ideia não comprovada que é boa no papel e nas planilhas. Inovação é admitir riscos e incertezas. Trata-se de iterar e adaptar ideias com base em evidências de experimentos até que possam funcionar. Isso minimiza o risco de executar uma ideia falha.

Isso requer os quatro princípios a seguir:

1. Invista em um portfólio de projetos em vez de em um projeto individual para espalhar suas apostas e gerir riscos (veja "Não Se Escolhe o Vencedor", na p. 54).
2. Comece com pequenas apostas (ou seja, investimentos/financiamento) enquanto o risco e a incerteza do sucesso do projeto são altos.

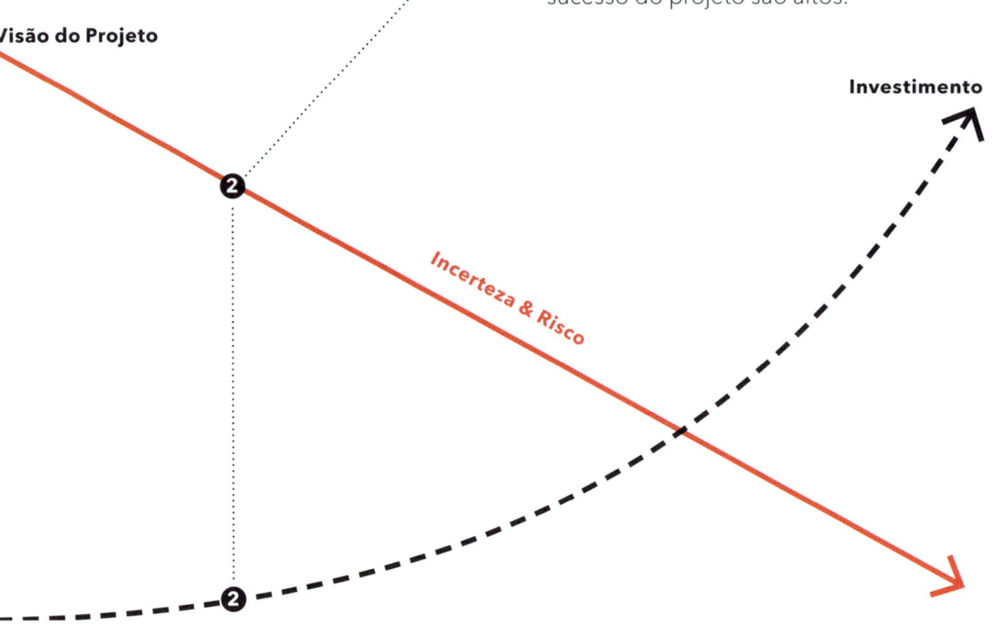

3. Aumente suas apostas de forma incremental e forneça fundos de acompanhamento quando evidências e tração de experimentos sugerirem redução de risco e potencial de sucesso do projeto no mundo real.

4. Gerencie o retorno do portfólio, não o de projetos individuais.

Visão do Portfólio

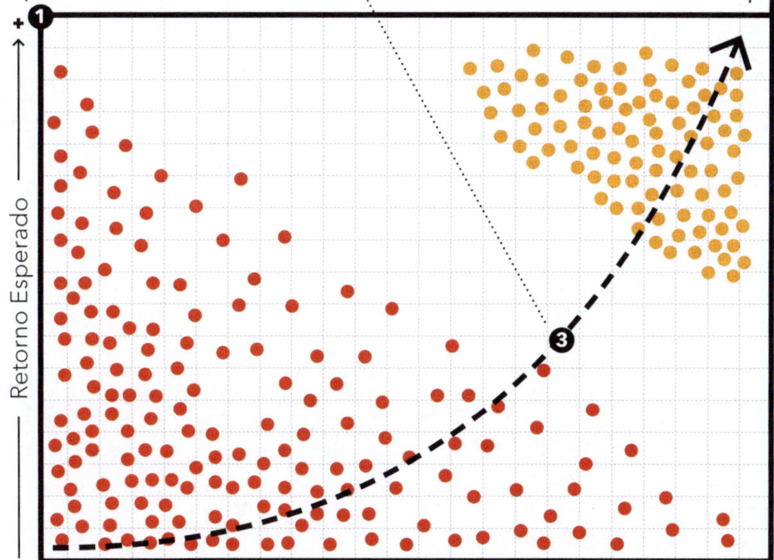

Retorno do Portfólio

Por causa da alta incerteza dos projetos de inovação, você precisa aceitar o fato de não poder escolher os vencedores. Em vez de focar o retorno de projetos individuais, foque o retorno do portfólio.

Você diversifica os riscos do portfólio, repartindo as apostas e investindo em diferentes tipos de inovação. Repartir as apostas permite que as melhores equipes e ideias surjam, com base em evidências e desempenho. Investir na inovação de eficiência, de suporte e de transformação distribui apostas por diferentes níveis de risco e retorno.

Comitê de Investimento em Crescimento e Inovação

Um aspecto importante do financiamento como capitalista de risco é a constituição de um comitê de investimentos dedicado ao crescimento e à inovação. É crucial criar um comitê dedicado, porque a lógica e o estilo de investimento diferem substancialmente dos investimentos na execução de projetos.

O comitê é composto de um pequeno número de líderes que têm autoridade para tomar decisões quando se trata de orçamento. Idealmente, inclui membros dedicados a desbravar, bem como membros mais preocupados com a exploração. As decisões de investimento ocorrem a cada três a seis meses, dependendo do tipo de organização. Os investimentos acontecem principalmente em equipes internas, mas também incluem startups.

Orientação do Projeto e Diretrizes de Investimento
Transmita a orientação do portfólio. Esclareça quais tipos de projetos estão dentro e quais estão fora. Destaque as expectativas financeiras. Descreva como as equipes podem obter financiamento inicial para a descoberta e que tipo de evidência é necessária para se qualificar para investimentos de validação e aceleração de acompanhamento.

Gestão de Portfólio
Mantenha um portfólio equilibrado com o número certo de projetos em descoberta, validação e aceleração. Verifique se o seu pipeline está cheio de projetos para aprimorar negócios existentes antes que corram um risco grave de disrupção ou declínio. Invista em um número suficientemente grande de projetos de desbravamento, dos quais alguns serão a base do futuro da organização.

Investimentos Baseados em Evidências
Invista em projetos que forneçam evidências de testes, em vez de ideias que parecem irresistíveis em apresentações e planilhas de PowerPoint. Garanta às equipes a chance de desbravar ideias, porque você não sabe quais se destacarão. Deixe as melhores equipes e ideias surgirem no processo, em vez de tentar selecioná-las antecipadamente.

Suporte e Proteção da Equipe do Projeto
Ajude as equipes do projeto a chegarem ao próximo nível, perguntando como podem aprimorar os modelos de negócios. Ajude-as a se qualificar para o financiamento de acompanhamento, sugerindo como podem testar as ideias para gerar as evidências necessárias. Proteja projetos das forças da empresa que dificultam o desbravamento e o teste.

Incentive o Comportamento Inovador, Não Apenas os Resultados
Certifique-se de que todas as equipes que testam suas ideias se sintam valorizadas, e não apenas aquelas que obtêm investimentos de acompanhamento. Incentive os inovadores e as equipes que demonstram sólidas habilidades de teste a voltar com novas ideias e projetos após cada falha.

Métrica do Financiamento

Para financiar projetos Desbrave, você deve medir o financiamento, como os capitalistas de risco, em oposição ao orçamento anual praticado no Explore. Aumente de forma incremental seus investimentos em projetos que produzem evidências de testes e arquive os que não o fazem. Na fase de descoberta, invista pouco dinheiro em um grande número de pequenas equipes para desbravar ideias. Na validação, aumente o investimento naquelas 30% a 50% que produziram evidências durante a descoberta. Na aceleração, ajuste o portfólio e invista de novo em apenas 30% a 50% das equipes. A combinação de gestão de portfólio e métrica do financiamento aumenta as chances de encontrar discrepâncias que criem retornos excepcionalmente grandes e reduz bastante o risco, fazendo de uma a duas grandes apostas em ideias ousadas.

Regra de Ouro 10x

O sucesso é imprevisível e depende da organização e do contexto. Porém, por experiência própria, recomendamos a regra de ouro de 10x: invista 1 milhão no portfólio para criar 10 milhões em novas receitas ou economizar custos. Por exemplo, invista US$20 mil em 10 equipes pequenas. Faça um investimento de acompanhamento de US$50 mil nas 5 equipes que produzirem as melhores evidências. Por fim, invista cerca de US$500 mil na equipe com as melhores evidências. Para obter 1 bilhão, invista US$100 milhões em um portfólio muito maior de projetos.

	Descubra	Valide	Acelere
Investimento	Menos de US$50 mil	US$50 mil - US$500 mil	US$500 mil+
Tamanho da Equipe	1-3	2-5	5+
Tempo por Membro de Equipe	20%-40%	40%-80%	100%
Número de Projetos	Alto	Médio	Baixo
Objetivos	Compreensão, contexto e disposição do cliente de pagar	Interesse comprovado e indicações de rentabilidade	Modelo comprovado em escala limitada
KPIs	• Tamanho do mercado • Evidência do cliente • Product/solution fit • Tamanho da oportunidade	• Evidência da proposta de valor • Evidência financeira • Evidência de praticabilidade	• Product/market fit • Evidência de aquisição e retenção • Ajuste do modelo de negócios
Temas dos Experimentos	50-80% / 0-10% / 10-30% / 0-10%	30-50% / 10-40% / 20-50% / 0-10%	10-30% / 40-50% / 20-50%

DESEJO
PRATICABILIDADE
VIABILIDADE
ADAPTABILIDADE

Programa de Aceleração de Startups da Sony

Em 2014, a Sony estabeleceu o Sony Startup Accelerator Program (SSAP) para idear, comercializar e escalar ideias de negócios alheias às suas unidades tradicionais. Ele responde diretamente ao CEO.

A Sony, fundada em 1943 por Masaru Ibuka e Akio Morita, é uma multinacional japonesa com divisões de negócios em eletrônicos, jogos, filmes, música e serviços financeiros.

Em 2012, Kazuo Hirai assumiu como CEO e, sob sua gestão, a Sony ressurgiu. Segundo a política One Sony de Hirai, as divisões com pior desempenho, como mobile, foram reduzidas, enquanto a empresa defendeu um foco mais profundo nos produtos, que permitiu otimizar e focar as principais competências.

Foto: Kazuo Hirai, Presidente da Sony por cellanr / CC BY-SA 2.0

KAZUO HIRAI
Presidente e CEO da Sony Corporation 2012-2018

Como parte da estratégia, a Sony criou o Startup Accelerator Program (SSAP), que responde diretamente ao CEO. Hirai assumiu a propriedade do SSAP ao propor um mecanismo de inovação sustentada para o futuro da Sony. O fato de o CEO (e não uma divisão de negócios) assumir a responsabilidade do SSAP garantiu um objetivo de longo prazo para o funil de inovação da Sony e o tornou menos propenso à volatilidade de negócio de curto prazo.

Em 2019, a Sony faturou ¥8,66 trilhões em receita, sendo o melhor ano de todos os tempos em termos de lucro em seus 73 anos de história.[18]

Sony Startup Accelerator Program
Fundado em 2014 e liderado por Shinji Odashima, o SSAP é um programa interno para os funcionários da Sony idearem, comercializarem e escalarem ideias de negócios alheias às unidades tradicionais da empresa. Desde então, o SSAP criou mais de 750 ideias de negócios e incubou 34. Dessas, foram criadas 14 empresas com sucesso.

Das 14 empresas lançadas: 6 continuaram a expansão no SSAP, 5 mudaram para unidades de negócios existentes, 2 agora são subsidiárias do Sony Group e 1 se tornou independente. Uma variedade de estratégias de saída significa que o SSAP não se limita ao escopo de ideias possíveis e se dispõe a aceitar a maioria que prove ser lucrativa.

Inovação Aberta
Após 5 anos, em 2019, o programa passou de uma incubadora interna para uma abertura externa, ajudando qualquer um a incubar sua ideia. Isso ocorre porque o SSAP vê a inovação como um jogo de números. Com base na experiência anterior, eles sabiam que a chance de sucesso para qualquer ideia era muito pequena (1,85%). Consequentemente, quanto mais ideias passarem pelo programa, maior o número de sucessos.

O SSAP também é um veículo para a Sony colaborar e formar parcerias com entidades externas sem interromper seus principais negócios. Em 2014, a Sony fez parceria com a empresa de capital de risco WiL para criar o Qrio, uma fechadura inteligente que pode ser instalada em qualquer porta.

14 Negócios Transferidos
6 escalaram
5 fundiram-se a unidades de negócios existentes
2 novas subsidiárias do Grupo Sony
1 spinout de empresa independente

As campanhas de financiamento coletivo tornaram-se parte essencial da estratégia de teste do SSAP. A melhor maneira de garantir o product/market fit é fazer com que os clientes paguem antecipadamente por ele.

A10 Lab
Independente, a própria empresa
O A10 Lab ajuda as empresas a aprimorarem o valor da vida útil do cliente, construindo a lealdade do consumidor por meio da gamificação. O A10 Lab tornou-se uma entidade independente como A10 Lab Co., Ltd., em fevereiro de 2017.

FES Watch
Movido para unidades de negócios
Um relógio e-paper que permite ao usuário alterar seu design a qualquer momento. O projeto seria eliminado, pois o material não combinava com o produto de alta qualidade da Sony, mas o CEO o protegeu, vendo-o como uma maneira de a Sony explorar um novo segmento de consumidores: jovens fashionistas.

MESH
Movido para unidades de negócios
Um bloco de Internet das Coisas (IoT) de última geração que é um sensor com funções integradas para facilitar a criação de protótipos e projetos para IoT. Agora faz parte da Sony Business Solutions Corporation.

SRE Holdings
Subsidiária de unidades de negócios existentes
Oferece serviços imobiliários abrangentes, como corretagem, gestão de empréstimos e reformas. Tornou-se uma entidade separada e listada na Bolsa de Valores de Tóquio em dezembro de 2019.

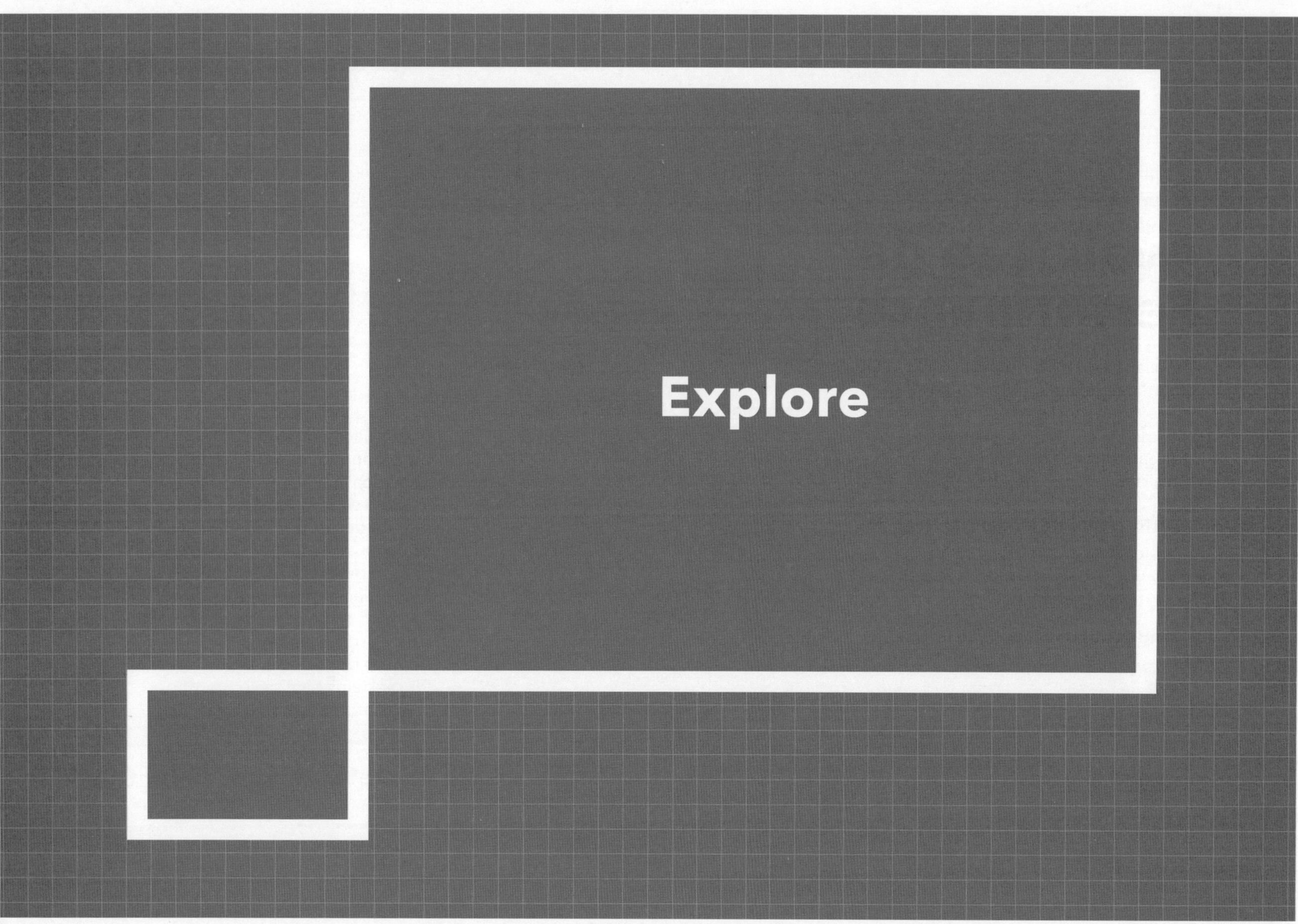
Explore

MÉTRICAS DE EXTINÇÃO E DISRUPÇÃO

Avaliação da Performance

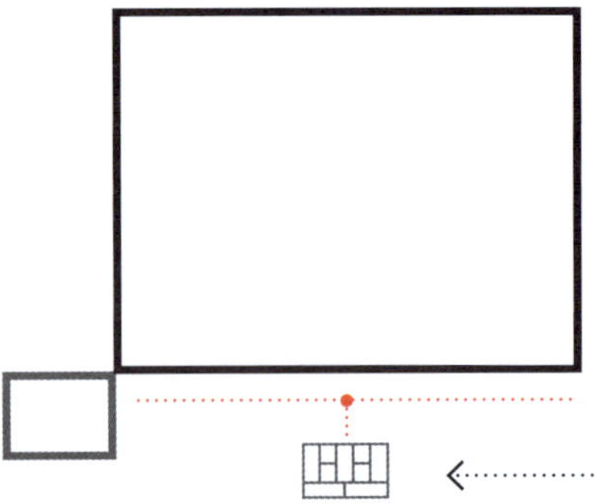

A avaliação de risco de disrupção ajuda a identificar o quão saudável ou em risco um modelo de negócios do portfólio está e de quanta atenção precisa para melhorar e eliminar riscos. A avaliação inclui duas dimensões:

1. **Performance do Modelo de Negócios**

   Pontos fortes e fracos

   revela o posicionamento no eixo x do portfólio Explore

2. **Tendências do Modelo de Negócios**

   Oportunidades e ameaças

   indica provável posicionamento futuro no eixo x

Performance do Modelo de Negócios
Avaliação de Pontos Fortes e Fracos
Essa avaliação revela quão saudável ou em risco um modelo de negócios está e se baseia no desempenho recente. Avalia os pontos fortes e fracos da fórmula de frontstage, backstage e lucro de um modelo. A pontuação resultante varia de -5 (alto risco) a +5 (baixo risco) e permite que você coloque cada modelo de negócios no eixo x do portfólio Explore.

Pontuação e Posição
A pontuação da avaliação de desempenho do modelo de negócios indica a saúde de um modelo de negócios com base em seu desempenho. A avaliação examina a fórmula de frontstage, backstage e lucro de um modelo. A pontuação permite posicionar cada modelo de negócios no eixo x do portfólio Explore em termos de risco de extinção e disrupção. Os modelos com desempenho insatisfatório ficam na metade esquerda do portfólio Explore. Modelos de negócios saudáveis ficam na metade direita.

Frontstage

PV	Nossos produtos e serviços têm desempenho pior do que os da concorrência.	-3	-2	-1	0	+1	+2	+3	Nossos produtos e serviços são altamente diferenciados e amados por nossos clientes.
SC	Perdemos mais de 20% de nossa base de clientes nos últimos seis meses.	-3	-2	-1	0	+1	+2	+3	Aumentamos nossa base de clientes em pelo menos 50% nos últimos 6 meses.
CH	Somos 100% dependentes de terceiros para obter produtos e serviços e eles dificultam o acesso ao mercado.	-3	-2	-1	0	+1	+2	+3	Temos acesso direto ao mercado e controlamos completamente a relação com os nossos clientes.
RC	Teoricamente, todos os nossos clientes poderiam nos deixar sem incorrer em custos de troca, diretos ou indiretos.	-3	-2	-1	0	+1	+2	+3	Todos os clientes ficam presos por anos e incorrem em custos de troca diretos e indiretos significativos se nos deixarem.

Backstage

RC	Nossos principais recursos são inferiores aos dos concorrentes e se deterioraram nos últimos seis meses. Novos agentes competem com recursos novos, melhores ou mais baratos.	-3	-2	-1	0	+1	+2	+3	Nossos recursos-chave não podem ser copiados nem emulados pelos próximos dois anos e têm vantagem competitiva (propriedade intelectual, marca etc.).
KA	O desempenho das atividades-chave é inferior ao dos concorrentes e se deteriorou nos últimos seis meses. Novos agentes competem com atividades novas, melhores ou mais baratas.	-3	-2	-1	0	+1	+2	+3	Nossas principais atividades não podem ser copiadas ou emuladas pelos próximos 2 anos e têm vantagem competitiva (custo-benefício, escala etc.).
KP	Nos últimos seis meses, perdemos o acesso aos principais parceiros.	-3	-2	-1	0	+1	+2	+3	Nossos principais parceiros ficarão conosco pelos próximos anos.

Fórmula do Lucro

RS	Perdemos mais de 20% de nossas receitas nos últimos seis meses.	-3	-2	-1	0	+1	+2	+3	Dobramos a receita nos últimos seis meses e crescemos mais rápido que a concorrência.
SC	Nossa estrutura de custos cresceu mais rápido que as receitas e é menos eficaz que a dos concorrentes.	-3	-2	-1	0	+1	+2	+3	A estrutura de custos diminuiu em comparação ao crescimento da receita e é mais eficaz que a dos concorrentes.
Mar	Nossas margens diminuíram mais de 50% nos últimos seis meses e/ou são mais baixas que as da concorrência (mais de 50% mais baixas).	-3	-2	-1	0	+1	+2	+3	As margens aumentaram em pelo menos 50% nos últimos seis meses e/ou são maiores que as da concorrência (mais de 50%).

MÉTRICAS DE EXTINÇÃO E DISRUPÇÃO

Avaliação de Tendências

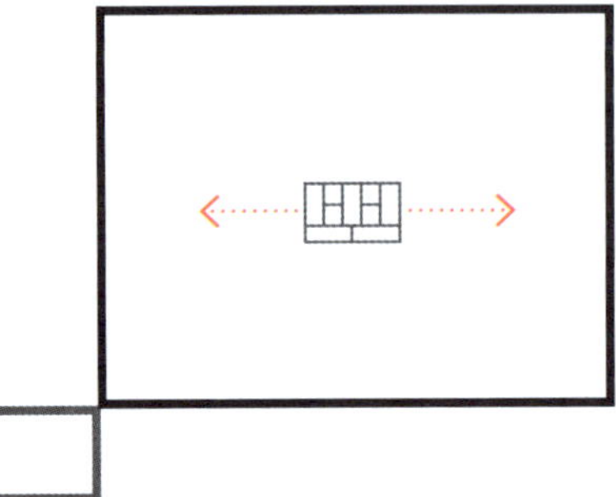

Tendência do Modelo de Negócios

Avaliação de Oportunidades e Ameaças

Essa avaliação revela a tendência de um modelo de negócios em termos de riscos provenientes do ambiente externo. Avalia como as forças externas representam oportunidades ou ameaças para o frontstage, backstage e fórmula de lucro do modelo de negócios. A pontuação resultante varia de -5 (tendência à esquerda no eixo de risco) a +5 (tendência à direita no eixo de risco) e indica como é provável que um modelo de negócios funcione no futuro.

Pontuação e Direção

A pontuação da avaliação de tendências do modelo de negócios indica em qual direção ele se moverá com base em fatores externos e com a antecipação do desempenho futuro. A avaliação examina como as forças externas podem impactar e atrapalhar a fórmula de frontstage, backstage e lucro de um modelo de negócios. A pontuação mostra se é provável que um modelo se mova para a esquerda (maior risco de extinção e disrupção) ou para a direita (menor risco) no portfólio Explore no futuro.

Adicionando Ponderação de Impacto

Aumente a precisão sobre o impacto das forças externas, ponderando cada uma em termos de probabilidade de ocorrência e gravidade. Por exemplo, qual é a probabilidade de serem criados novos regulamentos e quão severamente impactariam um modelo? Ou, qual é a probabilidade de novos agentes ganharem força e qual seria o impacto disso?

Impactos das Tendências no Frontstage

	PV	Novos agentes ganham força com produtos e serviços mais baratos, melhores ou alternativos que podem inviabilizar o modelo de negócios.	-3	-2	-1	0	+1	+2	+3	A concorrência por nossos produtos e serviços está diminuindo, e é provável que eles ganhem força e se beneficiem disso.
	SC	Prevê-se que os mercados em que atuamos encolherão nos próximos anos.	-3	-2	-1	0	+1	+2	+3	Prevê-se que os mercados em que atuamos cresçam significativamente nos próximos anos.
	RC	Várias tendências (técnicas, culturais, demográficas) reduzem o atrito para que os clientes nos deixem e nunca mais voltem.	-3	-2	-1	0	+1	+2	+3	Há várias tendências dificultando que nossos clientes nos abandonem, e o atrito para eles saírem está aumentando.
	PV/SC	Tendências sociais e culturais projetadas para crescer estão afastando os clientes de nós (p. ex., sustentabilidade, moda etc.).	-3	-2	-1	0	+1	+2	+3	Há várias tendências dificultando que nossos clientes nos abandonem, e o atrito para eles saírem está aumentando.

Impactos das Tendências no Backstage

	RC	Há tendências tecnológicas que minam substancialmente o modelo de negócios ou o deixam obsoleto ganhando força.	-3	-2	-1	0	+1	+2	+3	Há tendências tecnológicas que fortalecem substancialmente nosso modelo de negócios ganhando força.
	RC/AC	Novas regulamentações tornam o modelo de negócios mais caro ou impossível de operar e dão vantagem aos concorrentes.	-3	-2	-1	0	+1	+2	+3	Novas regulamentações tornam o modelo de negócios mais barato ou mais fácil de operar e proporcionam uma vantagem competitiva sobre os concorrentes.
	RC/AC	Fornecedores e agentes da cadeia de valor mudam de modo a colocar o modelo de negócios em risco.	-3	-2	-1	0	+1	+2	+3	Fornecedores e agentes da cadeia de valor estão mudando de modo a fortalecer radicalmente o modelo de negócios.

Impactos das Tendências na Fórmula do Lucro

ECONÔMICOS	Uma desaceleração econômica nos próximos seis meses seria letal para o modelo de negócios (por exemplo, devido à alta estrutura de custos, obrigações de dívida etc.).	-3	-2	-1	0	+1	+2	+3	O modelo de negócios é resiliente e até se beneficiaria se uma desaceleração econômica ocorresse nos próximos seis meses (p. ex., devido a concorrentes fracos).
GEOPOLÍTICOS	O modelo de negócios depende dos principais recursos ou de forças geopolíticas ou outras forças externas (como preços de commodities, guerras comerciais etc.).	-3	-2	-1	0	+1	+2	+3	O modelo de negócios não depende de recursos-chave ou de forças geopolíticas ou outras forças externas (como preços de commodities, guerras comerciais etc.).
FINANCIAMENTO VC	Há uma quantidade significativa de startups de financiamento de capital de risco em nossa arena e isso cresceu nos últimos seis meses.	-3	-2	-1	0	+1	+2	+3	Existem poucas ou nenhuma startup de financiamento de capital de risco na arena.

AÇÕES EXPLORE

Da Avaliação do Risco à Ação

Apresentamos ações Explore na p. 109. Muito já foi escrito sobre o tópico em outros livros. A principal contribuição aqui consiste em unificar o vocabulário e criar um idioma compartilhado para todas as ações no contexto de gestão de um portfólio de negócios existentes.

Aquisição
A aquisição de empresas ou de unidades de negócios externas impulsiona o portfólio existente, tapando um buraco ou fortalecendo um negócio interno. Você pode integrar uma empresa adquirindo (fusão) ou lhe oferecendo independência organizacional.

Aprimoramento
Quando um de seus negócios sofre declínio, você pode decidir renová-lo alterando substancialmente seu modelo de negócios. Isso requer testar o novo modelo de negócios enquanto opera o existente (p. 124). Há dois tipos de renovação. A primeira consiste em renovar o negócio para mantê-lo como um pilar do portfólio. A segunda, para aliená-lo a um preço atraente.

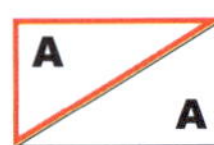

Desinvestimento
Quando uma empresa não se encaixa mais nas diretrizes do portfólio em termos de adequação ou desempenho. A alienação pode ser imediata, fechando um negócio (desmontando) ou vendendo-o para outra empresa, investidores ou para a gerência atual (operação de compra de gestores). Você também pode alienar com o tempo, depois de reformular o negócio primeiro para torná-lo mais atraente para potenciais compradores.

Investimento
Às vezes, você não está preparado ou não pode adquirir uma empresa externa. Nesse caso, pode criar uma participação de investimento para aproveitar o sucesso. Uma joint venture é um tipo específico de investimento em que duas ou mais empresas montam um negócio separado e são, juntas, responsáveis por ele.

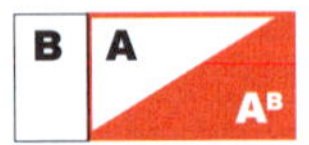

Parcerias
Alguns tipos de parcerias são tão importantes que merecem ser mencionados no nível do portfólio, e não só dentro de um modelo de negócios específico. São parcerias estratégicas e impactam vários negócios do portfólio de modo significativo.

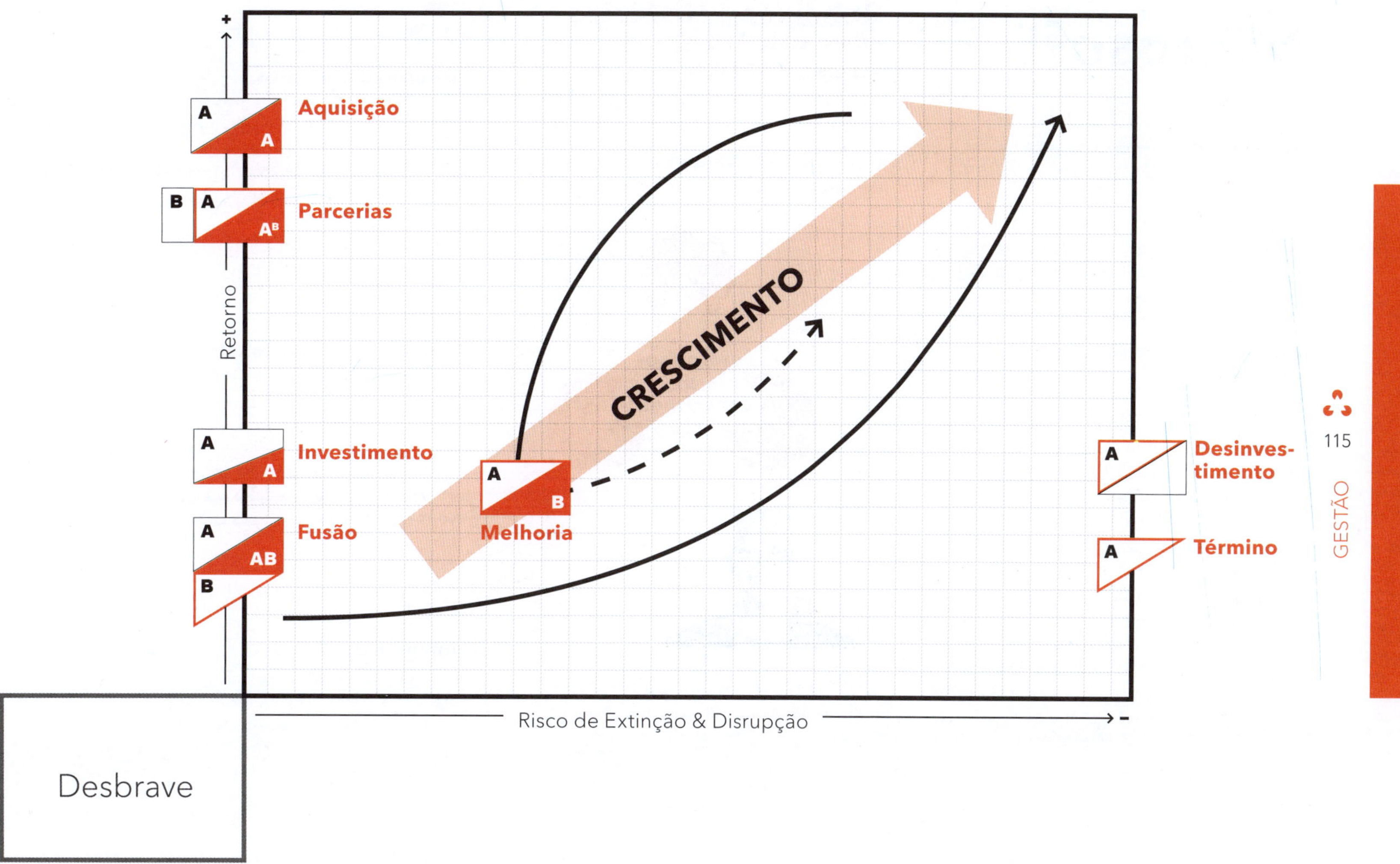
+
Retorno
Aquisição
Parcerias
Investimento
Fusão
Melhoria
CRESCIMENTO
Desinvestimento
Término
Risco de Extinção & Disrupção
-
Desbrave

EXEMPLO DE PORTFÓLIO
2014 ~~~ 2019

Microsoft

Satya Nadella torna-se CEO da Microsoft em 2014 e reposiciona radicalmente a empresa do sistema operacional Windows para se concentrar nos usuários corporativos e na nuvem. Nadella entende que a próxima fase exigirá uma mentalidade aberta e colaboração com parceiros.

A Microsoft foi fundada em 1975 por Bill Gates e Paul Allen. O crescimento meteórico da empresa veio de seu sistema operacional Windows, que foi pré-instalado na maioria dos PCs vendidos. A Microsoft também se expandiu para software e hardware centralizados no sistema proprietário.

Em 2014, Satya Nadella tornou-se CEO da Microsoft e substituiu Steve Ballmer, que liderou e expandiu a empresa por mais de uma década. Nadella mudou a estratégia da organização para reposicioná-la para o futuro. Desenfatizou o papel do Windows proprietário, que tradicionalmente era o coração e a base da Microsoft.

Nadella focou os usuários corporativos e a nuvem. Para realizar essa mudança, estabeleceu uma mentalidade aberta e colaborativa, uma mudança radical da atitude tradicionalmente fechada e proprietária da empresa. Nadella queria que a tecnologia da Microsoft estivesse em execução em todas as plataformas, em vez de esperar para "alcançar" seus concorrentes. A tecnologia deveria funcionar com o Windows, não precisaria estar nele.

Foto: *Reproduzida com permissão da Microsoft*

Rebaixar o Histórico Mecanismo de Crescimento

Em 2010, a invenção do smartphone e do tablet contribuía para o declínio irreversível do mercado de PCs. Nesse ponto, o Windows representava 54% da receita operacional da Microsoft. A empresa precisava se transformar, e rápido.

SATYA NADELLA
CEO da Microsoft

Direção Estratégica
A Empresa de Produtividade e Plataforma

A Acelerar seus esforços para liberar produtos e serviços de forma independente e abrangente.
B Liderar o setor de tecnologia da plataforma em nuvem para facilitar a colaboração de código aberto entre plataformas.
C Levar os usuários a fazerem e alcançarem mais.

Cultura Organizacional
Colaborativa e Focada no Cliente

Nadella muda a cultura da Microsoft de uma mentalidade fixa para uma de crescimento, baseada em liderança "sem fronteiras e globalizada, na busca de soluções", com o entendimento de que, se deseja oferecer a seus clientes os melhores produtos, não pode fazê-lo sozinho.

Imagem da Marca
Inovação Aberta

D A Microsoft faz parcerias com "concorrentes" como Amazon e Sony para oferecer aos clientes produtos e conectividade maiores, disponibilizando seu software em mais plataformas.

E se une a redes como Linux Foundation (2016) e Open Innovation Network (2018) para consolidar seu compromisso com a colaboração de código aberto. Os desenvolvedores dessas redes podem usar as 60 mil patentes emitidas pela Microsoft sem royalties em qualquer plataforma.[19]

D GitHub (2018, US$7,5 bilhões)
Estrutura de plataforma cruzada para desenvolvedores criarem para qualquer plataforma e implementarem para dispositivos, nuvem ou IoT. A Microsoft se torna um dos maiores contribuintes da plataforma.[23]

LinkedIn (2016, US$26,2 bilhões)
Soluções de Talento, Marketing e Assinaturas Premium.[24]

B Empresas de nuvem (2013-2018)
A Microsoft adquire 23 empresas relacionadas à nuvem para desenvolver sua divisão de nuvem inteligente.[25]

A Windows/Office
Até 2013, a receita do Windows fica em terceiro, atrás do Office.[27] Os clientes escolhem dispositivos mais simples, como smartphones e tablets, vs PCs. Vendo isso, a primeira ação de Nadella como CEO é levar o Office para Android e iOS, até com apps gratuitos, incluindo Word e Excel.[28]

Resultados do Final do Ano de 2019

PROJETO Oxford (2015)
Ajuda os desenvolvedores a criarem apps faciais mais inteligentes, integrando a avançada tecnologia de aprendizado de máquina da Microsoft. Versão beta gratuita para desenvolvedores com uma conta do Azure, a plataforma de computação em nuvem da Microsoft.[22]

B Azure Cognitive Services (2019)
O Oxford é lançado oficialmente como Serviço Cognitivo do Azure em 2019. Parte integrante dos serviços de IA do Azure para ajudar os usuários corporativos a resolverem problemas de negócios.

B Azure
Muitos analistas preferiam o AWS ao Azure, da Microsoft. Ela o renovou e tornou o negócio de mais crescimento, com 53% de receita ano após ano. O Azure é agora o segundo serviço de infraestrutura em nuvem mais usado no mundo.[29]

D Cortana
O assistente digital Cortana da Microsoft (2014) fica atrás do Alexa e do Google Assistant, em grande parte devido à falta de integração de hardware (limitada a PCs com Windows 10). Para superar isso, a Microsoft faz uma parceria com a Amazon para integrar seus assistentes digitais (2018).[30]

Hololens (2016)
O headset de realidade mista da Microsoft ainda está em desenvolvimento. Vendeu 50 mil unidades até maio de 2018.[20]

C Hololens Edition 2 (2019)
A Microsoft refina o segmento de clientes da Hololens e adapta a segunda edição para ajudar usuários corporativos de todos os tipos a realizar melhor seus trabalhos. E estabelece parcerias com grandes empresas (Saab, Airbus, Honeywell, Toyota) para otimizar os processos de produção.[21]

Nokia (2015, perda de US$8 bilhões)
Saída do setor de dispositivos móveis.[26]

Exemplo de Portfólio

2010 ~~ 2019

Unilever

Paul Polman chega à Unilever como CEO em 2010 e a reposiciona como empresa orientada a propósito. Acredita que a maioria dos consumidores está disposta a comprar de uma marca que apoia a vida sustentável – e acha que, como empresa, você pode se dar bem fazendo o bem.

Transnacional holandesa-britânica fundada em 1929, a Unilever fabrica produtos como alimentos e bebidas, cuidados domésticos e pessoais. Agora possui mais de 400 marcas, com um faturamento em 2018 de €51 bilhões. Tornou-se uma das marcas mais reconhecidas do mundo.

Na década de 2000, lutava para superar o aumento dos preços das commodities e a crise financeira (de 2008). Em 2010, escolheu um outsider como CEO para aumentar a comunicação e a transparência com o mercado.

Paul Polman acreditava no longo prazo e em estabelecer metas ambiciosas de sustentabilidade, ao mesmo tempo em que duplicava os negócios. Acreditava que o crescimento de uma empresa pode se dissociar do impacto ambiental; produtos com um propósito podem criar maior demanda do consumidor e cadeias de suprimentos melhor construídas serão mais sustentáveis no longo prazo.

Incorporar a Sustentabilidade

A Unilever lutou nos anos 2000 para superar o aumento dos preços das commodities e a crise financeira de 2008. Quando Paul Polman assume como CEO, cria o Sustainable Living Plan, "definindo uma nova era do capitalismo responsável".

PAUL POLMAN

CEO da Unilver

Em 2019, Paul Polman deixou o cargo de CEO e foi substituído por Alan Jope, que se comprometeu a impulsionar ainda mais as metas de sustentabilidade da empresa, orientando cada uma de suas marcas a um propósito.

Direção Estratégica

Tornar a Vida Sustentável Comum

A Unilever faz com que todos seus mais de quatrocentos propósitos sejam guiados pela redução do impacto ambiental, aumentando o impacto social positivo.

Sustentabilidade e Lucros

A Unilever deseja dobrar a receita, passando de produtos de baixa a alta margem, reduzindo à metade o impacto ambiental deles. Esses objetivos ambiciosos provam que é possível se dar bem fazendo o bem.

Planejamento em Longo Prazo

A proibição de relatórios trimestrais e a redução das participações em fundos de hedge reduzem as flutuações dos preços das ações. Isso, por sua vez, cria um ambiente mais estável para planejar o crescimento em longo prazo sobre os retornos de curto prazo.

Cultura Organizacional

Propósito e Princípios

Na Unilever, o sucesso é definido como "os mais altos padrões de comportamento corporativo em relação a todos com quem trabalhamos, às comunidades que atingimos e ao ambiente que impactamos". Espera-se que todos conduzam operações com integridade e respeito pelas muitas pessoas, organizações e ambientes que a empresa atinge.

Imagem da Marca

Orientada a Propósito, Não Orientada a Lucro

"Mais de 90% dos millennials dizem que trocariam de marca por uma que defende uma causa." A Unilever deseja ser vista como uma empresa impulsionada pelo desejo de agir com responsabilidade – e provar que a sustentabilidade é boa para os negócios.

Em 2018, as marcas sustentáveis com propósito da Unilever cresceram 69% mais rápido que o resto dos negócios e geraram 75% do crescimento da empresa.[31]

Schmidt's Natural (2017, Sustentável)
Desodorantes naturais, sem produtos sintéticos

Living Proof (2016, Premium)
Produtos de alto nível para cabelos

Mae Terra (2016, Sustentável)
Alimentos naturais e orgânicos

GRAZE (2019, Sustentável)
Lanche saudável baseado em assinatura

Seventh Generation (2016, Sustentável)
Produtos de limpeza ecológicos

The Laundress (2019, Premium)
Produtos de lavanderia e limpeza doméstica sofisticados e ecológicos

Resultados do Fim do Ano de 2019

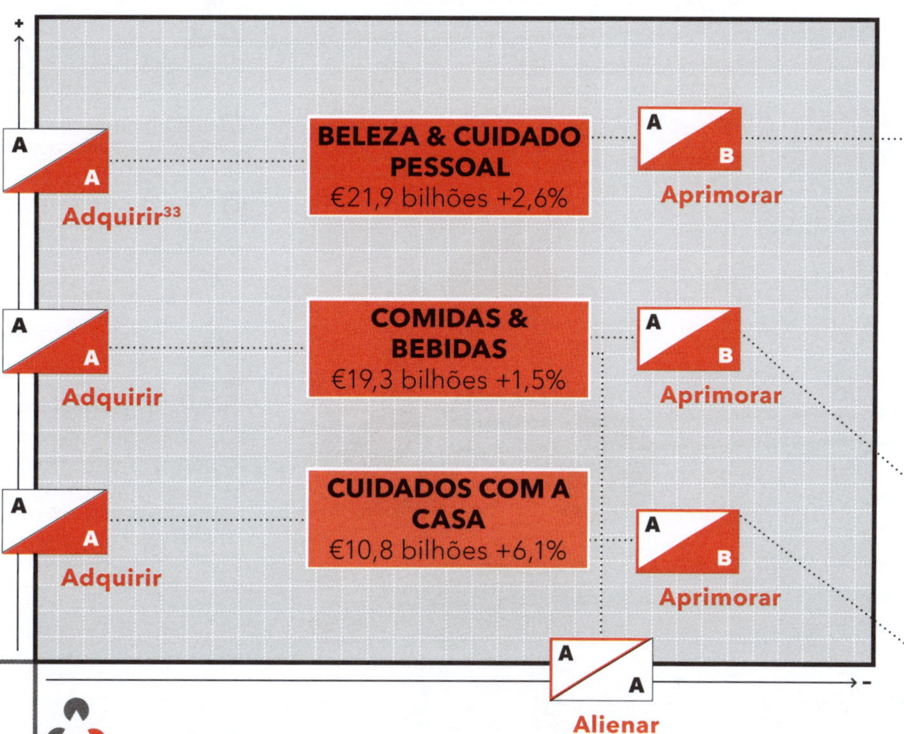

Comfort One Rinse
A nova versão do amaciante de tecidos usa 20% menos água do que as anteriores, poupando o equivalente a 10 milhões de piscinas olímpicas de água por ano.

Lifebuoy
Cria o Programa Lavar as Mãos para evitar a morte de 600 mil crianças por ano por infecções respiratórias e diarreia.

Dove
A Dove cria o Projeto Autoestima, para garantir que a próxima geração cresça sentindo-se confiante com sua aparência – para ajudá-la a alcançar todo seu potencial. Desde 2005, a ferramenta educacional tem melhorado a autoestima de mais de 35 milhões de jovens.

TG Tips
Em 2018, lança saquinhos de chá totalmente biodegradáveis feitos à base de plantas, melhorando significativamente seu impacto ambiental.

Domestos
Em 2017, lança o spray Flush Less na África do Sul em resposta à escassez de água que afeta a região.

A Unilever indicou que abandonará marcas que "não contribuem significativamente para o mundo", mesmo que isso afete seus resultados. Isso inclui marcas muito amadas como Marmite, Magnum e Pot Noodle.[34]

Orientada pelo Propósito
Em 2014, vende SlimFast ao Kaios Group. SlimFast produz shakes, lanches e outros suplementos alimentares para dietas e planos de perda de peso.[32]

Orientada pelo Lucro
A Unilever vende muitas de suas marcas de alimentos para ter um mix de portfólio com margens mais altas. Em 2013, vende o molho de salada Wish-Bone por US$580 milhões e a manteiga de amendoim Skippy por US$700 milhões. Em 2014, vende a marca Ragu de molho de macarrão por £1,26 bilhão.

Exemplo de Portfólio
2013 ~~~ 2019

Logitech

Em 2013, Bracken Darrell assume o comando da Logitech. Faz o crescimento deslanchar afastando a empresa do mercado em queda de PCs. A Logitech cria um portfólio de acessórios corporativos para consumidores focados no design, que se beneficiam do crescimento da nuvem.

A Logitech foi fundada em 1981 na Suíça. Cresceu rápido, com base em seus periféricos inovadores, como versões avançadas do mouse para PC. A Logitech ficou sob pressão com o declínio do mercado de PCs e a perda de US$100 milhões com o Google TV, em 2012.[35]

Bracken Darrell reorientou o portfólio da empresa em acessórios para consumidores e empresas que se beneficiariam do crescimento da nuvem e dos dispositivos conectados. A Logitech adquiriu várias marcas para expandir seu portfólio, principalmente em música e jogos.

A Logitech, tradicionalmente focada em engenharia, coloca o design no centro da empresa e de seu portfólio. Em 2013, contrata Allistair Curtis, ex-chefe de design da Nokia, para ajudar a construir uma organização orientada para o design.

Reviva o Empreendedorismo

Em 2012, o mercado de PCs iniciou um declínio irreversível e mudou-se para dispositivos móveis, tablets e nuvem. A Logitech, que contava com o crescimento do setor de PCs, teve que mudar drasticamente.

Da apresentação da Logitech

Direção Estratégica

O Principal Player Periférico de Nuvem

A Ser um peixe grande em muitos lagos pequenos e evitar gigantes como Apple, Google e Amazon.

B Reinvestir os lucros em crescimento, garantir o crescimento nas principais categorias e melhorar as margens até o nível mais alto.
Tornar-se uma "empresa de design".

Cultura Organizacional

Empreendedora e Orientada ao Design

Reviver a cultura empreendedora, na qual as pessoas estão dispostas a experimentar coisas novas e manter a independência empreendedora das aquisições.
Expandir as principais capacidades, em particular design interno e obsessão no cliente.
Projetar os custos no início do processo para aumentar a eficiência operacional.

Imagem da Marca

High End Design

A Empresa multimarca que reúne pessoas por meio de música, jogos, vídeo e computação. Conhecida por inovar para o cliente, para oferecer exatamente o que ele deseja com design sofisticado.

Saitek Pro Flight (2016)[37]
Fabricante avançado de controladores de simulação de voo

ASTRO Gaming (2017)
Marca líder de acessórios para jogos de console para jogadores entusiastas e profissionais

Beyond Entertainment (2018)
Plataforma online com as últimas notícias sobre o setor de consoles

Jaybird (2016)
Líder em dispositivos de áudio sem fio para esportes e estilo de vida ativo

Blue Microphones (2018)
Microfones para profissionais de áudio, músicos e consumidores

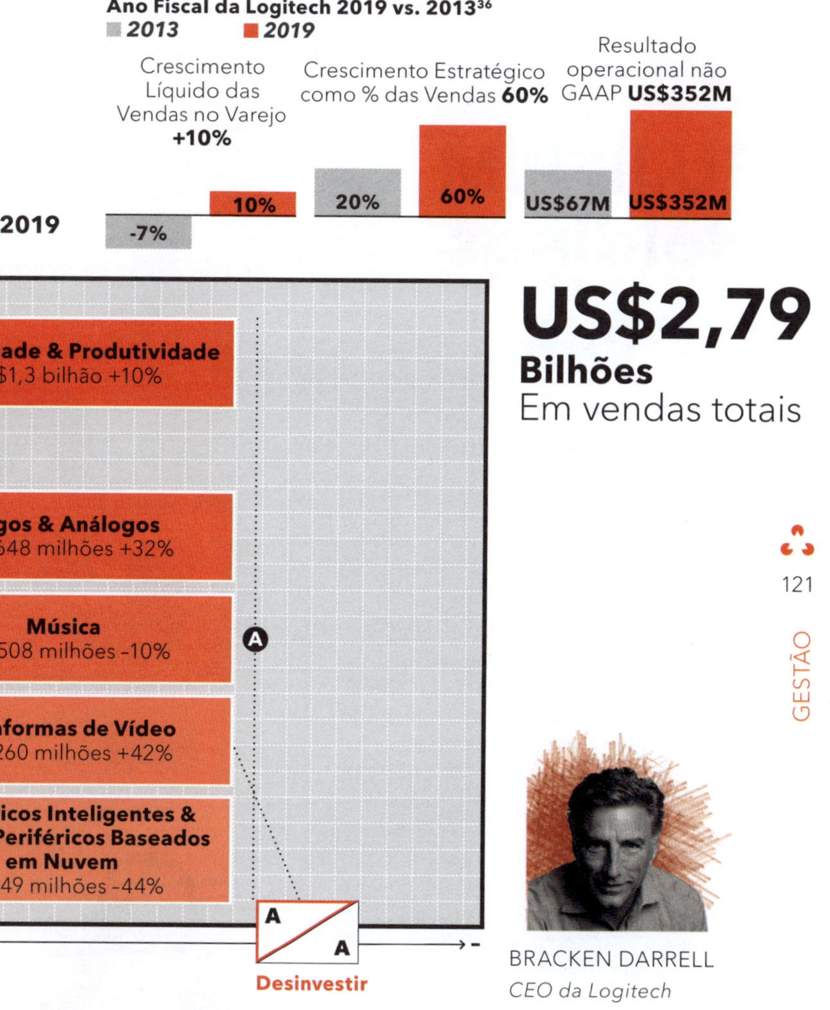

Desbrave

Em 2016, a **Lifesize**, uma solução de videoconferência em HD, foi separada da Logitech como empresa independente.[39]

Em 2015, deixa a **OEM** de mouses para PC, o que durante muito tempo representou uma grande parte da receita da Logitech.[38]

Exemplo de Portfólio
2001 ~~ 2019

FUJIFILM Holdings

Em 2003, Shigetaka Komori é nomeado CEO da Fujifilm. Ele entende que, para a empresa sobreviver à disrupção digital do filme analógico, precisa se reinventar como agente de tecnologia.

A Fujifilm, fundada em 1934, foi a primeira produtora de filme fotográfico do Japão. Em meados dos anos 1980, dominava o setor com a Kodak. No entanto, no início dos anos 2000, a digitalização tornou o setor quase irrelevante.

Em 2004, o CEO Shigetaka Komori elaborou um plano de gestão de 5 anos para "salvar a Fujifilm do desastre e garantir sua viabilidade como empresa líder". Komori reduziu os negócios de filmes fotográficos e cortou quase 5 mil empregos no mundo, enquanto construía uma instalação de pesquisa de US$400 milhões para se aventurar em novos mercados.[40] Antes disso, a Fujifilm passou 1,5 ano avaliando seus recursos técnicos para renovar sua base em filmes.

A nova unidade de negócios Soluções para Cuidados em Saúde & Materiais agora representa 43% da receita total e os filmes, menos de 1%.[41]

Combate à Disrupção

Em meados da década de 2000, a digitalização da fotografia destituiu os filmes fotográficos. Komori entendeu que precisava de um plano para mudar drasticamente o rumo da empresa e garantir sua sobrevivência.

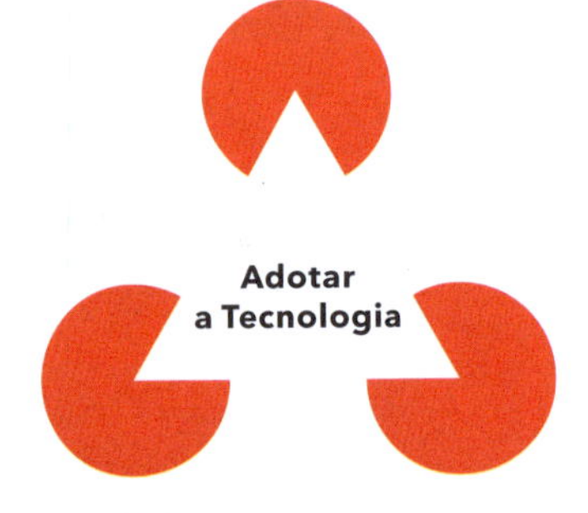

Direção Estratégica

As três direções estratégicas descritas no plano de cinco anos de Komori são:

- Implementar reformas estruturais para redução de custos
- Construir novas estratégias de crescimento por meio de um portfólio diversificado
- Aprimorar a gestão consolidada para uma tomada de decisão mais rápida

Cultura Organizacional

Para garantir que a Fujifilm fizesse a rápida transformação a tempo, Komori entendeu que a empresa precisava criar a estrutura certa:

- Indivíduos mais fortes, com maior autonomia e flexibilidade de papéis, que poderiam tomar iniciativa e ser mais empreendedores
- Liderança corporativa enxuta e decisiva com rápido processo de tomada de decisão[42]

Imagem da Marca

A Fujifilm é conhecida mundialmente por sua tecnologia de ponta, oferecendo produtos de alta qualidade. Seu desejo é que a imagem da marca e a confiança que construíram com filmes sejam transportadas para uma variedade de produtos de cuidados à medida que avançam para outros setores.

SHIGETAKA KOMORI
Presidente e CEO da FUJIFILM Holdings

"A Fujifilm, até então, era uma das empresas líderes no setor de produtos fotográficos e produzia continuamente grandes lucros. Eu queria ter certeza de que continuaria assim até o século seguinte. Descobrir como fazer isso era meu trabalho como CEO."

A Fujifilm adquire duas empresas (**Diosynth RTP LLC e MSD Biologics [UK] Limitada**) e as renomeia para Fujifilm Diosynth Biotechnologies para entrar na organização de desenvolvimento e fabricação de contratos biofarmacêuticos, a fim de expandir suas Soluções para Cuidados em Saúde & Materiais.

A aquisição da **Toyama Chemical** (atualmente Fujifilm Toyama Chemical) em 2008 sinaliza a entrada em larga escala da Fujifilm na área farmacêutica.

Em 2001, a Fujifilm compra uma participação adicional de 25% da **Fuji Xerox**, uma joint venture com a Xerox, tornando-a uma subsidiária consolidada. A divisão de soluções para documentos agora representa 41% da receita anual.

Em 2006, chegou a transformação digital da fotografia, e a Fujifilm sabia que tinha que reestruturar drasticamente seu ecossistema de filmes, reduzindo o negócio de filmes fotográficos. Isso liberou os recursos necessários para cumprir o plano de diversificação. Em 2019, o **filme fotográfico** representava menos de 1% de sua receita anual.

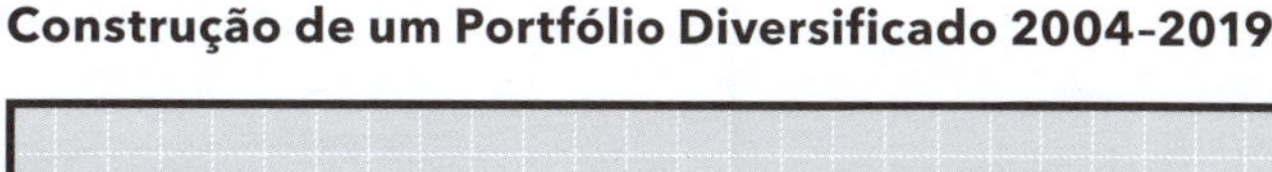

Construção de um Portfólio Diversificado 2004-2019

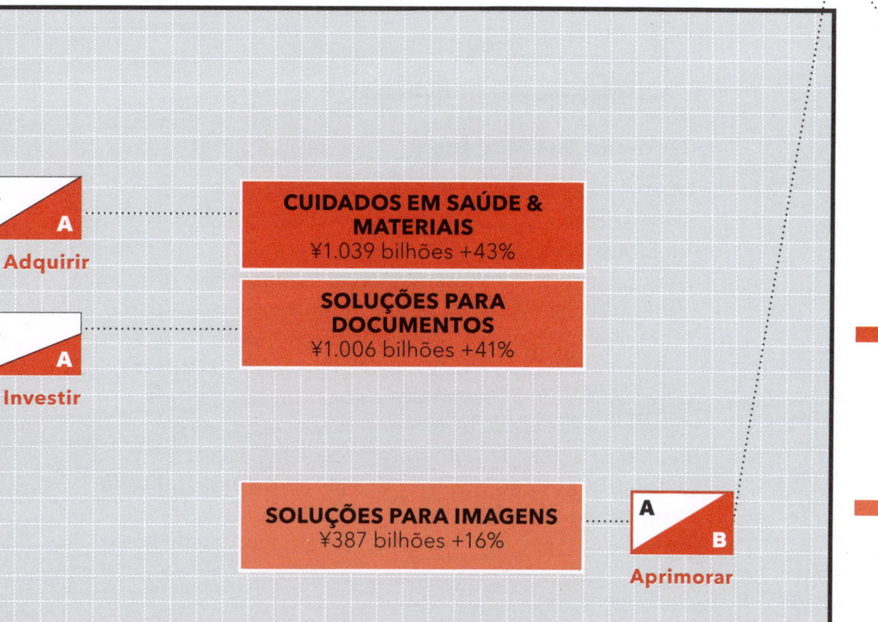

SOLUÇÕES EM SAÚDE & MATERIAIS
Cuidados em Saúde e Materiais; Materiais Funcionais; Mídia de Gravação; Sistemas Gráficos/Materiais para Exibição Impressa

SOLUÇÕES PARA DOCUMENTOS
Produtos de Escritório e Impressoras; Serviços de Produção; Soluções e Serviços

SOLUÇÕES PARA IMAGENS
Imagem por Foto; Imagem Eletrônica; Dispositivos Óticos

A Fujifilm toma a corajosa decisão de investir em filmes LCD, prevendo o boom de telas de LCD. Investe mais de ¥150 bilhões em novas instalações para fabricar o **FUJITAC**, um filme de alto desempenho, essencial para a fabricação de painéis LCD para TV, computadores e smartphones.

A compreensão da Fujifilm de como as fotos desaparecem e se oxidam com o tempo a ajudou a dar um salto para a esfera do cosmético funcional, visto que a pele humana envelhece de maneira semelhante. Em 2007, foi fundada a linha de cuidados com a pele **Astalift**.

TESTANDO MUDANÇAS

Mudanças no Modelo de Negócios

Uma empresa precisa aplicar os processos e métricas do portfólio Desbrave ao decidir renovar um dos modelos de negócios ultrapassados e mudar para um novo. Mais precisamente, é necessário continuar a operar o modelo de negócios enfraquecido, enquanto desbrava e testa simultaneamente a mudança para um novo. Esse é um empreendimento desafiador, que só obtém sucesso com uma mentalidade de desbravamento, e não de execução, para testar um modelo em potencial. Isso reduzirá o risco de mudar para um novo modelo de negócios que não funcione.

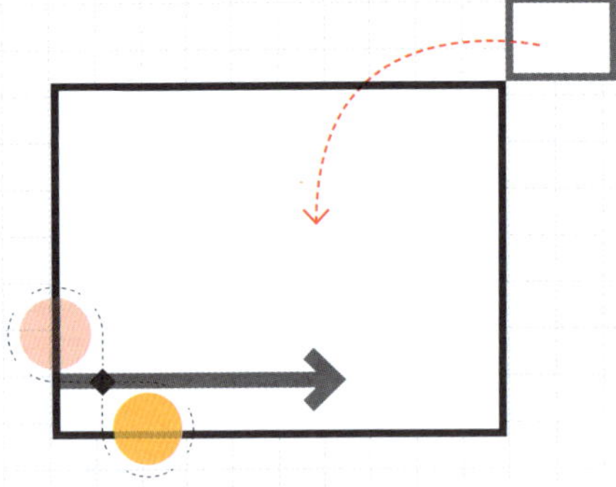

Testando Sua Mudança

Mudar para um novo modelo de negócios é muito arriscado, porque a incerteza em relação a seu funcionamento é alta. No entanto, se aplicar o processo e os princípios de teste do portfólio Desbrave, reduzirá substancialmente o risco de mudar para algo que não funcionará. A principal diferença é que você o constrói sobre um negócio existente. Isso tem pontos fortes e fracos. A principal vantagem é conhecer bem os clientes, o mercado e as tecnologias. A desvantagem é acabar priorizando a administração dos negócios atual em detrimento dos testes das hipóteses subjacentes à mudança do modelo de negócios.

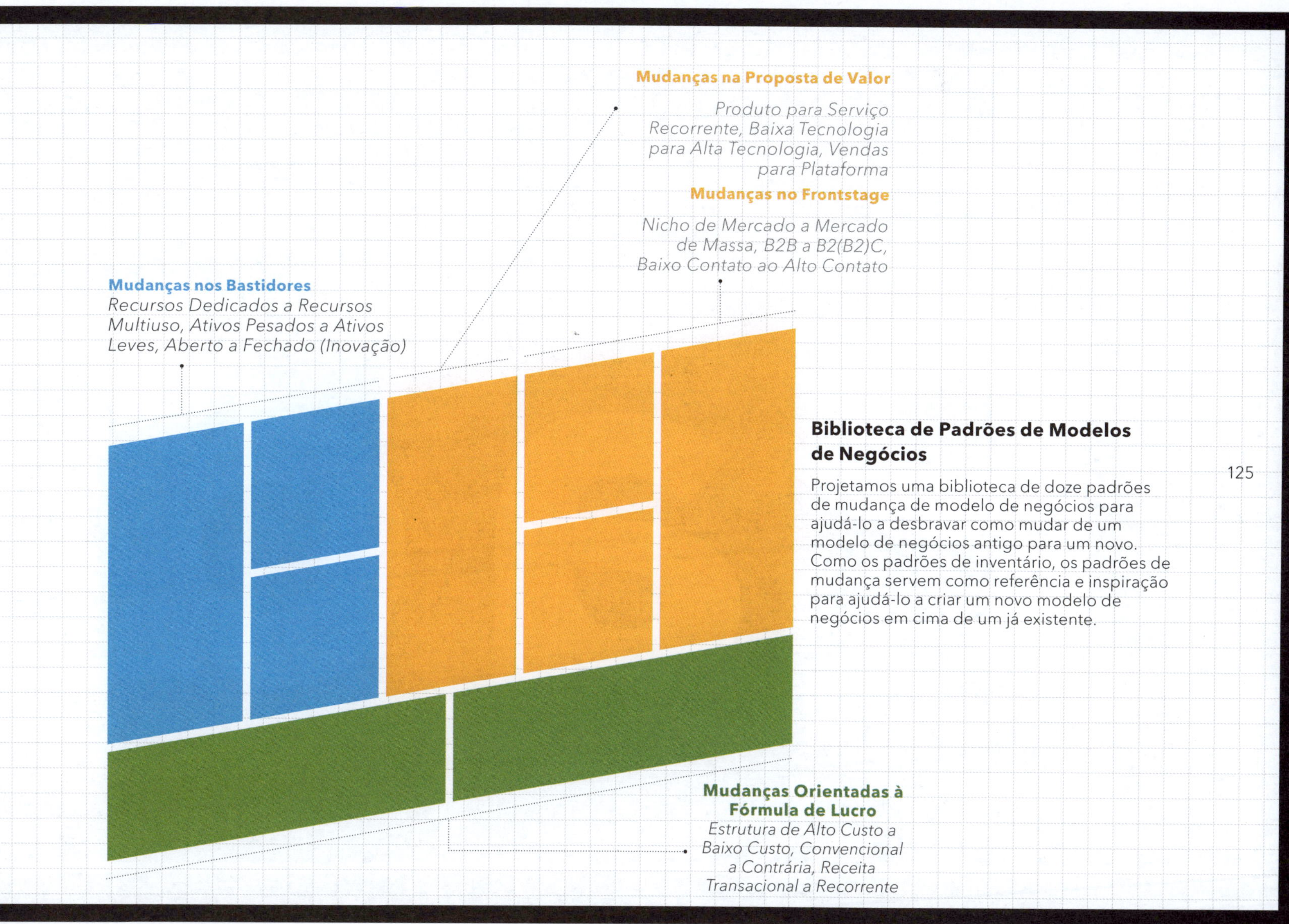

Biblioteca de Padrões de Modelos de Negócios

Projetamos uma biblioteca de doze padrões de mudança de modelo de negócios para ajudá-lo a desbravar como mudar de um modelo de negócios antigo para um novo. Como os padrões de inventário, os padrões de mudança servem como referência e inspiração para ajudá-lo a criar um novo modelo de negócios em cima de um já existente.

Pad

rões

Padrões do Modelo de Negócios

Uma configuração repetível de diferentes componentes do modelo de negócios para fortalecer o modelo geral de negócios da empresa.

Ajuda os novos empreendimentos a desenvolverem uma vantagem competitiva além de tecnologia, produto, serviço e preço. Ajuda as empresas estabelecidas a saírem de um modelo desatualizado para um mais competitivo. Um único modelo de negócios pode incorporar vários padrões.

Biblioteca de Padrões

Nas páginas seguintes, descrevemos uma biblioteca de padrões dividida em duas categorias: inventivos, para aprimorar novos empreendimentos; e transformadores, para melhorar um modelo estabelecido, mas obsoleto, de modo a torná-lo mais competitivo.

Inventivos

Codifique aspectos de um modelo de negócios superior. Cada padrão o ajuda a pensar em como competir com modelo superior, além dos meios tradicionais de competição baseados em tecnologia, produto, serviço ou preço. Os melhores modelos incorporam vários padrões para superar outros.

Explore

Desbrave

Transformadores

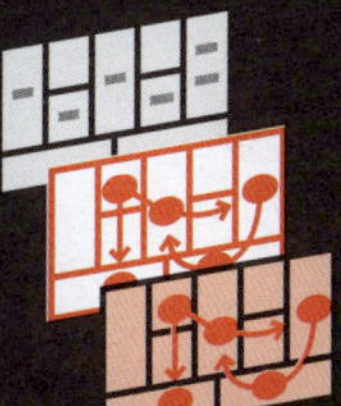

Codifique a mudança de um tipo de modelo para outro. Cada padrão o ajuda a pensar em como melhorar substancialmente o modelo atual, passando de um menos competitivo para outro mais competitivo.

Aplicando Padrões

Entenda os padrões de modelos de negócios
para executar melhor as seguintes atividades:

Design e Avaliação

Use os padrões para projetar melhores modelos de negócios em torno de oportunidades de mercado, inovações tecnológicas ou novos produtos e serviços. Use-os para avaliar a competitividade de um modelo existente. (p. 229)

Disrupção e Transformação

Use os padrões como inspiração para transformar seu mercado. Nas páginas seguintes, fornecemos uma biblioteca de empresas que revolucionaram setores. Foram as primeiras a introduzir novos padrões de modelo de negócios em sua arena.

Perguntas e Aprimoramento

Use os padrões para fazer melhores perguntas sobre o modelo, além das tradicionais sobre produtos, serviços, preços e questões de mercado. Independentemente de ser um líder sênior, líder em inovação, empreendedor, investidor ou pessoa capacitada, você pode ajudar a desenvolver modelos superiores com base em melhores perguntas.

A MAIOR AMEAÇA PARA OS DOMINADORES

É QUEM ESTÁ COMEÇANDO

Invente

Epicentros

Os padrões de modelos podem se originar no frontstage (orientado ao cliente), no backstage (orientado a recursos) ou na fórmula do lucro (orientado a finanças) de um modelo de negócios.

Disrupção do Backstage

Mudança radical na forma como o valor é criado.

Disrupção da Fórmula do Lucro

Uma mudança radical de público-alvo e de como o valor é entregue.

Disrupção do Frontstage

Mudança radical de como o valor é criado.

Biblioteca de Padrões Inventivos

Disrupção do Frontstage

p. 144 Exploradores do Mercado

p. 145 Visionários
p. 145 Transformadores
p. 145 Democratizadores

p. 150 Canais Líderes

p. 151 Desintermediadores
p. 151 Construtores de Oportunidades

p. 156 Criadores de Atração

p. 157 Escaladores de Apego
p. 157 Superaproximadores

Disrupção do Backstage

p. 164 Castelos de Recursos

p. 165 Castelos de Bases de Usuários
p. 165 Castelos de Plataformas
p. 165 Castelos de PI
p. 165 Castelos de Marca

p. 172 Diferenciadores de Atividade

p. 173 Disruptores da Eficiência
p. 173 Mestres da Velocidade
p. 173 Mestres da Sustentabilidade
p. 173 Produção sob Encomenda

p. 178 Escaladores

p. 179 Delegadores
p. 179 Licenciadores
p. 179 Franqueadores

Disrupção da Fórmula do Lucro

p. 190 Diferenciadores de Receitas

p. 191 Receita Recorrente
p. 191 Isca & Anzol
p. 191 Provedores Freemium
p. 191 Subsidiários

p. 198 Diferenciadores de Custos

p. 199 Trapaceiros de Recursos
p. 199 Tecnólogos
p. 199 Baixos Custos

p. 204 Mestres de Margem

p. 205 Contrários
p. 205 Alto Nível

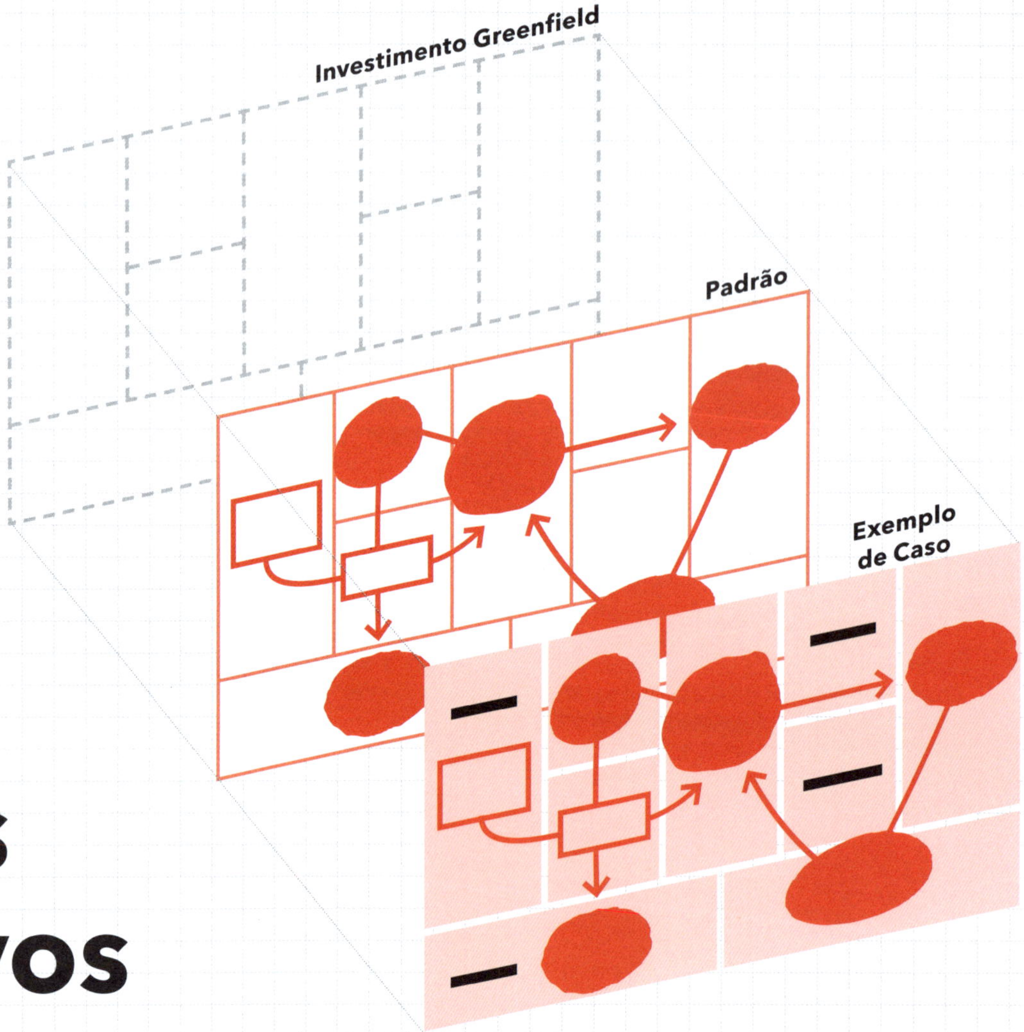

Investimento Greenfield

Padrão

Exemplo de Caso

140

Padrões Inventivos

Investimento Greenfield

As empresas que retratamos nesta seção começaram do zero. Construíram modelos de negócios a partir de uma tecnologia, oportunidade de mercado ou tendência. Todas causaram disrupção no setor, aplicando poderosos padrões de modelos até então desconhecidos.

Padrão

Destacamos 9 padrões inventivos diferentes com 27 sabores que novos empreendimentos e empresas estabelecidos podem aplicar para criar modelos de negócios melhores e mais competitivos. Descrevemos cada padrão para que você possa usá-lo como biblioteca de referência.

Exemplo de Caso

Cada caso serve para destacar um padrão em ação. Não descrevemos todo o modelo de negócios da empresa – apenas mostramos como foi aplicado para ficar mais competitivo. Na realidade, um modelo de negócios pode combinar vários padrões.

Sabor

Cada padrão possui dois ou mais sabores. São variações de um padrão específico para ajudá-lo a descobrir maneiras diferentes de aplicá-lo.

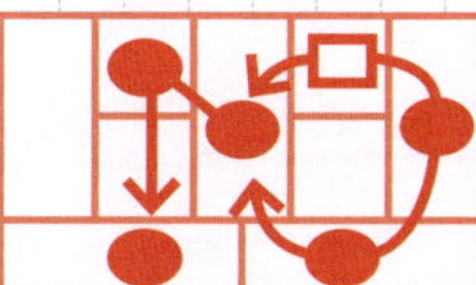

Legenda

– Investimento Greenfield 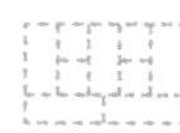

– Padrões de Modelos de Negócios 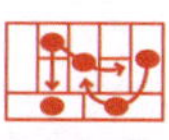

– Exemplo de Caso 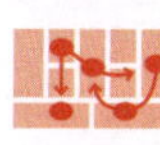

– Componentes dos Padrões 

– Padrões Opcionais 

– Componentes Originais 

– Outros Componentes 

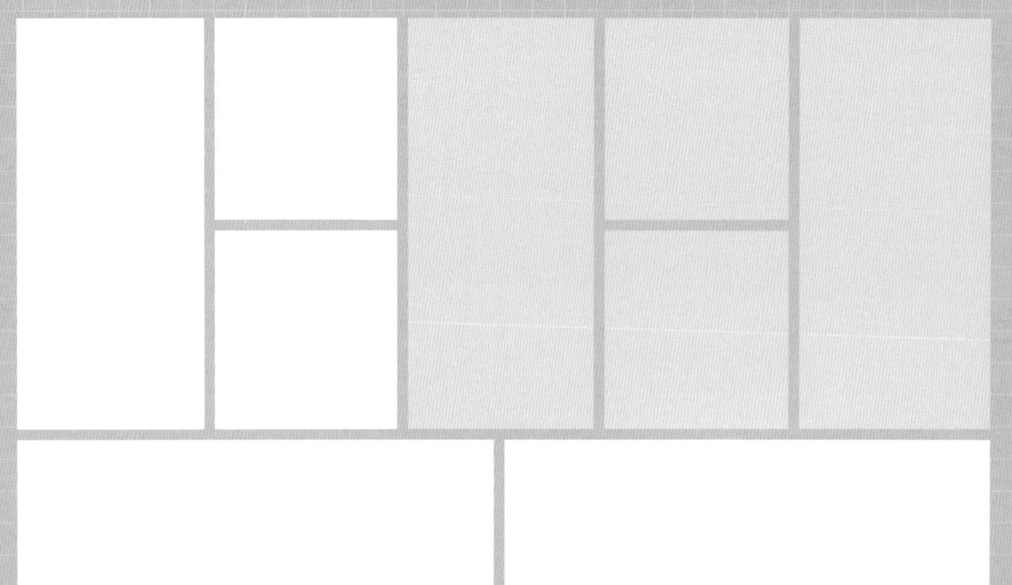

Disrupção do Frontstage

Exploradores de Mercado

p.146 **Visionários** Tesla Motors
p.148 **Transformadores** M-Pesa
p.149 **Democratizadores** Sears, Roebuck and Co.

Canais Líderes

p.152 **Desintermediadores** Dollar Shave Club
p.154 **Construtores de Oportunidades** Tupperware

Criadores de Atração

p.158 **Escaladores de Apego** Microsoft Windows
p.159 **Superaproximadores** Microsoft Xbox

Uma mudança radical de público-alvo e de como o valor é entregue.

Exploradores do Mercado

Desbloqueio de Mercado

144 Desenvolva propostas de valor inovadoras que criam, liberam ou destravam mercados novos, inexplorados ou mal atendidos com grande potencial. Seja pioneiro e descubra um novo potencial de receita por meio do desbravamento do mercado.

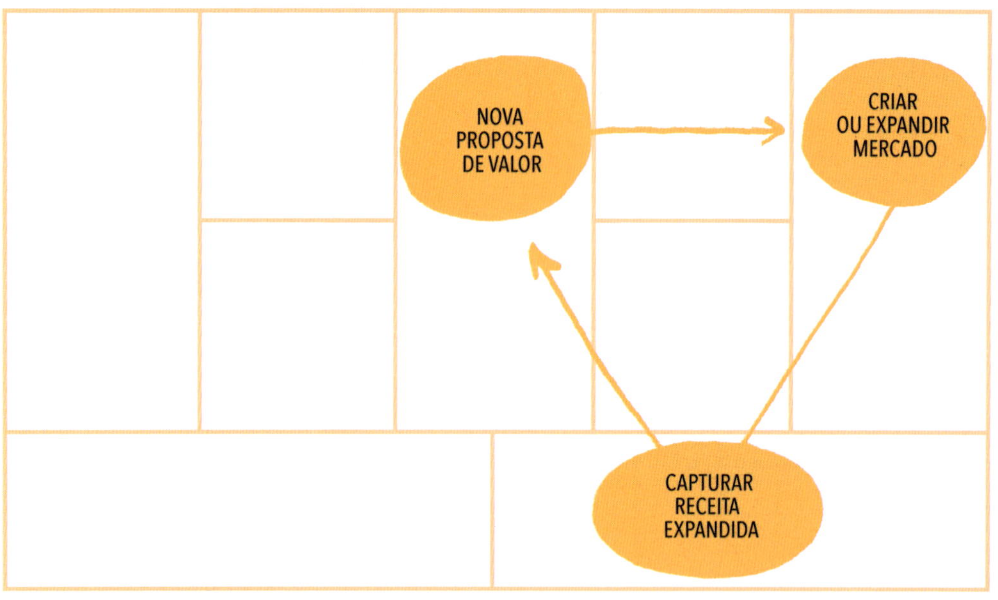

PERGUNTA GATILHO

Como entrar em mercados novos, inexplorados ou mal atendidos, com grande potencial?

Pergunta de Avaliação

Quão grande e atraente é o potencial de mercado inexplorado que buscamos?

Há pouco potencial inexplorado e o mercado está encolhendo.

O potencial é grande, ainda não ocupado e em crescimento.

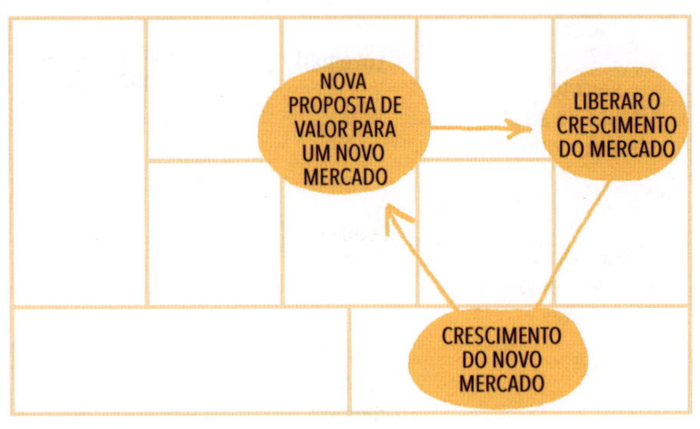

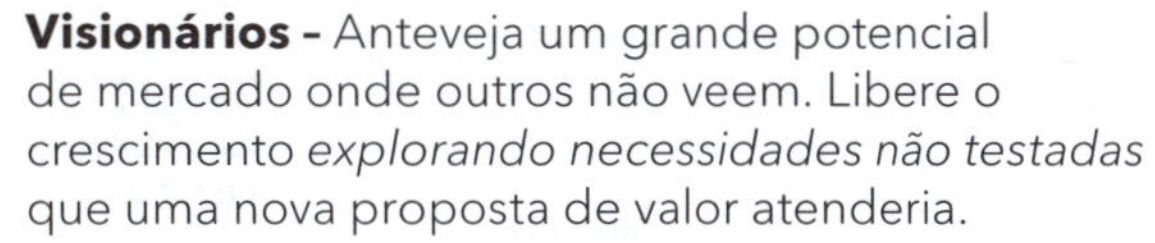

Visionários - Anteveja um grande potencial de mercado onde outros não veem. Libere o crescimento *explorando necessidades não testadas* que uma nova proposta de valor atenderia.

EXEMPLOS
Tesla, iPhone, Nintendo Wii

PERGUNTA GATILHO
Quais necessidades não comprovadas de um grande mercado podem valer a pena ser exploradas?

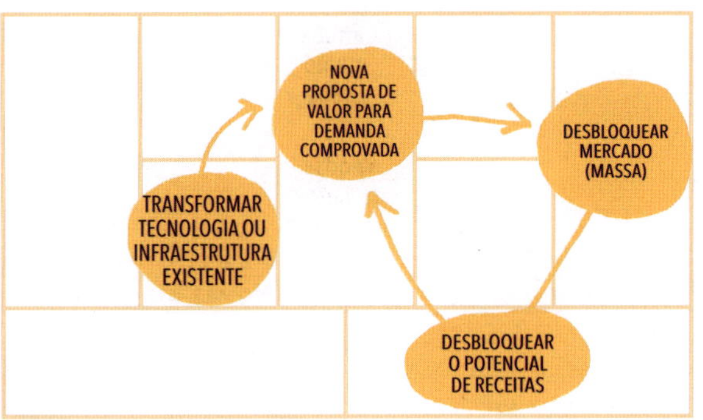

Transformadores - Encontre modos inovadores de explorar a demanda comprovada do mercado *transformando a tecnologia e a infraestrutura existentes* que anteriormente serviam a outros fins.

EXEMPLOS
M-Pesa, AWS

PERGUNTA GATILHO
Como transformar uma tecnologia ou infraestrutura existente para desbloquear necessidades comprovadas, mas até então inacessíveis, dos clientes?

DEMOCRATIZAR A PROPOSTA DE VALOR
CRIAR MERCADO DE MASSA
BAIXO PREÇO & ALTO VOLUME

Democratizadores - Encontre modos inovadores de democratizar o acesso a produtos, serviços e tecnologias que antes eram acessíveis apenas a um pequeno número de clientes sofisticados.

EXEMPLOS
Sears, Azuri, M-Pesa, AWS

PERGUNTA GATILHO
Como desbloquear produtos, serviços e tecnologias limitados a um nicho de mercado e torná-los amplamente disponíveis para o mercado de massa?

Tesla Motors

Em 2012, a Tesla prevê um grande mercado inexplorado (veículos elétricos de última geração), onde ninguém mais o vê. Com o Modelo S, cria a proposta de valor certa para desbloquear a oportunidade.

A Tesla foi fundada em 2003 com o objetivo de comercializar veículos elétricos, começando com carros esportivos de luxo e passando para veículos acessíveis e de mercado de massa. Em 2008, a Tesla começou a vender seu Roadster. Sua primeira inovação foi em 2012, quando lançou o Modelo S. Seu primeiro carro "acessível", o Modelo 3, foi anunciado em 2015 e produzido em 2017.

Antes da Tesla, o mercado de veículos elétricos era relativamente insignificante e era atendido por modelos utilitários e comuns. A Tesla foi a primeira montadora a ver o mercado de veículos elétricos de maneira diferente: viu uma oportunidade significativa, concentrando-se no desempenho e no segmento de ponta do mercado.

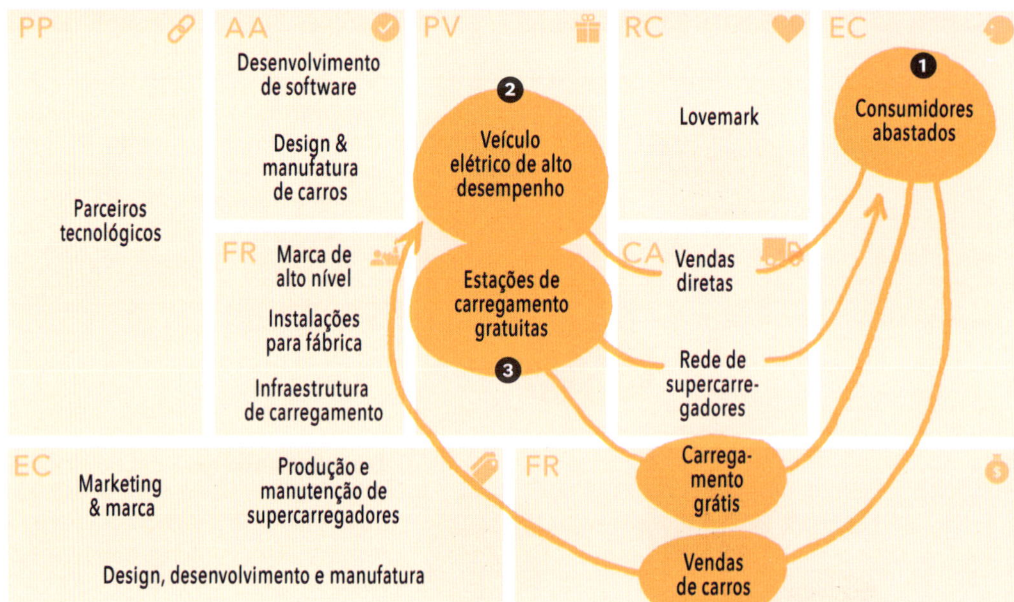

1. Imagina um mercado grande e inexplorado onde ninguém vê

A Tesla identifica um mercado potencial de consumidores ricos e conscientes do meio ambiente, interessados em veículos elétricos, mas não à custa de conforto, desempenho e design.

2. Cria Ganhos de Clientes de Novas Maneiras

Com o Modelo S, a Tesla aproveita as aspirações do seu segmento inicial de clientes. Em 2013, é chamado de "melhor carro já testado" e se torna o mais vendido em 8 dos 25 códigos postais mais ricos dos EUA.[1]

3. Alivia as Dores do Cliente de Novas Maneiras

A Tesla reconhece os medos dos clientes sobre o alcance das baterias. Melhora substancialmente a velocidade do carregamento e cria a própria rede de supercarregadores gratuitos em áreas de alto tráfego.

+ Lovemark

Tesla construiu uma lovemark em tempo recorde. Inspirou uma lealdade significativa à marca por causa da dedicação na recuperação do planeta, em veículos de alta qualidade e no atendimento pessoal ao cliente. Em 2014, o Tesla Model S foi eleito o "carro mais amado dos Estado Unidos".

+ Distribuição Direta

Desde o início, a Tesla vendeu seus carros diretamente (pela internet, lojas tipo galeria em shoppings urbanos e seu programa de fidelidade do proprietário) para ensinar aos clientes os recursos dos carros.

+ Do Hardware ao Software e aos Dados

A Tesla não é apenas uma montadora, mas uma empresa de software. Seus carros rodam em software sofisticado, atualizado sem fio. O software autônomo que aprende constantemente com os dados da comunidade surgiu em 2014 e impulsiona toda a experiência do usuário de possuir um Tesla.

+ Construindo o Backstage para a Disrupção

Para alavancar o mercado de veículos elétricos, a Tesla reforça seu portfólio de recursos e atividades importantes com parceiros de tecnologia como Toyota, Mercedes e Panasonic. Também consegue superar os desafios substanciais de fabricação do seu primeiro carro acessível, o Modelo 3.

14 mil Supercarregadores implantados globalmente em 1.261 estações, desde setembro de 2019.[3]

276 mil pré-encomendas do Modelo 3 nos 2 primeiros dias, no valor de mais de US$10 bilhões para a Tesla desde 2 de abril de 2016.[4]

Canvas da Estratégia da Tesla[2]

Comparando carros elétricos

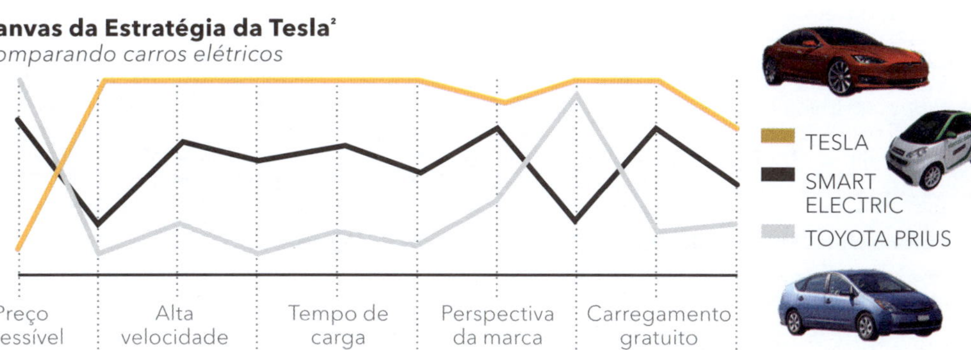

Vendas Globais de Veículos Elétricos em 2019[5]

300 mil
100 mil
Tesla
BYD
BMW
Nissan
Volkswagen
Mitsubishi

M-Pesa

Em 2007, a Safaricom transforma a rede de telecomunicações para criar o M-Pesa, uma solução confiável de transferência de dinheiro para as massas.

A Safaricom é a maior operadora de telecomunicações do Quênia. Em 2007, decidiu usar sua infraestrutura de telecomunicações para construir o M-Pesa, um sistema simples de transferência móvel de dinheiro. Aproveitou a demanda comprovada de pagamentos móveis de milhões de quenianos com um telefone móvel.

Os serviços eram caros e inadequados para pequenas transações. Em 2009, havia apenas 352 caixas eletrônicos e 491 agências bancárias em todo o país (para 39 milhões de pessoas). A maioria das transferências era em dinheiro, o que era caro, não confiável e, às vezes, perigoso.

O M-Pesa mudou isso. Dois anos após o lançamento, tinha 10 mil novos pedidos de registro diários.[6] Em 2010, processou mais de 90% das transações móveis de dinheiro no Quênia e tinha uma participação de mercado de 70% de todos os assinantes.[7]

O M-Pesa também teve um impacto em escala nacional no Quênia, com estudos que o creditaram por tirar cerca de 2% dos lares do Quênia da pobreza extrema.[8]

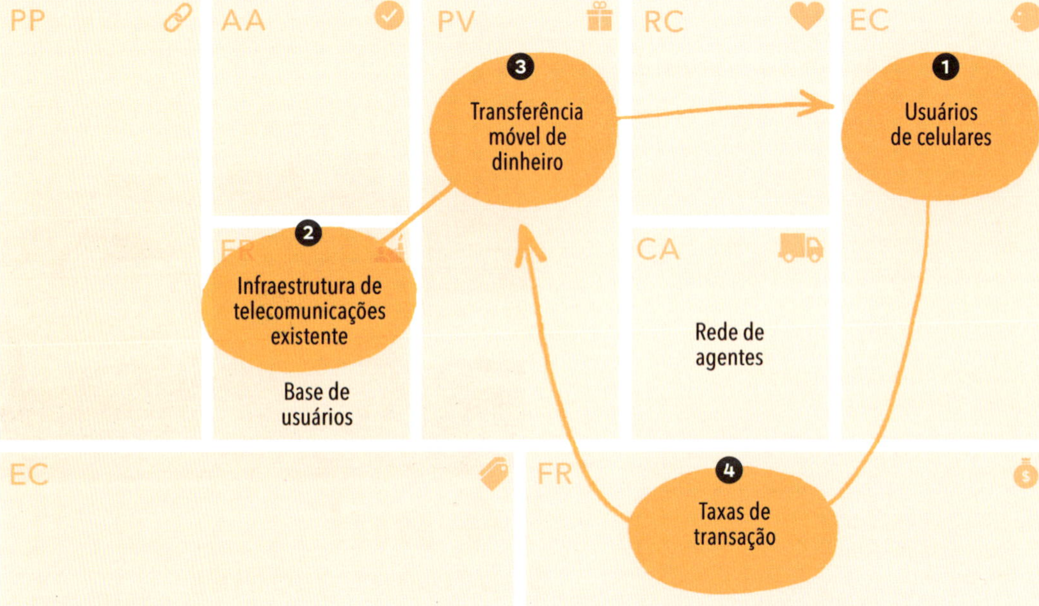

1. Identifica uma Demanda Comprovada para Desbloquear com Seus Recursos

A Safaricom tem evidências da demanda: alguns clientes fazem a própria solução de pagamento digital usando SMS para compartilhar o tempo de transmissão como moeda eletrônica.

2. Transforma os Principais Recursos para Habilitar a Nova Proposta de Valor

Em 2007, a Safaricom redireciona a rede de telecomunicações para criar uma solução confiável com o M-Pesa. Como operadora de telecomunicações dominante no Quênia, já é conhecida por milhões de quenianos.

3. Diferencia-se da Concorrência

Em meados da década de 2000, os serviços financeiros são caros e não atendem transações pequenas e irregulares. Apenas uma minoria usa o sistema bancário. Com a transferência a preços acessíveis, a Safaricom abre o sistema financeiro aos que anteriormente não tinham acesso a bancos.

4. Aproveita o Novo Fluxo de Receitas

O M-Pesa gera um novo fluxo de receita para a Safaricom, atingindo Sh62,9 bilhões (US$625 milhões), 28% da receita total da Safaricom em 2018.[9] As receitas provêm de pequenas taxas de transferência e outros serviços financeiros.

+ Rede de Agentes

Até 2018, o M-Pesa construiu uma rede de distribuição de 110 mil agentes em todo o Quênia, permitindo que os quenianos troquem dinheiro por moeda virtual e vice-versa.[10] Isso inclui pequenas lojas, postos de gasolina, correios e até bancos tradicionais, número 40 vezes maior que o de caixas eletrônicos no Quênia.

23
milhões de quenianos
utilizando o sistema até 2013, o que equivale a
74%
da população adulta.[11]

Clientes Ativos do M-Pesa[12]
Em milhões, em 2019

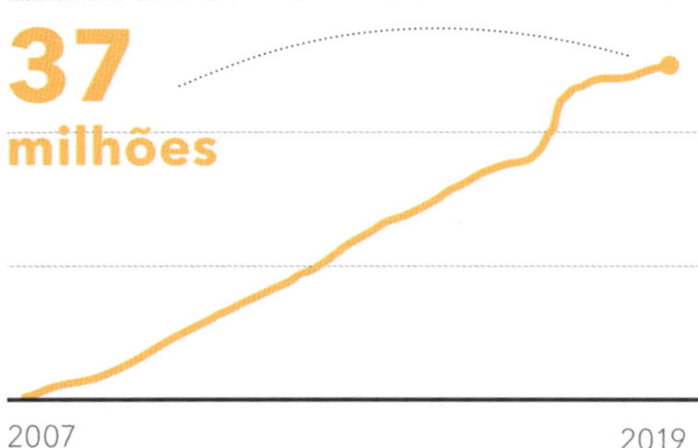

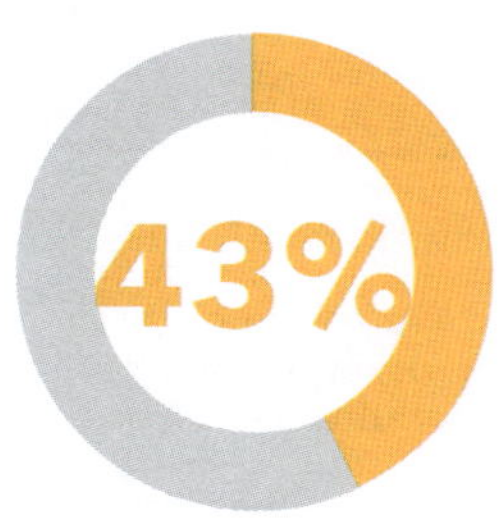

do PIB do Quênia foi transferido por mês em todo o sistema em 2013, contra os 10% de 2009.[13]

Democratizadores
1888 ~~~ 1993

Sears, Roebuck and Co.

No final dos anos 1800, a Sears, Roebuck and Co. ("Sears") democratiza o acesso ao varejo de mercado de massa com o catálogo de pedidos por Correio. Ao alavancar o crescimento dos serviços de correio e entrega dos EUA, a Sears conseguiu distribuir seus produtos para todas as áreas rurais dos Estados Unidos.

HISTÓRIA DO CASO

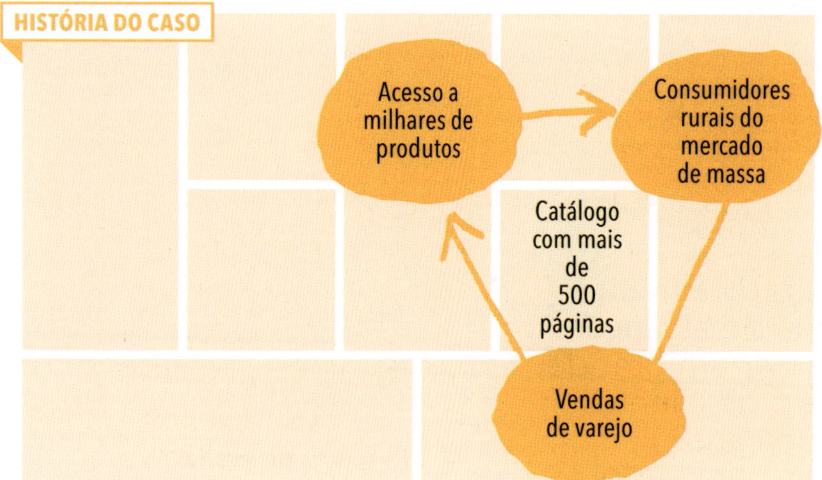

O catálogo de pedidos por Correio da Sears dava aos colonos isolados no Oeste acesso a uma variedade de produtos cotidianos de baixo preço que antes eram inacessíveis. Em 1895, o catálogo tinha mais de 500 páginas, gerando US$750 mil em vendas anuais (hoje equivalentes a US$23 milhões).

A primeira loja de varejo da Sears foi aberta em 1925 em Chicago, e a Sears permaneceu como a principal varejista dos EUA até 1991. O catálogo foi descontinuado em 1993, após mais de um século.

US$23
milhões
Vendas (em dólares de hoje), por meio do catálogo, em 1895.[14]

Canais Líderes

Acesso aos Clientes

150 Mude radicalmente a forma de alcançar e adquirir um grande número de clientes. Busque canais pioneiros inovadores que nunca foram usados em seu setor.

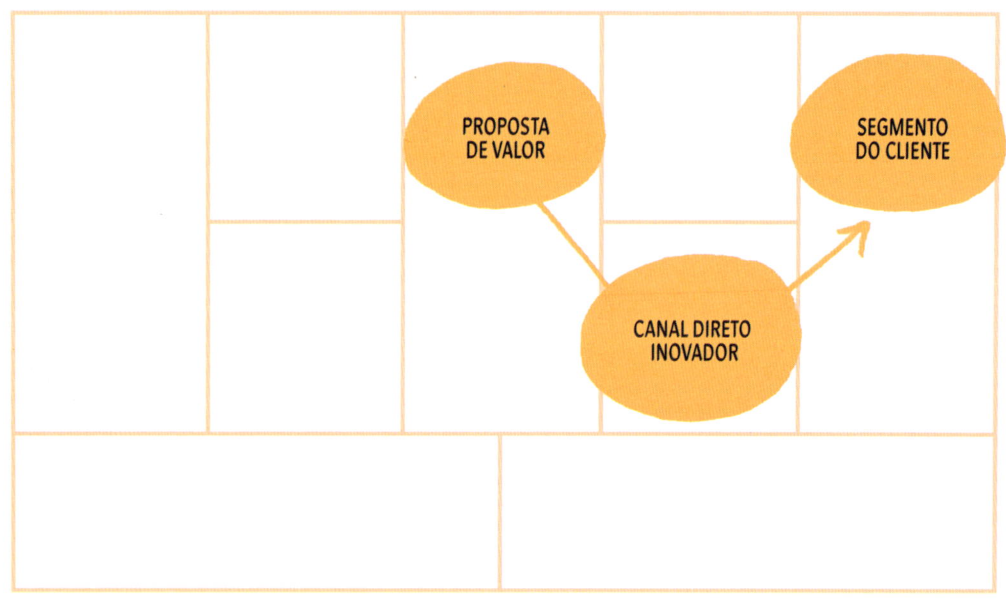

PERGUNTA GATILHO

Como aumentar o acesso ao mercado e criar canais fortes e diretos para nossos clientes finais?

Pergunta de Avaliação

Temos acesso em larga escala e, idealmente, direto ao cliente final?

Temos acesso limitado ao mercado e dependemos de intermediários para levar produtos e serviços aos clientes e interagir com eles.

Temos acesso ao mercado em larga escala e detemos os canais e relacionamentos com os usuários finais de nossos produtos e serviços.

Desintermediadores - Estabelecem canais diretos para clientes onde o acesso ao mercado era antes dominado pelos intermediários. Substituem o alcance dos intermediários por seu próprio marketing (geralmente criativo), atividades de aquisição de clientes e marca forte. Desenvolvem um melhor entendimento do mercado, constroem relacionamentos mais fortes com os clientes e capturam toda a receita compartilhada anteriormente com os intermediários.

EXEMPLOS
Dollar Shave Club (DSC), Nespresso, Gore-Tex

PERGUNTA GATILHO
Como eliminar o intermediário e criar um acesso direto aos clientes finais?

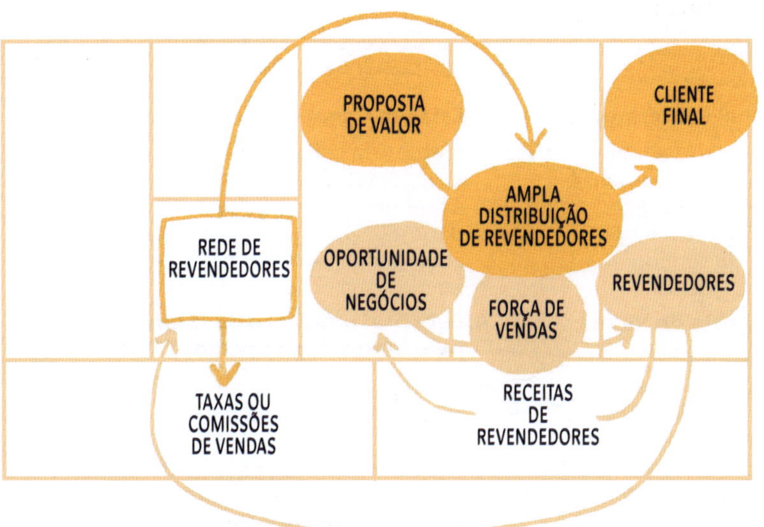

Construtores de Oportunidades - Criam oportunidades de negócios para outras pessoas venderem os produtos e serviços da empresa. Ajudam outras pessoas a ganharem dinheiro e/ou status, o que é um incentivo poderoso para aumentar o alcance no mercado.

EXEMPLOS
Tupperware, Grameen Phone, J. Hilburn

PERGUNTA GATILHO
Como vender nossos produtos e serviços pode ser atraente para um grande número de pessoas ou empresas de terceiros?

Desintermediadores

2012 ~~ 2016

Dollar Shave Club

Em 2012, o Dollar Shave Club (DSC) é lançado com uma campanha viral, causando disrupção no mercado de produtos de barbear masculinos por vender diretamente aos consumidores.

O Dollar Shave Club detectou inconveniências onde todos viam um mercado superatendido. No mercado de barbear, os homens tinham que escolher entre aparelhos (supostamente) de alta tecnologia e instrumentos de baixo custo e baixa funcionalidade. O DSC mudou isso, fornecendo a experiência completa com produtos acessíveis.

Em 2012, o DSC lançou sua loja online e logo causou a disrupção do mercado supervalorizado de lâminas de barbear. Adquiriu seus produtos de atacadistas, removeu o canal tradicional de varejo físico e passou a vender navalhas e lâminas online a um preço mais baixo.

O DSC focou o marketing online para substituir o alcance do intermediário eliminado. Seu vídeo de lançamento com o fundador Michael Dubin mostrou o senso de humor da marca e viralizou. Um conteúdo editorial acompanha cada entrega, com um toque humorístico.

A empresa foi adquirida pela Unilever em 2016 por aproximadamente US$1 bilhão.[15]

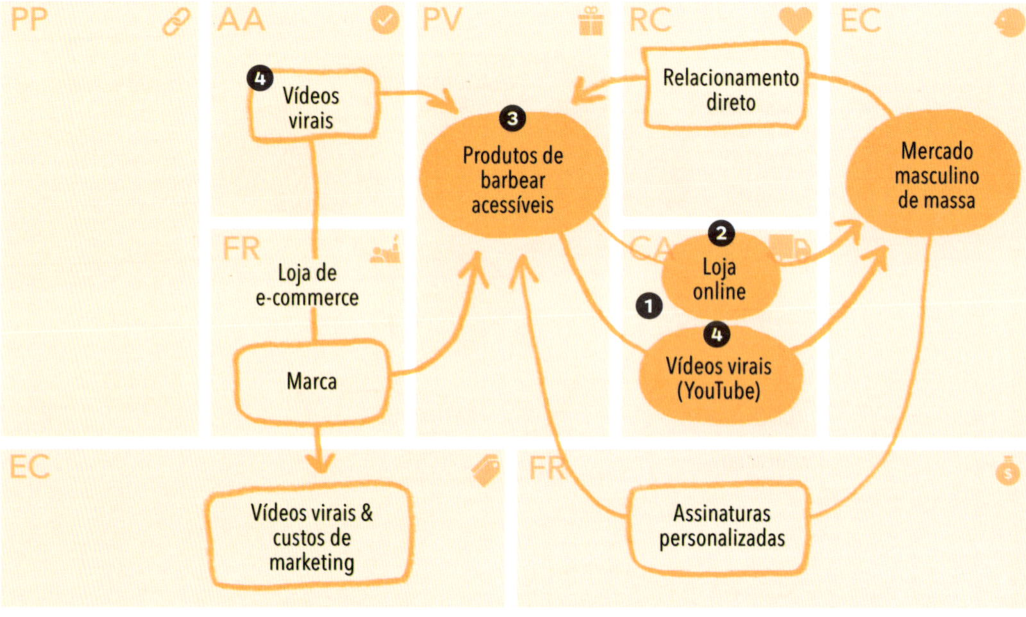

1. Elimina (ou Contorna) o Intermediário

O DSC corta o varejo para vender diretamente. Por um lado, economiza as margens que seriam pagas aos varejistas. Por outro, perde o amplo alcance de mercado do varejo.

2. Cria um Canal Direto Otimizado

A empresa lança sua loja online em 2012, o que lhe dá controle total sobre a experiência do cliente, relacionamentos e dados. O DSC usa esse canal para testar continuamente sua linha de produtos e otimizar sua proposta de valor.

3. Diferencia Sua Proposta de Valor

O DSC compete com uma experiência completa de compra do cliente com produtos acessíveis. Seus planos de assinatura flexíveis permitem que os membros comprem seu primeiro produto por apenas US$1 e depois escolham os produtos e a frequência de envio.

4. Substitui o Alcance do Intermediário pelo Marketing Inovador

Como o DSC não tem o alcance do varejista, cria visibilidade e reconhecimento com seus vídeos virais. O DSC mantém os consumidores com vídeos educacionais e conteúdo editorial entregues com sua voz exclusiva da marca.

DollarShaveClub.com - Our Blades Are F*ing Great**
["Nossas Lâminas São Boas para C****"]**

Publicado em 6 de março de 2012 | 133K | 2,6K | COMPARTILHAR | SALVAR ···

Em novembro de 2019
o primeiro vídeo do Dollar Shave Club teve

26.525.768
visualizações[16]

69%
taxa de retenção
Parte dos clientes que retornam e realizam transações no primeiro mês após fazer a primeira compra.[17]

Marcas Disruptivas Diretas ao Cliente

Marcas com foco singular no produto e experiência elevada do cliente lideraram o recente crescimento de marcas diretas ao consumidor (DAC).

As empresas DAC eliminam o intermediário para obter sucesso controlando: (1) a relação com o cliente, (2) a apresentação dos produtos, online ou física, (3) a coleta de dados do cliente e (4) a velocidade para comercializar novos produtos.

Cada vez mais, as DACs também estão saindo da presença somente online para lojas físicas (Warby Parker, Bonobos e Glossier). Essas lojas físicas consolidam ainda mais a relação com a marca (os clientes podem testar antes de comprar) e permitem a adaptação à experiência física.

Titular	Produto e Tamanho do Mercado Global (USD)	Marca DAC
Nike	Tênis **US$62,5 bilhões**	Allbirds
Colgate	Cuidados dentários **US$28 bilhões**	Quip
Luxottica	Ótica **US$123,58 bilhões**	Warby Parker

Tupperware

Em 1948, a Tupperware decola vendendo nas Tupperware Home Parties, empoderando as mulheres a venderem para outras mulheres, usando seus contatos.

Embora Earl Tupper tenha inventado sua agora onipresente Wonderlier Bowl em 1946, só quando firmou parceria com a Brownie Wise para criar as Tupperware Home Parties, em 1948, que os inovadores recipientes de plástico decolaram.

Brownie Wise foi pioneira nas Demonstrações em Grupo (as Tupperware Home Parties), aproveitando o poder dos contatos das mulheres para demonstrações personalizadas em casa.

A Tupperware transformou o desafio inicial de vender vasilhas plásticas em uma oportunidade para as mulheres ganharem dinheiro, independentemente dos maridos. As revendedoras independentes tiveram tanto sucesso que a Tupperware abandonou completamente as vendas nas lojas em 1951.

A Tupperware era um negócio focado nas mulheres, empoderando-as a venderem para outras mulheres, usando seus contatos para expandir seu alcance e criar confiança.

1. Identifica para Quem Criar Oportunidades para Ajudá-lo a Vender

Após sua contribuição na Segunda Guerra, foi comum as mulheres voltarem à cozinha. Brownie Wise vê como a Tupperware pode oferecer às donas de casa a oportunidade de se tornarem revendedoras independentes da Tupperware.

2. Design da Oportunidade

A Wise é pioneira na Tupperware Parties: uma anfitriã convida seus contatos e a revendedora da Tupperware mostra os produtos. A anfitriã recebe produtos como recompensa, e as revendedoras recebem uma parcela das vendas.

3. Desenvolve o Canal

Em 1954, havia 20 mil pessoas na rede de revendedoras, nenhuma era funcionária da Tupperware: eram contratadas que atuaram como canal entre empresa e cliente.[18]

4. Ganha Ajudando os Outros

As mulheres se convencem da utilidade do produto ao vê-lo e ao receber recomendações persuasivas de amigos. Esse canal é tão bem-sucedido que a Tupperware abandona as vendas em lojas físicas em 1951.

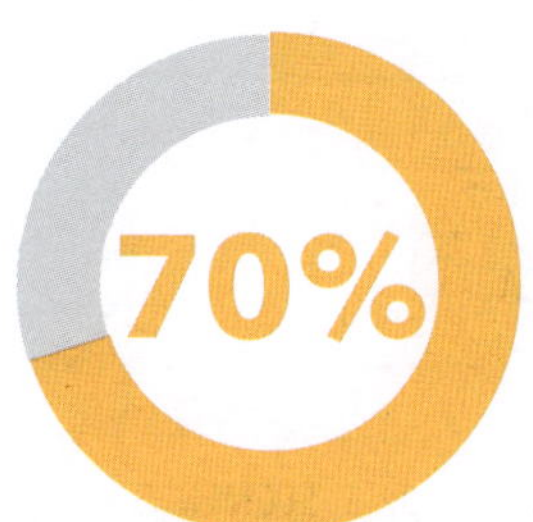

Na década de 1950, 70% dos lares dos EUA incluíam um marido que trabalhava e uma esposa em casa.[19]

Crescimento da Força de Vendas[20]

Crescimento diário das vendedoras da Tupperware em 1954

20 mil

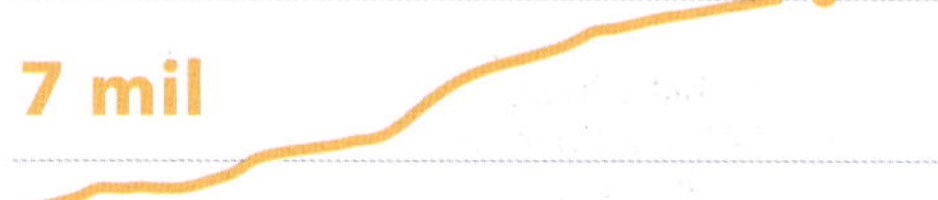

7 mil

Janeiro — Dezembro

US$233 milhões

As vendas de produtos domésticos da Tupperware disparam e atingem US$25 milhões em 1954 (mais de US$233 milhões hoje), impulsionadas pelos esforços das revendedoras.[21]

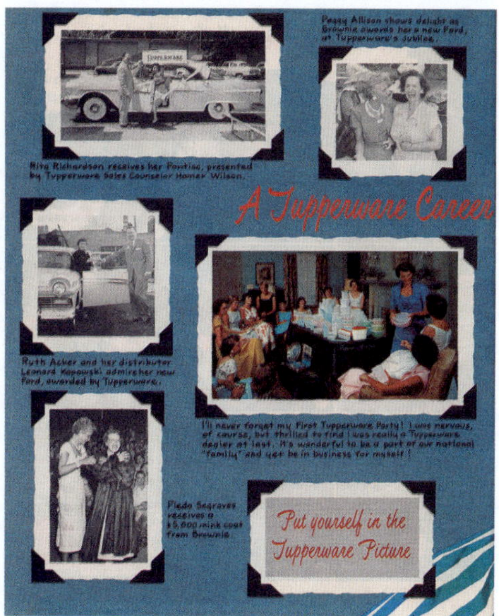

Na década de 1990, a percentagem de residências nos EUA que possuíam pelo menos um item da Tupperware era de[22]

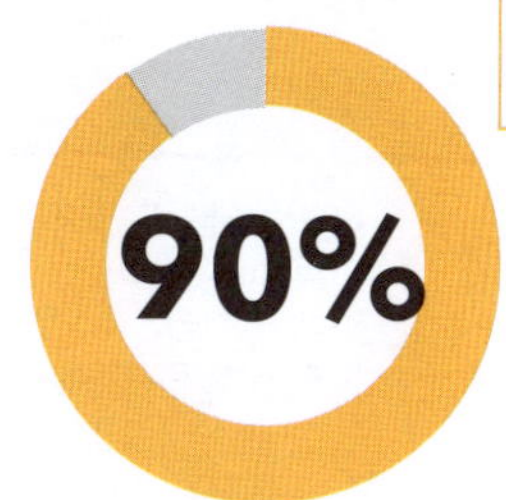

Natura

A versão moderna da Tupperware é a Natura, uma das maiores empresas de cosméticos da América Latina. Usa um modelo de venda direta chamado Venda por Relações desde 1974.

1,7 Milhão

número de consultores de vendas na rede Natura[23]

Milhares de empresárias atuam como embaixadoras da marca, consultoras de beleza e vendedoras. Em 2005, a Natura expandiu-se para lojas de varejo com a primeira boutique em Paris, França. Em 2012, adicionou uma plataforma digital para dar suporte global às consultoras, com cursos online e recursos.

Em maio de 2019, a Natura comprou a Avon, sua maior concorrente de venda direta, em troca de ações.

Criadores de Atração

Retenção de Clientes

Dificulte a saída dos clientes ou sua mudança para os concorrentes. Crie custos de troca e transforme setores transacionais em empresas com relações de longo prazo.

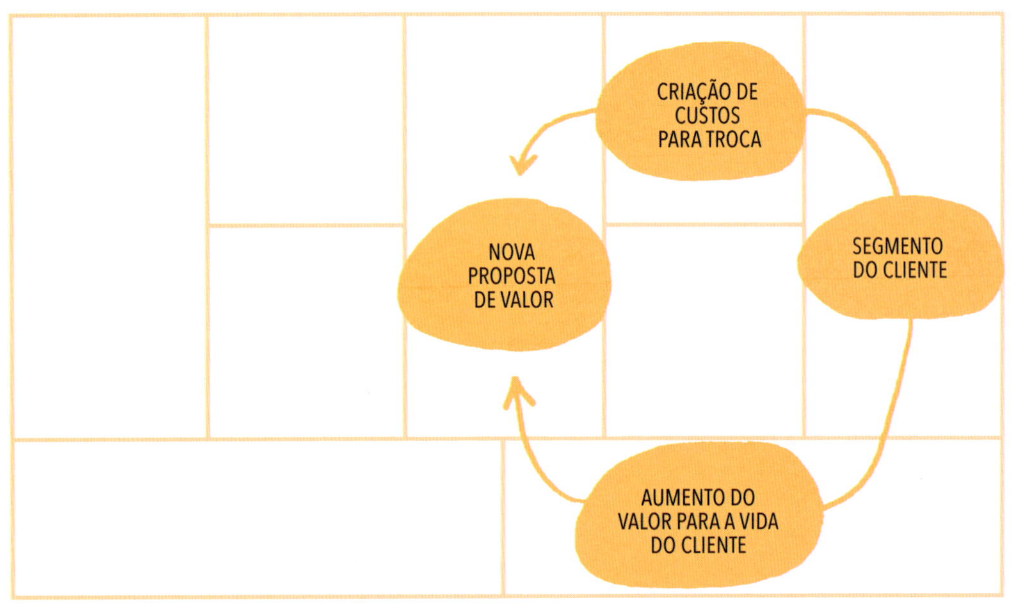

PERGUNTA GATILHO

Como dificultar a saída dos clientes e aumentar os custos de troca de maneira positiva?

Pergunta de Avaliação

Quão fácil ou difícil é para os clientes saírem ou mudarem para outra empresa?

Na teoria, todos os clientes podem nos deixar imediatamente sem incorrer em custos de troca, diretos ou indiretos.

Os clientes ficam presos por anos e incorrem em custos de troca, diretos e indiretos, significativos.

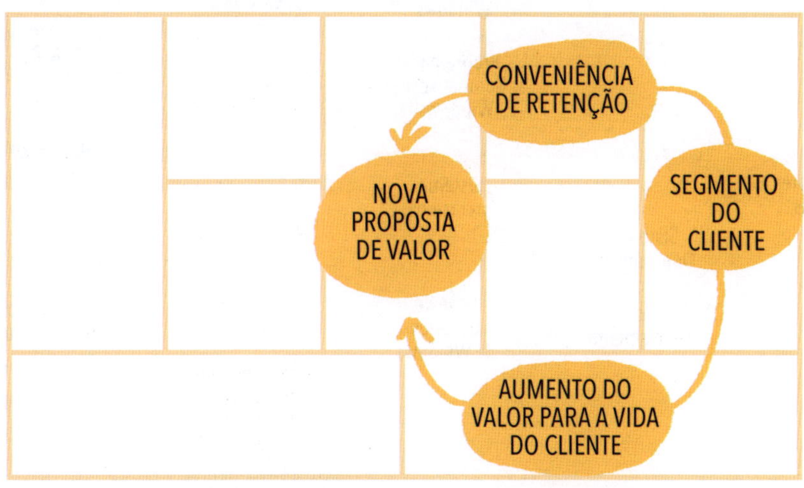

Escaladores de Apego - Aumente o apego, tornando inconveniente a saída dos clientes. A inconveniência pode estar relacionada à dificuldade de transferência de dados, curvas acentuadas de aprendizado, procedimentos onerosos de saída ou outros problemas.

EXEMPLO
Microsoft Windows

PERGUNTA GATILHO
Como aumentar o apego do cliente?

Superaproximadores - Retenha a saída dos clientes. A retenção pode ocorrer com base em contratos de vários anos, custos irrecuperáveis iniciais, taxas de cancelamento, eliminação de alternativas e outras técnicas.

EXEMPLOS
Microsoft Xbox, Nespresso

PERGUNTA GATILHO
Como reter os clientes?

Escaladores de Apego
1990 ~~ 2014

Microsoft Windows

Em 1990, a Microsoft conseguiu que 30 fabricantes de PCs pré-instalassem o Windows 3.0 em suas máquinas. Essa mudança reteve milhares de usuários no ecossistema da Microsoft e gerou receitas recorrentes por mais de 2 décadas.

A Microsoft lançou o Windows em 1985 como um complemento para o MS-DOS, o sistema operacional original do PC. No entanto, em 1990, quando lançou o Windows 3.0, alavancou seu relacionamento com os fabricantes de PCs para pré-instalá-lo (em vez de enviá-lo separado). Mais de trinta fabricantes concordaram em incluir o programa gratuitamente e pré-instalá-lo. Como resultado, o Windows ganhou popularidade – enviando mais de 1 milhão de cópias apenas 2 meses após o lançamento.[24]

Depois que os consumidores aprenderam a usar o Windows e os programas compatíveis, a maioria relutou em investir tempo, custo e esforço para aprender sistemas ou programas novos. Usuários de PC efetivamente se retiveram no ecossistema da Microsoft depois que compraram seu primeiro PC equipado com Windows.

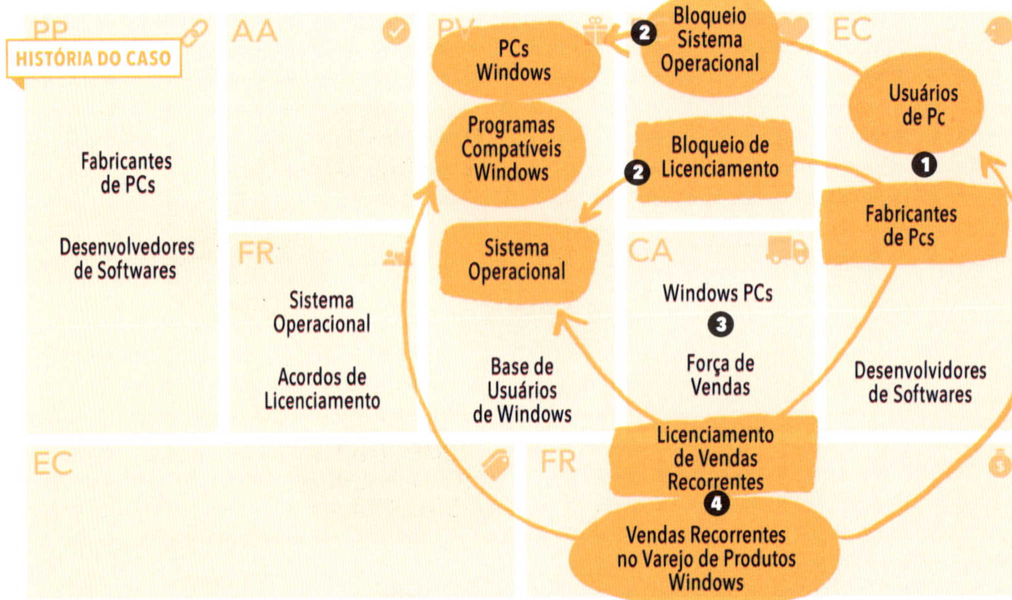

1. Identifica um Mercado com Baixos Custos de Troca

O mercado inicial de computadores é bastante fragmentado, e cada fabricante opera seu próprio sistema. Nesse momento, é relativamente fácil para os clientes mudarem de um sistema para outro.

2. Cria uma Proposta de Valor que Retenha os Clientes

O Windows 3.0 aumenta os custos de troca de três maneiras: (1) os fabricantes de PC pré-instalam o Windows, aumentando o esforço para trocá-lo, (2) a interface gráfica e os novos recursos aumentam a curva de aprendizado e (3) a Microsoft cria um ecossistema de software compatível com o Windows para reter clientes.

3. Escala a Aquisição Inicial de Clientes

A Microsoft escala a aquisição inicial de usuários do Windows 3.0 pelos clientes em 1990, fazendo com que 30 dos principais fabricantes de PCs pré-instalem o Windows 3.0 e assinem contratos de licenciamento de longo prazo. Isso coloca o Windows nas mãos de muitos usuários e os retém.

4. Aproveita os Benefícios da Retenção

Devido à curva de aprendizado e às vantagens de compatibilidade de software, os clientes retornam para comprar PCs com Windows. Essa retenção garante royalties de licenciamento e vendas no varejo por mais de duas décadas.

+ Aprimora o Software Compatível

Um componente-chave da estratégia de retenção da Microsoft é aumentar a aquisição de desenvolvedores para aumentar os apps para seu ecossistema: o software compatível com o Windows sobe de 700, antes do lançamento, para 1.200 um ano depois e 5 mil em 1992.[25]

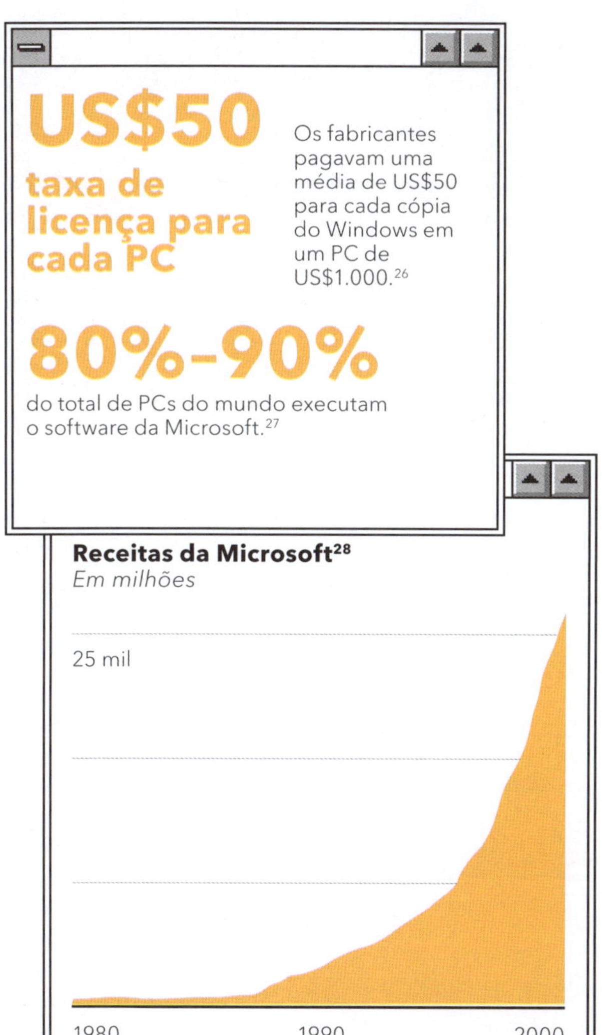

Superaproximadores
2001 ~~~ 2006

Microsoft Xbox

Em 2001, a Microsoft faz a primeira incursão na sala de estar e lança o console de jogos Xbox original. O console subsidiado retém os jogadores e aumenta seu valor vitalício das vendas de jogos e pagamentos de royalties de desenvolvedores de jogos terceirizados.

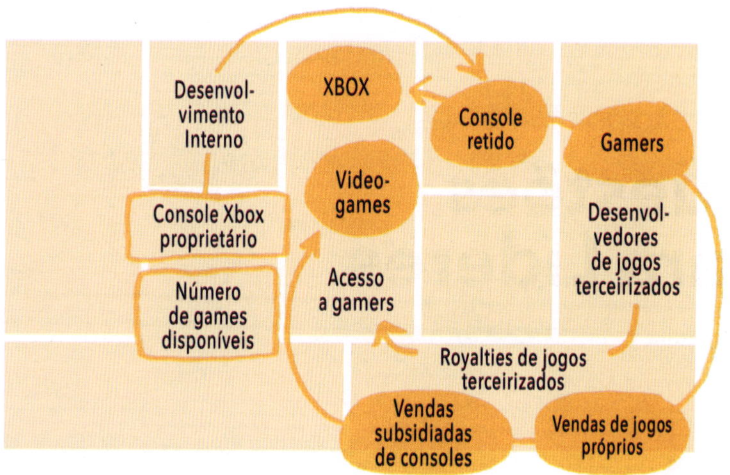

A Microsoft desenvolveu o Xbox em 2001 como um console de jogos em sistema fechado. Atraiu e prendeu um grande número de jogadores ao subsidiar as vendas. A Microsoft monetizou o Xbox vendendo jogos internos exclusivos como o *Halo* e com royalties pagos por desenvolvedores terceirizados por cada jogo vendido. É improvável que os gamers mudem devido ao investimento inicial no console e na biblioteca de jogos que compraram para a plataforma. A Microsoft adotou com sucesso esse modelo da concorrente Sony, o PlayStation 2.

US$5 bilhões

A franquia *Halo* vendeu jogos e hardware a partir de 2015.[29]

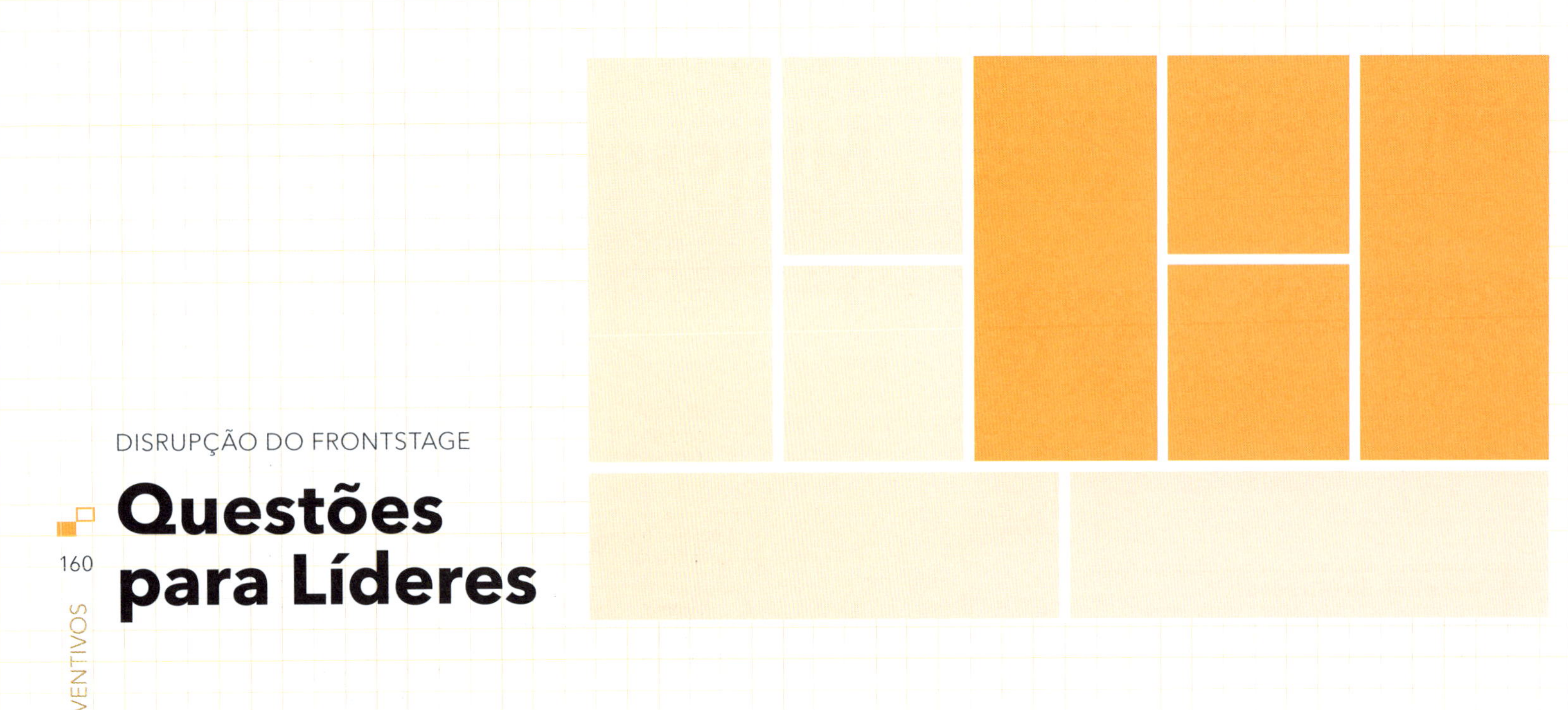

DISRUPÇÃO DO FRONTSTAGE

Questões para Líderes

Exploradores de Mercado

PERGUNTA GATILHO

Como entrar em mercados novos, inexplorados ou mal atendidos, com grande potencial?

Pergunta de Avaliação

Quão grande e atraente é o potencial de mercado inexplorado que buscamos?

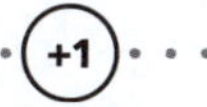

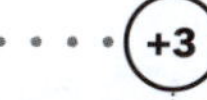

−3 · · · −2 · · · −1 · · · 0 · · · +1 · · · +2 · · · +3

−3: Há pouco potencial inexplorado e o mercado está encolhendo.

+3: O potencial é grande, ainda não ocupado e em crescimento.

Canais Líderes

PERGUNTA GATILHO

Como aumentar o acesso ao mercado e criar canais fortes e diretos para nossos clientes finais?

Pergunta de Avaliação

Temos acesso em larga escala e, idealmente, direto ao cliente final?

−3 · · · −2 · · · −1 · · · 0 · · · +1 · · · +2 · · · +3

−3: Temos acesso limitado ao mercado e dependemos de intermediários para levar produtos e serviços aos clientes e interagir com eles.

+3: Temos acesso ao mercado em larga escala e detemos os canais e relacionamentos com os usuários finais de nossos produtos e serviços.

Criadores de Atração

PERGUNTA GATILHO

Como dificultar a saída dos clientes e aumentar os custos de troca de maneira positiva?

Pergunta de Avaliação

Quão fácil ou difícil é para nossos clientes saírem ou mudarem para outra empresa?

−3 · · · −2 · · · −1 · · · 0 · · · +1 · · · +2 · · · +3

−3: Teoricamente, todos os clientes podem nos deixar imediatamente sem incorrer em custos de troca, diretos ou indiretos.

+3: Os clientes ficam presos por anos e incorrem em custos de troca, diretos e indiretos, significativos.

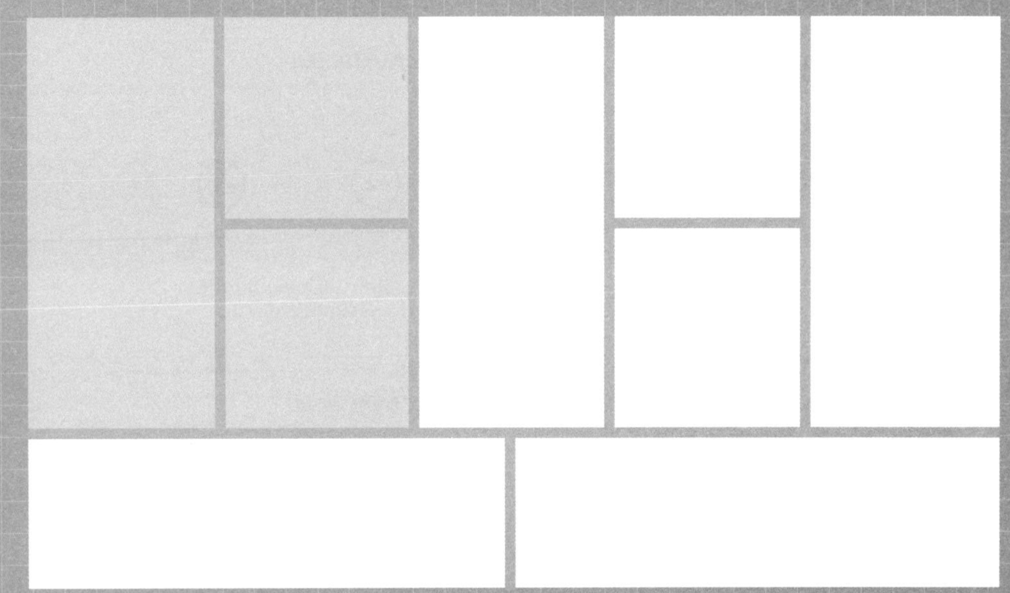

162

Disrupção do Backstage

Castelos de Recursos

p.166	**Castelos de Bases de Usuários**	Waze
p.168	**Castelos de Plataformas**	DiDi
p.170	**Castelos de PI**	Dyson
p.171	**Castelos de Marca**	Wedgwood

Diferenciadores de Atividade

p.174	**Disruptores da Eficiência**	Ford Modelo T
p.175	**Mestres da Velocidade**	Zara
p.176	**Mestres da Sustentabilidade**	Patagonia
p.177	**Produção sob Encomenda**	Dell Computers

Escaladores

p.180	**Delegadores**	IKEA
p.182	**Licenciadores**	ARM
p.184	**Franqueadores**	Harper

Uma mudança radical na forma como o valor é criado.

Castelos de Recursos

Criando Fossos

164 Crie uma vantagem competitiva com recursos difíceis ou impossíveis de serem copiados pelos concorrentes.

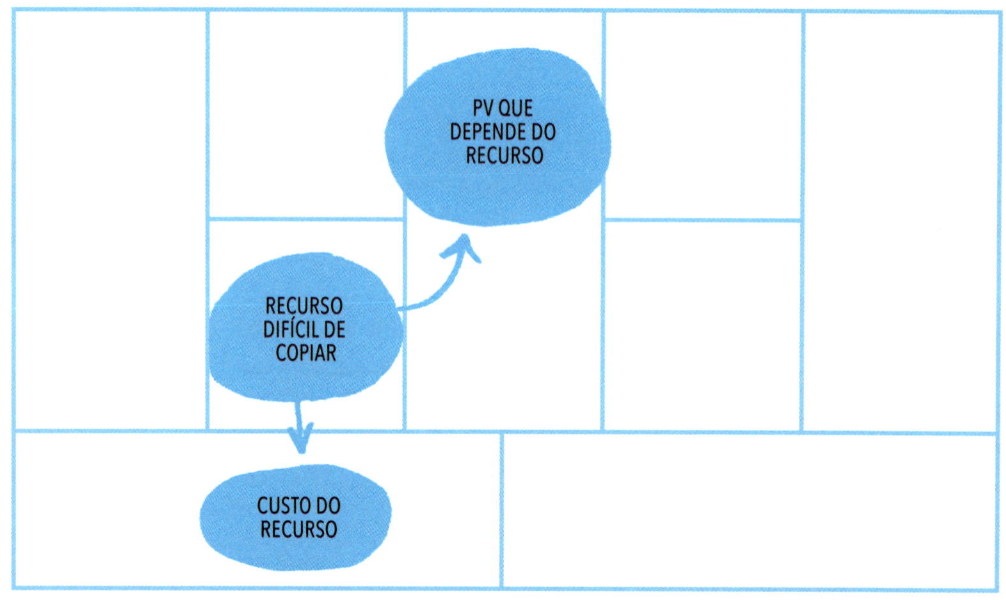

PERGUNTA GATILHO
Como a dificuldade de copiar os recursos pode se tornar um pilar fundamental do modelo de negócios?

Pergunta de Avaliação
Possuímos recursos-chave difíceis ou impossíveis de copiar e que nos proporcionam uma vantagem competitiva significativa?

Nossos principais recursos são significativamente inferiores aos dos concorrentes.

Nossos principais recursos não podem ser copiados nem imitados pelos próximos dois anos e oferecem uma vantagem competitiva significativa (propriedade intelectual, marca etc.).

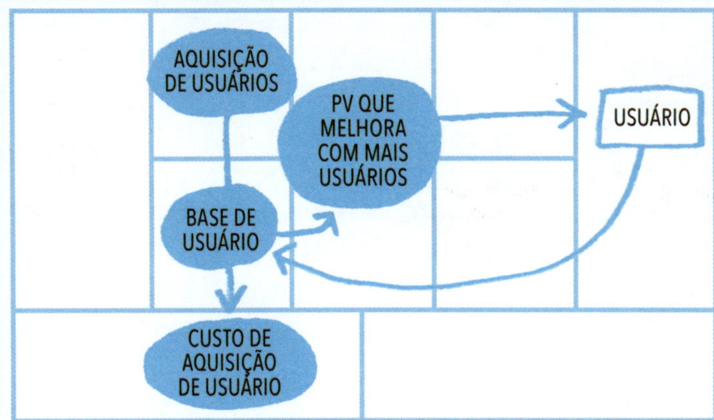

Castelos de Bases de Usuários - Crie um modelo com efeitos de rede no qual um grande número de usuários tenha o mesmo valor relativo que outros. Adquira uma grande base de usuários para criar vantagem competitiva e dificultar o acesso de outros.

PERGUNTA GATILHO
Como criar vantagem competitiva enraizada em uma grande base de usuários e efeitos de rede na proposta de valor?

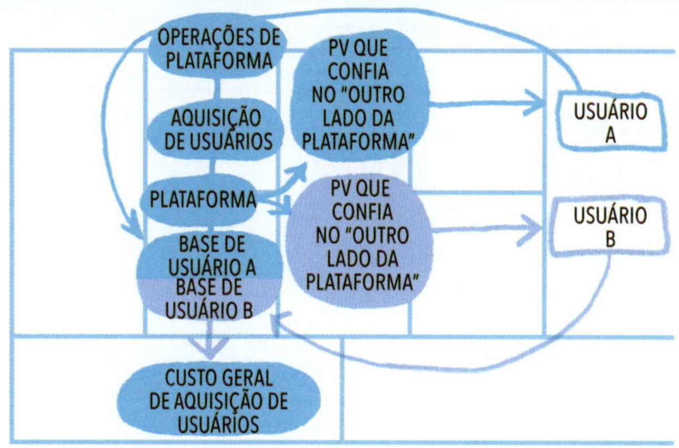

Castelos de Plataformas - Crie um modelo de negócios com efeitos de rede no qual um grande número de usuários represente valor para um ou mais conjuntos de usuários e vice-versa. Isso dificulta competir ou recuperar o atraso.

PERGUNTA GATILHO
Como criar uma plataforma de vários lados que dependa da existência de duas ou mais grandes bases de usuários?

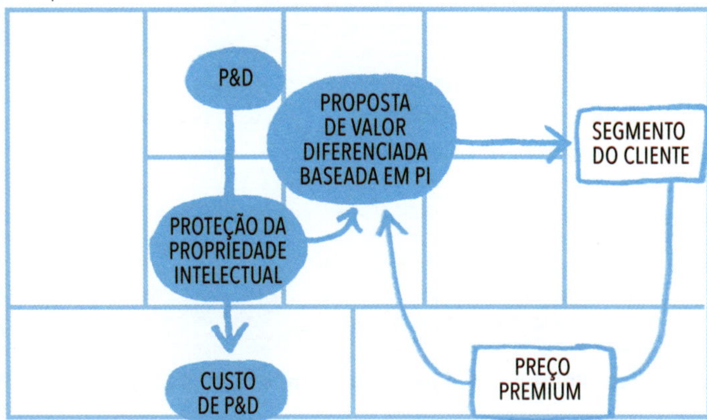

Castelos de PI - Use PI protegida para superar os outros. Ofereça propostas de valor distintas, difíceis ou impossíveis de copiar se você não for o proprietário da PI.

PERGUNTA GATILHO
Como usar a PI protegida como vantagem competitiva (em áreas nas quais isso não importava)?

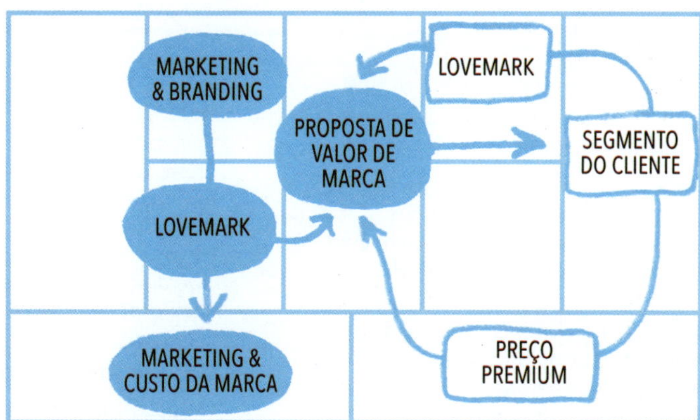

Castelos de Marca - Use uma marca forte para superar outras. Concentre-se em propostas de valor em que uma marca forte é um componente essencial.

PERGUNTA GATILHO
Como fazer da marca uma vantagem competitiva (em uma área em que não importava)?

Castelos de Bases de Usuários
2008 ~~~ 2013

Waze

Em 2008, o Waze desenvolve um sistema de tráfego que melhora a cada novo usuário. As informações em tempo real dos usuários diminuem as deslocações diárias e reduzem o congestionamento.

Ehud Shabtai, Amir Shinar e Uri Levine fundaram o Waze em 2008. A ideia de negócio se originou de um projeto de crowdsourcing desenvolvido por Ehud Shabtai em 2006. O projeto teve como objetivo criar um mapa digital gratuito de Israel com atualizações e distribuição gratuitas.

O Waze evoluiu para um aplicativo de navegação de tráfego que combina o alcance de uma rede social com dados de GPS para encurtar o trajeto de seus usuários e reduzir o congestionamento de tráfego globalmente. É um ótimo exemplo de efeitos de rede, em que o serviço se torna mais valioso à medida que mais pessoas o usam.

O Waze tinha mais de 50 milhões de usuários globalmente quando o Google o comprou em 2013 por US$966 milhões, para melhorar seu serviço de mapeamento.[30]

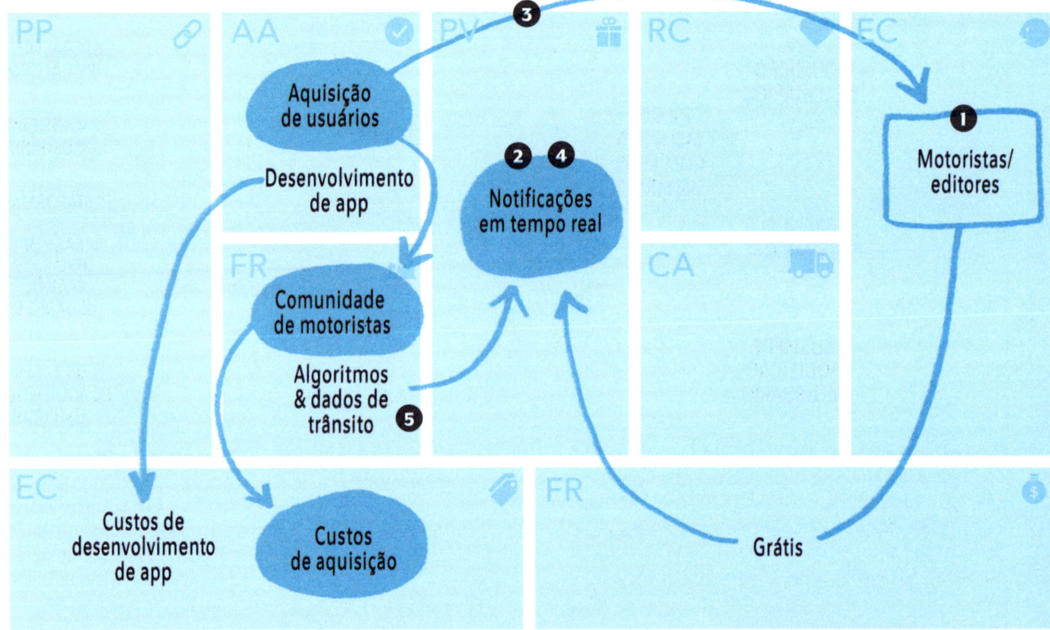

1. A Base de Usuários É uma Vantagem Competitiva

O Waze vê seus usuários como um recurso crítico para melhorar seus mapas digitais. Ele coleta os dados que os usuários geram e pede que ajudem ativamente a melhorar os mapas.

2. Resolve Dores e Cria Ganhos para os Usuários

O Waze não é só um sistema de navegação por voz. Seu algoritmo otimiza rotas para evitar congestionamentos e os atrasos nos deslocamentos diários para milhares de motoristas em todo o mundo.

3. Adquire Usuários Agressivamente

Para criar logo sua base de usuários, o Waze faz a escolha estratégica de oferecer o app gratuito. Os usuários são atraídos e ficam por uma proposta de valor cada vez melhor (ou seja, a eficácia do algoritmo).

4. Considera o Usuário na Proposta de Valor

Os usuários contribuem de três maneiras: (1) o Waze coleta tempos de condução e dados de GPS de todos os usuários, (2) os usuários ativos publicam atualizações de tráfego e (3) os editores voluntários atualizam e traduzem mapas.

5. Aproveita a Vantagem Competitiva

A cada novo usuário, os algoritmos do Waze se tornam mais inteligentes, criando uma proposta de valor ainda mais atraente para usuários novos e existentes. Sua grande e ativa base de usuários global é difícil de replicar por um concorrente.

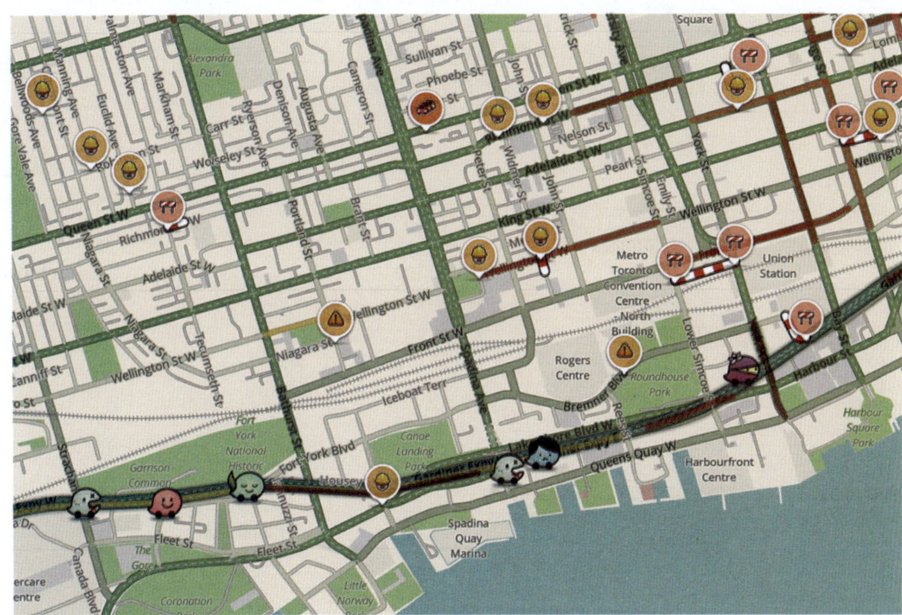

Exemplo de mapa ao vivo do Waze de Toronto, gerado a partir de informações relatadas pela base de usuários.

Base de Usuários do Waze[31]
em milhões

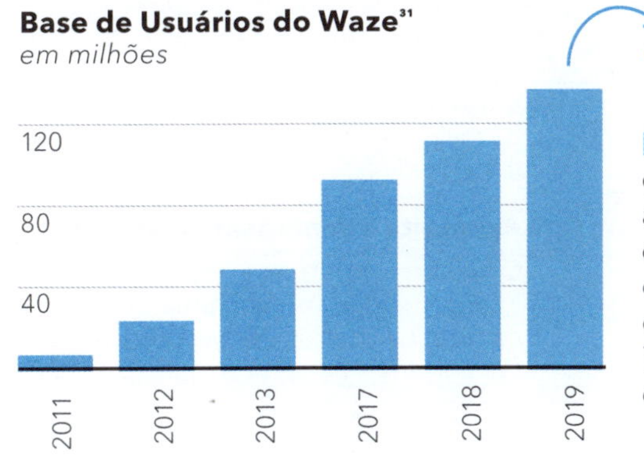

130 milhões de usuários ativos mensais em 2019. A base de usuários cresceu de 7 milhões em 2011.[32]

Editores voluntários do Waze em 2016: **420 mil**[33]

Efeitos de Rede

Um efeito de rede ocorre quando um produto ou serviço se torna mais valioso para seus usuários à medida que mais pessoas o usam. Um *efeito direto* ocorre quando o aumento na base de usuários cria mais valor com base no aumento do número de conexões diretas entre esses usuários. Exemplos incluem o telefone, o WhatsApp, o Skype e o Facebook.

2 Usuários Ativos
= 1 Conexão

5 Usuários Ativos
= 10 Conexões

12 Usuários Ativos
= 66 Conexões

Adaptado de Andreessen Horowitz

Castelos de Plataformas
2012 ~~ 2019

DiDi

Em 2012, o DiDi lança um serviço de carona e logo adquire o maior número de motoristas e passageiros do setor, dificultando a concorrência.

O DiDi – o equivalente chinês da Uber – nasceu do desejo de resolver o enorme problema de congestionamento e transporte em Pequim. Antes da introdução de serviços de carona na China, brigas de passageiros por táxis e tarifas exorbitantes cobradas por táxis ilegais eram comuns. A China tinha um problema único: uma população massiva que já estava conectada por dispositivos móveis combinada com cidades altamente congestionadas, que precisavam de ajuda no trânsito.

A palavra *DiDi* significa "bi bi", uma referência ao congestionamento constante. Embora tenha sido fundado como serviço de táxi, logo virou uma plataforma de transporte.

O domínio do DiDi resulta de uma estratégia agressiva de aquisições. Comprou seus dois principais rivais (Uber China e Kuaidi Dache) e agora combina a maior base de passageiros conectados com o maior número de motoristas.

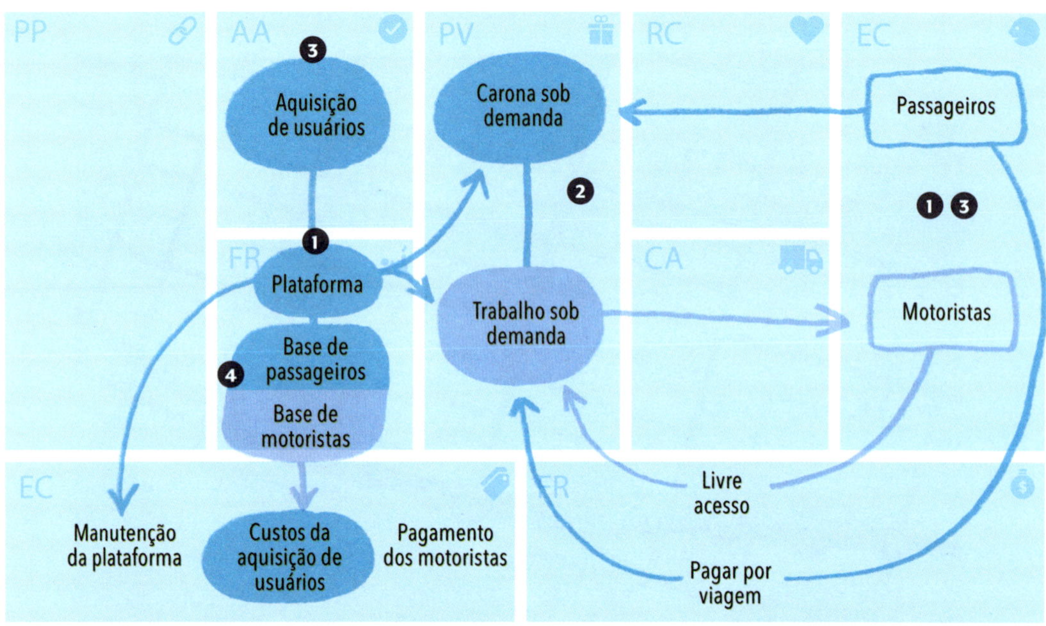

1. Conecta Dois Grupos com uma Plataforma

O DiDi identificou a oportunidade de melhorar a mobilidade pessoal combinando passageiros e motoristas. Começou como um serviço de táxi, mas logo se expandiu para motoristas ocasionais para expandir seus carros disponíveis.

2. Cria uma Proposta de Valor para Cada Um

O DiDi atrai passageiros combinando motoristas, preços consistentes, tempos de espera reduzidos e integrações WeChat e Alipay. Atrai motoristas com uma grande quantidade de passageiros, tempo ocioso reduzido e descontos (por exemplo, combustível, seguro etc.).

3. Adquire Clientes de Ambos os Grupos

O DiDi seguiu uma estratégia agressiva para aumentar a reserva de passageiros e motoristas, em particular, comprando os dois maiores rivais (Uber China e Kuaidi Dache). Em janeiro de 2019, contava com mais de 31 milhões de motoristas atendendo a 550 milhões de passageiros.

4. Aproveita a Vantagem Competitiva

O tamanho dos dois grupos de clientes interdependentes criou uma vantagem competitiva para o DiDi, o que dificulta a concorrência no setor de transporte na China.

550
milhões de usuários registrados[35]

= 13,75 milhões de usuários

Efeitos de Rede
Os *efeitos de rede frente e verso* ocorrem quando o aumento no uso por um grupo de usuários aumenta o valor de um produto complementar para outro conjunto distinto de usuários. Exemplos incluem DiDi, Uber, Open Table, Airbnb, eBay e Craigslist.

23 milhões
Carros privados

3 milhões
Carona coletiva

3 milhões
Táxis

340 mil
Viagens com motoristas

31
milhões de motoristas registrados[36]

11
bilhões de viagens
Em 2018, o DiDi estimou 11 bilhões de viagens – acima dos 7,4 bilhões em 2017.[34]

48,8
bilhões km
Usuários viajaram em 2018, dos quais…

800
milhões km
… 800 milhões de km em viagens coletivas, economizando 43 milhões de litros de combustível e 97 mil toneladas em emissão de CO_2.[36]

Dyson

Partindo do vácuo, em 1993, a Dyson enfrentou uma gama de desafios de engenharia de produtos com sua abordagem engenhosa. Investiu em P&D para lançar produtos inovadores e de ponta, que vende a preços elevados e os protege com patentes.

Nos anos de 1980, James Dyson desenvolveu uma revolucionária tecnologia de vácuo ciclônico sem saco. Tentou licenciá-la para os fabricantes, mas eles rejeitaram a ideia. A tecnologia era melhor, mas o produto removeria as receitas recorrentes das vendas de sacos e filtros.

Dyson não desistiu e fabricou seu próprio vácuo em 1993, enfrentando vários processos por violação de patente no caminho. Depois, o portfólio de negócios da Dyson aumentou, continuando a fabricar produtos superiores a partir da PI patenteada. A empresa se expandiu para secadores de mãos, ventiladores, purificadores de ar, secadores de cabelo, aspiradores de pó e até carros elétricos. Cada produto resulta de um salto na tecnologia (com PI patenteada).

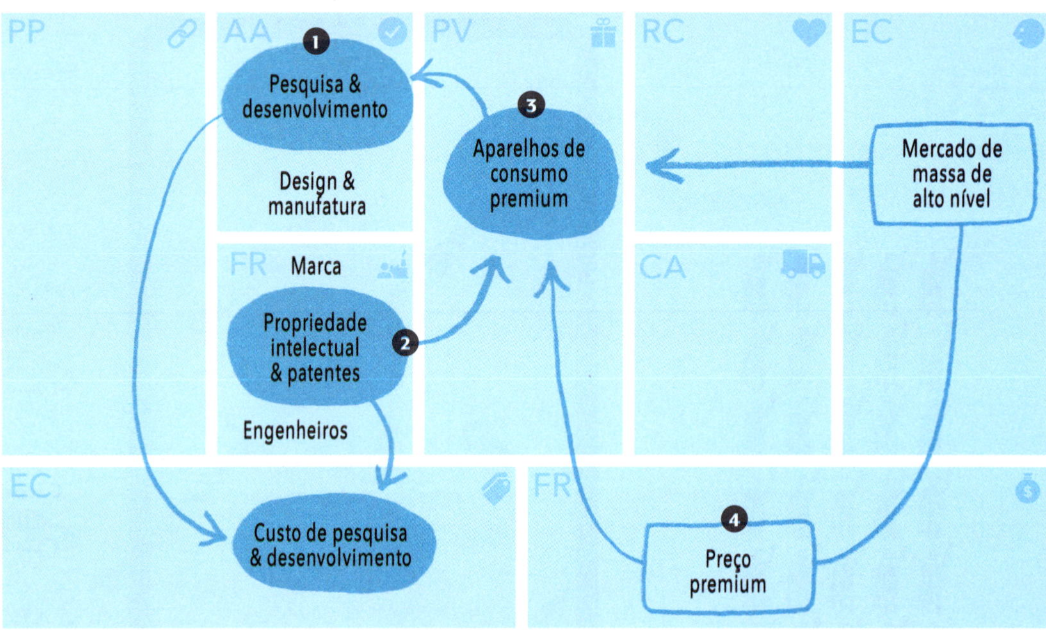

1. Investe Pesado em P&D

A ambição da Dyson é produzir o melhor ou nada em cada linha de produtos. A empresa reinveste cerca de 20% dos ganhos em pesquisa e desenvolvimento.

2. Foca Patentes

A Dyson protege as inovações dos produtos com muitas patentes.
Para desenvolver o secador de cabelo supersônico, gastou US$71 milhões e registrou 100 patentes.
A empresa gasta mais de US$6,5 milhões por ano em litígios de patentes.[37]

3. Tem os Melhores Produtos e Serviços

A Dyson usa sua PI para criar o melhor produto dentro de cada categoria. Seus aspiradores incluem tecnologias que nunca foram incorporadas aos produtos dos concorrentes.

4. Vende como Premium

A Dyson vende seus eletrodomésticos a preço elevado. Com o preço de US$700 para o aspirador vertical, tem o mais caro do mercado, com a alternativa mais barata vendida por US$40.

+ Marca

A Dyson criou uma marca forte, transformando o mercado de eletrodomésticos com tecnologia de ponta e design elegante.
A Dyson foi apelidada de "Apple dos eletrodomésticos", pois busca a perfeição antes de lançar um produto.

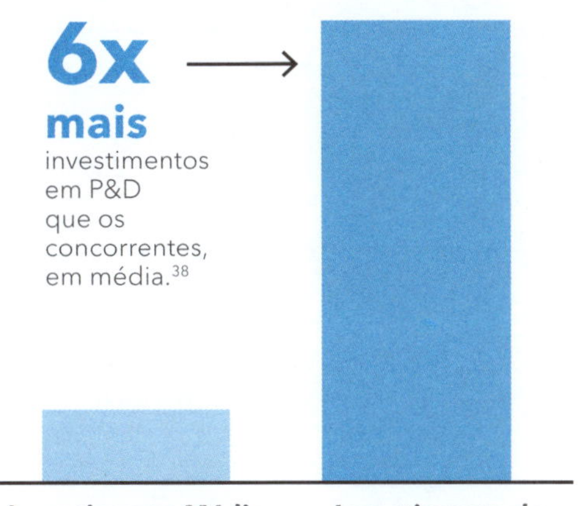

Castelos de Marca
1765 ~~~ 2019

Wedgwood

Em 1765, Josiah Wedgwood vence uma competição de porcelana e é declarado o Ceramista de Sua Majestade. Ele usa esse reconhecimento para construir uma marca forte e defensável, comercializa suas peças como Queensware e gera uma fortuna de US$3,4 bilhões no valor de mercado atual.

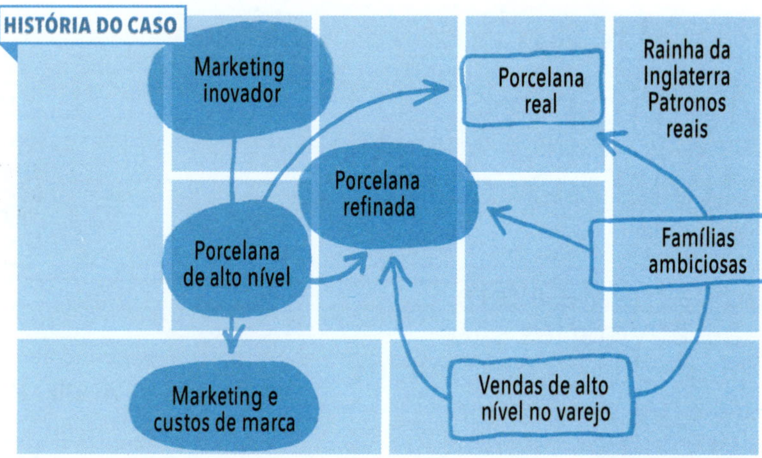

A Wedgwood usou seu reconhecimento para atingir consumidores com aspirações de tomar chá como a classe alta, mas que não podiam comprar porcelanas caras. Criou uma marca em um setor no qual não havia nenhuma. Wedgwood também convenceu os consumidores a comprarem cerâmica para decorar, em vez de usar, e usou a força de sua marca para proteger seus negócios da concorrência por décadas.

245 anos

Os jarros Jasper de Wedgwood permanecem em produção contínua desde 1774.[40]

Diferenciadores de Atividade

Configurar Melhor as Atividades

Radicalmente altera quais atividades são executadas e combinadas para criar e agregar valor para os clientes. Crie propostas de valor inovadoras com base na diferenciação de atividades.

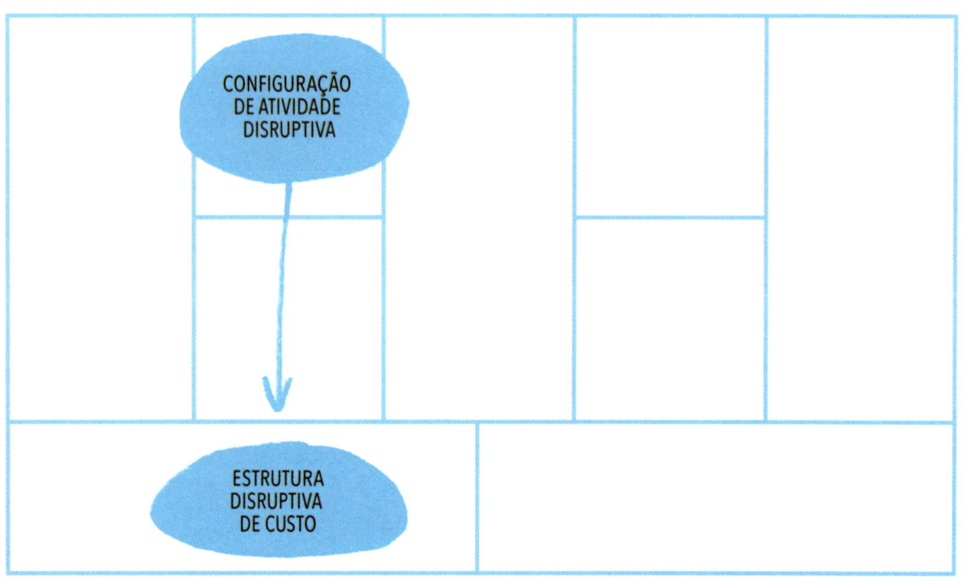

PERGUNTA GATILHO

Como criar (significativamente mais) valor para os clientes executando novas atividades ou as configurando de maneiras inovadoras?

Pergunta de Avaliação

Criamos um valor significativo para os clientes porque realizamos e configuramos atividades de formas inovadoras e disruptivas?

Operamos atividades convencionais com desempenho semelhante ou pior que as empresas similares.

Nossas principais atividades não podem ser copiadas nem imitadas pelos próximos dois anos, e oferecem uma vantagem competitiva significativa (relação custo-benefício, escala etc.).

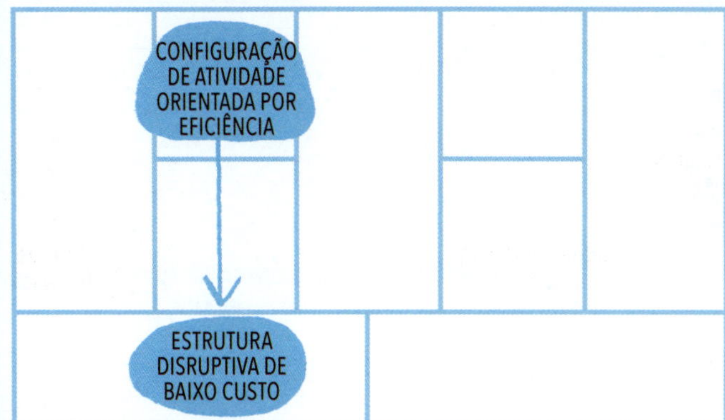

Disruptores da Eficiência – Altere quais atividades você executa e como as configura para se tornar radicalmente mais eficiente. Use isso para criar uma estrutura de baixo custo. Você pode ou não repassar a economia para os clientes.

PERGUNTA GATILHO
Como mudar radicalmente a configuração de nossas atividades para competir com uma estrutura de custos disruptiva?

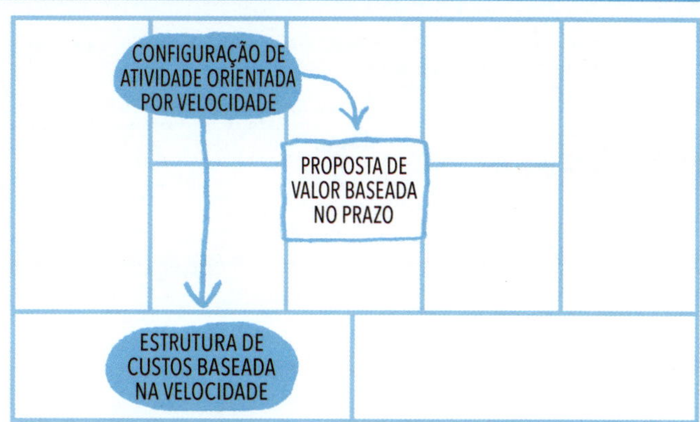

Mestres da Velocidade – Crie configurações de atividades radicalmente novas, focadas na velocidade. Crie propostas de valor novas e críticas em termos de tempo e acelere o tempo de colocação no mercado.

PERGUNTA GATILHO
Como colocar a velocidade no centro da configuração de atividades para desenvolver novas propostas de valor críticas em termos de tempo?

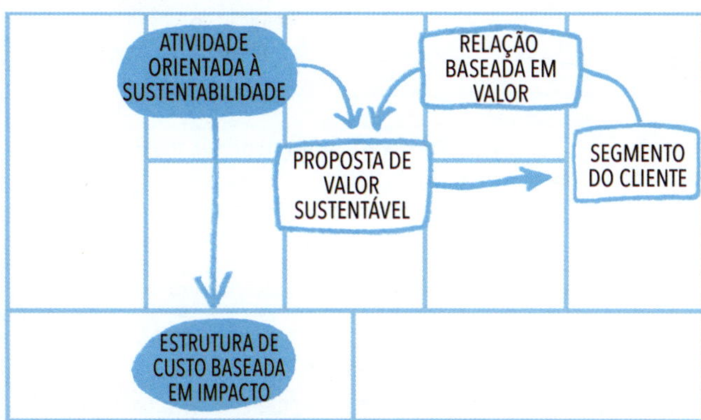

Mestres da Sustentabilidade – Torne as atividades ecologicamente amigáveis para ajudarem a sociedade, mesmo que gere custos maiores. Elimine atividades que prejudicam o planeta e a sociedade e se envolva nas que agregam benefícios.

PERGUNTA GATILHO
Como reconfigurar nossas atividades para ter um impacto ambiental e social positivo?

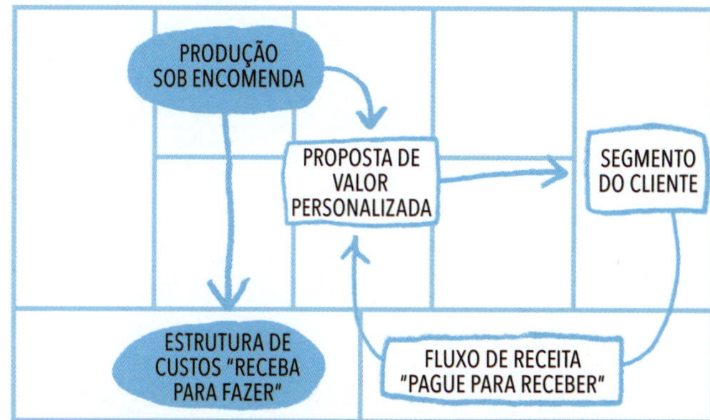

Produção sob Encomenda – Configure produtos ou serviços para corresponder às especificações dos clientes. Ajuste as atividades para que somente entrem em movimento quando um pedido for recebido.

PERGUNTA GATILHO
Como reconfigurar nossas atividades para produzir sob encomenda e só começar a produção após a confirmação de pagamento?

Disruptores da Eficiência
1913 ~~~ 1927

Ford Modelo T

Em 1913, Henry Ford lança a linha de montagem na produção de automóveis, reduz o custo de produção em um fator de três e causa a disrupção do setor no processo.

No início de 1900, os automóveis eram considerados brinquedos para os ricos, e eram muito complicados, exigindo um motorista treinado. Henry Ford estava determinado a construir um automóvel seguro e acessível para as massas, e procurou a eficiência da produção. Ford olhou para fora de seu setor, o que o levou a inventar a linha de montagem.

A introdução da linha de montagem reduziu o tempo para montar cada carro de mais de 12 horas para cerca de 90 minutos. O treinamento de funcionários em apenas uma tarefa na linha de montagem também permitiu à Ford contratar trabalhadores menos qualificados e reduzir os custos. A produção do Modelo T passou de 100 carros por dia para mil – como em uma fábrica moderna – e permitiu uma queda de preço de US$850 para US$300.[41]

Após apenas 10 anos de uso da linha de montagem, 10 milhões de Modelos T da Ford saíram da fábrica.[42]

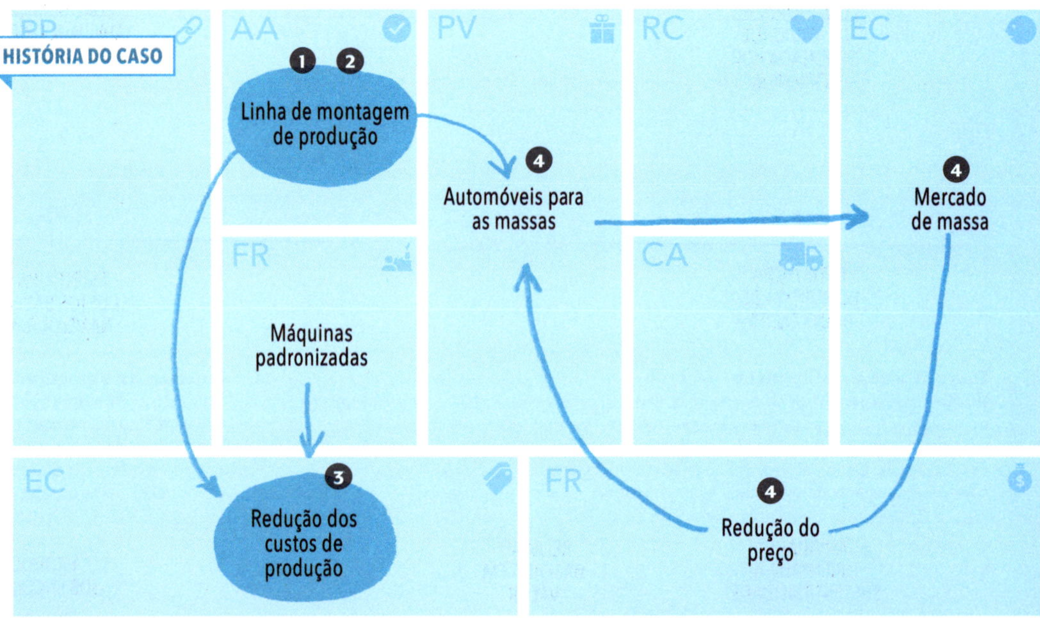

1. Imita as Inovações de Atividades Orientadas à Eficiência de Outros Setores

A Ford se inspira nos métodos de produção de fluxo contínuo usados por moinhos de farinha, cervejarias, fábricas de conservas e frigoríficos da época. Ela acredita que pode adaptar essas configurações ao setor automobilístico.

2. Adapta Ideias Externas ao Seu Setor

A Ford apresenta a linha de montagem para o setor automobilístico. O processo de montagem é padronizado e dividido em 84 etapas.[44] Os trabalhadores ficam em uma estação e focam uma tarefa enquanto o carro desce uma linha mecanizada – em vez de trabalharem em equipe.

3. Colhe os Benefícios

Os custos de produção diminuem com essa nova maneira de trabalhar, enquanto a produtividade aumenta. Máquinas padronizadas levam a maior qualidade e custo de produção mais estável. Agora, os trabalhadores podem montar um carro em cerca de 90 minutos, o que faziam em 12 horas.[43]

4. Causa Disrupção no Setor

Em 1914, os 13 mil trabalhadores da Ford constroem cerca de 300 mil carros – mais do que os quase 300 concorrentes com 66.350 funcionários.[45] Enquanto reduz os custos de produção, reduz o preço de um automóvel de US$850 para menos de US$300 e causa a disrupção do setor automobilístico.

Mestres da Velocidade
1980 ~~ 2019

Zara

Em 1980, a Zara faz a disrupção da moda, reconfigurando a cadeia de suprimentos e criando a fast-fashion. Reage quase instantaneamente às tendências, integrando de forma vertical sua cadeia de suprimentos.

A Zara é uma varejista global de moda cujo sucesso decorre da redução de prazos de entrega e reação rápida às tendências. A Zara pertence à Inditex, o maior grupo de moda do mundo.

A empresa não teve medo de ir contra o senso comum, integrar verticalmente a cadeia de suprimentos e transferir a produção para a Europa [near-shoring, terceirização para uma região próxima], enquanto muitos participantes da indústria da moda optaram por terceirizar a produção para fábricas de menor custo na Ásia.

A Zara fez a disrupção reduzindo o tempo de comercialização para menos de 3 semanas, da inspiração ao varejo. Criou uma nova categoria de moda rápida e acessível. Esse modelo permitiu que a empresa se tornasse um peso pesado no competitivo setor: a partir de 2018, a Zara ficou ativa online e, em 96 países, geria 2.238 lojas físicas com receita anual de €18,9 bilhões.[46]

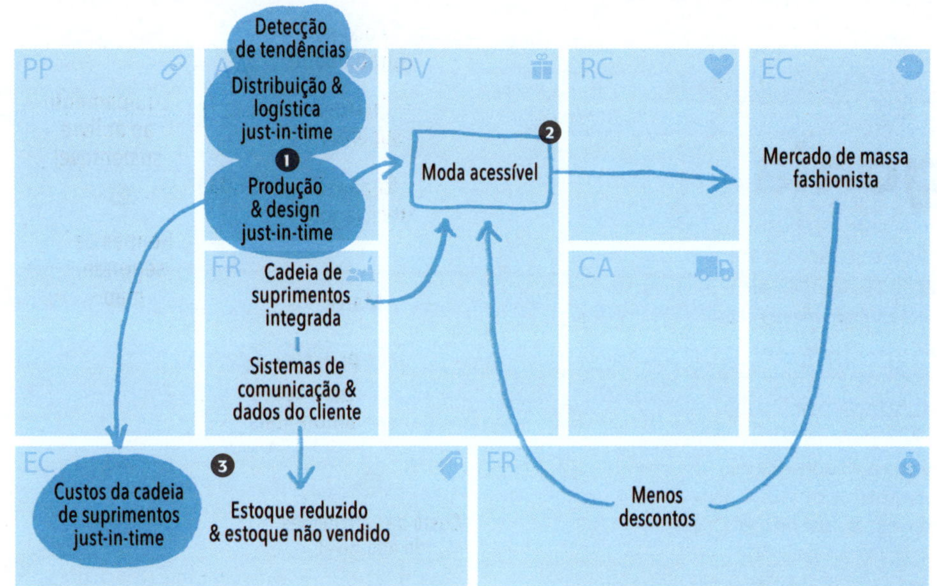

1. Reconfiguração Voltada à Velocidade
A Zara decide produzir mais da metade de seus itens localmente em suas instalações para obter velocidade. Na época, a maioria dos grandes agentes terceirizava a produção para a Ásia por razões de custo. Essa diferenciação de atividade permite que a Zara reaja na velocidade da luz às tendências da moda.

2. Proposta de Valor Focado no Prazo
A proposta de valor da Zara se concentra em acompanhar as tendências da moda, que mudam rapidamente. Sua configuração de atividades permite identificar tendências e lançar novas peças em menos de três semanas. Os concorrentes mostram duas coleções por ano e levam mais de nove meses para levar os itens às lojas. A Zara envia apenas alguns itens de cada estilo para suas lojas, portanto, o estoque é sempre escasso. Isso leva a mudanças constantes nas coleções, e os clientes tendem a "comprá-los quando veem", porque as roupas não ficam lá por muito tempo.

3. Adota uma Nova Estrutura de Custos
O maior custo de mão de obra foi o preço pago pela flexibilidade, controle e velocidade necessários no design e na produção. A Zara reserva 85% de sua capacidade de fábrica para ajustes conforme a estação, e mais de 50% de suas roupas são pensadas e fabricadas no meio da temporada.[47]

+ Tendências, Dados e Comunicações
A Zara treina seus funcionários para retransmitir as preferências dos clientes e os dados de vendas em tempo real para designers por meio de sistemas de comunicação eficazes. Os projetos e as previsões são ajustados. Como a Zara fabrica um suprimento limitado de itens, não precisa lidar com excesso de estoque ou descontos constantes.

+ Força do Preço
Cada loja possui um estoque limitado de itens de cada estilo, reabastecidos com base na demanda. Novos estilos baseados nas últimas tendências chegam constantemente. Como consequência, é raro que a Zara dê descontos em roupas, ao contrário da maioria das casas de moda.

Patagonia

Em 1973, Yvon Chouinard cria uma empresa de vestuário para atividades ao ar livre, atividades essas configuradas por meio das lentes da proteção ambiental.

A Patagonia foi fundada por Yvon Chouinard em 1973 para fabricar roupas e equipamentos para escaladores. Chouinard era um montanhista ávido que acreditava na escalada limpa, com pouco impacto para o ambiente.

Desde o início, a Patagonia teve um foco claro na proteção ambiental, que refletia a ética pessoal de seu fundador. Foi a primeira empresa da Califórnia a usar fontes de energia renováveis para alimentar seus edifícios e uma das primeiras a imprimir seus catálogos em papel reciclado. Mudou para o algodão 100% orgânico em 1994 e removeu o cloro de seus produtos de lã.

O sucesso da Patagonia permitiu que se tornasse uma empresa ativista. Em 2018, mudou sua declaração de missão para "Estamos aqui para salvar nosso planeta". Também fornece ferramentas e financia organizações de base.

O crescimento não é seu objetivo final, mas sua diferenciação e foco ambiental a ajudaram a crescer de forma sustentável.

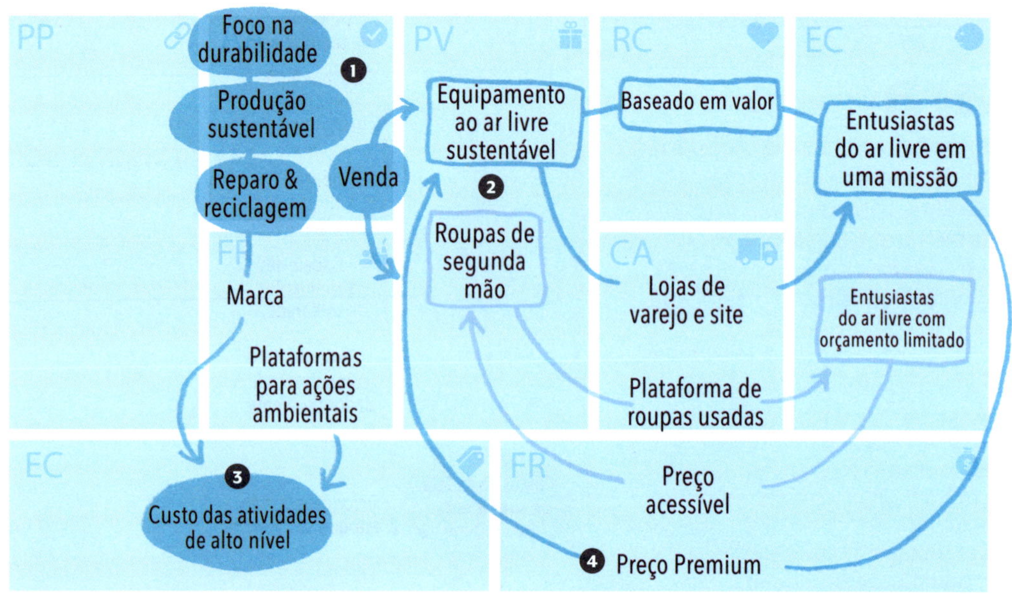

1. Alinha Atividades ao Ambiente

A Patagonia faz da durabilidade um forte aspecto do design e fabricação de seus equipamentos de roupas para exteriores, a fim de se alinhar com seus objetivos ambientais. O objetivo é reduzir o consumo e o desperdício. Além disso, a empresa limita seu impacto ambiental maximizando o uso de materiais orgânicos e reciclados, reparando roupas danificadas e cumprindo rígidos padrões de proteção ambiental em toda a cadeia de suprimentos.

2. Faz Propostas de Valor Sustentáveis

A Patagonia faz com que os clientes sintam que estão contribuindo para a proteção ambiental, estendendo a proposta de valor além da funcionalidade de roupas e equipamentos de alta qualidade. Ao comprar os produtos, os clientes sentem que estão contribuindo para os mais altos padrões ambientais. A Patagonia até lança uma proposta de valor de roupas de segunda mão para limitar sua pegada ambiental e tornar seus produtos acessíveis a um mercado maior.

3. Lida com os Altos Custos

Os altos padrões de sustentabilidade da Patagonia levam a custos mais altos. Utiliza algodão orgânico mais caro, desenvolve a infraestrutura para reciclar materiais e educa o público (Footprint Chronicles). Também arca com o custo de tornar sua cadeia de suprimentos mais ecológica, educando os fornecedores sobre práticas sustentáveis.

4. Precifica como Premium

A Patagonia pode cobrar preços premium, porque os clientes aceitam que o custo da produção ecológica é mais alto. Eles estão mais preocupados com o meio ambiente do que com o preço.

Produção sob Encomenda
1984 ~~ 2007

Dell Computers

Em 1984, a Dell causa a disrupção do mercado de PCs com máquinas de alta qualidade e baixo custo, fabricadas sob encomenda e vendidas diretamente aos clientes.

Em 1984, Michael Dell lança sua empresa no dormitório da faculdade. Reconhece que os sofisticados compradores de PCs queriam máquinas personalizadas de alta qualidade a um custo acessível. Isso não era algo que a IBM, que dominava o mercado na época, fazia.

A Dell formou seu público oferecendo máquinas personalizadas sob encomenda. Os clientes discavam um número gratuito, faziam um pedido personalizado e esperavam que o computador fosse entregue pelo correio.

A Dell virou o modelo tradicional de vendas de PCs de cabeça para baixo, com vendas diretas e por encomenda. Causou a disrupção evitando locais de varejo, vendas de alto contato e minimizando os custos de estoque e depreciação.

A Dell cresceu de PCs montados em um dormitório em 1984 para um negócio de US$300 milhões apenas 5 anos depois.[48]

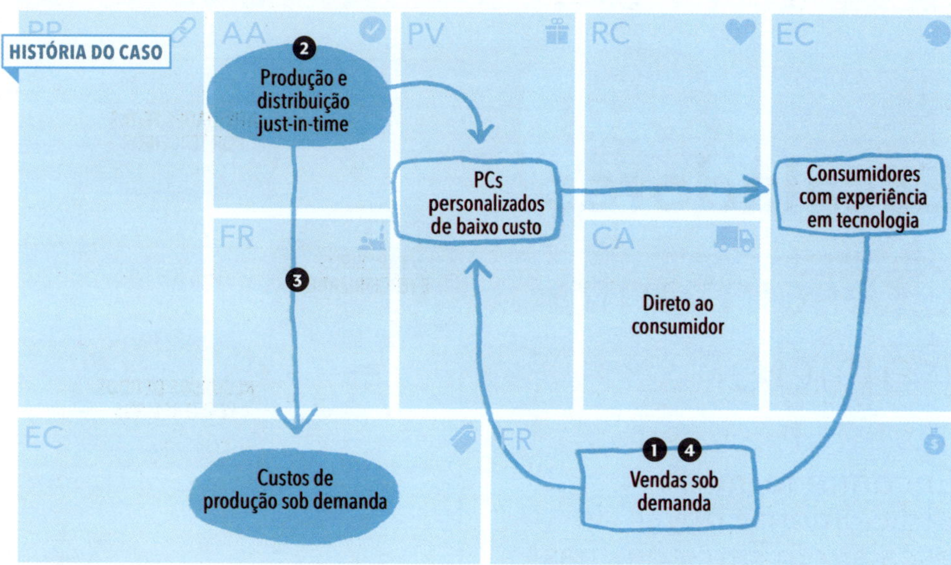

1. Aceita Pedidos Personalizados e É Pago

Em 1984, a Dell começa a receber pedidos de PC personalizados por telefone. Os compradores dão as especificações e escolhem uma variedade de componentes. Em 1996, a empresa cria seu modelo direto para a web e automatiza a criação sob encomenda.

2. Monta o Produto

A Dell compra componentes de atacadistas de equipamentos de PC e personaliza (produção just-in-time) com base no pedido do cliente. Consegue manter o custo das máquinas abaixo de US$1.000.

3. Gerencia a Cadeia Just-in-time

Diferentemente de um fabricante tradicional de PCs, a Dell evita custos pesados de gestão de estoque, varejo e logística. Os produtos são feitos sob encomenda. Isso exige que a Dell desenvolva a excelência com um novo conjunto de atividades: cadeia de suprimentos e produção just-in-time.

4. Economia de Custos para o Cliente e Disrupção do Setor

O modelo personalizado da Dell evita PCs não vendidos e depreciação do valor. Além disso, as compras diretas de modelos e componentes de atacado da Dell reduzem ainda mais os custos de produção e distribuição. Isso permite que repasse a economia de custos sob a forma de preços disruptivos para PCs de alta qualidade.

Escaladores

Crescimento Rápido

178 Encontre formas radicalmente novas de escalar em situações nas quais outras pessoas ficam presas nos modelos de negócios convencionais não escaláveis.

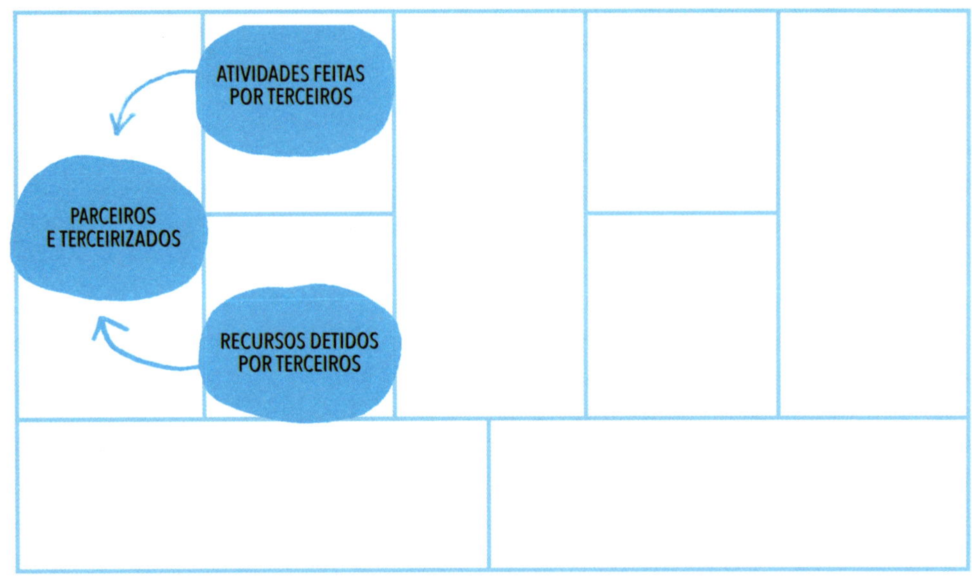

PERGUNTA GATILHO

O que fazer de diferente para tornar o modelo de negócios escalável (como eliminar gargalos de recursos e atividades)?

Pergunta de Avaliação

Com que rapidez e facilidade podemos crescer nosso modelo de negócios sem recursos e atividades adicionais substanciais (por exemplo, construção de infraestrutura, busca de talentos)?

O crescimento de nossos negócios e clientes consome muitos recursos (como mais pessoas) e exige muito esforço (como atividades não escaláveis).

Nossas receitas e base de clientes podem crescer e escalar sem muitos recursos e atividades adicionais.

Delegadores - Aumente a escalabilidade, fazendo com que outras pessoas realizem algumas das principais atividades (de graça) que você mesmo executou antes internamente.

Exemplos
IKEA, Facebook, Twitter, Instagram, Red Hat, Zinga

PERGUNTA GATILHO
Em quais áreas alavancar clientes ou terceiros para nos ajudar a criar valor de graça?

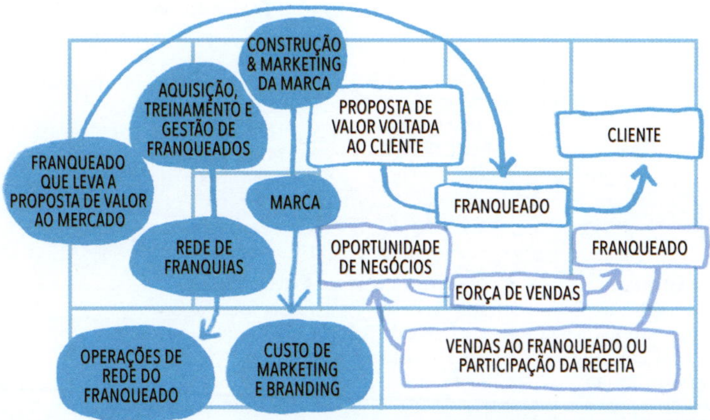

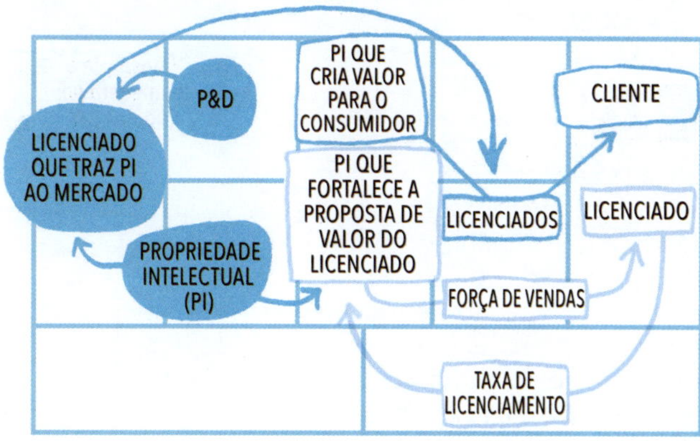

Licenciadores - Aumente a escalabilidade, fazendo com que os licenciados façam a maior parte da criação de valor, como fabricação e comercialização.

Exemplos
ARM, Disney

PERGUNTA GATILHO
Como o licenciamento pode tornar o modelo de negócios escalável e/ou gerar receita com PI (como marca, patentes etc.)?

Franqueadores - Crie escalabilidade licenciando o conceito de negócios, marcas registradas, produtos e serviços para franqueados.

Exemplos
Harper, Ritz Carlton, McDonald's

PERGUNTA GATILHO
Como usar a franquia para tornar o modelo de negócios mais escalável e aumentar o alcance de mercado?

Delegadores
1956 ~~~ 2019

IKEA

Em 1956, a IKEA introduz o "flatpacking" e transforma os clientes em uma força de trabalho gratuita que assume parte da cadeia de valor tradicional da fabricação de móveis. Os clientes compram as peças dos móveis nas lojas e montam no estilo Faça Você Mesmo (DIY) em casa.

A IKEA foi fundada em 1943 com a visão de oferecer "uma ampla gama de produtos para o lar, bem projetados e funcionais, a preços tão baixos que o maior número possível de pessoas poderia pagar por eles".

Em 1956, as lojas introduziram móveis pelo método "flatpacking": os móveis eram vendidos em peças e os clientes os montavam em casa. Ao reduzir os custos de transporte, montagem e estoque, a IKEA conseguiu escalar agressivamente, localizando-se onde houvesse clientes.

A capacidade da IKEA de alavancar o trabalho realizado por seus clientes permitiu que ela crescesse para 433 lojas em 49 mercados globais, atendendo a mais de 957 milhões de clientes com uma receita de varejo de € 41,3 bilhões em 2019.[49, 50]

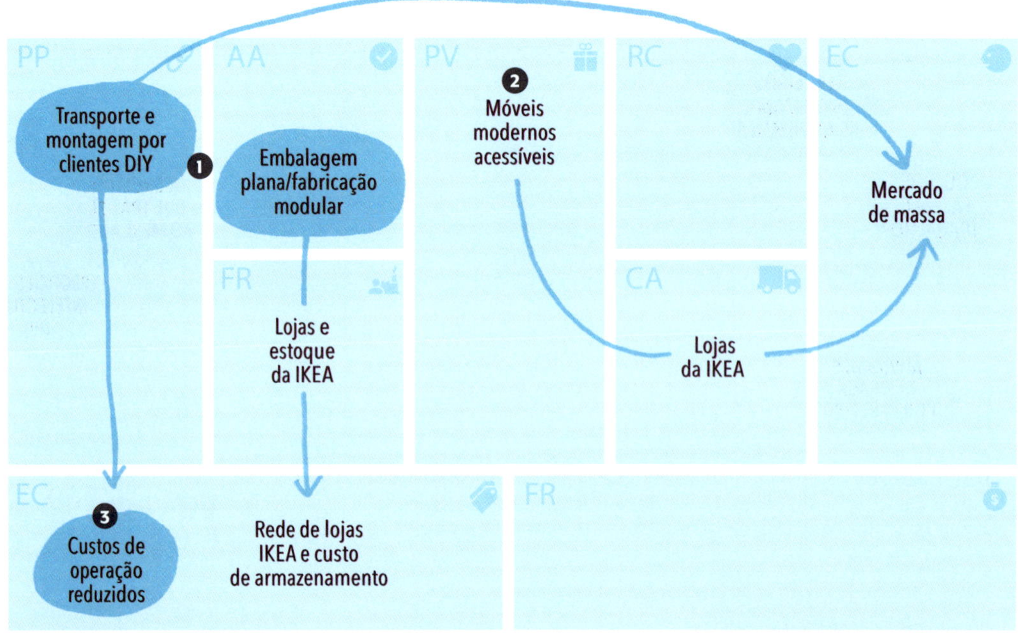

1. Identifica como Outras Pessoas Podem Criar Valor para Você Gratuitamente
Em 1956, a IKEA adota o flatpack, móveis prontos para montar, que são mais fáceis e baratos de transportar da fábrica para os centros de varejo. A empresa vê uma oportunidade de levar o cliente a assumir essa parte da cadeia de valor.

2. Cria a Proposta de Valor
Devido ao flatpacking, a IKEA mantém mais móveis em estoque e oferece preços mais acessíveis do que os concorrentes. Os clientes acham as peças nos armazéns abertos da IKEA, e as transportam e montam em casa.

3. Aproveita as Economias Operacionais com o Trabalho Alheio
A IKEA obtém economia substancial de custos operacionais com a execução de parte do trabalho pelos clientes. Como as lojas também são armazéns, os clientes escolhem móveis, pegam as embalagens, transportam e montam tudo por conta própria.

+ Projeto e Fabricação Modulares
Embalagem simples, diferenciação de preço e montagem do cliente incentivam a IKEA a adotar um design modular, simples, limpo e minimalista pelo qual a empresa é conhecida globalmente, o que também simplifica a fabricação.

+ Economia com as Embalagens
O flatpacking não só permite a economia de custos com os clientes fazendo parte do trabalho: leva a economia de custos gerais na fabricação, armazenamento e transporte em massa de móveis de fábricas a centros de varejo.

US$500

O custo do envio de um sofá nos EUA, dependendo do tamanho e da distância percorrida.

US$20

O custo de envio de um caminhão de sofás IKEA pode ser bem baixo: US$20 por sofá.[51]

Em 2010, a IKEA mudou o design do seu sofá Ektorp, reduzindo o tamanho da embalagem em

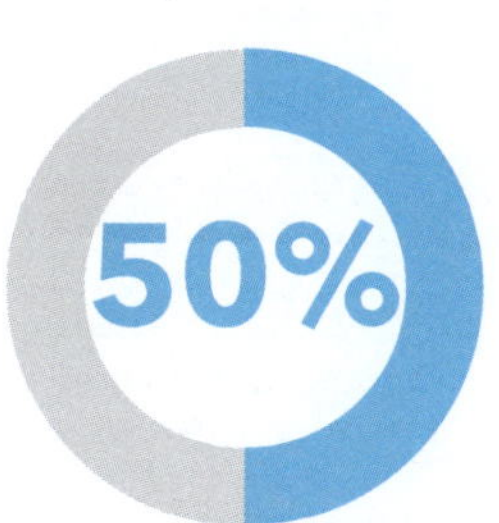

e cobrando um preço de varejo 14% menor.[52]

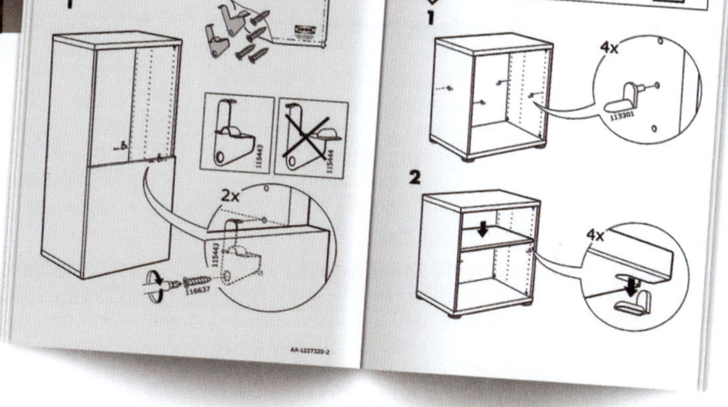

16% dos proprietários norte-americanos pesquisados compraram mais de **1/4** de seus móveis na IKEA nos últimos 10 anos.[53]

Red Hat

A Red Hat foi lançada em 1993 como uma empresa de software. Sua principal proposta de valor baseia-se no sistema operacional Linux de código aberto gratuito. A particularidade é que o software é criado por uma comunidade de desenvolvedores e gratuito para qualquer pessoa.

A Red Hat encontrou uma forma de criar um modelo de negócios sobre o Linux, à medida que o sistema se tornava mais complicado. Reconheceu que havia barreiras significativas à adoção por clientes corporativos. Tornou o Linux mais acessível às empresas, oferecendo assinatura para teste, certificação e suporte.

A Red Hat achou uma forma de monetizar o trabalho realizado pela comunidade de desenvolvedores Linux de forma que beneficiava a Red Hat e a comunidade de desenvolvedores.

Em 2019, a IBM concluiu sua aquisição da Red Hat por US$34 bilhões.[54]

ARM

Em 1990, a ARM foi lançada como um spinoff de um fabricante de computadores para se concentrar inteiramente no projeto e licenciamento de propriedade intelectual de chips de silício. Hoje, quase todos os smartphones e tablets do mundo contêm designs da ARM.

A ARM Holdings desenvolve propriedade intelectual (PI) usada em chips de silício. Foi fundada em 1990 como um spinoff da fabricante britânica de computadores Acorn Computers. Os designs da ARM foram usados pela primeira vez em um telefone celular em 1994, para o Nokia 6110.

Os fabricantes de semicondutores combinam a PI da ARM com sua própria PI para criar designs completos de chips. Chips que contêm energia de PI da ARM na maioria dos dispositivos móveis de hoje, devido ao baixo consumo de energia. Em 2014, 60% da população mundial usava diariamente um dispositivo com chip ARM.[55] Em 2012, 95% dos chips encontrados em smartphones e tablets eram de design ARM.[56]

O ARM licencia PI para mais de 1.000 parceiros globais (incluindo Samsung, Apple, Microsoft). A empresa não fabrica ou vende chips, ao contrário de fabricantes de semicondutores, como Intel ou AMD.

A SoftBank comprou a ARM em 2016 por £24,3 bilhões.[57]

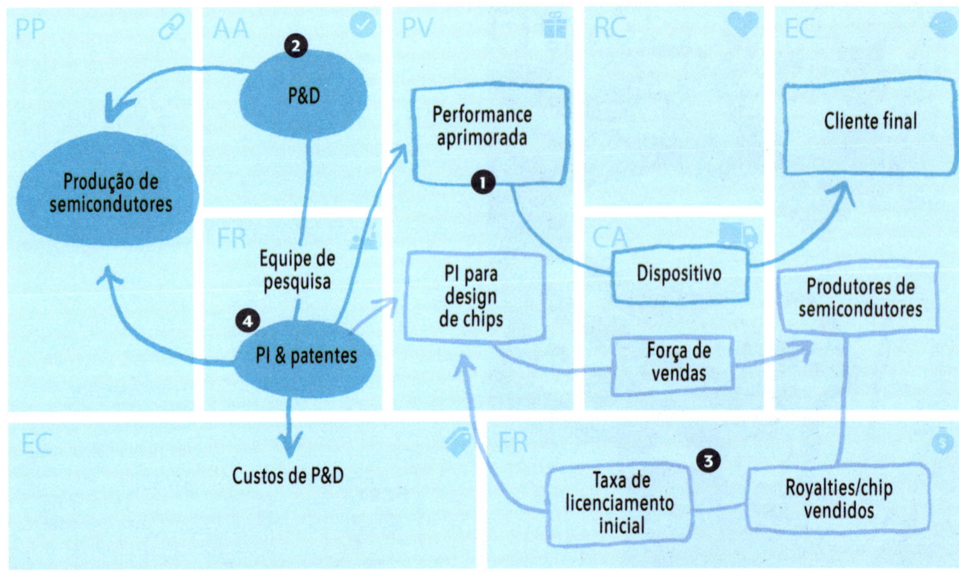

1. Detecta e Soluciona Problemas Complexos
A ARM reconhece que tablets, notebooks e smartphones são a próxima onda de tecnologia. Para criar chips atraentes e PI para dispositivos portáteis, a ARM se concentra em velocidades de processamento, menor consumo de energia e custos mais baixos.

2. Investe Pesado em P&D
Em 2018, a ARM investe US$773 milhões em P&D (42% das receitas de 2018).[58] A ARM pode incorrer em custos de P&D anos antes do início da receita (8 anos em média). Em 2008, as despesas de P&D da ARM foram de £87 milhões, 29% da receita. As despesas continuam a crescer.[59]

3. Licencia de Forma Inteligente
A ARM recebe taxas fixas de licença antecipada ao entregar PI aos parceiros e royalties variáveis dos parceiros para cada chip enviado que contém a PI. As taxas de licenciamento variam entre US$1 milhão e US$10 milhões. O royalty é geralmente de 1% a 2% do preço de venda do chip.

4. Escala sem Produzir
O licenciamento permite que a ARM dimensione os negócios com eficiência. Os designs podem ser vendidos várias vezes e reutilizados em vários aplicativos (como dispositivos móveis, dispositivos de consumo, equipamentos de rede etc.). A ARM não tem custos de fabricação.

+ **Crescimento da Base de Royalties em um Longo Período**
As taxas de licenciamento e royalties geram receitas ao longo de anos. Em particular, os royalties dependentes de vendas constituem uma espécie de receita recorrente. Licença e royalties da nova configuração de PI sobre as já existentes criam um poderoso mecanismo de receita em longo prazo.

+ **Crescimento do Setor de Smartphones**
As arquiteturas de chip baseadas na ARM são particularmente adequadas para dispositivos móveis, devido ao baixo consumo de energia. Isso permite que a ARM pegue carona no crescimento exponencial da indústria móvel.

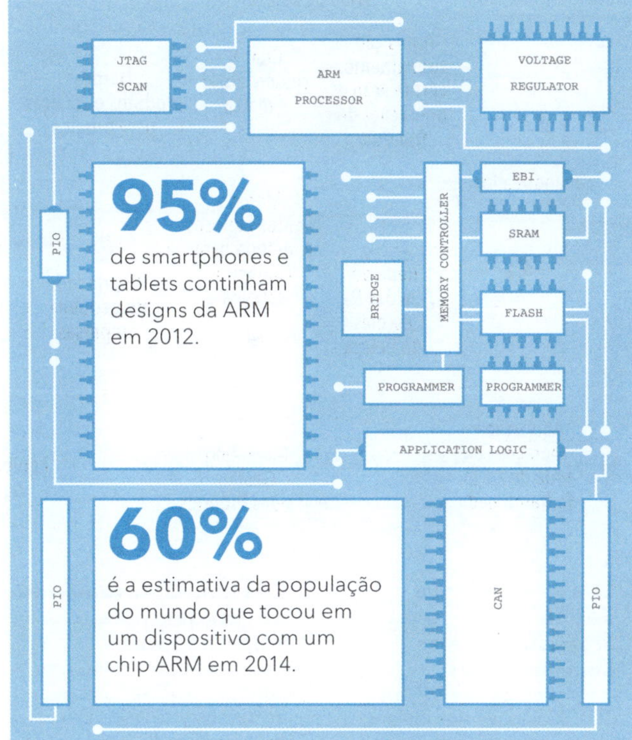

95%
de smartphones e tablets continham designs da ARM em 2012.

60%
é a estimativa da população do mundo que tocou em um dispositivo com um chip ARM em 2014.

Receita da ARM em 2018[60]

60% de royalties dependentes de vendas

30% de taxas fixas de licenciamento inicial

10% de software ou suporte

90%
das receitas provêm de royalties e licenciamento

42%
da receita reinvestida em P&D

Disney
Walt Disney criou o Mickey Mouse em 1928 e logo licenciou o icônico personagem em 1930 para a capa de um bloco de anotações.
Em 1929, Disney criou a Walt Disney Enterprises com o objetivo de separar o merchandising da produção nos estúdios.

6 das 10
A Walt Disney Company possuía 6 das 10 principais franquias de merchandising de entretenimento do mundo em 2017.[61]

A Disney começou licenciando brinquedos, bonecas e relógios. Então, em 1934, Mickey Mouse se tornou o primeiro personagem licenciado em uma caixa de cereal. A Walt Disney Enterprises se tornou precursora dos produtos de consumo da Disney.

Os produtos de consumo da Disney continuam a crescer, principalmente por meio de suas franquias Princess (criada em 1999). Hoje, o licenciamento não se limita a crianças, brinquedos e livros tradicionais. A Disney vende alimentos, roupas, artigos para o lar, visando "crianças de todas as idades".

Harper

Em 1891, Martha Matilda Harper cria o sistema de franquia moderno, capacitando mulheres empresárias a administrarem seus salões de beleza sob a marca Harper.

Martha Matilda Harper abriu seu primeiro salão de beleza em 1888, e seu foco no atendimento ao cliente e nos mimos alavancou o sucesso inicial. Harper criou o moderno sistema de franquias, criando uma rede de salões de beleza, a fim de expandir seus negócios e capacitar empresárias.

Os clientes de Harper eram sufragistas e socialites, e o boca a boca ajudou a aumentar o alcance no mercado. Logo as mulheres pediam que abrisse filiais no país.

Harper estava determinada a criar uma rede de franquias pertencentes e operadas por mulheres da classe trabalhadora, iguais a ela. Em 1891, os dois primeiros salões da franquia foram abertos. Na década de 1930, cresceu para 500 salões ativos em todo o mundo, com uma cadeia de escolas de treinamento.[62]

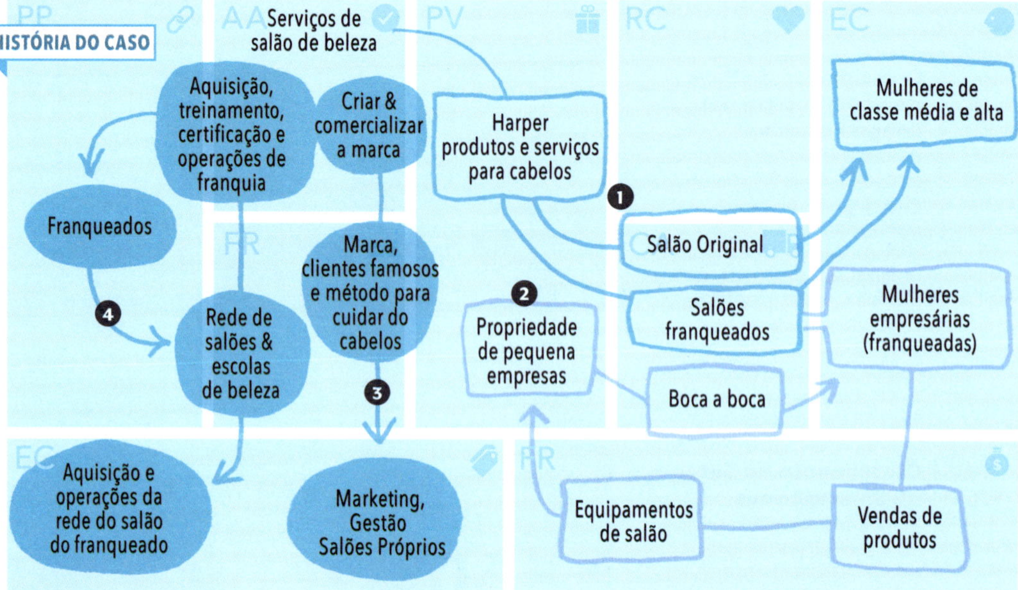

1. Cria uma Empresa de Referência e uma Proposta de Valor Bem-sucedidas
Harper começa com um único salão, onde oferece serviços e produtos para o cuidado dos cabelos. O salão inicial é um sucesso, e logo surge a demanda por outros salões.

2. Cria uma Oportunidade de Franquia para Empreendoras
Harper usa essa demanda para desenvolver uma rede de salões operados por trabalhadoras iguais a ela. Apoia essas franqueadas com empréstimos iniciais, suporte de marketing e treinamento no seu método.

3. Investe na Marca
A marca Harper se tornou famosa graças à publicidade da clientela fiel de políticos de alto calibre, estrelas de Hollywood e a família real britânica. Para garantir a consistência da marca, Harper exige que as franquias passem por inspeções e cursos de atualização.

4. Escala com Franqueadores
Com o modelo de franquia, a Harper escala rapidamente. Para gerar receita, vende seus produtos e equipamentos para cuidados de cabelos para 500 salões em todo o mundo, no auge de seus negócios, na década de 1930.

+ Inova em Cuidados com os Cabelos
Harper rompe hábitos e normas sociais de cuidados com os cabelos. Introduz a abordagem científica para o cuidado capilar. Sua invenção da poltrona reclinável e seu foco no atendimento ao cliente também removem o estigma de arrumar o cabelo fora de casa e desencadeia a expansão do mercado de salões de beleza.[63]

US$360

Em economias para abrir o primeiro salão, em 1888.[64]

Harper cresceu como uma criada pobre, e suas clientes incluem mulheres importantes no movimento sufragista. Decide que os primeiros 100 salões devem ser abertos e operados por mulheres iguais a ela para empoderá-las. Ela lhes fornece empréstimos iniciais e treinamento em seu método de tratamento capilar e de atendimento ao cliente.[65]

Perfil das Franquias da Harper

Trabalhos:
- Alcance da independência financeira
- Obtenção de um trabalho qualificado fora de casa e das fábricas

Contras:
- Falta de habilidade e escolaridade
- Falta de oportunidade de trabalho

Prós:
- Empoderamento
- Independência financeira

Harper usou suas famosas madeixas longas como ferramenta de marketing para demonstrar a saúde de seus cabelos e a eficácia de seus produtos.

500

Salões pelo Mundo

Harper aumentou sua rede de salões para 500 em todo o mundo, no auge de seu sucesso na década de 1930.

Franquias

A franquia permaneceu uma ferramenta popular para escalar setores e regiões da indústria. Em 2018, apenas nos EUA, havia cerca de 740 mil franquias, empregando 7,6 milhões de pessoas e investindo mais de US$800 bilhões na economia.[66]

As franquias são uma fonte substancial de crescimento econômico e estabilidade. Durante os primeiros cinco anos, 50% das novas empresas fracassam, enquanto as franquias têm muito mais probabilidade de sobrevivência.

Número de Franquias nos EUA desde 1900

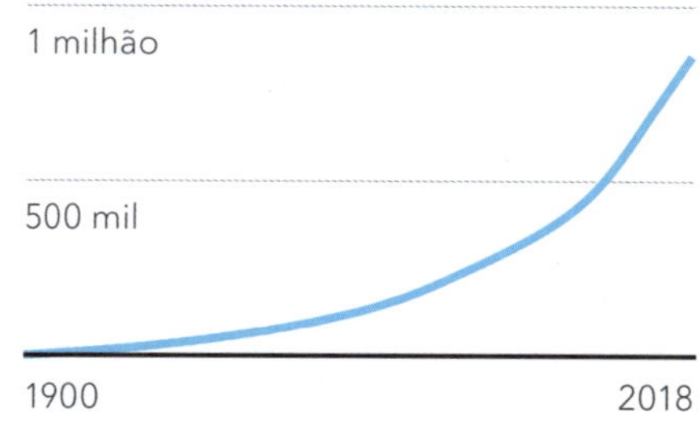

750 Mil Estabelecimentos

7,6 Milhões de Empregos

US$800 Bilhões Movimentados

DISRUPÇÃO DO BACKSTAGE

Questões para Líderes

Castelos de Recursos

PERGUNTA GATILHO
Como a dificuldade de copiar os recursos pode se tornar um pilar fundamental do modelo de negócios?

Pergunta de Avaliação
Possuímos recursos-chave difíceis ou impossíveis de copiar e que nos proporcionam uma vantagem competitiva significativa?

–3 · · · –2 · · · –1 · · · 0 · · · +1 · · · +2 · · · +3

Nossos principais recursos são significativamente inferiores aos dos concorrentes.

Nossos principais recursos não podem ser copiados nem imitados pelos próximos dois anos, e oferecem uma vantagem competitiva significativa (propriedade intelectual, marca etc.).

Diferenciadores de Atividade

PERGUNTA GATILHO
Como criar (significativamente mais) valor para os clientes executando novas atividades ou as reconfigurando de maneiras inovadoras?

Pergunta de Avaliação
Criamos valor significativo para os clientes porque realizamos e configuramos atividades de formas inovadoras e disruptivas?

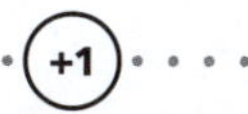

–3 · · · –2 · · · –1 · · · 0 · · · +1 · · · +2 · · · +3

Operamos atividades convencionais com desempenho semelhante ou pior que as empresas similares.

Nossas principais atividades não podem ser copiadas nem imitadas pelos próximos dois anos e oferecem uma vantagem competitiva significativa (relação custo-benefício, escala etc.).

Escaladores

PERGUNTA GATILHO
O que fazer de diferente para tornar o modelo de negócios escalável (como eliminar gargalos de recursos e atividades)?

Pergunta de Avaliação
Com que rapidez e facilidade podemos aumentar nosso modelo de negócios sem recursos e atividades adicionais substanciais (por exemplo, construção de infraestrutura, busca de talentos)?

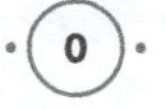
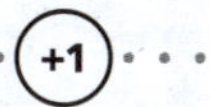

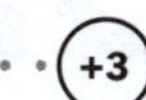

–3 · · · –2 · · · –1 · · · 0 · · · +1 · · · +2 · · · +3

O crescimento de nossos negócios e clientes consome muitos recursos (como mais pessoas) e exige muito esforço (como atividades não escaláveis).

Nossas receitas e base de clientes podem crescer e escalar sem muitos recursos e atividades adicionais.

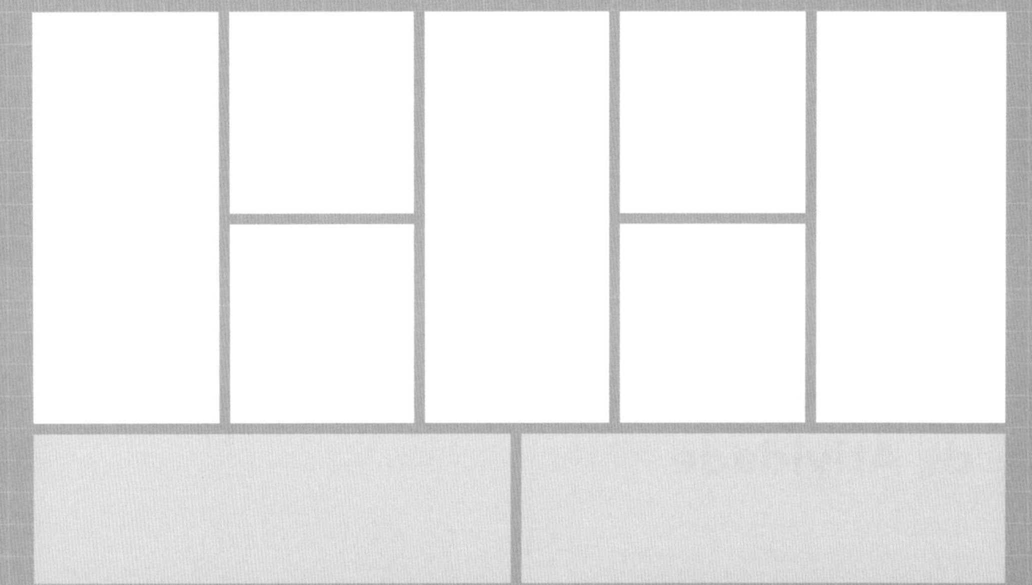

Disrupção da Fórmula de Lucro

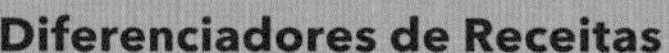

Diferenciadores de Receitas

p. 192	**Receita Recorrente**	Xerox
p. 194	**Isca & Anzol**	Kodak
p. 196	**Provedores Freemium**	Spotify
p. 197	**Subsidiários**	Fortnite

Diferenciadores de Custos

p. 200	**Trapaceiros de Recursos**	Airbnb
p. 202	**Tecnólogos**	WhatsApp
p. 203	**Baixo Custo**	easyJet

Mestres de Margem

p. 206	**Contrários**	citizenM
p. 208	**Alto Nível**	iPhone

Uma mudança radical na forma como os lucros são obtidos em termos de receitas e custos.

Diferenciadores de Receitas

Aumente as Receitas

190 Encontre maneiras inovadoras de capturar valor, desbloquear mercados até então não lucrativos e/ou aumentar substancialmente as receitas.

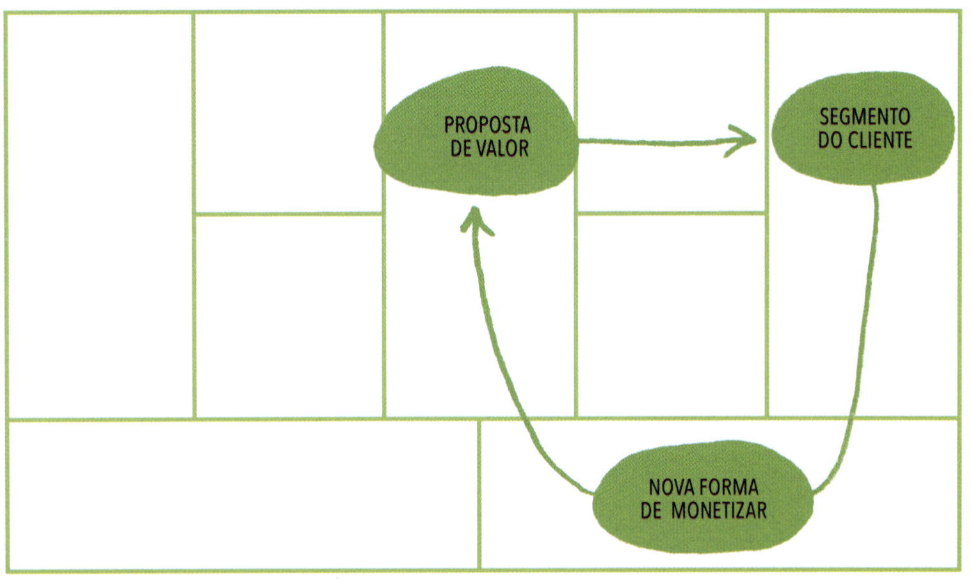

PERGUNTA GATILHO

Quais novos fluxos de receita ou mecanismos de preços podemos introduzir para capturar mais valor de nossos clientes ou desbloquear mercados não lucrativos?

Pergunta de Avaliação

Usamos fortes fluxos de receita e mecanismos de preços para monetizar a criação de valor para os clientes?

Temos, principalmente, receitas imprevisíveis e transacionais que exigem custo constante de vendas.

Temos receitas previsíveis e recorrentes, nas quais uma venda gera vários anos de receita.

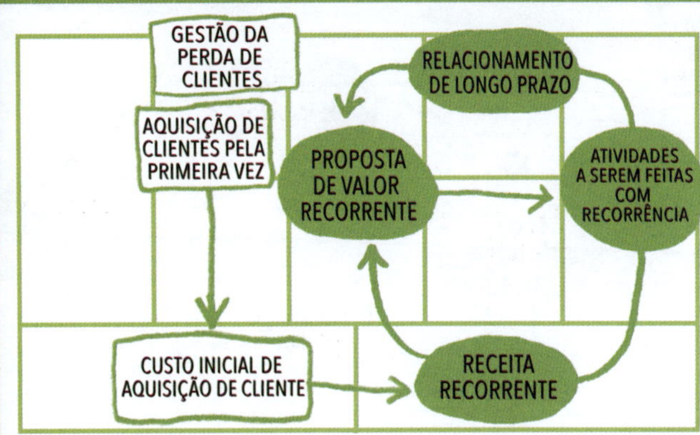

Receita Recorrente - Gere receitas recorrentes com vendas únicas. As vantagens incluem crescimento de receita composta (novas receitas se acumulam sobre as existentes), menor custo de vendas (venda uma vez e ganhe de forma recorrente) e previsibilidade.

PERGUNTA GATILHO
Como gerar receitas recorrentes de longo prazo em vez de transacionais?

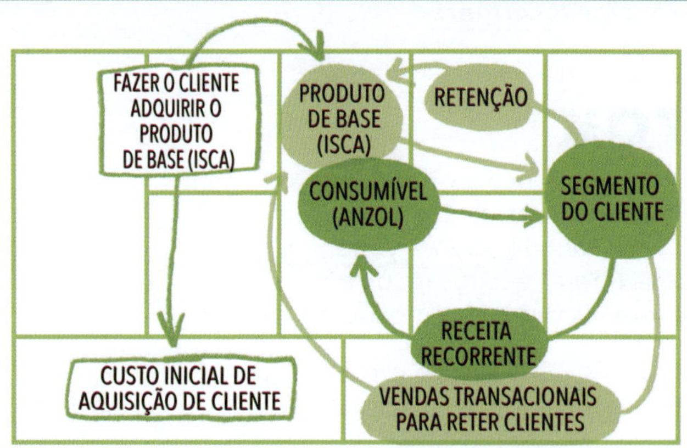

Isca & Anzol - Atraia os clientes com um produto base (a isca) para gerar receitas recorrentes a partir de um consumível (o anzol) de que os clientes precisem constantemente para se beneficiarem do produto base.

PERGUNTA GATILHO
Como criar receitas recorrentes com um produto ou serviço base e um consumível?

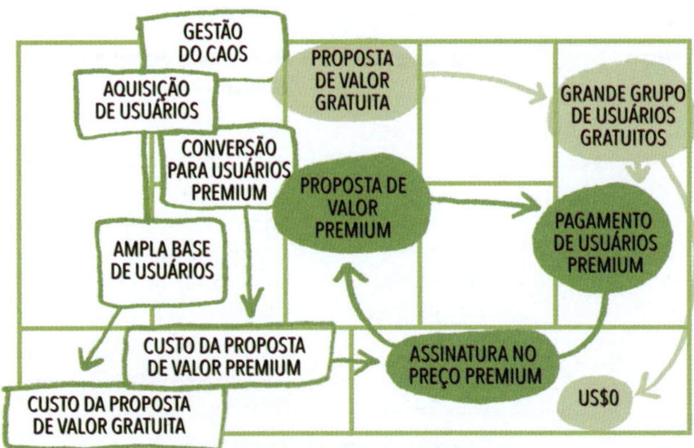

Provedores Freemium - Ofereça produtos e serviços básicos gratuitos, e serviços premium e recursos avançados mediante taxas. Os melhores modelos freemium adquirem uma grande base de clientes e se destacam na conversão de uma porcentagem substancial em usuários pagos.

PERGUNTA GATILHO
Como dividir a proposta de valor em uma oferta gratuita e uma premium?

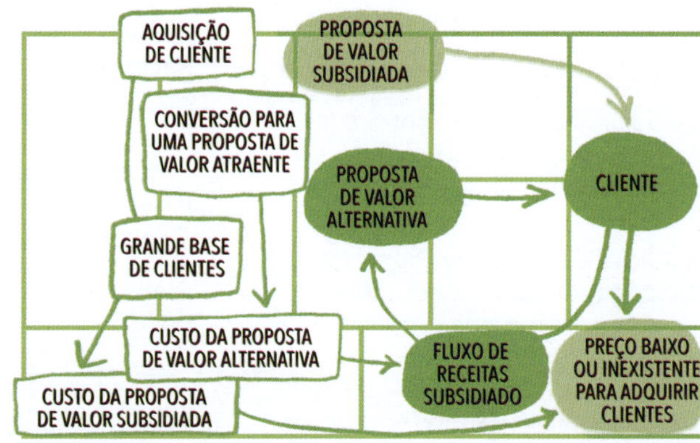

Subsidiários - Ofereça a proposta de valor total de graça ou a baixo custo, subsidiando-a a partir de um forte fluxo de receita alternativa. Isso difere do freemium, que fornece acesso gratuito apenas a uma versão básica de produtos e serviços.

PERGUNTA GATILHO
Como distribuir gratuitamente a principal proposta de valor, gerando fluxos de receita alternativos suficientes?

Receita Recorrente
1959 ~~~ 1976

Xerox

Em 1959, a Xerox lança a primeira fotocopiadora de papel comum, a Xerox 914. Em vez de apenas vender a máquina, ela gera receitas recorrentes e de longo prazo com cada fotocópia feita.

Em 1959, a Xerox revolucionou o acesso à informação inventando e comercializando a primeira máquina de fotocópia de papel comum, a Xerox 914. O desenvolvimento da 914 levou mais de uma década e um orçamento significativo em P&D.

A máquina era revolucionária: uma média de 2 mil cópias por dia, 100 vezes mais do que a copiadora comercial média da época.[67]

Como a 914 era cara, adotou um modelo de empréstimo para ficar mais acessível. Os clientes podiam cancelar o contrato com apenas 15 dias de antecedência, demonstrando a confiança da Xerox em sua proposta de valor.

A Xerox adicionou um plano de pagamento por cópia para monetizar o que acreditava que se tornaria um vício em cópias, mas incluiu as primeiras 2 mil cópias gratuitamente. Graças a esse modelo de negócios inovador, os ganhos com a tecnologia excederam os ganhos caso tivessem só vendido a máquina.

Em 1962, o negócio valia US$400 milhões, acima dos US$40 milhões uma década antes. Daí então, Xerox virou sinônimo de fotocópia.[68]

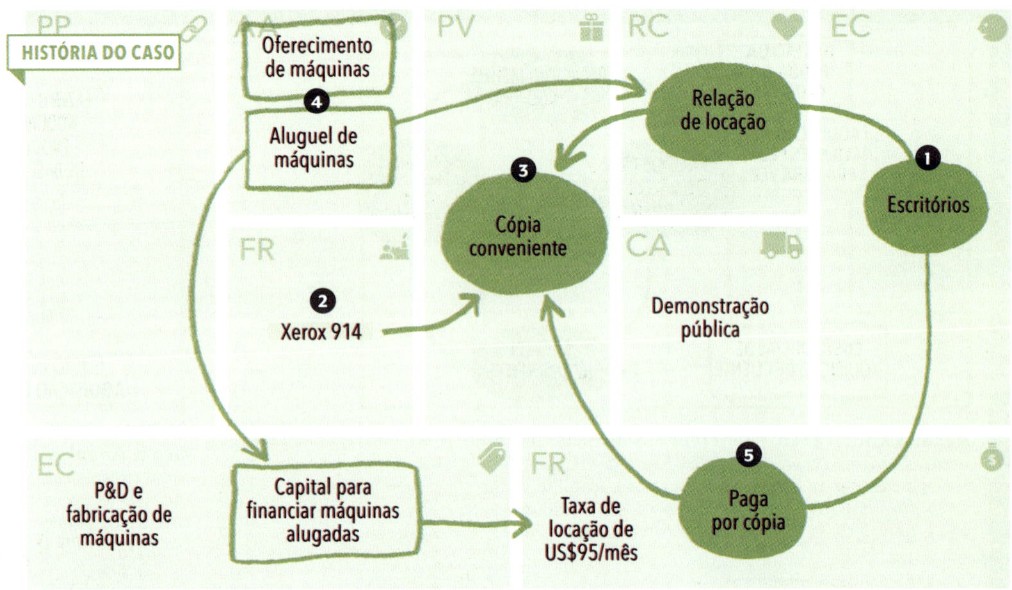

1. Identifica as Atividades Recorrentes

Chester Carlson, funcionário de um escritório de patentes, lutava com o trabalho pesado de copiar documentos. Na época, uma copiadora média produzia de 15 a 20 cópias por dia.

2. Monetiza Continuamente

Para enfrentar o desafio, Carlson inventa e patenteia uma nova técnica chamada xerografia. Com o que se tornaria a Xerox, desenvolve a primeira máquina de fotocópia de papel comum, a Xerox 914, com média de 2 mil cópias por dia.

3. Projeta a Proposta de Valor

A Xerox acredita que, uma vez familiarizadas com o poder das fotocópias, as pessoas ficarão viciadas na conveniência e copiarão mais do que nunca. A Xerox oferece as primeiras 2 mil cópias de graça e um plano de pagamento por cópia depois disso.

4. Adquire Clientes

A Xerox reconhece que sua copiadora é muito cara e nova para adoção em massa. Implementa um modelo de locação para torná-la acessível e colocá-la nos escritórios. Em vez de vendê-la por US$29.500, a aluga por US$95 por mês.[69]

5. Ganha Receita Recorrente

Cada máquina é equipada com um contador para contabilizar o uso mensal. Após as primeiras 2 mil cópias, os clientes pagam US$0,04 por cópia. Isso permite que a Xerox monetize sua proposta de valor por meio de receita recorrente.

+ Demonstrações Públicas para Impulsionar a Adoção
O Modelo 914 é grande e difícil de transportar, e a tecnologia precisa ser vista para ganhar credibilidade. Em vez de usar um modelo de vendas tradicional, a Xerox opta por realizar demonstrações públicas (inclusive na Estação Grand Central, de Nova York). Esses eventos ajudam a exibir sua produtividade e estimular a adoção.

100 mil
O volume médio mensal de cópias do 914, que foi projetado para produzir um volume médio mensal de 10 mil cópias.[70]

US$12,5 milhões
Custo de desenvolvimento do 914 (o equivalente a US$110 milhões hoje). Isso foi mais do que o lucro total da empresa de 1950 a 1959.[71]

300kg
O peso do modelo 914 original, que tinha que ser inclinado e espremido pela maioria das portas dos escritórios.[72]

Receita da Xerox[72]
Em milhões de dólares norte-americanos

A Ascensão da Receita Recorrente por Meio de Assinaturas
Uma forma convencional de gerar receita recorrente é por meio de assinaturas. Popularizado historicamente por meio de assinaturas de jornais, o modelo se espalhou por inúmeros domínios.

15% de inscrições nos produtos
15% dos compradores online fizeram uma ou mais assinaturas para receber produtos de forma recorrente.[73]

Em particular, com o surgimento da internet, o modelo de assinaturas cresceu. Em 2018, a Interbrand atribuiu 29% do valor total das 100 principais marcas a negócios baseados em assinaturas, contra 18% em 2009.[74]

Os clientes podem assinar inúmeros serviços de reabastecimento ou curadoria (alimentos, roupas etc.) ou assinar serviços nos quais o acesso substitui a propriedade (software como serviço [SaaS], roupas, entretenimento). O modelo de assinaturas não só conquistou o mercado consumidor, mas também os mercados corporativos e industriais.

Isca & Anzol
1900 ~~~ 2012

Kodak

Em 1900, a Kodak "fisga" consumidores com câmeras baratas para gerar uma receita significativa resultante da venda de filmes com margens elevadas e processamento de fotos.

George Eastman fundou a Kodak em 1888 com o objetivo de tornar "a câmera tão conveniente quanto o lápis". Pode-se dizer que ele conseguiu seu intento com a introdução da Brownie, uma câmera de valor razoável, em 1900. Com a Brownie, a Kodak tornou as câmeras acessíveis às massas: barata, portátil e fácil de usar.

A Kodak criou o mercado de fotografia amadora e manteve uma posição dominante durante a maior parte do século XX. Somente a introdução da câmera digital em 1999 – que ajudou a inventar – desencadeou o fim do domínio da Kodak na fotografia.

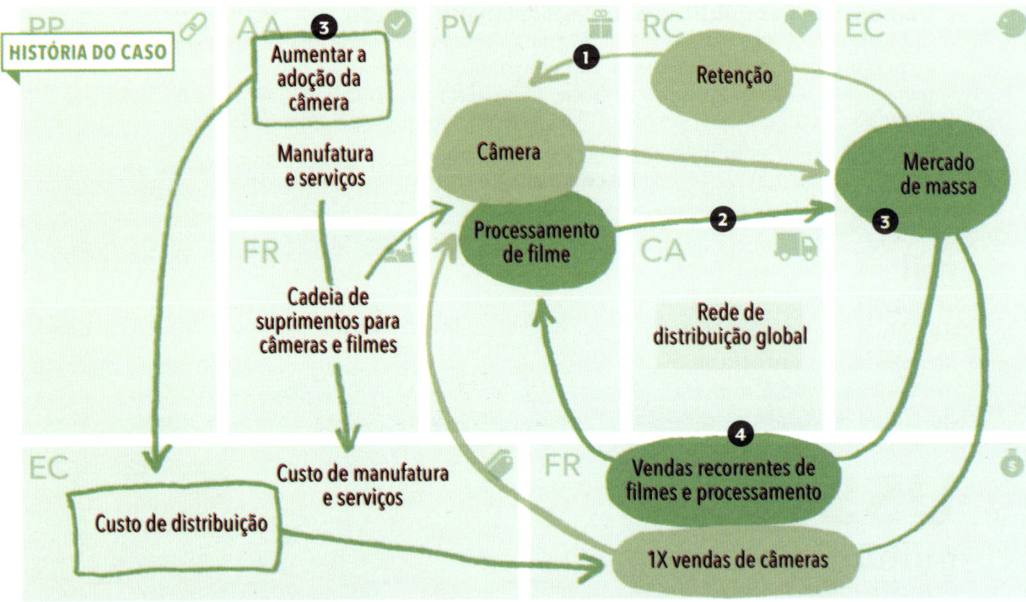

1. Atrai com a "Isca" e Fisga o Cliente

Em 1900, a Kodak apresenta a Brownie, a primeira câmera do mercado de massa. É vendida por apenas US$1 (equivalente a US$30 em 2019) e apresenta a fotografia amadora às massas.[75]

2. Fisga Clientes com um "Anzol" de Produtos ou Serviços Consumíveis

A Brownie vem pré-carregada com filme. Depois que o filme é usado, os fotógrafos amadores o enviam de volta à Kodak para processamento. Os fotógrafos ficam viciados e precisam voltar se quiserem continuar seu hobby.

3. Adquire Clientes

Em 1900, a fotografia é muito nova. A Kodak usa preços baixos para a Brownie e extensas campanhas de marketing direcionadas a fotógrafos amadores, incluindo mulheres e crianças, para estimular a aquisição de clientes. Vende 250 mil câmeras no primeiro ano.[76]

4. Desfruta de Receitas Recorrentes

Na época, o rolo de filme custava 15¢. Por mais 10¢ por foto e mais 40¢ para a revelação e postagem, os usuários enviavam os filmes à Kodak para serem revelados. Compras repetidas de filmes e processamento geram receitas recorrentes significativas para a Kodak.

+ Criando os Bastidores para Filmes e Processamento
A Kodak constrói os bastidores para o suporte do complexo processo de fabricação de filmes. Possui a maior parte da cadeia de suprimentos, incluindo matérias-primas como químicos de processamento, o que cria barreiras significativas à entrada no setor.

+ Distribuição e Marca
Ao longo de décadas, a Kodak estabelece uma rede de distribuição global de revendedores, que apoia com uma marca forte e investimentos substanciais em marketing.

5ª
marca mais valiosa do mundo (em 1996).[79]

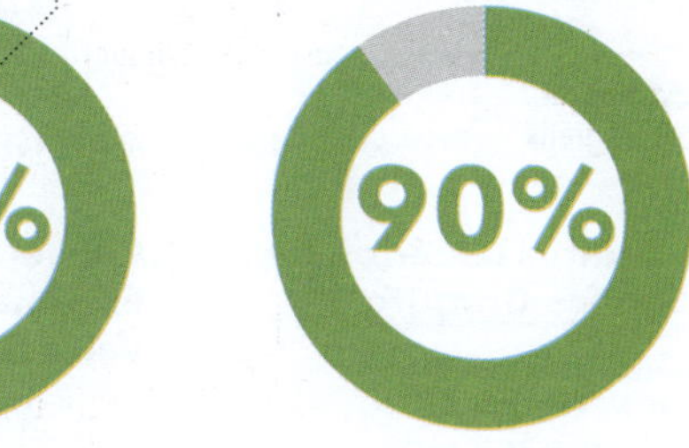

margem de lucro dos filmes, de que a Kodak desfrutou nos anos 1980.[77]

90%
das vendas de filmes nos EUA foram realizadas pela Kodak em 1976.[78]

Fotos Feitas por Ano
Todas as Fotos *Fotos Analógicas*

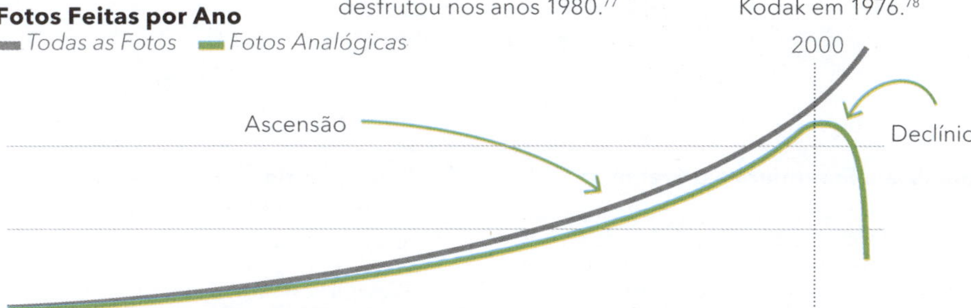

Disrupção de um Inovador
A Kodak entrou com um pedido de falência em 2012 devido à disrupção por câmeras digitais e smartphones. Eles tornaram obsoleto o principal mecanismo de receita da Kodak (filme analógico). Ironicamente, o engenheiro da Kodak Steven Sasson inventou a primeira câmera digital em 1975.

A Kodak não conseguiu adaptar sua câmera e modelo de negócios baseado em filme ao mundo digital. Em 2001, adquiriu um site de compartilhamento de fotos chamado Ofoto. Em vez de usar um modelo de negócios baseado em publicidade (como o Facebook), a Kodak posicionou o Ofoto para atrair mais pessoas para imprimir imagens digitais, quando o mercado de impressão já era altamente competitivo e em declínio.

Fotos Impressas por Clientes nos EUA
Impressões Digitais
Impressões de Filmes

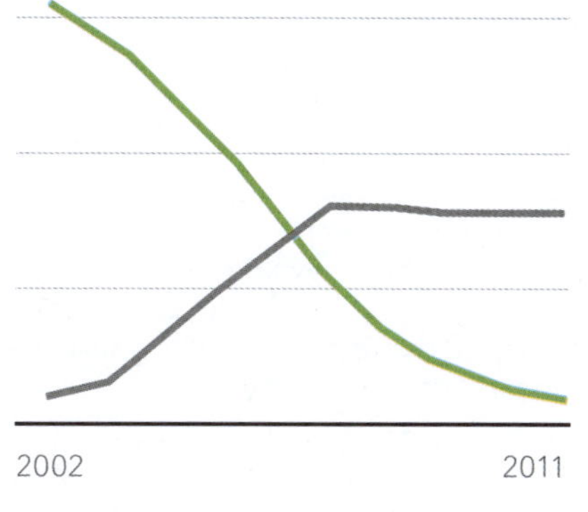

Provedores Freemium
2006 ~~ 2019

Spotify

Em 2006, o Spotify lança um serviço de música online gratuito para competir com a pirataria. Sua principal fonte de receita vem dos usuários que estão atualizando para uma assinatura premium.

O Spotify é uma plataforma de streaming de música que dá aos usuários acesso a um grande catálogo. Usa um modelo de receita freemium que oferece um serviço básico, limitado e suportado por anúncios e um premium ilimitado por uma taxa de assinatura.

O Spotify depende dos algoritmos de música e da comunidade de usuários e artistas para manter a boa experiência premium. Sua base de assinantes premium cresceu de 10% do total de usuários em 2011 para 46% em 2018.[80]

Desde o início, o Spotify se considerou uma alternativa legal à música pirateada e à compra de músicas no iTunes. Ele paga uma parcela significativa da receita na forma de royalties às gravadoras. Pagou quase US$10 bilhões em royalties desde o seu lançamento em 2006.[81]

A empresa acelerou a mudança do download de músicas para o streaming e causou a disrupção do Apple iTunes no processo.

Pela primeira vez na história da empresa, o Spotify obteve lucro em 2019.[82]

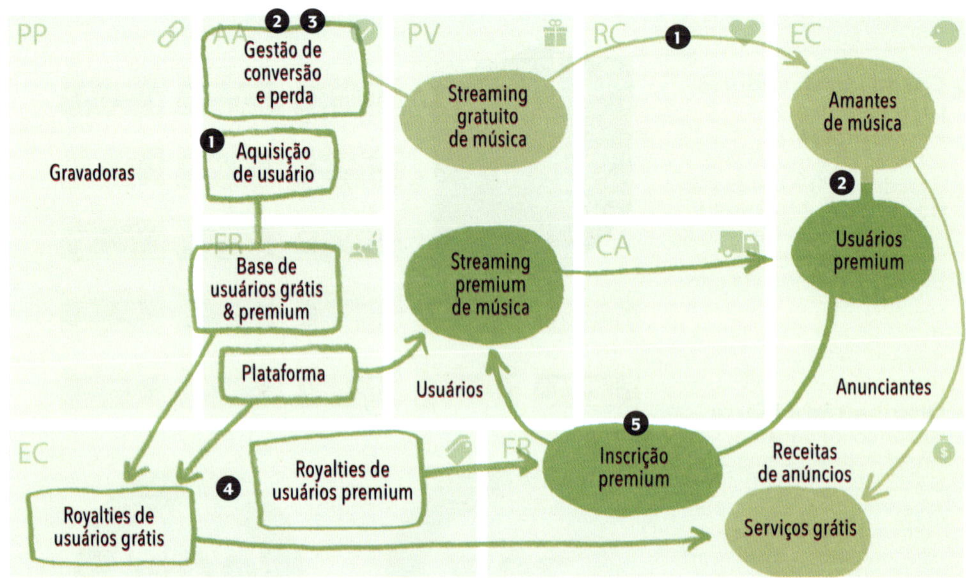

1. Atrai Muitos Usuários com um Serviço Gratuito

O serviço gratuito de streaming de música do Spotify fornece acesso a um catálogo. O serviço gratuito possui funcionalidade básica e os usuários precisam ouvir anúncios que subsidiam parcialmente o serviço gratuito.

2. Converte Usuários Grátis em uma Proposta de Valor Premium

O Spotify foi extremamente bem-sucedido ao converter usuários gratuitos em usuários pagos. Seu serviço premium possui recursos adicionais e remove a publicidade. Em 2018, 46% dos usuários do Spotify são premium, que geram 90% da receita total.

3. Retenção e Perda

Como em todo modelo de assinatura, o valor da vida útil do usuário (LTV) – quanto o Spotify ganha de um usuário com o tempo – aumenta com sua retenção. Isso se chama gestão de perda de clientes. No primeiro semestre de 2019, a taxa de perda de assinantes premium do Spotify caiu para 4,6%, um recorde.[83]

4. Equilibra o Freemium e o Premium

O Spotify paga gravadoras perto de 52% da receita gerada por cada fluxo. Mais de 85% das músicas transmitidas pelo Spotify pertencem a quatro gravadoras: Sony, Universal, Warner e Merlin. Em 2018, o Spotify pagou €3,5 bilhões em royalties para usuários premium e €0,5 bilhão para gratuitos, 74% dos custos gerais.[84]

5. Financia Tudo com o Fluxo de Receita Premium

A particularidade do modelo freemium é precisar cobrir os custos de usuários gratuitos e pagantes. A base de usuários do Spotify passou 248 milhões em 2019, pelos quais precisa pagar royalties. Deles, 54% consomem música (limitada) gratuitamente.[85]

nº 1

aplicativo de streaming de música mais baixado

nos EUA na App Store em 2018.[86]

Transmissão sob demanda nos EUA[87]
Em bilhões

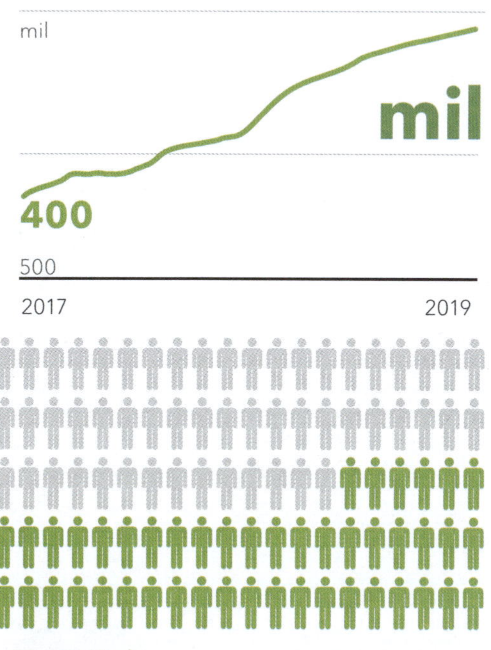

46%

taxa de conversão para serviços pagos

em comparação com 30% no Slack, 4% no Evernote, 4% no Dropbox e 0,5% no Google Drive.[88]

Subsidiários
2017 ~~~ 2019

Fortnite

Em 2017, a Epic Games lança *Fortnite: Battle Royale*, um jogo online totalmente gratuito e multiplataforma, subsidiado por compras de produtos digitais no aplicativo.

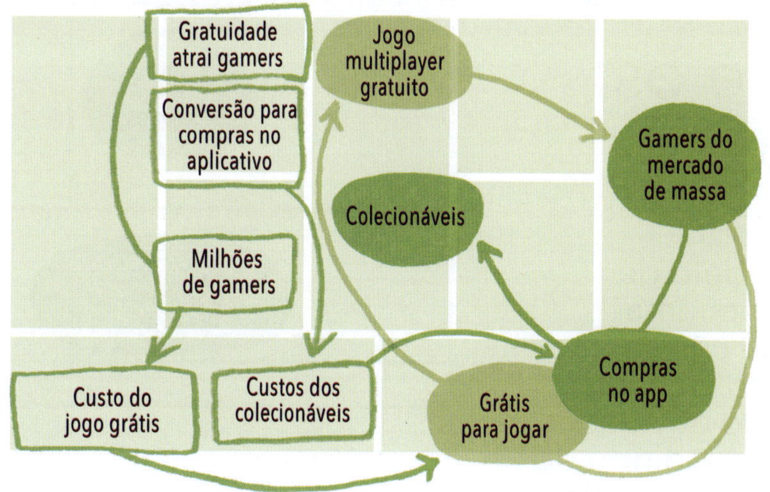

Fortnite: Battle Royale tornou-se um fenômeno cultural após o lançamento. É um jogo multiplayer gratuito, no qual centenas de jogadores lutam até a morte em uma ilha.

A Epic Games monetiza com compras no app, permitindo que os jogadores comprem itens colecionáveis, como figurinos ou movimentos de dança, mas sem vantagem estratégica para avançar no jogo. O *Fortnite* foi lançado como versão paga por US$40 em julho de 2017, antes de mudar para a versão gratuita subsidiada por compras no app.[89]

Festivais
Os festivais costumam usar a mecânica subsidiária. Para alguns festivais, a venda de alimentos e bebidas subsidia a entrada gratuita. Em outros casos, um festival pago pode subsidiar um gratuito, como o Montreux Jazz Festival na Suíça.

Diferenciadores de Custos

Detone os Custos

198 Crie um modelo de negócios com uma estrutura de custos que mude o jogo, não só simplificando atividades e recursos, mas agindo de formas novas e disruptivas.

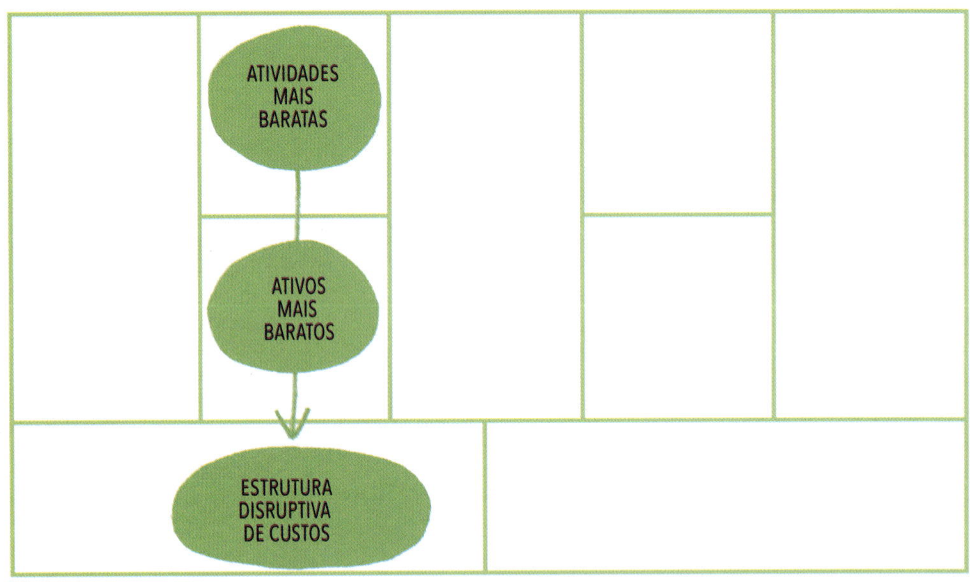

PERGUNTA GATILHO
Podemos mudar significativamente a estrutura de custos, criando e entregando valor com recursos e atividades diferentes e configurados de maneira diferente?

Pergunta de Avaliação
Nossa estrutura de custos é convencional ou disruptiva?

Temos uma estrutura de custos convencional que tem desempenho semelhante ou pior do que empresas similares (pior por um fator de dois).

Temos uma estrutura de custos disruptiva que muda o jogo, com desempenho diferente e substancialmente melhor do que empresas similares (melhor por um fator de dois).

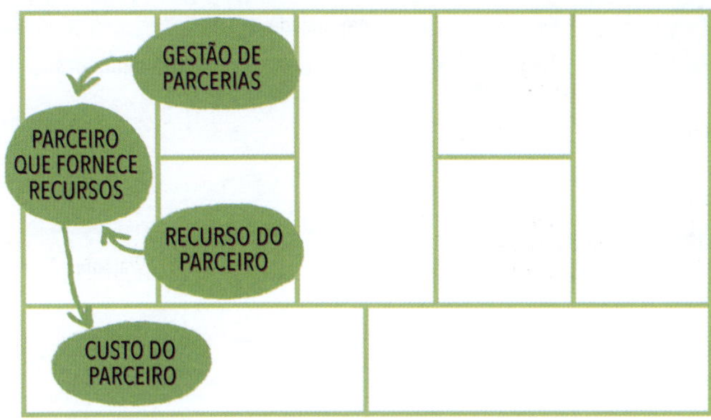

Trapaceiros de Recursos - Elimine os recursos mais caros e de capital intensivo do modelo de negócios e crie uma estrutura de custos que mude o jogo.

Exemplos
Airbnb, Uber, Bharti Airtel

PERGUNTA GATILHO
Como criar um modelo de negócios com poucos recursos e nos livrar dos recursos mais dispendiosos e com maior consumo de capital?

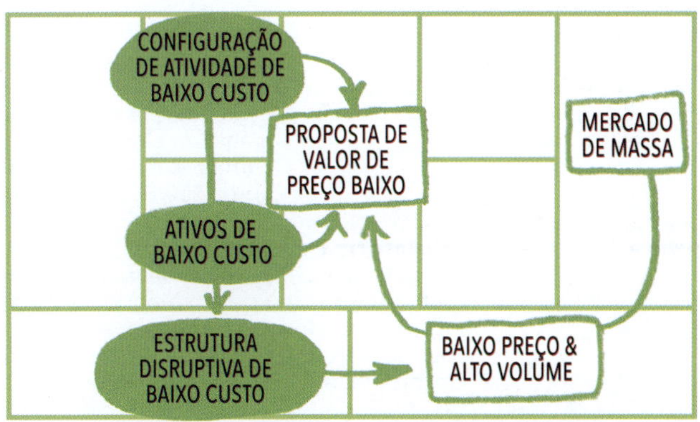

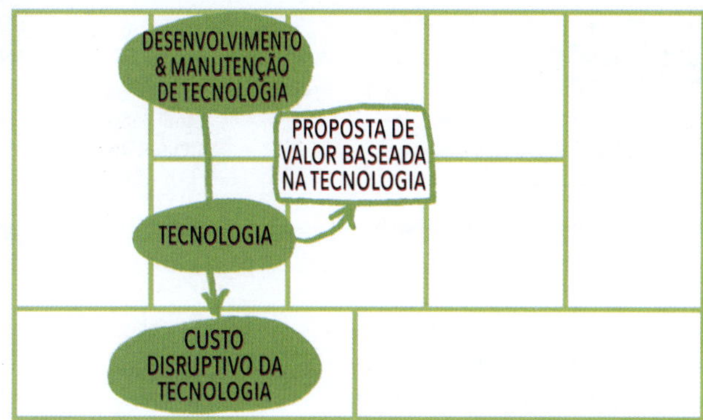

Tecnólogos - Use a tecnologia de maneiras radicalmente novas para criar uma estrutura de custos que mude o jogo.

Exemplos
WhatsApp, Skype

PERGUNTA GATILHO
Como usar a tecnologia para substituir atividades e recursos para criar uma estrutura de custos que mude o jogo?

Baixos Custos - Combine atividades, recursos e parceiros de maneiras radicalmente novas para criar uma estrutura de custos que muda o jogo com preços disruptivamente baixos.

Exemplos
easyJet, Ryanair, Trader Joe's

PERGUNTA GATILHO
Como recombinar radicalmente atividades, recursos e parceiros para reduzir significativamente os custos e os preços?

Trapaceiros de Recursos
2008 ~~ 2019

Airbnb

Em 2008, o Airbnb lança uma plataforma que parece uma cadeia de hotéis, mas não possui propriedades. Conecta viajantes a proprietários de ativos vagos.

O Airbnb foi fundado em 2008 como mercado online para conectar viajantes que procuram um local para ficar a anfitriões com espaço para alugar. O Airbnb é um intermediário, combinando esses dois segmentos de clientes.

A empresa possui uma estrutura de custos mais leve que a das redes de hotéis com as quais compete, porque não possui nenhum dos quartos do site, nem gere uma grande equipe hoteleira. Os principais custos do Airbnb são gestão e marketing de plataforma, o que explica como cresceu tão rapidamente.

O sucesso de seu modelo de negócios se baseia em uma estrutura de custos com recursos leves. Ela achou uma maneira inovadora de fazer parceria com proprietários de ativos vagos e ajudá-los a monetizar tais ativos por meio da plataforma.

O Airbnb difere de outros sites similares, como o booking.com ou o hotels.com, pois os viajantes associam as propriedades e os quartos listados à marca Airbnb como se fosse uma cadeia de hotéis tradicional.

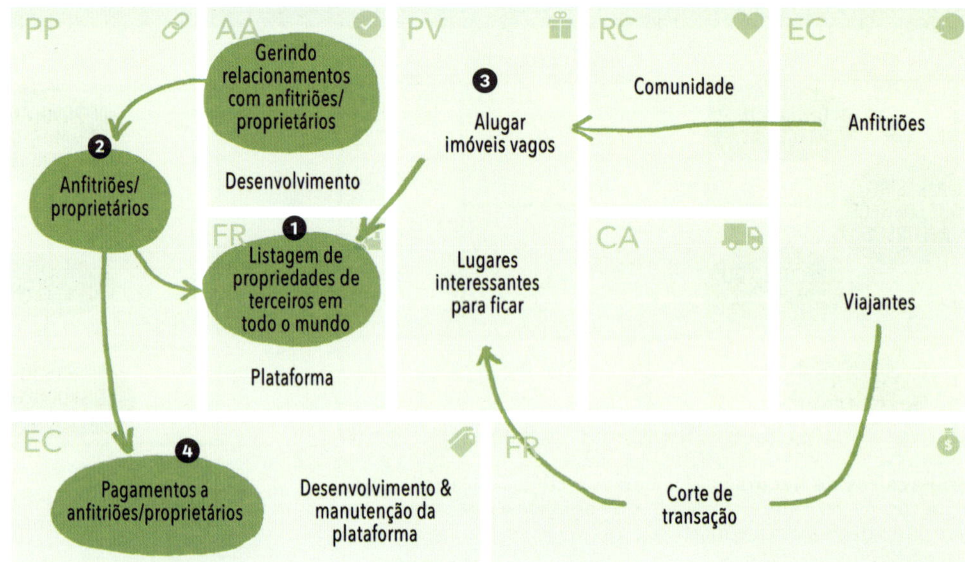

1. Identifica o Recurso Mais Caro em Seu Modelo ou Setor

Os elementos mais caros do setor hoteleiro são as propriedades, a manutenção, a equipe e os serviços. Além disso, quando os quartos não são alugados em uma determinada noite, o custo é irrecuperável. O setor hoteleiro consome muito capital.

2. Identifica Proprietários que Podem Fornecer o Recurso Necessário

O Airbnb reconhece que muitos proprietários têm ativos ociosos (quartos não utilizados, apartamentos, casas de praia etc.) cujo aluguel contínuo por curtos períodos de tempo são relativamente difíceis.

3. Desenvolve uma Proposta Inovadora para Adquirir Recursos de Parceiros

O Airbnb oferece aos proprietários a oportunidade de se tornarem anfitriões para gerar renda extra (média de US$924/mês em 2017).[90] O Airbnb fornece acesso a um conjunto de viajantes por meio da plataforma e alivia uma das maiores dores dos proprietários.

4. Compete em uma Nova Estrutura de Custos

O Airbnb compete com uma estrutura de custos muito mais leve que a dos hotéis, porque não possui hotéis nem emprega funcionários de limpeza ou serviços. Os custos operacionais são gestão de plataforma, marketing e promoção e outras atividades de suporte a anfitriões e viajantes.

+ Plataforma de Mão Dupla

Para que o Airbnb seja atraente para os anfitriões, precisa de um grande conjunto de viajantes. O desenvolvimento desse "outro lado de sua plataforma" é um fator-chave de sucesso na proposta de valor para os anfitriões.

+ **Lovemark**
O Airbnb desenvolveu uma marca muito forte para esse tipo específico de experiência de viagem. Mudou normas e hábitos sociais. Embora seja comum agora, em 2008 era inédito você estar disposto a dormir na casa de um estranho.

+ **A importância da comunidade e da economia compartilhada**
A fim de construir uma comunidade global do Airbnb, a empresa promove a conexão de anfitriões e viajantes em um nível mais pessoal do que o que experimentariam em um hotel. Esse tipo de conectividade gera a economia de compartilhamento, também conhecida como consumo colaborativo.

7 milhões de listagens globais

O Airbnb contava com 7 milhões de listagens ativas globais em sua plataforma no início de 2019, mais quartos do que dos 5 principais hotéis combinados.[91]

2 milhões+

Número médio de pessoas que ficaram em um Airbnb por noite em 2019.[91]

Zero

O número de propriedades do Airbnb

Compartilhamento de Viajantes Usando o Airbnb[92]
Porcentagem de viajantes a lazer e negócios nos EUA e na Europa

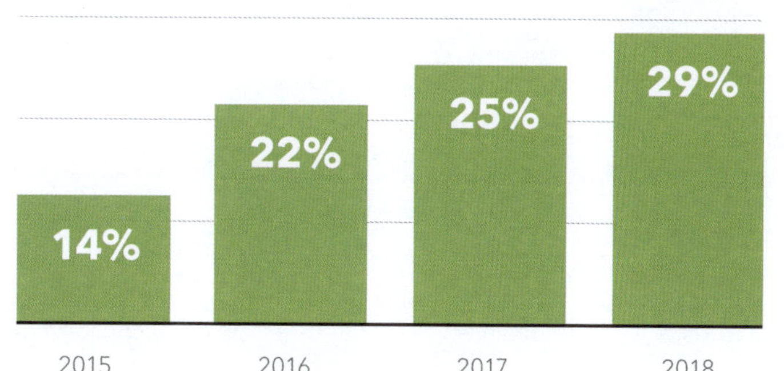

Porcentagem de gastos do cliente dos EUA no Airbnb em 2018 com hospedagem.[93]

Tecnólogos
2009 ~~~ 2014

WhatsApp

Em 2009, o WhatsApp lança um serviço de mensagens gratuitas independente de dispositivo e uma plataforma que causa a disrupção de SMS e mensagens gratuitas do PC.

O WhatsApp, em 2009, era um app de atualização de status, antes de se tornar um serviço de mensagens gratuito e ilimitado. A empresa dirigiu-se a qualquer pessoa com um smartphone e uma conexão à internet, independentemente do dispositivo e localização.

Quando foi lançado, fez a disrupção de um mercado de mensagens muito competitivo. As mensagens de texto eram dominadas por serviços de SMS das operadoras e mensagens gratuitas para desktops, como o Yahoo! Messenger, MSN Messenger e Skype.

O WhatsApp usou o software e a internet para externalizar os custos de hardware e infraestrutura proprietária que as operadoras suportam para oferecer SMS. Isso permitiu que se beneficiasse do crescimento de usuários de smartphones no mundo, operasse com uma estrutura de custos menor e repassasse as economias de custo aos usuários na forma de serviço gratuito. Em fevereiro de 2013, o WhatsApp atendia 200 milhões de usuários só com 50 funcionários. Em dezembro daquele ano, contava com 400 milhões de usuários.[94, 95]

Em 2014, o Facebook adquiriu o WhatsApp por mais de US$19 bilhões.[96]

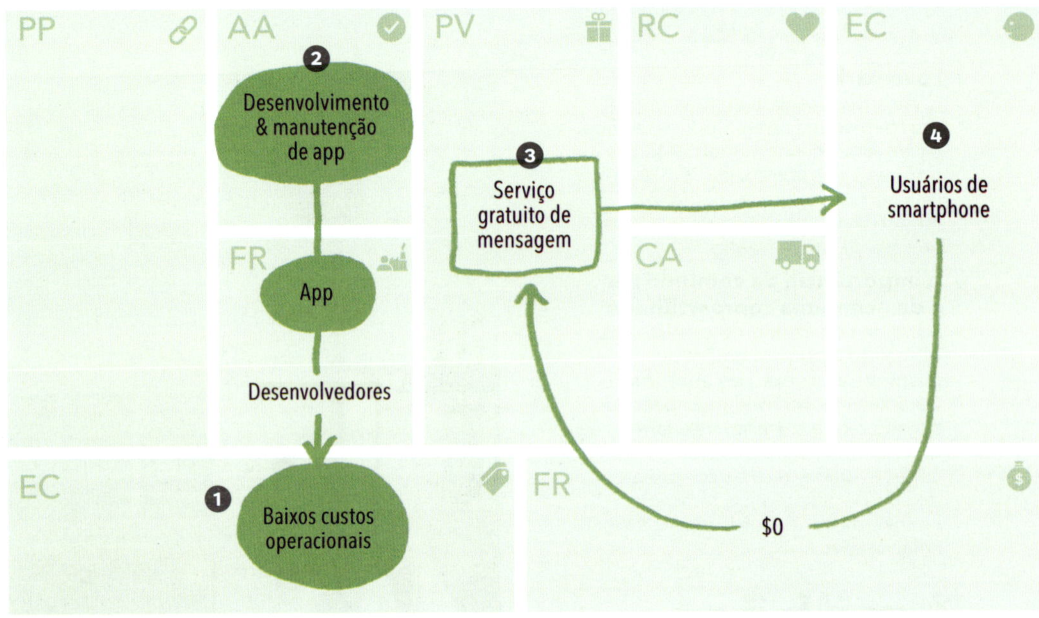

1. Identifica Receitas e Estrutura de Custos para Causar Disrupção com Tecnologia

As operadoras de telecomunicações cobram uma margem estimada em 6.000% pelos SMS. O WhatsApp causa a disrupção desse fluxo de receita com um serviço gratuito.[97]

2. Cria a Tecnologia

No início de 2009, Jan Koum elaborou um novo tipo de app de mensagens para iPhone baseado na internet. Diferentemente dos SMS, que usam a rede das operadoras, o WhatsApp pega carona na conexão do smartphone de um usuário para entregar mensagens gratuitamente.

3. Altera Radicalmente a Estrutura de Custos

O WhatsApp não incorre em custos pelas mensagens trocadas. Seus principais custos estão no desenvolvimento de software, não na infraestrutura. Com poucos desenvolvedores, atende milhares de usuários e causa uma disrupção de bilhões em receitas lucrativas de SMS no processo.

4. Colhe os Benefícios

O WhatsApp cresce a uma velocidade impressionante, sem precisar aumentar significativamente a estrutura de custos. Em dezembro de 2013, afirma ter alcançado 400 milhões de usuários ativos com apenas 35 engenheiros.

+ Crescimento dos Smartphones

O WhatsApp se concentra nos dispositivos móveis e se beneficia do rápido crescimento do mercado de smartphones. Expande-se para várias plataformas e dispositivos, mas, diferentemente dos concorrentes gratuitos de mensagens de desktop (como Yahoo! Messenger, MSN Messenger e Skype), o foco permanece móvel.

Usuários Ativos no Mês
Em milhões

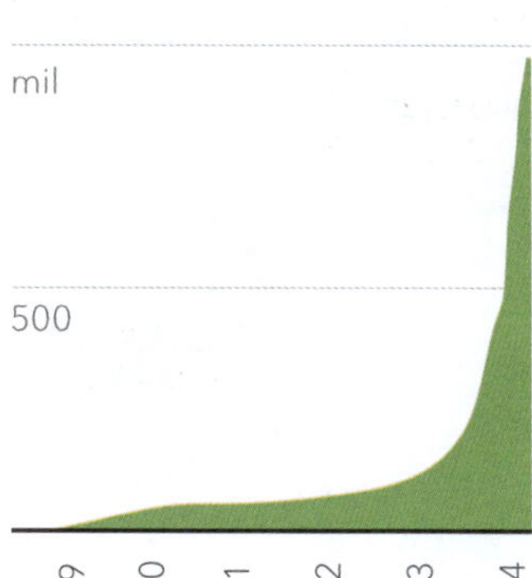

1,5 bilhão de usuários globais em 2019.[98]

65 bilhões de mensagens enviadas por dia em 2018.[99]

Volume de Mensagens Móveis nos EUA[99]
Em bilhões

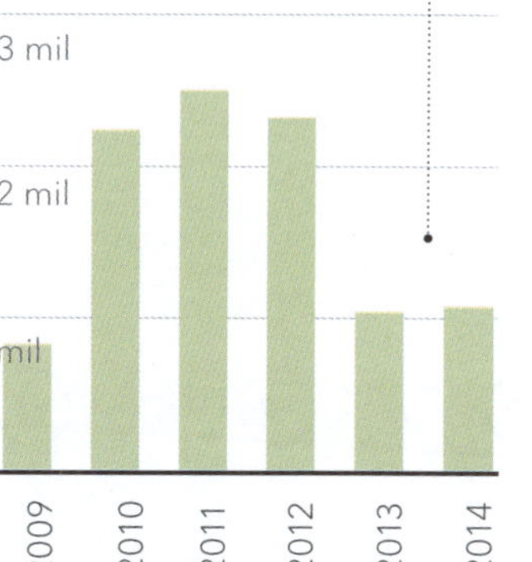

US$34 bilhões de receita perdida de SMS pelas operadoras devido a apps de chat como o WhatsApp, em 2013.[100]

US$19 bilhões Valor pago pelo Facebook para adquirir o WhatsApp em fevereiro de 2014, cinco anos após o lançamento.

Baixo Custo
1995 ~~~ 2002

easyJet

Em 1995, a easyJet causa a disrupção das viagens europeias com uma experiência de viagem aérea barata e sem frescuras.

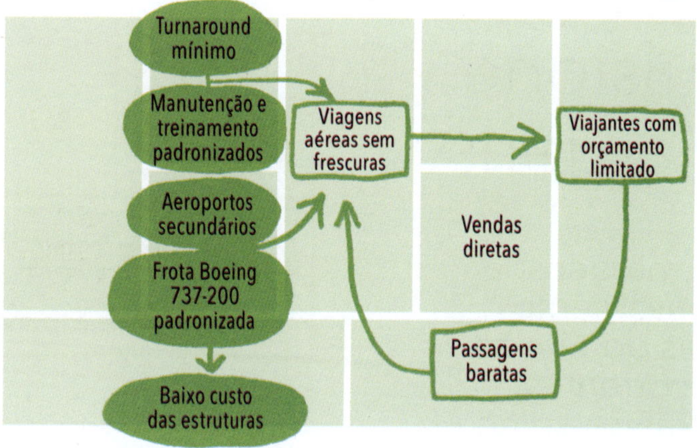

A easyJet foi lançada em 1995, popularizando o modelo de transportadora de baixo custo no mercado europeu. O modelo de negócios da easyJet aplicava o seguinte modelo de baixo custo até sua diversificação, em 2002:

- Experiência aérea simples para viajantes com orçamento limitado.
- **Aeroportos secundários:** Muitas vezes pousam em aeroportos secundários que cobram taxas mais baixas.
- **Padronização de frota:** Um modelo de aeronave com configuração simples de cabine para reduzir os custos de manutenção e treinamento.
- **Turnarounds mínimos:** Minimizar o tempo em que as aeronaves estão no solo sem gerar receita.
- **Vendas diretas:** A clientes para contornar as taxas dos agentes de viagens.

Mestres de Margem

Impulsione as Margens

Alcance margens significativamente mais altas do que as dos concorrentes, concentrando-se no que os clientes, em sua maioria, estão dispostos a pagar, mantendo a estrutura de custos sob controle. Priorize a lucratividade sobre a participação de mercado.

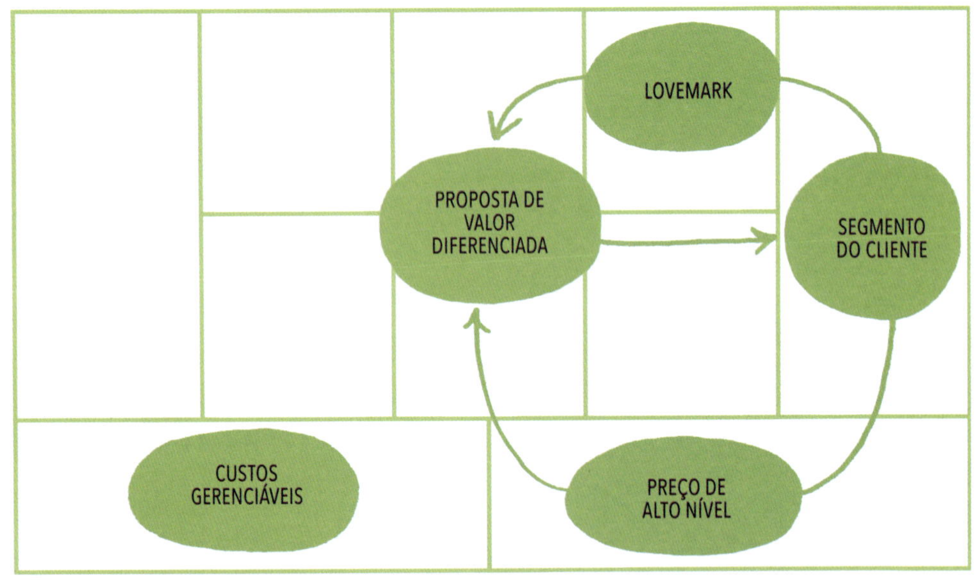

PERGUNTA GATILHO

Como encontrar maneiras inovadoras de eliminar os aspectos mais caros do modelo de negócios, focando o valor mais importante para os clientes, pelo qual estão dispostos a pagar um preço alto?

Pergunta de Avaliação

Temos fortes margens de custos baixos e preços altos?

Temos margens muito reduzidas devido à estrutura de custos e ao baixo poder de precificação (por exemplo, temos um desempenho pior do que as empresas similares em pelo menos 50%).

Temos margens muito fortes de uma gestão otimizada de custos e um forte poder de precificação (por exemplo, temos um desempenho melhor do que empresas similares em pelo menos 50%).

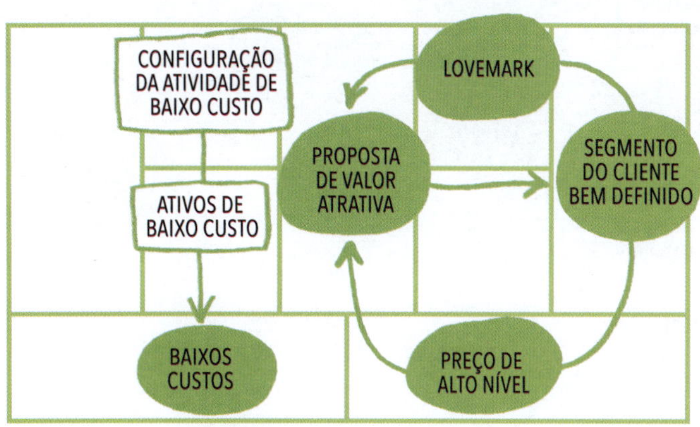

Contrários - Reduza os custos enquanto aumenta o valor. Elimine os recursos, atividades e parceiros mais caros do modelo de negócios, mesmo que isso signifique limitar a proposta de valor. Compense concentrando-se nos recursos da proposta de valor que um segmento de clientes bem definido ama e pelos quais está disposto a pagar, mas cujo fornecimento é relativamente barato.

EXEMPLOS
CitizenM, Cirque de Soleil, Nintendo Wii

PERGUNTA GATILHO
Quais elementos caros do modelo de negócios e da proposta de valor podemos eliminar e compensar com elementos extremamente valiosos, mas acessíveis?

Alto Nível - Crie produtos e serviços na ponta do espectro de mercado para uma ampla gama de clientes de ponta. Use-os para maximizar margens e evitar o tamanho pequeno e a estrutura de custos extrema de um nicho de luxo.

EXEMPLO
iPhone

PERGUNTA GATILHO
O que modificar no modelo de negócios para aumentar o valor e o preço do cliente sem aumentar substancialmente a estrutura de custos?

Contrários
2005 ~~~ 2019

citizenM

Em 2005, a citizenM lança um conceito de hotel com custos reduzidos, mas valor agregado para "cidadãos móveis".

Em 2005, os fundadores da citizenM perceberam que a indústria hoteleira moderna não havia mudado em décadas, apesar da mudança de gostos e hábitos dos viajantes do mundo.

A citizenM foca o "cidadão móvel" – a pessoa que viaja com frequência e depende da tecnologia móvel. A citizenM reconheceu que há algumas conveniências e luxos essenciais pelos quais os viajantes de todo o mundo estão dispostos a pagar, enquanto outras comodidades tradicionais nem sempre são necessárias.

Com base nessas informações, os fundadores lançaram um conceito de hotel no aeroporto de Schiphol, em Amsterdã, que minimizou custos e maximizou o valor para o cidadão móvel sem fazer com que se sentisse diminuído. A citizenM encontrou uma maneira de criar mais por menos e conseguiu manter altas margens de lucro por quarto.

Em 2019, a citizenM, de propriedade privada, operava vinte hotéis em treze cidades em três continentes, com mais dez hotéis planejados.

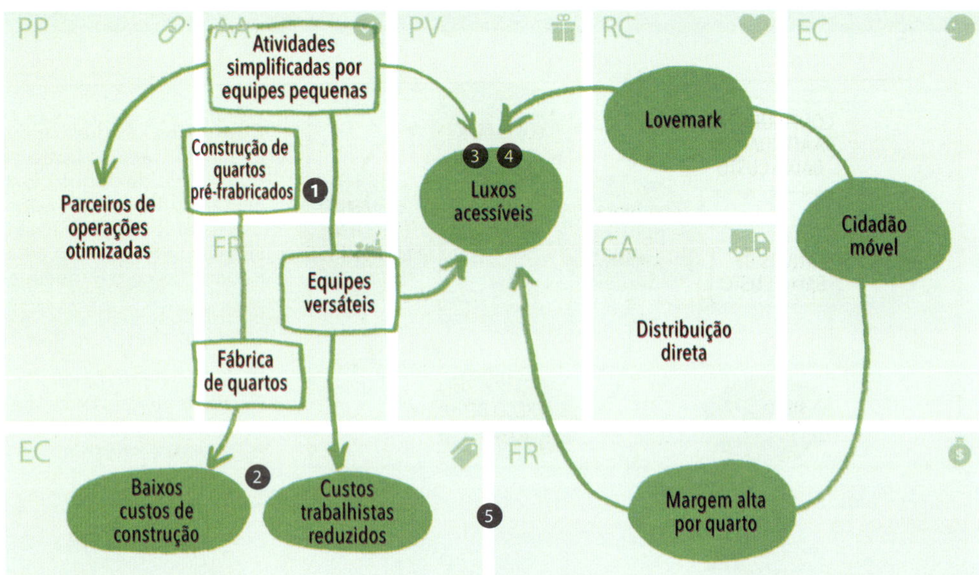

1. Elimina Elementos Caros e Desejáveis, mas Supérfluos

A citizenM é lançada em Amsterdã em 2008. Remove os elementos mais caros de um hotel sofisticado, não essenciais para os cidadãos móveis que visa: sem refeições requintadas, spa ou academia, minibar e serviço de quarto.

2. Reduz Custos sem Fazer Parecer Barato

A citizenM reduz os custos de construção e manutenção, construindo quartos de $14m^2$ padronizados em uma fábrica de quartos, empilhados como contêineres para formar o hotel.[101] Reduz os custos de RH trabalhando com equipes pequenas e multifuncionais.

3. Aumenta o Valor Relevante para os Clientes com um Baixo Custo

A citizenM se concentra no que importa para os cidadãos móveis: ótimos colchões, travesseiros e quartos à prova de som. Sua pequena equipe tem só uma tarefa: fazer os clientes felizes. O lobby é vibrante, equipado com móveis de design e comidas e bebidas 24 horas.

4. Cria Elementos que Aumentam o Valor com Menos Custos

A citizenM lança uma fábrica de quartos para alimentar a expansão de baixo custo de Amsterdã para Nova York e Taipei. Simplifica a limpeza e o enxoval com novos parceiros de operações.[102] Os quartos são equipados com Wi-Fi gratuito de banda larga e filmes sob demanda.

5. Colhe Benefícios de Criar Mais Valor com Menos Custos

A lucratividade da citizenM por metro quadrado é o dobro da de hotéis de luxo comparáveis.[103] Isso significa eliminar os elementos mais caros da indústria hoteleira, sem fazer com que pareça barato para o cliente.

+ **Otimizado para Cidadãos Móveis**
Desde o início, a citizenM otimiza a experiência de hospedagem para o cidadão móvel: viajantes que visitam uma cidade por 1 a 3 dias por causa de cultura, compras, entretenimento ou trabalho. Eles usam o hotel para dormir e perambular pela cidade. Não precisam de muitos dos serviços dos outros hotéis.

+ **Funcionários Capacitados, Forte Relação com o Cliente e Lovemark**
A citizenM contrata pessoas orientadas para o cliente e lhes dá autonomia para proporcionar uma ótima experiência ao hóspede. Tem uma das menores taxas de rotatividade de equipe do setor. Além disso, incentiva as equipes a estabelecerem uma forte relação com o cliente, a fim de estabelecer uma lovemark.

A. Construir

99%
de todo quarto é terminado na fábrica.[104]

2x mais rentável
por metro quadrado do que os hotéis de luxo comparáveis.

B. Montar

C. Usufruir

7 mil quartos em **30** hotéis em **3** continentes[105]

iPhone

Em 2007, a Apple lança o iPhone e combina um navegador da internet, um reprodutor de música e um celular em um dispositivo multitoque sofisticado sem teclado. Ela inaugura a era dos smartphones.

Em 2007, o fundador da Apple, Steve Jobs, apresentou o iPhone na convenção Macworld 2007 como um dispositivo revolucionário que "mudaria tudo". Seu preço inicial foi de US$499, e 270 mil unidades foram vendidas no primeiro fim de semana e 6 milhões no primeiro ano.[106, 107]

O iPhone, da Apple, inaugurou a era dos smartphones, o mundo da conexão móvel e constante em primeiro lugar, abrindo caminho para a tecnologia móvel dominar e reformar o cotidiano. O iPhone da Apple tem sido mais caro que os dispositivos concorrentes. No entanto, a Apple empacota continuamente novos recursos e tecnologias no iPhone para impedir que seus produtos pareçam commodity.

Apesar dos preços altos, a Apple mantém um alto grau de controle sobre os custos de produção na cadeia de suprimentos. A combinação de custos controlados, posicionamento sofisticado e inovação tecnológica contínua resultou em margens brutas de 60% a 70% nos últimos 10 anos.[108]

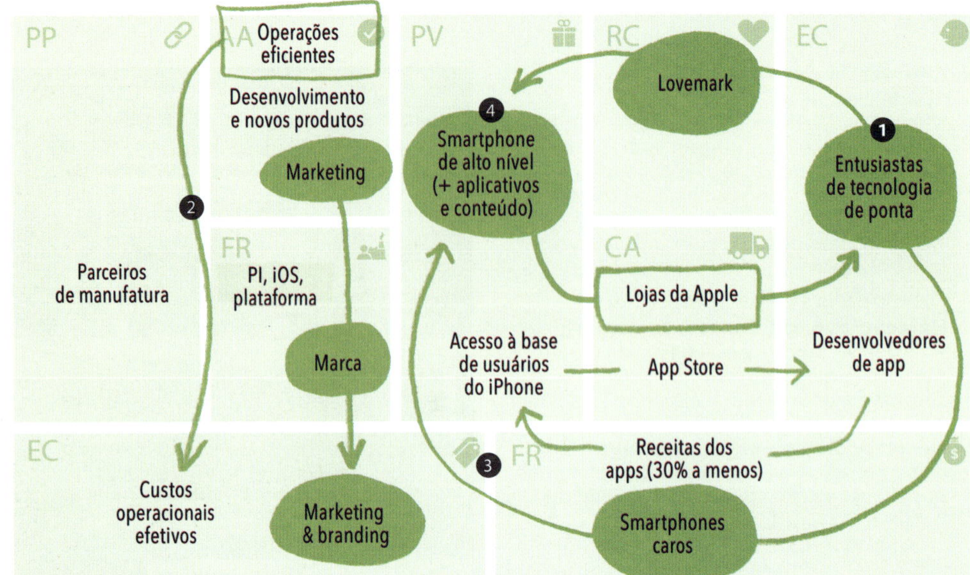

1. Agrada e Surpreende o Mercado de Ponta

A Apple posiciona o iPhone no topo do espectro, sabendo que o preço o colocará fora do alcance da maior parte do mercado. O telefone combina uma sensação de aspiração com design, tecnologia e simplicidade, e capitaliza a lovemark.

2. Controle de Custos

A Apple não fabrica o iPhone, mas mantém os custos de produção baixos, controlando a cadeia de suprimentos. Devido à popularidade do dispositivo, a Apple obriga os fornecedores a manter os custos baixos, bem como a manter a privacidade e o sigilo sobre os dispositivos.

3. Maximiza as Margens e os Lucros

As margens de lucro do iPhone permaneceram entre 60% e 70% nos últimos 10 anos. No auge, a Apple capturou 94% dos lucros da indústria de smartphones, apesar de representar apenas 14,5% das vendas.[109]

4. Reinventa e Surpreende Constantemente

Desde 2007, a Apple lançou 12 gerações de iPhones. Embora nem sempre seja a primeira a desenvolver muitas das inovações tecnológicas do iPhone, geralmente oferece o melhor: tela multitoque, câmeras duplas, Apple Pay, Siri, iMessage, FaceTime, reconhecimento facial.

+ A App Store

O iPhone foi lançado sem a App Store, que foi aberta em 2008 com 500 aplicativos. A partir de 2019, a loja apresentava mais de 1,8 milhão de aplicativos. Os aplicativos disponíveis e o número de desenvolvedores fornecem à Apple uma vantagem competitiva adicional, conforme descrito em Castelos de Recursos (p. 164).[110]

2,2
bilhões
de iPhones vendidos em novembro de 2018.[111]

60%-70%
de margem de lucro
com iPhones nos últimos dez anos.

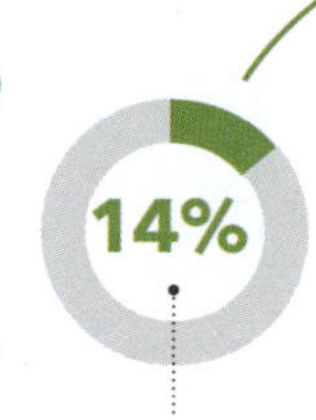

Apesar de representar apenas 14,5% de todas as vendas.

Venda total de smartphones

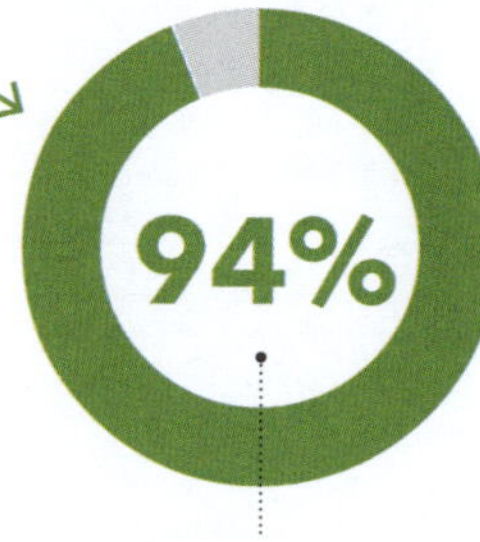

... no auge, em 2015, a Apple capturou 94% dos lucros de smartphones no setor.

Lucro total com smartphones

O Custo dos iPhones (US$)[108]

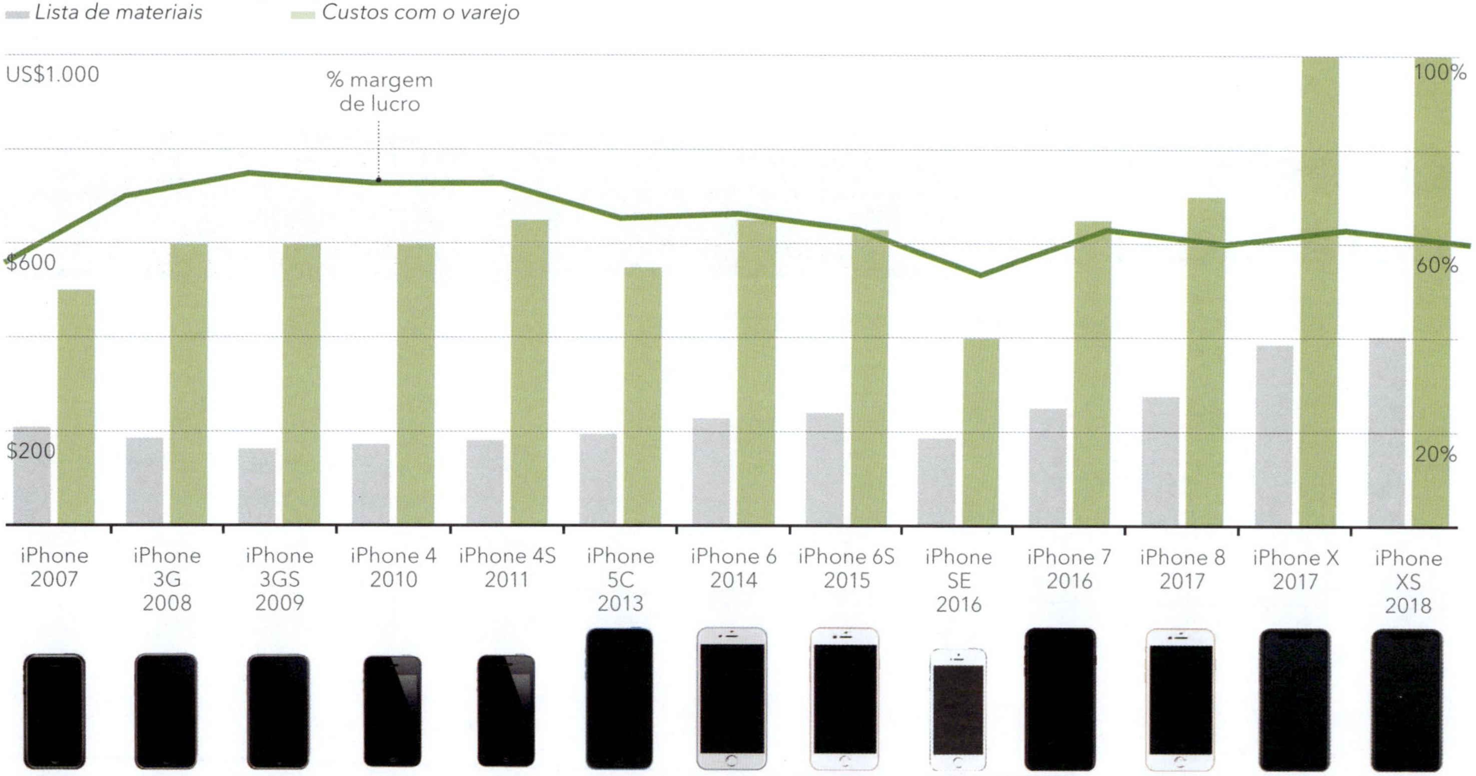

Lista de materiais *Custos com o varejo*

US$1.000
% margem de lucro
100%
$600
60%
$200
20%

iPhone 2007 | iPhone 3G 2008 | iPhone 3GS 2009 | iPhone 4 2010 | iPhone 4S 2011 | iPhone 5C 2013 | iPhone 6 2014 | iPhone 6S 2015 | iPhone SE 2016 | iPhone 7 2016 | iPhone 8 2017 | iPhone X 2017 | iPhone XS 2018

DISRUPÇÃO DA FÓRMULA DO LUCRO

Questões para Líderes

Diferenciadores de Receitas

Pergunta de Avaliação: Usamos fortes fluxos de receita e mecanismos de preços para monetizar a criação de valor para os clientes?

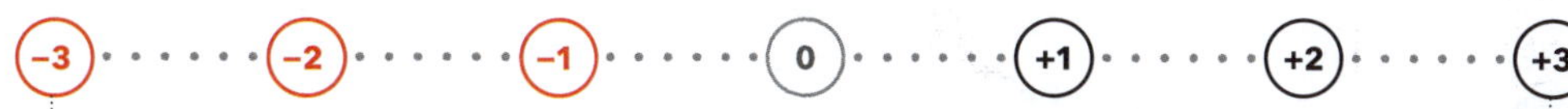

PERGUNTA GATILHO
Quais novos fluxos de receita ou mecanismos de preços podemos introduzir para capturar mais valor de nossos clientes ou desbloquear mercados não lucrativos?

Temos, principalmente, receitas imprevisíveis e transacionais que exigem custo constante de vendas.

Temos receitas previsíveis e recorrentes, nas quais uma venda gera vários anos de receita.

Diferenciadores de Custos

Pergunta de Avaliação: Nossa estrutura de custos é convencional ou disruptiva?

PERGUNTA GATILHO
Podemos mudar significativamente a estrutura de custos criando e entregando valor com recursos e atividades diferentes e configurados de uma maneira diferente?

Temos uma estrutura de custos significativamente pior do que a concorrência (pior por um fator de dois).

Temos uma estrutura de custos substancialmente melhor do que a concorrência (melhor por um fator de dois).

Mestres da Margem

Pergunta de Avaliação: Temos fortes margens de custos baixos e preços altos?

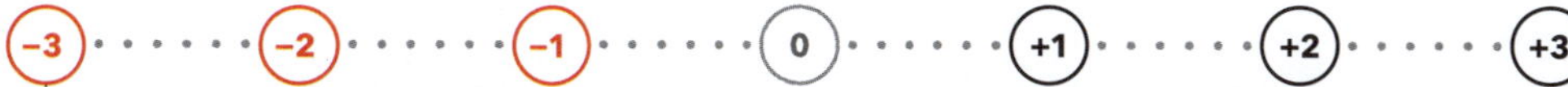

PERGUNTA GATILHO
Como encontrar maneiras inovadoras de eliminar os aspectos mais caros do modelo de negócios, focando o valor que mais importa para os clientes, pelo qual estão dispostos a pagar um preço alto?

Temos margens muito reduzidas devido à estrutura de custos e ao baixo poder de precificação (por exemplo, temos um desempenho pior do que as empresas similares em pelo menos 50%).

Temos margens muito fortes de uma gestão otimizada de custos e um forte poder de precificação (por exemplo, temos um desempenho melhor do que empresas similares em pelo menos 50%).

Questões de Avaliação para Líderes

Avalie os modelos de negócios novos e existentes com essas questões. Visualize seus pontos fortes e fracos e descubra oportunidades com a pontuação resultante. Nenhum modelo de negócios atinge uma pontuação perfeita. Basta ter consciência de onde você obtém uma boa pontuação e de onde não a obtém e constantemente usar a Pergunta Gatilho para gerar ideias em prol de melhorias.

Questões de Avaliação para Líderes

Frontstage

Exploradores do Mercado: Quão grande e atraente é o potencial de mercado inexplorado que buscamos?	–3 –2 –1 0 +1 +2 +3
Canais Líderes: Temos acesso em larga escala e, idealmente, direto ao cliente final?	–3 –2 –1 0 +1 +2 +3
Criadores de Atração: Quão fácil ou difícil é para nossos clientes saírem ou mudarem para outra empresa?	–3 –2 –1 0 +1 +2 +3

Backstage

Castelos de Recursos: Possuímos recursos-chave difíceis ou impossíveis de copiar e que nos proporcionam uma vantagem competitiva significativa?	–3 –2 –1 0 +1 +2 +3
Diferenciadores de Atividade: Criamos um valor significativo para os clientes porque realizamos e configuramos atividades de formas inovadoras e disruptivas?	–3 –2 –1 0 +1 +2 +3
Escaladores: Com que rapidez e facilidade podemos crescer o modelo de negócios sem recursos e atividades adicionais substanciais (por exemplo, construção de infraestrutura, busca de talentos)?	–3 –2 –1 0 +1 +2 +3

Fórmula do Lucro

Diferenciadores de Receitas: Usamos fortes fluxos de receita e mecanismos de preços para monetizar a criação de valor para os clientes?	–3 –2 –1 0 +1 +2 +3
Diferenciadores de Custos: Nossa estrutura de custos é convencional ou disruptiva?	–3 –2 –1 0 +1 +2 +3
Mestres de Margem: Temos fortes margens de custos baixos e preços altos?	–3 –2 –1 0 +1 +2 +3

Avaliação

CitizenM

A citizenM simplificou toda a experiência em hotel para se concentrar no que chama de cidadãos móveis, viajantes a negócios de curto prazo, a festas, a cultura ou a compras que visitam uma cidade. Realizou o feito notável de reduzir substancialmente os custos e aumentar a satisfação do cliente.

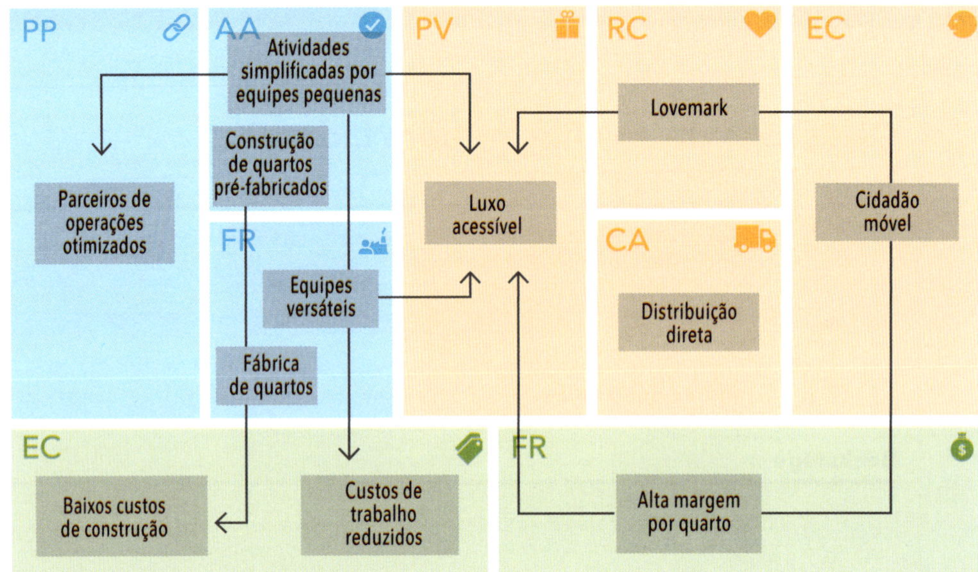

Modelo de Negócios da citizenM

Estrutura de Quatro Ações

Adaptado da Estratégia Blue Ocean

Elimina (–)
- Minibar e serviço de quarto
- Restaurante requintado, atendimento à mesa
- Classificação tradicional por estrelas
- Fitness, áreas molhadas, spa

Amplia (↗)
- Taxa de ocupação e receita por quarto
- Uso efetivo do espaço
- Foco em um segmento restrito de clientes
- Margens
- Satisfação do cliente e classificações de serviços
- Nível de padronização
- Wi-Fi de banda larga grátis e vídeo sob demanda

Reduz (↘)
- Custos de construção
- Custos de manutenção
- Custos de RH e de operações

Cria (+)
- Empodera equipes versáteis
- Novo segmento: cidadãos móveis
- Fábrica de quartos e construção pré-fabricada

Avaliação

O modelo de negócios da citizenM tem um desempenho excepcional na diferenciação de custos e na da receita, o que leva a um modelo geral com margens extremamente altas. Os pontos fracos são os baixos custos de troca de clientes do modelo de negócios e a escalabilidade lenta, devido a grandes exigências de capital e construção. Os baixos custos de troca e as altas exigências de capital significam que a citizenM precisa monitorar cuidadosamente a satisfação do cliente para manter seu modelo de negócios em forma.

Questões de Avaliação para Líderes

Frontstage

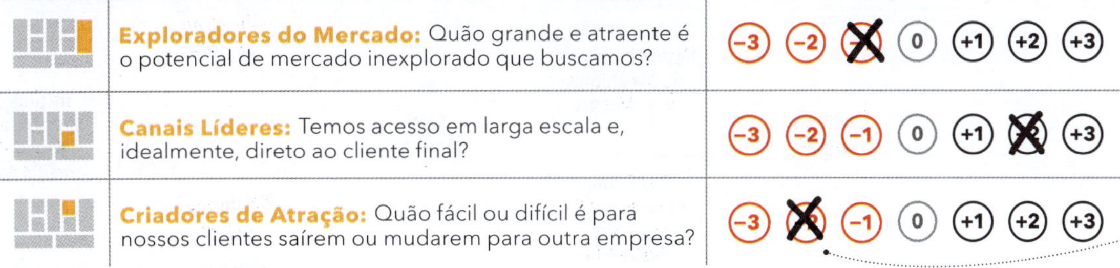

Questão	Avaliação (−3 a +3)
Exploradores do Mercado: Quão grande e atraente é o potencial de mercado inexplorado que buscamos?	−3 −2 **[X] −1** 0 +1 +2 +3
Canais Líderes: Temos acesso em larga escala e, idealmente, direto ao cliente final?	−3 −2 −1 0 +1 **[X] +2** +3
Criadores de Atração: Quão fácil ou difícil é para nossos clientes saírem ou mudarem para outra empresa?	−3 **[X] −2** −1 0 +1 +2 +3

Backstage

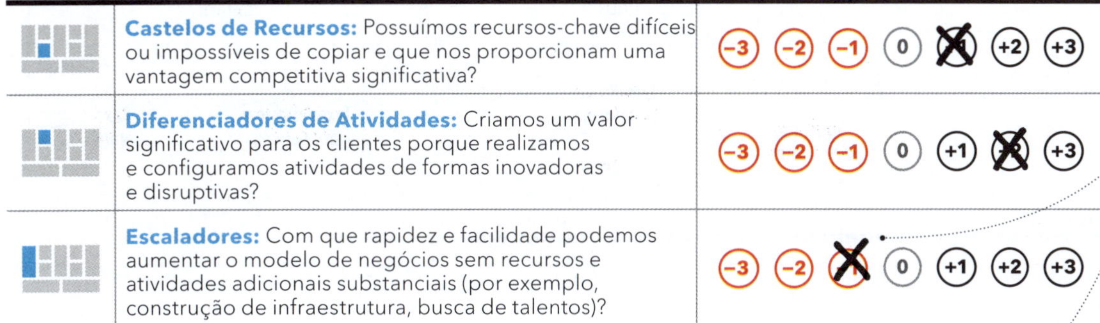

Questão	Avaliação (−3 a +3)
Castelos de Recursos: Possuímos recursos-chave difíceis ou impossíveis de copiar e que nos proporcionam uma vantagem competitiva significativa?	−3 −2 −1 0 **[X] +1** +2 +3
Diferenciadores de Atividades: Criamos um valor significativo para os clientes porque realizamos e configuramos atividades de formas inovadoras e disruptivas?	−3 −2 −1 0 +1 **[X] +2** +3
Escaladores: Com que rapidez e facilidade podemos aumentar o modelo de negócios sem recursos e atividades adicionais substanciais (por exemplo, construção de infraestrutura, busca de talentos)?	−3 −2 **[X] −1** 0 +1 +2 +3

Fórmula do Lucro

Questão	Avaliação (−3 a +3)
Diferenciadores de Receitas: Usamos fortes fluxos de receita e mecanismos de preços para monetizar a criação de valor para os clientes?	−3 −2 −1 0 **[X] +1** +2 +3
Diferenciadores de Custos: Nossa estrutura de custos é convencional ou disruptiva?	−3 −2 −1 0 +1 +2 **[X] +3**
Mestres de Margem: Temos fortes margens de custos baixos e preços altos?	−3 −2 −1 0 +1 +2 **[X] +3**

A citizenM tem um desempenho ruim na retenção de clientes. Pouco os impede de mudar para outra cadeia de hotéis. O investimento em lotes urbanos de hotéis e custos de construção tornam a escalabilidade do modelo de negócios relativamente difícil.

A alta taxa de ocupação do citizenM e o uso efetivo do espaço levam a maiores receitas por quarto e metro quadrado do que as de seus concorrentes.[112]

Devido à configuração inovadora da atividade e um nível de padronização extremamente alto, o citizenM consegue manter os custos de construção e manutenção relativamente baixos.[113] Uma equipe pequena, empoderada e versátil magicamente mantém o custo de RH baixo, apesar das altas notas de avaliação do serviço ao consumidor.[114]

A combinação de custos mais baixos e receitas mais altas por quarto leva a um nível de margem inédito no setor hoteleiro.

OneConnect

Em 2015, o conglomerado de serviços financeiros Ping An lança o OneConnect para vender a tecnologia usada internamente para outras instituições financeiras.

O OneConnect é uma subsidiária do maior conglomerado bancário e de seguros da China. O OneConnect foi lançado como startup interna para comercializar soluções de ponta em tecnologia financeira de ponta a ponta para pequenas e médias instituições. Em 30 de junho de 2019, atendia mais de 600 bancos e 80 companhias de seguros na China.[115]

A tecnologia e a plataforma que o OneConnect vende para os clientes foram desenvolvidas para uso interno da PingAn. O OneConnect orgulha-se de ser líder do setor em termos de capacidade técnica, com foco na preparação dos clientes para a transformação digital subsequente no setor financeiro. As soluções variam de verificações de crédito e transações interbancárias a serviços biométricos, vendas de produtos e apps bancários de varejo móvel.

Após um lançamento bem-sucedido na China, em 2018, o OneConnect estabeleceu subsidiárias em Hong Kong, Singapura e Indonésia para atender instituições locais. O OneConnect[116] também faz parceria com outras instituições de fintech para oferecer seu SaaS (software-as-a-service) ao mercado global.[117]

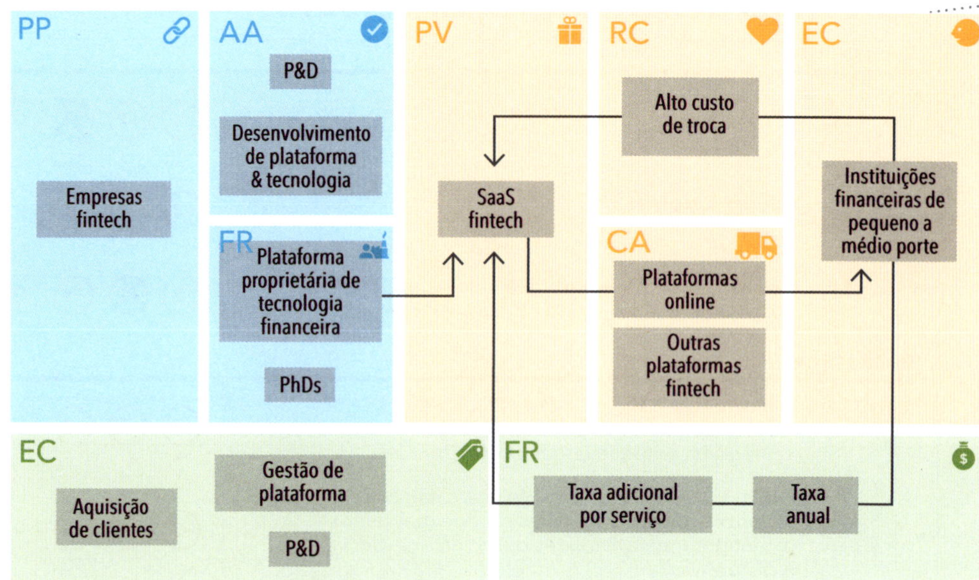

Modelo de Negócios do OneConnect

Avaliação

O OneConnect criou um poderoso modelo de negócios SaaS com bom desempenho em várias dimensões. Os investimentos substanciais na contratação de desenvolvedores de primeira linha, na realização de P&D de fintech e na construção e manutenção de sua plataforma são compensados por retenção do cliente, escalabilidade de serviços, receitas recorrentes e forte proteção do modelo de negócios.

Questões de Avaliação para Líderes

Frontstage

	Questão	Avaliação (−3 a +3)
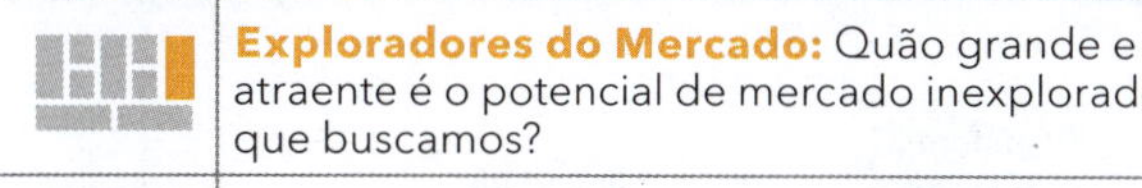 	**Exploradores do Mercado:** Quão grande e atraente é o potencial de mercado inexplorado que buscamos?	−3 −2 −1 [0 marcado] +1 +2 +3
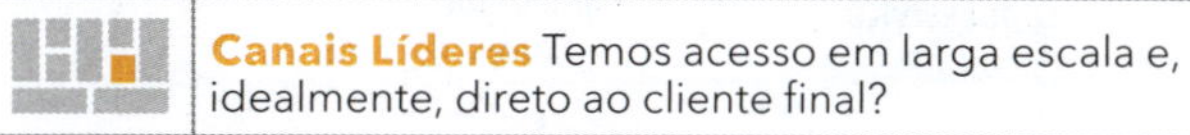 	**Canais Líderes** Temos acesso em larga escala e, idealmente, direto ao cliente final?	−3 −2 −1 0 +1 [+2 marcado] +3
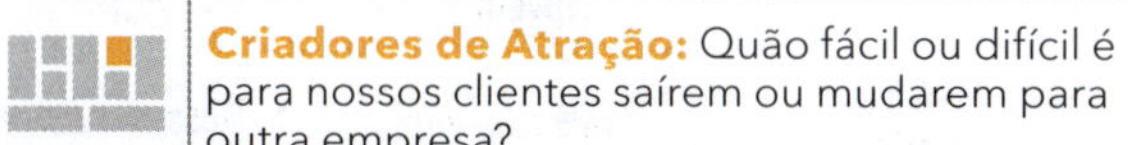   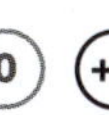 	**Criadores de Atração:** Quão fácil ou difícil é para nossos clientes saírem ou mudarem para outra empresa?	−3 −2 −1 0 +1 +2 [+3 marcado]

Backstage

	Questão	Avaliação (−3 a +3)
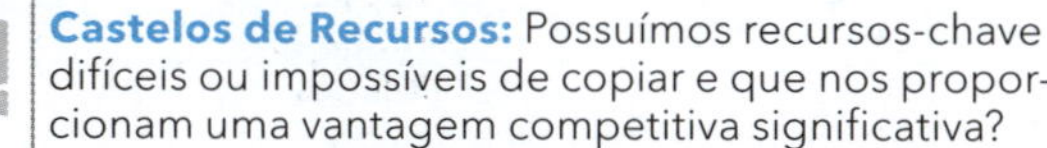     	**Castelos de Recursos:** Possuímos recursos-chave difíceis ou impossíveis de copiar e que nos proporcionam uma vantagem competitiva significativa?	−3 −2 −1 0 +1 +2 [+3 marcado]
     	**Diferenciadores de Atividades:** Criamos um valor significativo para os clientes porque realizamos e configuramos atividades de formas inovadoras e disruptivas?	−3 −2 −1 0 +1 [+2 marcado] +3
    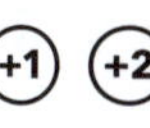	**Escaladores:** Com que rapidez e facilidade podemos aumentar o modelo de negócios sem recursos e atividades adicionais substanciais (por exemplo, construção de infraestrutura, busca de talentos)?	−3 −2 −1 0 +1 +2 [+3 marcado]

Fórmula do Lucro

	Questão	Avaliação (−3 a +3)
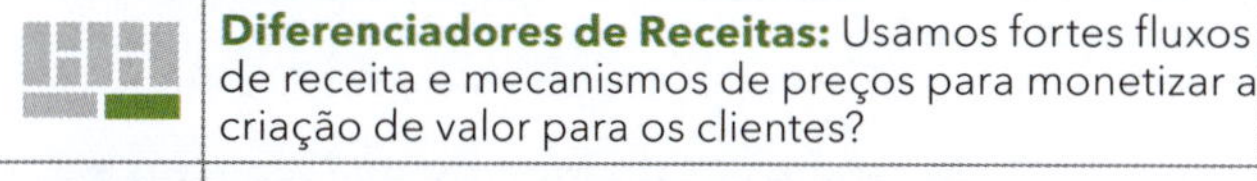 	**Diferenciadores de Receitas:** Usamos fortes fluxos de receita e mecanismos de preços para monetizar a criação de valor para os clientes?	−3 −2 −1 0 +1 [+2 marcado] +3
    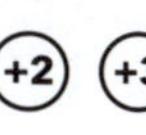	**Diferenciadores de Custos:** Nossa estrutura de custos é convencional ou disruptiva?	−3 −2 −1 [0 marcado] +1 +2 +3
     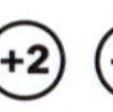	**Mestres de Margem:** Temos fortes margens de custos baixos e preços altos?	−3 −2 −1 [0 marcado] +1 +2 +3

As instituições financeiras que adotam a plataforma OneConnect incorrem em custos de troca significativos se saírem. Mudar para outra plataforma pode criar um tempo de inatividade substancial e custos de retreinamento para os clientes.[118] Como em qualquer SaaS, a retenção de fornecedores é substancial. No setor financeiro, é ainda maior devido à segurança, à confidencialidade de dados e à regulamentação.

A tecnologia proprietária do OneConnect é difícil de copiar e constantemente inovada. A plataforma foi criada para o Ping An antes que a organização decidisse aproveitá-la para clientes externos por meio de seus serviços. Essa expansão permitiu ao OneConnect investir em PI e infraestrutura avançadas, porque seus investimentos atendem a centenas de instituições financeiras, incluindo a proprietária, Ping An.

A empresa emprega legiões de cientistas de dados e detém milhares de patentes. Constantemente desenvolve e atualiza sua tecnologia e plataforma para ficar à frente da curva. O OneConnect possui um dos sistemas de identificação biométrica mais precisos do mundo, com 99,8% de precisão.[119]

O modelo SaaS requer investimentos iniciais substanciais para implementar a plataforma. No entanto, após essa fase inicial, o OneConnect pode se expandir para novos territórios com investimentos relativamente baixos. As centenas de produtos do OneConnect podem ser implantadas em qualquer lugar do mundo.[120]

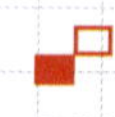

Questões de Avaliação

Salesforce

Em 1999, a Salesforce.com causa a disrupção na gestão do relacionamento com clientes (CRM), oferecendo CRM como serviço pela internet. Abre um novo mercado e fortalece constantemente seu modelo de negócios com inovações.

A Salesforce.com foi fundada em 1999 com o objetivo de "tornar o software corporativo tão fácil de usar quanto um site como o Amazon.com". A Salesforce foi pioneira no software como serviço (SaaS) para ferramentas de gestão de relacionamento com clientes. A empresa não parou por aí e aprimorou constantemente seus serviços e modelo de negócios. Distinguimos entre duas fases não exaustivas do modelo de negócios: o modelo inicial de negócios de 1999 e as extensões iniciadas em 2005.

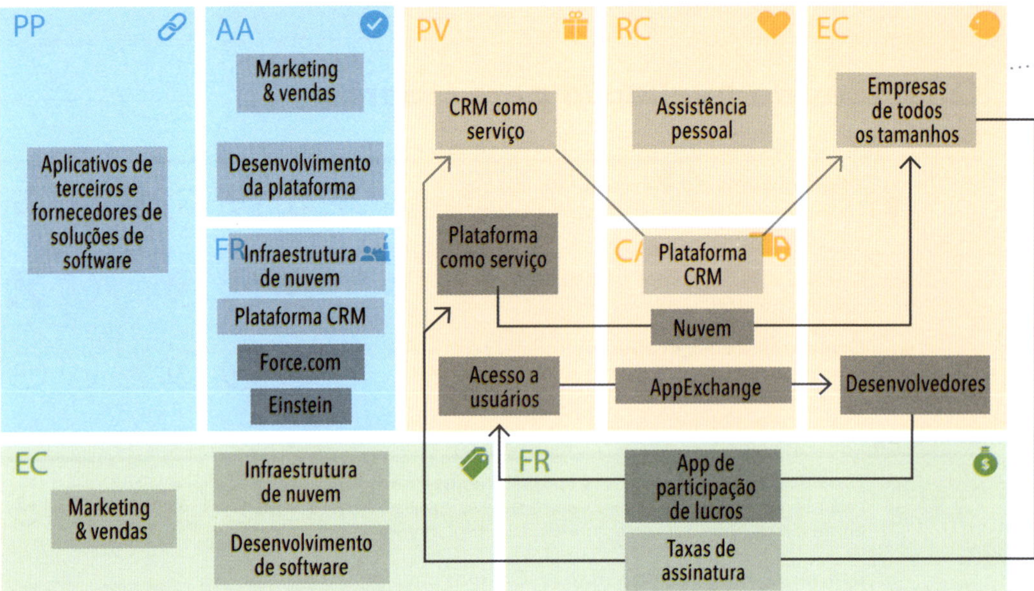

Modelo de Negócios da Salesforce.com

Avaliação

A Salesforce foi pioneira no modelo SaaS, que apresenta bom desempenho em várias dimensões, o que compensa algumas de suas deficiências. Uma vez implantada, a plataforma pode escalar seus serviços e manter um relacionamento constante e direto com seus clientes. O modelo de assinatura gera receitas previsíveis e recorrentes e maior valor da vida útil do cliente. Isso compensa as margens mais baixas devido aos custos de infraestrutura.

A Salesforce expande seu modelo de negócios em 2005, corrigindo alguns dos pontos fracos iniciais, como custos de troca baixos e baixa capacidade de proteção.

Modelo de Negócios Inicial (1999) - Sem Software

A plataforma da Salesforce era única no mundo do CRM, na medida em que seus serviços podiam ser implantados sem investir em infraestrutura. Os clientes não precisavam fazer investimentos em hardware e instalações de software, como fornecedores de CRM. Os clientes do Salesforce acessavam o serviço pela nuvem e pagavam uma assinatura recorrente.

Extensões do Modelo de Negócios - AppExchange, Force.com e Einstein

A Salesforce não parou de inovar no modelo SaaS. A empresa evoluiu e fortaleceu seu modelo com o tempo.

Questões de Avaliação para Líderes

X = *Primeiros modelos de negócios*

X = *Extensões de modelos de negócios*

Frontstage

Questão	−3	−2	−1	0	+1	+2	+3
Exploradores do Mercado: Quão grande e atraente é o potencial de mercado inexplorado que buscamos?	−3	−2	−1	0	+1	+2	X
Canais Líderes: Temos acesso em larga escala e, idealmente, direto ao cliente final?	−3	−2	−1	0	+1	X	+3
Criadores de Atração: Quão fácil ou difícil é para nossos clientes saírem ou mudarem para outra empresa?	−3	−2	−1	X	+1	+2	**X**

Backstage

Questão	−3	−2	−1	0	+1	+2	+3
Castelos de Recursos: Possuímos recursos--chave difíceis ou impossíveis de copiar e que nos proporcionam uma vantagem competitiva significativa?	−3	−2	−1	X	+1	+2	**X**
Diferenciadores de Atividades: Criamos um valor significativo para os clientes porque realizamos e configuramos atividades de formas inovadoras e disruptivas?	−3	−2	−1	0	+1	X	**X**
Escaladores: Com que rapidez e facilidade podemos fazer crescer o modelo de negócios sem recursos e atividades adicionais substanciais (por exemplo, construção de infraestrutura, busca de talentos)?	−3	−2	−1	0	+1	+2	X

Fórmula do Lucro

Questão	−3	−2	−1	0	+1	+2	+3
Diferenciadores de Receitas: Usamos fortes fluxos de receita e mecanismos de preços para monetizar a criação de valor para os clientes?	−3	−2	−1	0	+1	X	+3
Diferenciadores de Custos: Nossa estrutura de custos é convencional ou disruptiva?	−3	−2	−1	X	+1	+2	+3
Mestres de Margem: Temos fortes margens de custos baixos e preços altos?	−3	−2	X	0	**X**	+2	+3

A Salesforce foi visionária ao prever o potencial da nuvem. Pioneira no SaaS, abre os serviços de CRM das empresas da Fortune 500 para o mercado mais amplo de organizações de todos os tamanhos.

Como os clientes acessam a Salesforce diretamente pela nuvem, a empresa mantém um relacionamento permanente com o cliente. A Salesforce pode enviar continuamente atualizações e novas funcionalidades para toda a base de clientes.

Como a Salesforce fornece seu serviço na nuvem, ele pode ser escalado facilmente com custo mínimo.

A Salesforce transfere os modelos de vendas de licenças transacionais dos titulares para receitas recorrentes de uma assinatura de serviço. Aumenta o valor da vida útil de cada cliente.

As margens líquidas da Salesforce são inferiores às dos concorrentes. A oferta de CRM como serviço requer investimentos em hospedagem, monitoramento, suporte ao cliente e gestão de contas. No entanto, pontos fortes em outras áreas compensam essa fraqueza.

Em 2008, a Salesforce lança o Force.com (agora chamado Lightning Platform), que permite aos clientes criar seus apps personalizados na plataforma. Isso aumenta a aderência e os custos de troca. Aumenta a fidelidade com o lançamento do Einstein, um serviço que fornece recursos de inteligência artificial (IA) e permite que os desenvolvedores criem aplicativos.

Em 2005, a Salesforce lança o AppExchange, uma plataforma para software de terceiros que se integra ao seu CRM. Cria uma grande biblioteca de softwares de terceiros difíceis de copiar e muda de um simples provedor de serviços para um castelo de plataformas.

Setor	Disruptor
Mensagens	WhatsApp, WeChat
Automóveis	Tesla
Varejo	Amazon, Alibaba
Hotel	Airbnb
Táxi	Uber, DiDi
TV e filmes	Netflix
Celulares	Apple, Xiaomi
Música	Spotify
Telecomunicações	Skype
Recrutamento	LinkedIn
Reserva de viagens	Expedia
Capital de risco	Andreessen Horowitz

... sofrerão disrupção

Bancário
Farmacêutico
Direito
Educação
Manufatura
Cuidados de saúde
Seguro Imobiliário
Construção
Produção e distribuição de energia
Transporte e entrega

E o seu setor?

Aprimore

Mudanças no Modelo de Negócios

Uma mudança de modelo de negócios descreve a transformação de uma organização de um modelo em declínio para um mais competitivo. Por exemplo, a mudança de produto para serviço. No entanto, em alguns contextos, a mudança inversa, de serviço para produto, pode ser igualmente justificável.

226

Biblioteca de Mudança de Padrões

Mudanças de Proposta de Valor

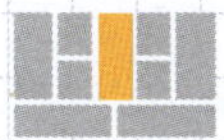

p. 231 Do Produto ao Serviço Recorrente

p. 234 Da Baixa à Alta Tecnologia

p. 235 Das Vendas à Plataforma

Mudanças no Frontstage

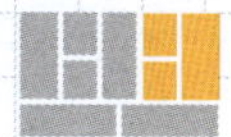

p. 243 Do Mercado de Nicho ao de Massa

p. 246 De B2B a B2(B2)C

p. 247 Baixo Contato ao Alto Contato

Mudanças no Backstage

p. 255 Dos Recursos Dedicados aos Multiuso

p. 258 Do Ativo Pesado ao Leve

p. 259 De Fechada a Aberta (Inovação)

Mudanças na Fórmula do Lucro

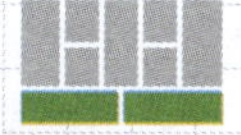

p. 267 Do Alto ao Baixo Custo

p. 270 Da Receita Transacional à Recorrente

p. 271 Do Convencional ao Contrário

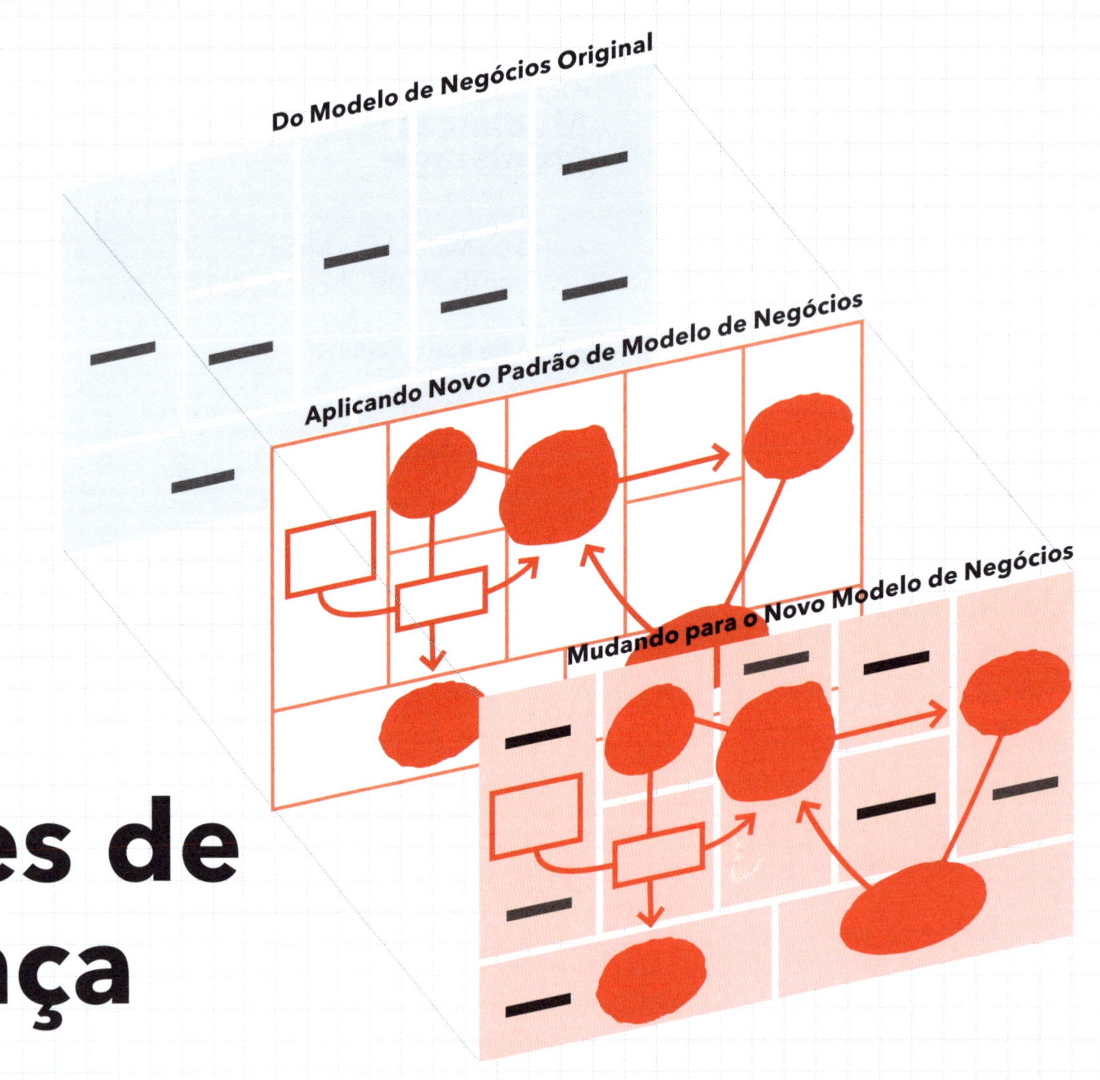

Padrões de Mudança

Do Modelo de Negócios Original...

As empresas que retratamos nesta seção começaram a partir de um modelo de negócios existente. Na maior parte das vezes, esse modelo estava desatualizado e em declínio, e carecia de revisão.

Aplicando Novo Padrão de Modelo de Negócios

São destacados doze padrões de troca diferentes, que as empresas estabelecidas podem aplicar para aprimorar e impulsionar substancialmente um modelo de negócios existente. Descrevemos cada padrão para que você os tenha como referência.

... Mudando para o Novo Modelo de Negócios

Cada caso destaca um padrão em ação. O modelo de negócios inteiro da empresa não está descrito, apenas mostramos como um padrão específico foi aplicado para passar de um modelo de negócios antigo a um novo, mais competitivo. Na verdade, todo um modelo de negócios tem muito mais componentes que omitimos para focarmos a mudança.

Legenda

- Do Modelo de Negócios Original 
- Aplicando Novo Padrão de Modelo de Negócios 
- Mudando para o Novo Modelo de Negócios 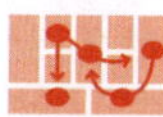
- Componentes do Padrão 
- Componentes de Padrão Opcional 
- Componentes do Modelo de Negócio Original 
- Outros Componentes do Modelo de Negócios 

Do Produto ao Serviço Recorrente

p. 232 Hilti

Da Baixa à Alta Tecnologia

p. 236 Netflix

Das Vendas à Plataforma

p. 238 App Store

Mudanças de Proposta de Valor

Uma mudança radical do valor criado para os clientes

Do Produto ao Serviço Recorrente

É a mudança da fabricação (e/ou compra) e venda de produtos para a prestação de um serviço recorrente. Vender produtos em uma base transacional requer um esforço contínuo para cada venda e geralmente é algo imprevisível. Os serviços recorrentes exigem custos iniciais de aquisição de clientes que levam a receitas recorrentes. As receitas se tornam mais previsíveis e crescem exponencialmente, porque você se concentra em uma base de clientes em constante crescimento.

REFLEXÃO ESTRATÉGICA

Como aumentar as receitas recorrentes e previsíveis com um serviço recorrente e não com a venda de um produto?

Os custos iniciais de aquisição por cliente podem ser mais altos, mas as receitas se tornam mais previsíveis e o valor da vida útil dos clientes aumenta. A inovação de produtos e/ou tecnologias serve de base para novos serviços.

EXEMPLO
HILTI

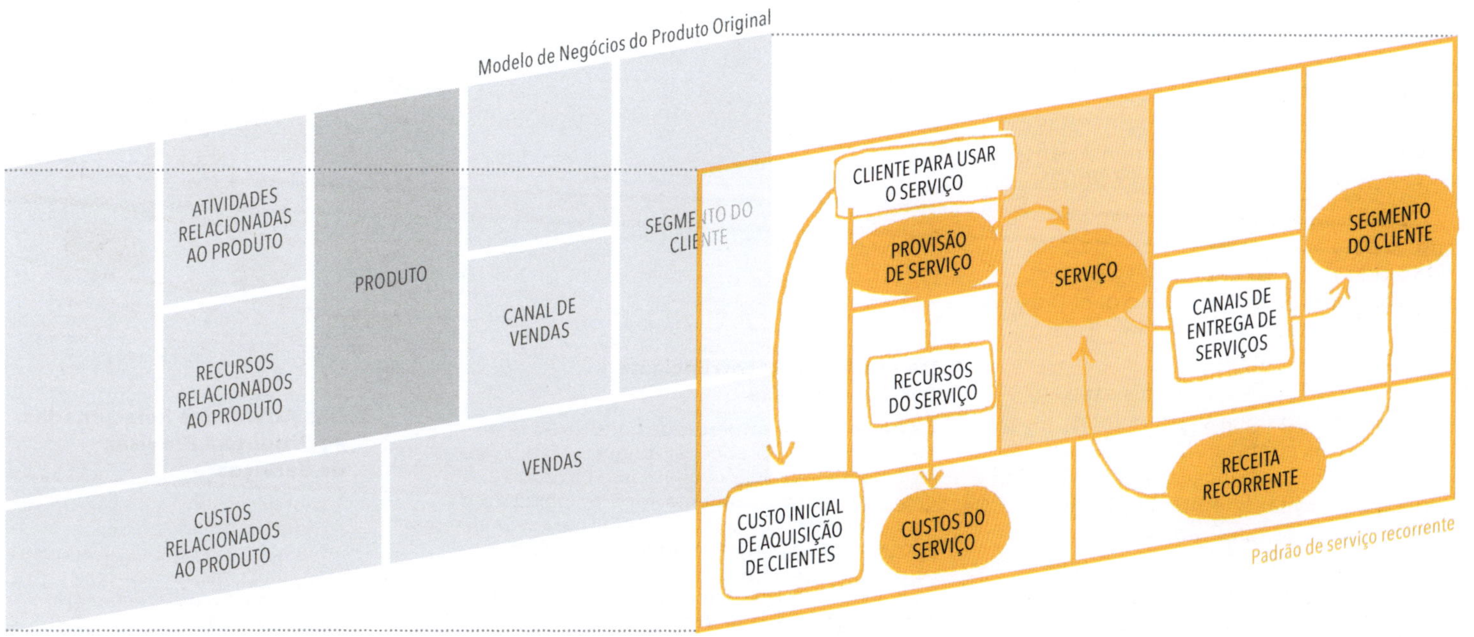

Hilti

A Hilti passa da venda de ferramentas de alta qualidade para a de serviços de gestão de frotas para empresas de construção, depois que um cliente importante solicita um sistema holístico de gestão de ferramentas para aumentar a produtividade.

Em 2000, um de seus clientes solicitou uma solução holística de gestão de ferramentas. Isso fez a Hilti perceber que os clientes não queriam as ferramentas, mas que seus funcionários trabalhassem produtivamente. A Hilti iniciou um programa piloto para gestão de frotas de ferramentas na Suíça e, finalmente, lançou o serviço em todo o mundo em 2003.

Com essa gestão, a Hilti tornou-se crucial para as empresas de construção, reduzindo o tempo improdutivo para os trabalhadores e adicionando o ganho de assumir mais tarefas dos clientes (p. ex., reparo de ferramentas).

E descobriu que os clientes estavam dispostos a alugar mais ferramentas do que jamais compraram. Alguns até pediram à Hilti para incluir ferramentas no serviço para evitar o tempo improdutivo com ferramentas quebradas.

Quando a crise financeira de 2008 atingiu as construções, muitos pararam de comprar equipamentos. Mas a mudança do modelo de negócios da Hilti de produto para serviço recorrente lhe permitiu superar a crise e crescer.

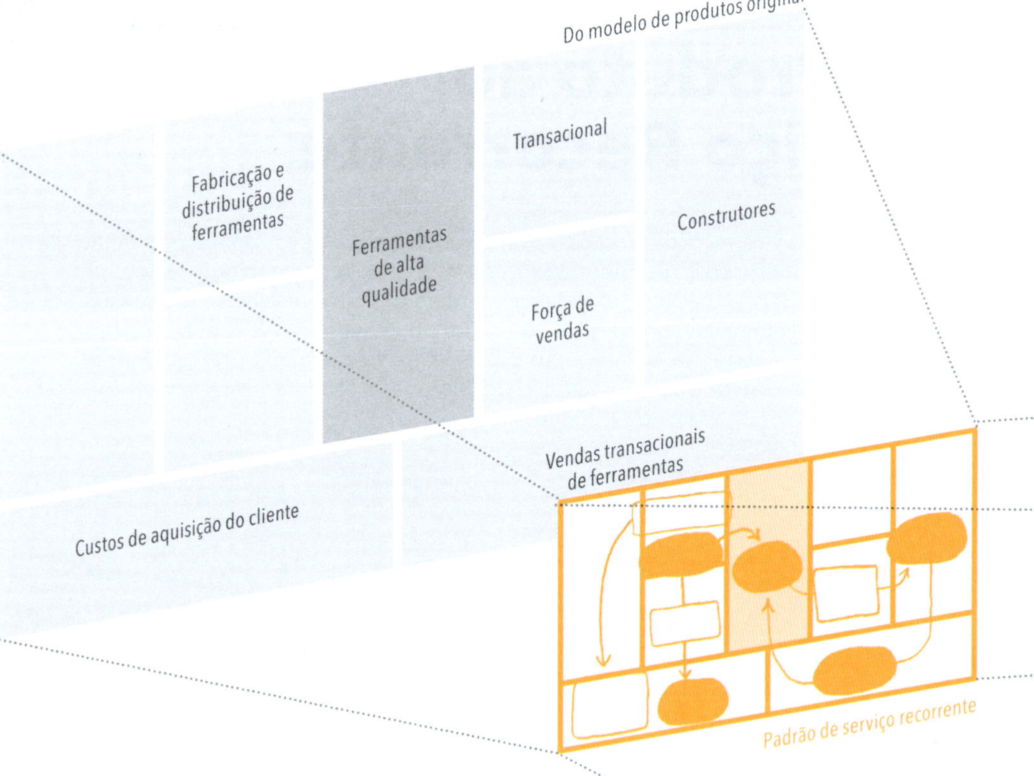

1. Do Produto à Recorrência de Serviço e Receita

Os gerentes das empresas de construção têm mais com que se preocupar do que a compra de ferramentas. A Hilti reconhece isso em 2000 e então oferece rastreamento, reparo, substituição e atualização da frota de ferramentas para seus clientes. Isso aumenta a produtividade, garantindo que sempre tenham as ferramentas certas, bem cuidadas e confiáveis. A Hilti permite que os clientes aluguem as ferramentas por meio de uma assinatura mensal, permitindo previsibilidade de custos para as empresas de construção e receitas recorrentes para a Hilti.

2. Das Atividades Relacionadas ao Produto à Provisão de Serviços

A Hilti desenvolve suas principais atividades, do núcleo de fabricação e vendas às atividades de gerenciamento de frotas, que permitem o rastreamento, reparo, substituição e atualização de ferramentas.

3. Do Canal de Vendas ao de Entrega de Serviços

A Hilti treina sua força de vendas para falar com executivos, em vez de gerentes de projetos, sobre logística e eficiência, não ferramentas. Adiciona canais de serviço online ao tradicional canal de vendas, aumentando a conscientização sobre o serviço, ajudando os clientes a acessarem o inventário online e permitindo que acessem a Hilti em caso de problemas com as ferramentas.

4. De um Produto a uma Estrutura de Custos de Serviços

A estrutura de custos da Hilti se adapta à nova orientação de serviço com novos custos de gestão de frota. Até o momento, essa mudança adicionou mais de 1 bilhão de CHF em volume de recebíveis ao balanço da Hilti. Até os custos de aquisição de clientes (CAC) aumentam, devido ao processo mais longo de vendas e contratação com os gerentes das construtoras. O CAC, no entanto, agora é um custo único, levando a receitas recorrentes e oportunidades de receitas adicionais com o relacionamento de longo prazo.

1,5

milhão de ferramentas

A Hilti administrava 1,5 milhão de ferramentas em 2015.[1]

2

bilhões de CHF

Valor total do contrato de todas as ferramentas sob gestão de frota em 2018.[2]

Fabricação e distribuição de ferramentas

Vendas e marketing focados em serviços

2 Gestão de frota

Estoque de ferramentas

Infraestrutura de gestão de frota

Ferramentas de alta qualidade

1 Gestão da frota de ferramentas

Transacional

Contratos de longo prazo

Força de vendas

3

Online

Construtores

Gerentes de empresas de construção

Custos de aquisição de clientes

4 Custos de gestão de frota

Receita mensal de serviços

Vendas transacionais de ferramentas

... ao novo modelo de receita recorrente

"O benefício das receitas de serviços recorrentes nos ajudou a estabilizar nossos negócios durante a crise [financeira global] – uma época em que a maioria dos contratados não comprava novos equipamentos."

– DR. CHRISTOPH LOOS

CEO da Hilti

Da Baixa à Alta Tecnologia

É a mudança de propostas de valor básicas, geralmente intensivas em mão de obra e de baixa tecnologia, para propostas baseadas em tecnologia. Essa mudança permite alcance de escala e aumento de preço, o que leva a um aumento nas receitas, compensando os novos custos relacionados à tecnologia e, muitas vezes, levando a margens mais altas.

REFLEXÃO ESTRATÉGICA
Como escalar nosso alcance, e aumentar preços e receitas transformando uma proposta de valor de baixa tecnologia em uma proposta de alta? Quais atividades, habilidades e recursos de novas tecnologias são necessários para realizar essa mudança? Quais novos custos de tecnologia são criados? Quão atrativas são as margens resultantes?

EXEMPLO
Netflix

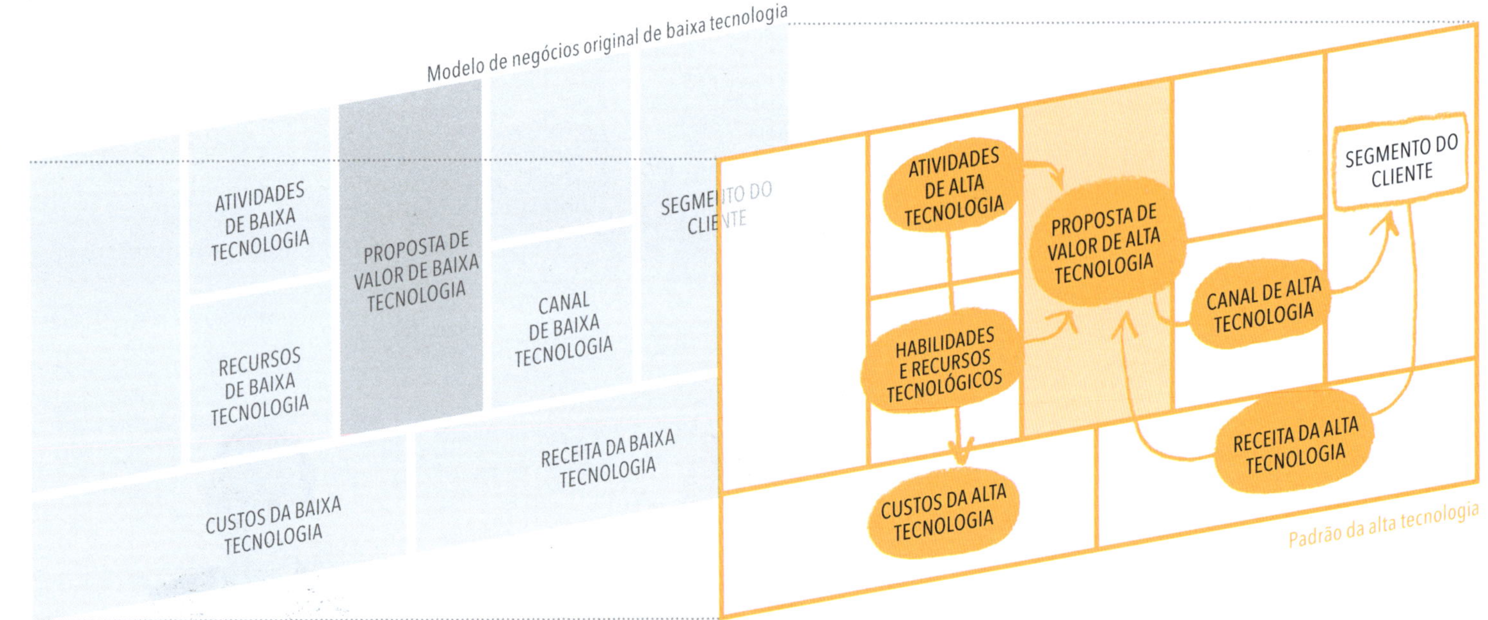

Das Vendas à Plataforma

Mudança das atividades da cadeia de valor e da venda de produtos para produtos que se tornam uma plataforma para produtos de terceiros e serviços de valor agregado. O valor aumenta para os clientes porque eles não só compram um produto, mas compram em um ecossistema de plataforma. O valor para fornecedores de produtos e serviços de terceiros é o acesso a uma base de clientes. É mais difícil causar a disrupção das plataformas do que de produtos simples, porque elas criam efeitos de rede em castelos de recursos (veja a p. 164).

REFLEXÃO ESTRATÉGICA

Como podemos obter uma vantagem competitiva estabelecendo-nos como a plataforma que conecta nossos clientes a produtos e fornecedores de serviços de terceiros?

Isso nos permitirá aumentar o valor para nossos clientes e criar um ecossistema de fornecedores de produtos e serviços de terceiros. É mais difícil replicar os ecossistemas de plataforma do que copiar produtos.

EXEMPLO
iPhone & App Store

Da Baixa à Alta Tecnologia

1998 ~~~ 2007

Netflix

A Netflix muda do aluguel de DVDs à plataforma de streaming em 2007, quando a velocidade da internet e os dispositivos do consumidor se alinham à visão de Reed Hastings de "filmes na internet".

Em 1998, Reed Hastings e Marc Randolph lançaram a Netflix como serviço online de aluguel de DVDs. Acreditavam que era o produto e o serviço certos para a internet da época.

Desde o início, porém, imaginaram a plataforma para streaming de vídeo. A Netflix investia de 1% a 2% em serviços de download, esperando transformar o modelo em streaming com o aumento da largura de banda da internet.[3]

Em 2007, a Netflix passou da baixa à alta tecnologia, substituindo DVDs por streaming online como principal fonte de receita.

As receitas cresceram dez vezes na década seguinte, com o envio físico de DVDs não restringindo mais a escalabilidade. Em 2018, 96% da receita advinha do streaming.

A Netflix adaptou o modelo de negócios novamente em 2013 e começou a produzir conteúdo original. Em 2019, a Netflix gastou cerca de US$15 bilhões em conteúdo.[4]

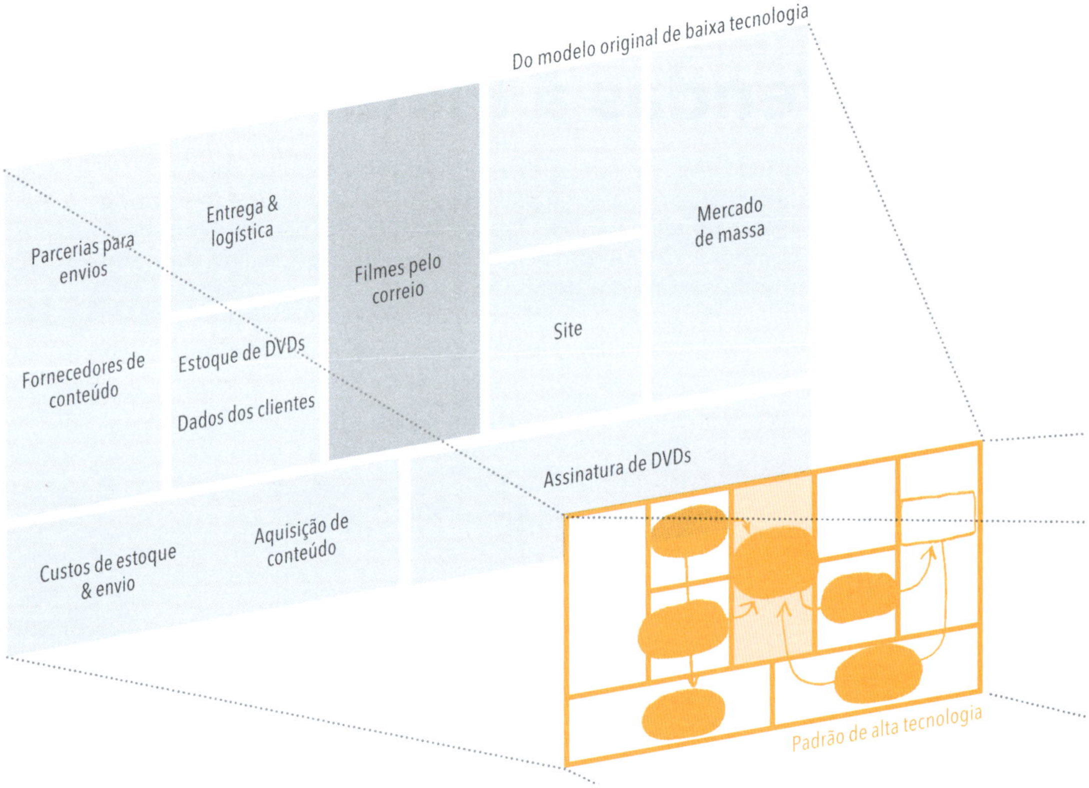

Do modelo original de baixa tecnologia

Parcerias para envios

Fornecedores de conteúdo

Entrega & logística

Estoque de DVDs

Dados dos clientes

Filmes pelo correio

Site

Mercado de massa

Assinatura de DVDs

Custos de estoque & envio

Aquisição de conteúdo

Padrão de alta tecnologia

1. Da Proposta de Valor da Baixa à Alta Tecnologia

A Netflix é lançada como uma empresa de aluguel de DVDs em 1998, com a visão de migrar para o streaming assim que a velocidade da internet permitisse. Em 2007, essa visão se concretiza, mudando para o streaming de conteúdo online.

2. Da Atividade da Baixa à Alta Tecnologia

Para fornecer streaming, a Netflix muda as principais atividades. E passa do trabalho intensivo de remessa e logística para atividades de tecnologia, como desenvolvimento e manutenção de plataformas de streaming. A Netflix também expande o licenciamento e a produção de conteúdo.

3. De Habilidades e Recursos de Baixa à Alta Tecnologia

O streaming altera os principais recursos, a plataforma de streaming substitui o estoque de DVDs. As habilidades de engenharia de software e rede tornam-se centrais. Os dados de visualização do cliente e os algoritmos de recomendação ganham ainda mais importância. Os dados orientam as decisões de investimento em conteúdo e ajudam os clientes a achar o que gostam.

4. Dos Custos da Baixa à Alta Tecnologia

Com a mudança de atividades e recursos, a estrutura de custos da Netflix evolui da logística para o software e a plataforma. Os principais custos agora são o desenvolvimento e a manutenção da plataforma. No futuro, a Netflix aumentará seus investimentos em licenciamento de conteúdo e produção própria.

5. Das Receitas da Baixa à Alta Tecnologia

A Netflix testa vários planos de assinatura. Para impulsionar o crescimento em 2007, reduz o preço para US$9,99/mês (a assinatura de DVDs era US$19,95/mês em 2004). Embora a receita por cliente diminua, a facilidade de acesso e o alcance global levam ao alto crescimento de clientes e, posteriormente, a maiores receitas da proposta de valor de streaming de alta tecnologia.

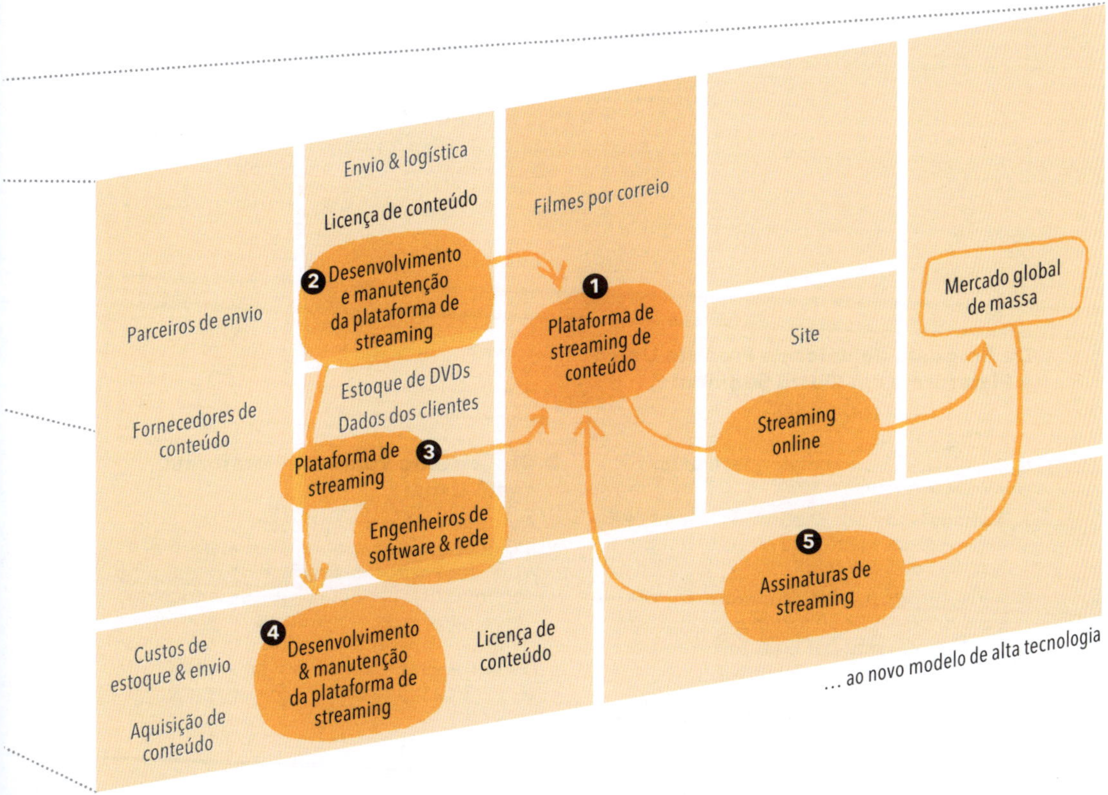

10%
da mídia dos EUA

A Netflix representa 10% do tempo de exibição de TV nos EUA. Ela transmite 100 milhões de horas por dia para telas de TV nos Estados Unidos.[5]

158
milhões

De assinantes globais em setembro de 2019.[6]

"Os DVDs continuarão gerando lucro no futuro próximo. A Netflix tem pelo menos mais uma década de domínio pela frente. Mas os filmes pela internet estão chegando e, em algum momento, serão o grande negócio."

– REED HASTINGS EM 2005,
Fundador da Netflix

App Store

Com o lançamento da App Store, em 2008, a Apple passou do modelo da venda de hardware e música para uma plataforma que conecta milhões de desenvolvedores de apps e usuários do iPhone. Essa mudança aumenta o valor do cliente, cria uma retenção e produz fortes efeitos de rede.

A Apple lançou o iPhone em 2007 e a App Store, com apps para smartphones, em 2008.

Steve Jobs hesitou em deixar desenvolvedores terceirizados na App Store, mas mudou de ideia, pois se encaixava em sua visão de agregar valor ao iPhone. A App Store tornou-se uma proposta de valor atraente e complementar ao iPhone. Os dois tornaram-se um com o memorável slogan de 2009: "Existe um aplicativo para isso."

A App Store permitiu à Apple mudar o modelo de negócios da venda de telefones à gestão de uma plataforma. Essa plataforma se tornou tão poderosa que, em 2019, a Suprema Corte dos EUA permitiu que uma ação antitruste contra a Apple prosseguisse (com base na premissa de que a Apple tem um monopólio efetivo sobre a App Store).

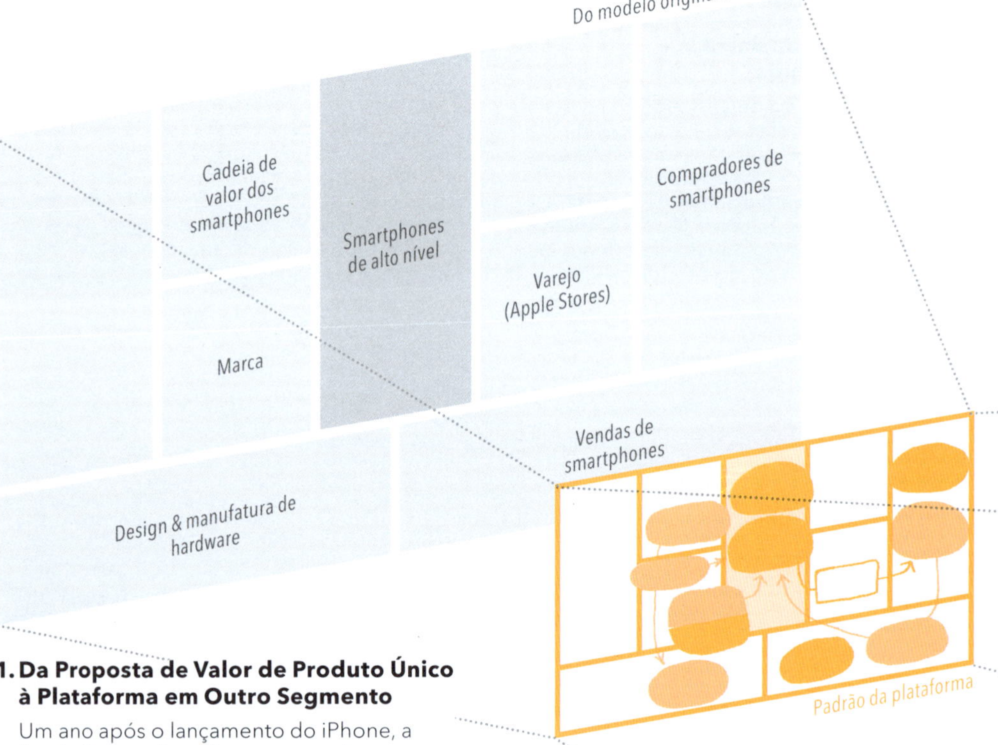

1. Da Proposta de Valor de Produto Único à Plataforma em Outro Segmento

Um ano após o lançamento do iPhone, a Apple lança a App Store, passando de vendedora para plataforma. Isso tem duas consequências:

1. A atratividade do iPhone cresce com cada app de jogo, utilitário e entretenimento na App Store.
2. A massa de usuários de iPhone dispostos a pagar por apps se torna uma proposta de valor atraente para desenvolvedores de aplicativos.

A Apple é o primeiro fabricante de telefones móveis a se tornar uma plataforma móvel que conecta consumidores com desenvolvedores em larga escala global.

2. Do Canal de Vendas à Plataforma como Canal

A Apple também amplia seus canais com a mudança das vendas para plataforma. A App Store se torna um canal de plataforma contínuo que conecta os proprietários do iPhone aos desenvolvedores de aplicativos. Varejo e Apple Stores, onde os compradores obtêm seus telefones, são muito mais canais de vendas transacionais.

3. Das Atividades da Cadeia de Valor às da Plataforma

A Apple gere as atividades da cadeia de valor do smartphone, mas adiciona desenvolvimento e manutenção da App Store, para viabilizar a plataforma.

4. Criação de Efeitos de Rede

A App Store se torna uma parte significativa do modelo de negócios da Apple e cria fortes efeitos de rede. Quanto mais usuários de iPhone, mais atraente é a proposta de valor para os desenvolvedores de apps. Quanto mais desenvolvedores, mais apps na plataforma e, posteriormente, mais atraente a proposta de valor para os compradores do iPhone se torna.

5. Das Vendas ao Fluxo de Receita Adicional

A App Store gera uma nova fonte de receita para a Apple – com uma comissão de 15% a 30% de apps e assinatura da App Store. Mais tarde na história da Apple, essa receita recorrente a ajuda a se diversificar de um modelo de vendas de hardware puramente transacional para obter mais receitas de serviço.

Cadeia de valor de smartphones
3 Desenvolvimento & manutenção da App Store
Apps
Smartphones de alto nível
1 Aumento dos proprietários de iPhone
App Store
Base de usuários (iPhone)
4 Apps
Varejo (Apple Stores)
2 Plataforma da App Store
Compradores de smartphone
Desenvolvedores de apps
5 App Store comissões de vendas (15-30%)
Design & manufatura de hardware
Desenvolvimento & manutenção da App Store
Pagamento aos desenvolvedores de apps
Vendas de smartphones
... ao novo modelo de plataforma

2 milhões
A App Store foi lançada com 552 apps e cresceu até 2 milhões, com mais de 180 bilhões de apps tendo sido baixados na última década.[7]

US$120 bilhões
Valor que a Apple pagou aos desenvolvedores desde o lançamento da App Store.[8]

Número de Aplicativos Disponíveis na Apple App Store[9]

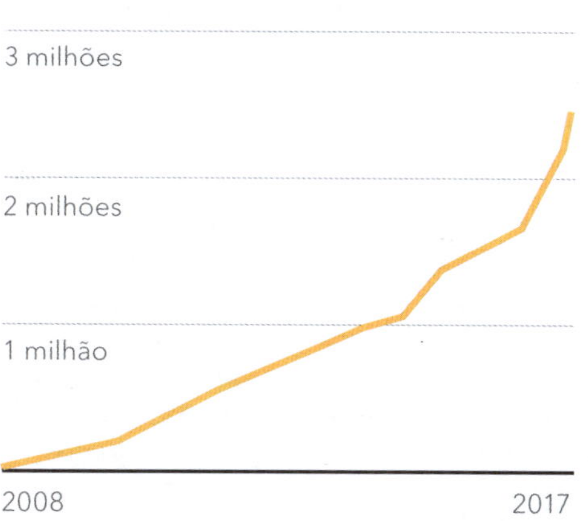

REVERSÃO

Da Alta à Baixa Tecnologia
2003 ~~ 2006

Nintendo Wii

No início dos anos 2000, a Nintendo não tinha mais meios para competir em consoles de alta tecnologia. Em 2006, transforma a fraqueza em uma oportunidade e lança o Wii. Sua tecnologia é inferior, mas é um sucesso instantâneo com jogadores casuais.

Em 2003, os lucros da Nintendo caíram 38%. Vários grandes desenvolvedores de jogos retiraram apoio ao GameCube, o principal console da Nintendo na época. A empresa estava em "estado de crise". Teve que reagir e decidiu adotar uma abordagem diferente.

A Nintendo se concentrou em sua missão principal. Reconheceu que não poderia mais competir para construir o console mais poderoso com os melhores gráficos pelo menor custo. Evitou a concorrência e lançou o Wii em 2006 – um console simplificado voltado para o mercado de massa de jogadores casuais.

A Nintendo vendeu cinco vezes mais Wii do que os consoles GameCube. Recuperou a liderança de mercado nos anos seguintes, passando de consoles de alta para baixa tecnologia, com componentes prontos para uso.[10]

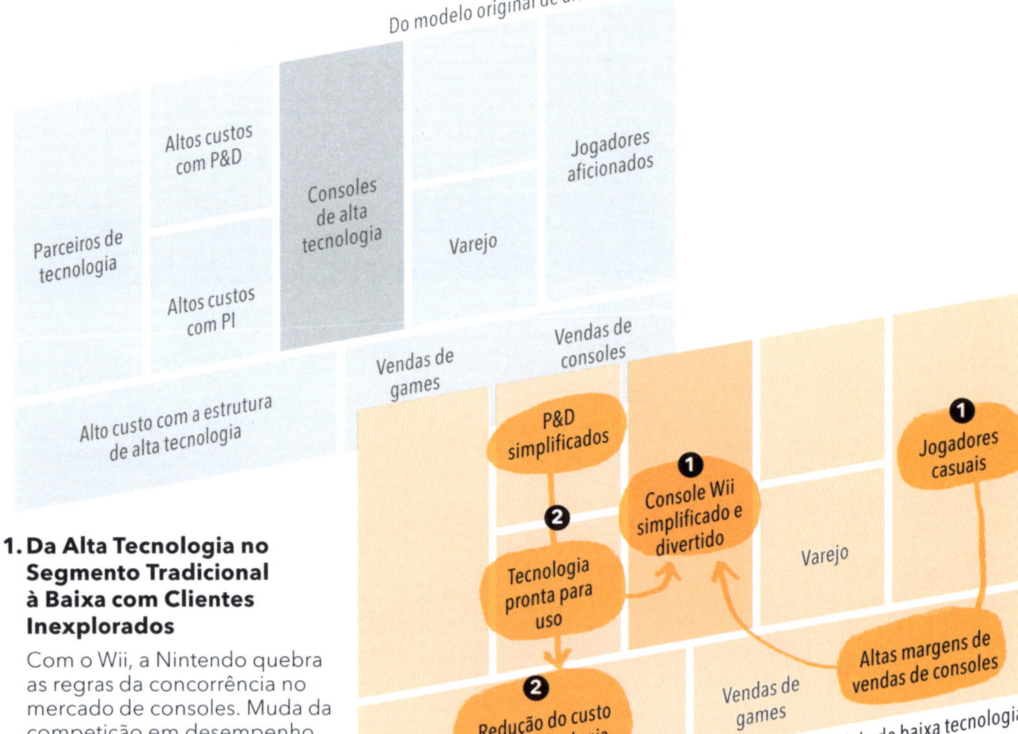

1. Da Alta Tecnologia no Segmento Tradicional à Baixa com Clientes Inexplorados

Com o Wii, a Nintendo quebra as regras da concorrência no mercado de consoles. Muda da competição em desempenho tecnológico para gamers a uma jogabilidade divertida e controle de movimento para jogadores casuais, habilitados por tecnologia barata e pronta para uso. Os principais concorrentes do Wii na época, o Xbox 360 da Microsoft e o PS3 da Sony, têm vinte vezes mais poder de processamento gráfico e mais de quatro vezes mais poder de computação. No entanto, o Wii de baixa tecnologia atinge o mercado amplo e inexplorado de jogadores casuais.

2. Da Estrutura de Custos da Alta à Baixa Tecnologia

A Nintendo muda de atividades e recursos caros de alta tecnologia para as de baixo custo, porque o Wii demanda menos poder de processamento e gráficos de menor qualidade. Fabricá-lo é muito mais simples e mais barato porque utiliza componentes prontos para uso. As mudanças significativas na estrutura de custos permitem à Nintendo lucrar com todos os Wii vendidos, em comparação com a Sony e a Microsoft, que precisam subsidiar os consoles.

Da Plataforma às Vendas
2007 ~~~ 2009

Amazon Private Label

Em 2009, a Amazon expande de plataforma para vendas lançando marcas próprias. Copia vendedores terceirizados que criaram negócios de sucesso ao adquirir produtos ausentes em sua plataforma. A Amazon vê isso como oportunidade para criar sua própria linha de produtos.

Em 1999, a Amazon lança o mercado terceirizado e se torna uma plataforma de e-commerce bem-sucedida. Em 2007, passa a usar a plataforma para vender seus próprios dispositivos eletrônicos (Kindle) e expande-se para marcas próprias, com a AmazonBasics.

Enquanto muitas empresas pretendem mudar de vendas para plataforma, a Amazon fez o inverso. Com sua marca própria, começou a competir com fornecedores terceirizados, que também são clientes de seu e-commerce.

A Amazon expandiu continuamente seu catálogo de produtos de marca própria com uma ampla seleção (de eletrônicos a roupas e acessórios do cotidiano) e preços mais baixos.

Do modelo original de plataforma

Operações de plataforma
Dados dos usuários
Plataforma de e-commerce
Vendedores terceirizados
Conexão da plataforma de e-commerce
Plataforma de e-commerce
Vendedores terceirizados
Clientes
Custos da plataforma
Comissões de vendas

Operações da plataforma
Mineração de dados
2
Dados dos usuários
Marcas próprias
Plataforma de e-commerce
Vendedores terceirizados
Conexão da plataforma de e-commerce
1
Marcas próprias da Amazon
Plataforma de e-commerce
Vendedores terceirizados
Clientes
Custos da plataforma
Custo com marketing das marcas próprias
3
Vendas de marcas próprias
Comissão das vendas

... ao novo modelo de vendas

1. Da Proposta de Valor da Plataforma à de Vendas

Com o marketplace da Amazon, a empresa construiu a plataforma líder de e-commerce para produtos de terceiros. Em 2007, decide mudar para vender os próprios produtos. O Kindle é o primeiro. Em 2009, lança seu negócio de marca própria sob o nome AmazonBasics. Ela se expande da venda de cabos e baterias a milhares de itens do cotidiano.

2. Das Atividades da Plataforma às de Vendas

A Amazon usa os dados do consumidor de seus negócios de plataforma para identificar candidatos a produtos para sua marca. Comercializa candidatos bem-sucedidos sob a marca AmazonBasics. Adquire produtos no atacado de vendedores que já estão em sua plataforma, renomeia-os e os vende como produtos recomendados em seu e-commerce.

3. Das Receitas da Plataforma às de Vendas

A Amazon expande seus fluxos de receita de comissões de transações para margens de vendas com essa mudança. As receitas da venda de seus próprios produtos são uma adição atraente a um modelo baseado em comissão.

Do Mercado de Nicho ao de Massa
p. 244 TEDw

Do B2B ao B2(B2)C
p. 248 Intel Inside

Do Baixo Contato ao Alto Contato
p. 250 Apple Genius Bar

Mudanças no Frontstage

Uma mudança radical de público--alvo e de como os produtos e serviços são entregues

Do Mercado de Nicho ao de Massa

É a mudança do nicho de mercado para o mercado de massa. Em geral, requer uma simplificação da proposta de valor para atender a um mercado maior. O preço mais baixo decorrente dela é compensado por um volume maior de receitas do mercado de massa. Essa mudança requer atividades de marketing, canais e uma marca adaptada ao mercado de massa.

REFLEXÃO ESTRATÉGICA

Como simplificar nossa proposta de valor para sair de um nicho de mercado e atender a um mercado de massa? Como mudar marketing e marca para alcançar um mercado de massa? Como compensar preços mais baixos e aumento dos custos de marketing com mais receita de um mercado de massa maior?

EXEMPLO
TED

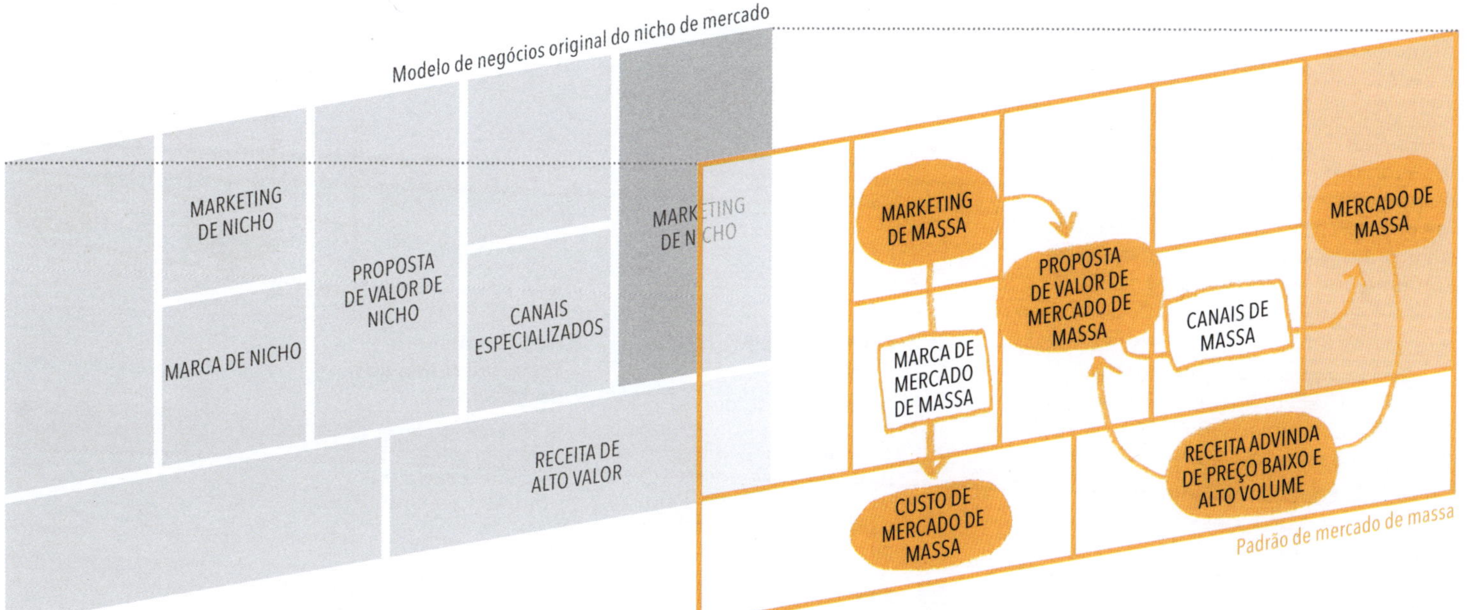

TED

Disponibiliza seis TED Talks online em 2006, e o sucesso é esmagador. A TED se transforma de uma conferência de nicho somente para convidados em um destino online de massa para intelectualmente curiosos.

O TED foi lançado em 1984 como conferência para interessados em tecnologia, entretenimento e design. O primeiro, na Califórnia, perdeu dinheiro e o evento não foi realizado novamente até 1990. A partir de então, tornou-se anual.

Em 2001, uma organização sem fins lucrativos adquiriu o TED com o compromisso renovado de procurar "as pessoas mais interessantes da Terra e deixá-las comunicar sua paixão". Foi somente após os seis TEDs disponibilizados online e gratuitamente em 2006 que atingiu o mercado de massa e se tornou viral.

Após 1 milhão de visualizações em 3 meses, o TED relançou o site para se concentrar em vídeos. Em 2012, alcançou a bilionésima visualização.[11]

O TED continua reinjetando lucros de conferências e doações em plataforma online, desenvolvimento de conteúdo e atividades de marketing de massa. Assim, as ideias compartilhadas nas conferências locais ficam disponíveis para as massas por meio dos TED Talks gravados.

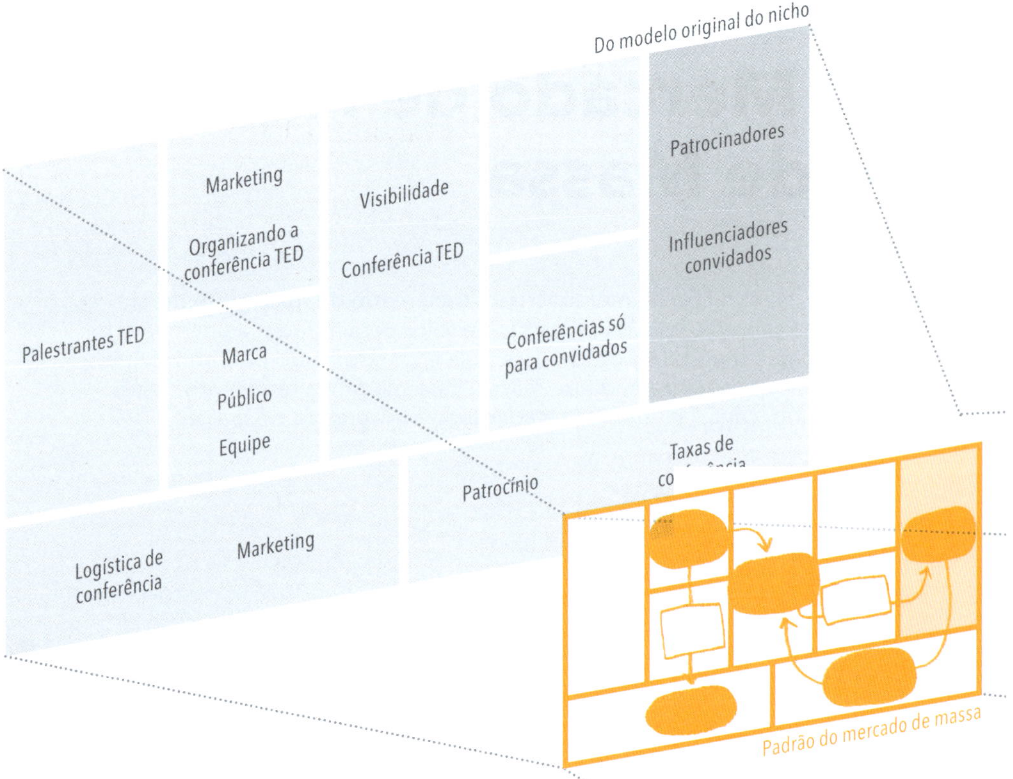

Do modelo original do nicho

Palestrantes TED

Marketing

Organizando a conferência TED

Marca

Público

Equipe

Visibilidade

Conferência TED

Conferências só para convidados

Patrocinadores

Influenciadores convidados

Logística de conferência

Marketing

Patrocínio

Taxas de co...

Padrão do mercado de massa

1. Do Nicho ao Mercado de Massa

Após o sucesso de publicar vídeos de algumas palestras online, o TED passa de conferência exclusiva anual na Califórnia a vídeos online de todas as palestras. Do impacto local, de oitocentas pessoas/ano, passa a atingir milhões todos os dias.

2. Dos Canais Especializados aos de Massa

O TED usava canais locais para vender ingressos somente a convidados. Com o sucesso do TED Talks, desenvolve uma infraestrutura digital para atingir as massas. As palestras são distribuídas globalmente em seu site.

3. Das Atividades de Nicho às do Mercado de Massa

As atividades do TED se concentravam na organização e nas vendas da conferência anual. Então passa a alcançar o maior número possível de espectadores com o slogan "Ideias que valem a pena espalhar". Também se expande para produção de vídeos, a fim de capturar e transmitir conteúdo de alto nível.

4. Da Marca de Nicho à do Mercado de Massa

Os TED Talks ultrapassam 9 milhões de visualizações por dia em 2018, e a marca TED cresce e se torna uma marca de mercado de massa conhecida por curiosos e atraente para os patrocinadores necessários para financiar seu crescimento.

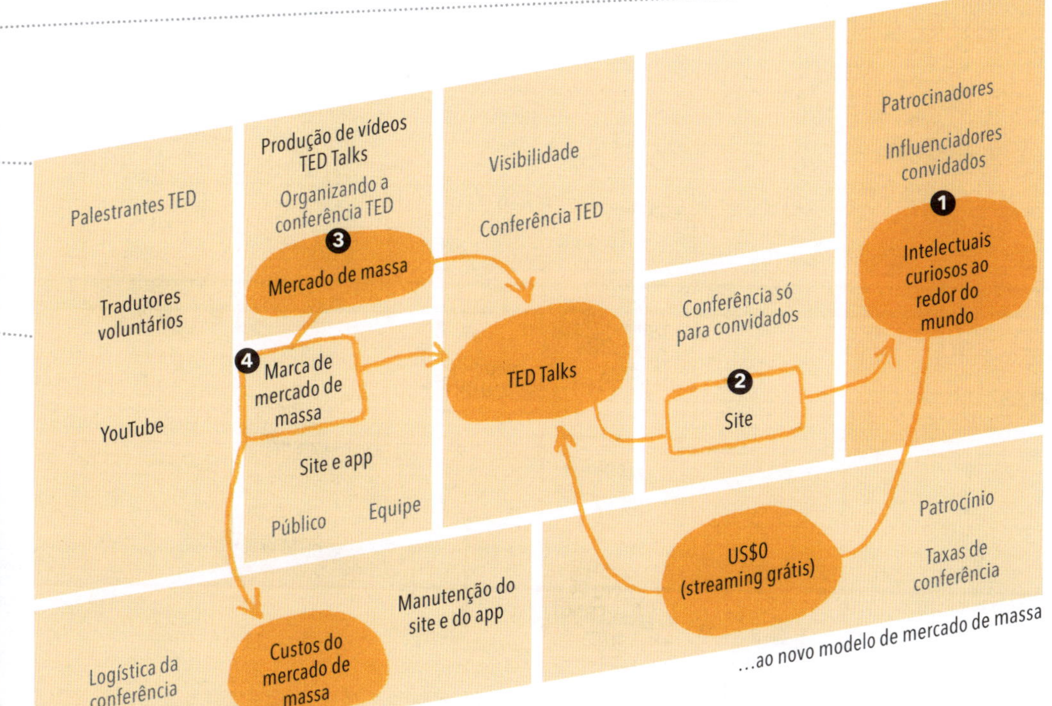

1 milhão de visualizações

As seis primeiras TED Talks publicadas online alcançaram 1 milhão de visualizações em 3 meses.[12]

3.200+ TED Talks online

Em dezembro de 2019, 3.200 TED Talks estavam publicados online gratuitamente.[13]

6 mil

Novas visualizações dos vídeos por minuto.[14]

"Quando iniciamos, como um experimento, obtivemos respostas tão entusiasmadas que decidimos virar a organização de cabeça para baixo e não pensarmos como conferência, mas como 'Ideias que valem a pena espalhar', construindo um grande site em torno dela. A conferência ainda é nosso motor, mas o site é o amplificador que leva as ideias ao mundo."

– CHRIS ANDERSON, MARÇO DE 2012
Curador da TED

Do B2B ao B2(B2)C

É a mudança de um fornecedor B2B invisível para o consumidor para uma marca importante para o consumidor. Isso não requer necessariamente eliminar o intermediário e seguir sozinho. Geralmente, é uma mudança de marca para se tornar mais relevante para o consumidor e inclui maior marketing para o consumidor e desenvolvimento ou extensão da marca B2C.

REFLEXÃO ESTRATÉGICA

Como aumentamos as receitas ficando mais relevantes para os consumidores se somos um fornecedor B2B "oculto"? Como nos posicionamos para criar valor para os clientes? Como esse posicionamento nos torna mais atraentes para nossos clientes B2B e os incentiva a tornar nossa marca visível em seus produtos e/ou serviços?

EXEMPLO

Intel Inside

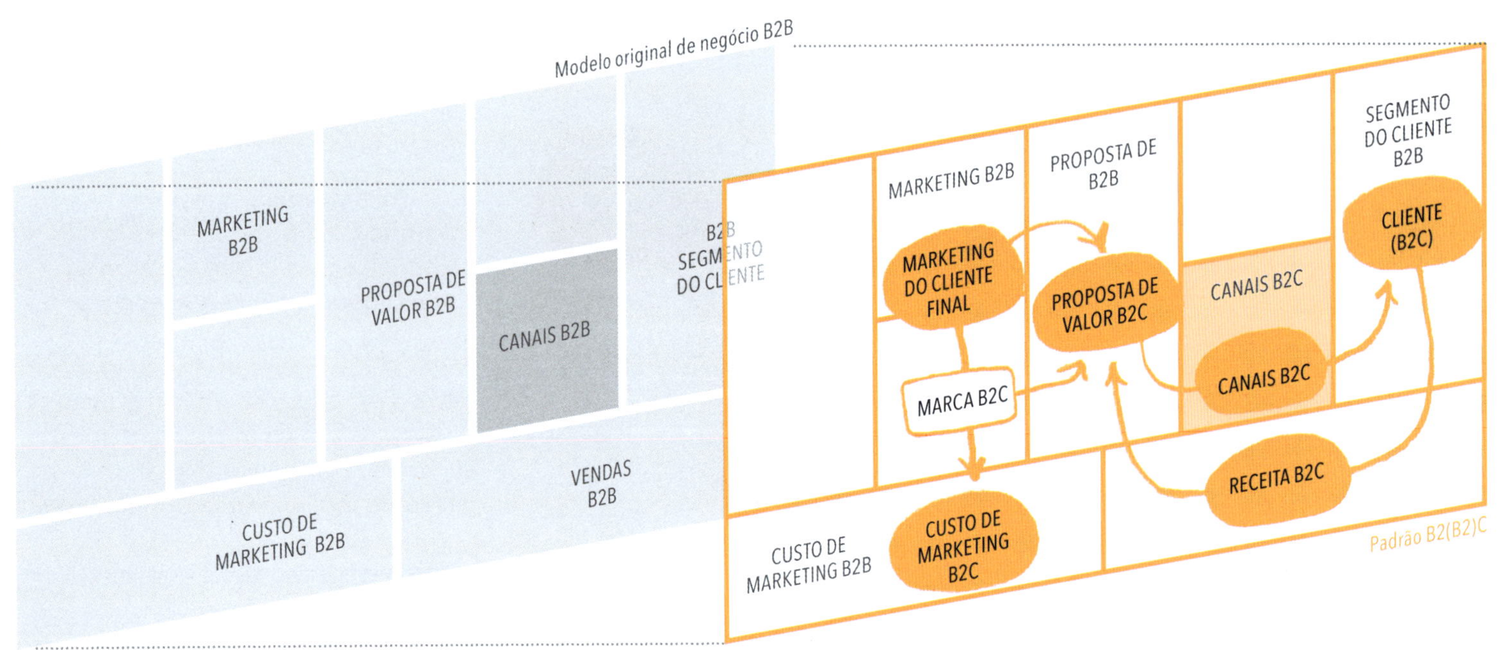

Do Baixo Contato ao Alto Contato

É a mudança de propostas de valor padronizadas e de baixo contato para personalizadas e de alto contato. Essa mudança requer novas atividades humanas, que aumentam os custos de mão de obra. No entanto, propostas de valor de alto contato requerem preços premium e aumentam a receita.

REFLEXÃO ESTRATÉGICA

Como aumentar o preço e as receitas transformando uma proposta de valor padronizada de baixo contato em uma de alto contato? Como manter da melhor maneira os benefícios de escala da padronização sem incorrer em todas as limitações de uma abordagem de alto contato?

EXEMPLO

Apple Genius Bar

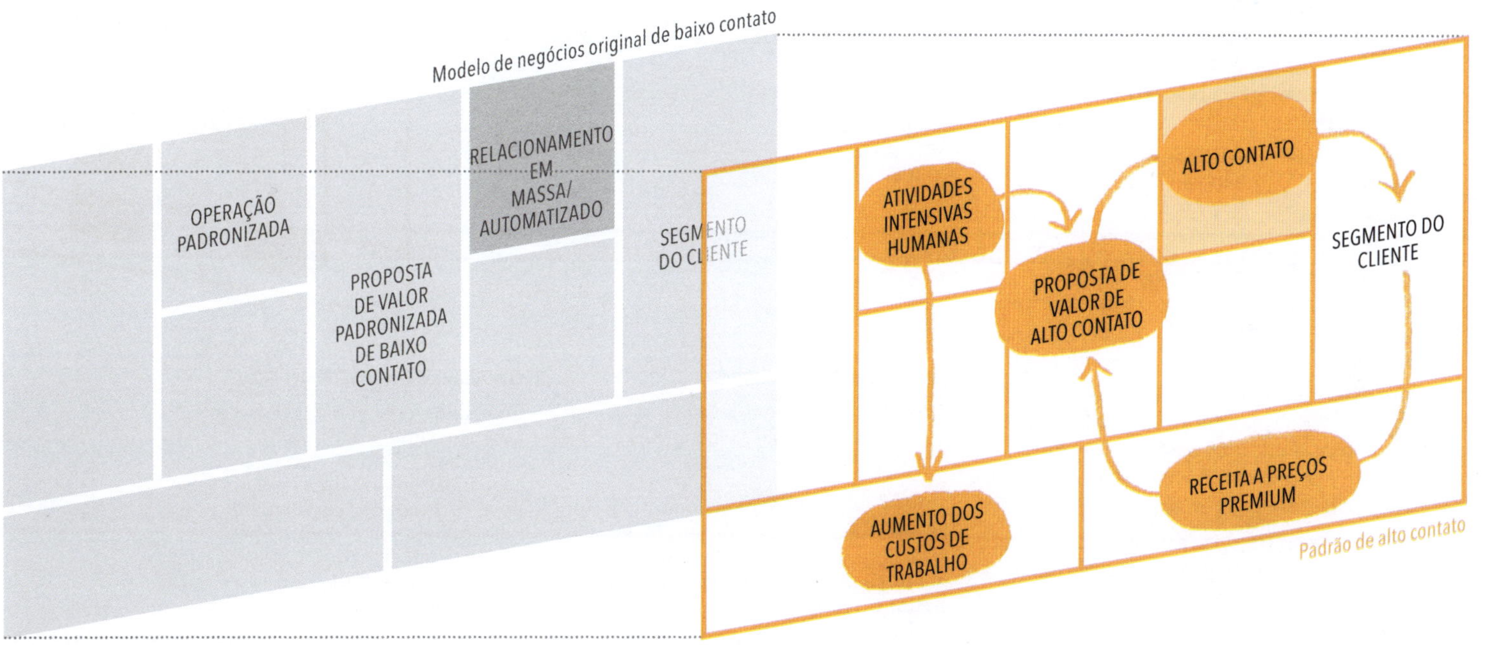

Intel Inside

Nos anos 1990, os PCs e seus componentes se tornavam commodities. Para responder a essa ameaça, a Intel lança a campanha Intel Inside para passar de fornecedora de microchips B2B nos bastidores a uma marca confiável B2C.

A Intel criou a campanha de marketing da Intel Inside em 1991 para diferenciar seus microprocessadores (e os PCs que os continham) de outros PCs de menor qualidade no mercado. Até então, a Intel não se relacionava diretamente com o consumidor de PC – era só produtora do componente, mas parte integrante do PC, e a Intel lidava apenas com os fabricantes de PCs.

A Intel decidiu dividir o custo da publicidade com os fabricantes de PCs se concordassem em colocar o logotipo e o adesivo Intel Inside nos PCs e em suas embalagens.

O adesivo se tornou um "selo de aprovação" – os consumidores podiam não saber o que um processador faz, mas sabiam que ele representava qualidade, credibilidade e desempenho.

A Intel passou de uma empresa de engenharia que fabrica um componente de computador para uma de produtos de consumo, garantindo um alto nível de desempenho.

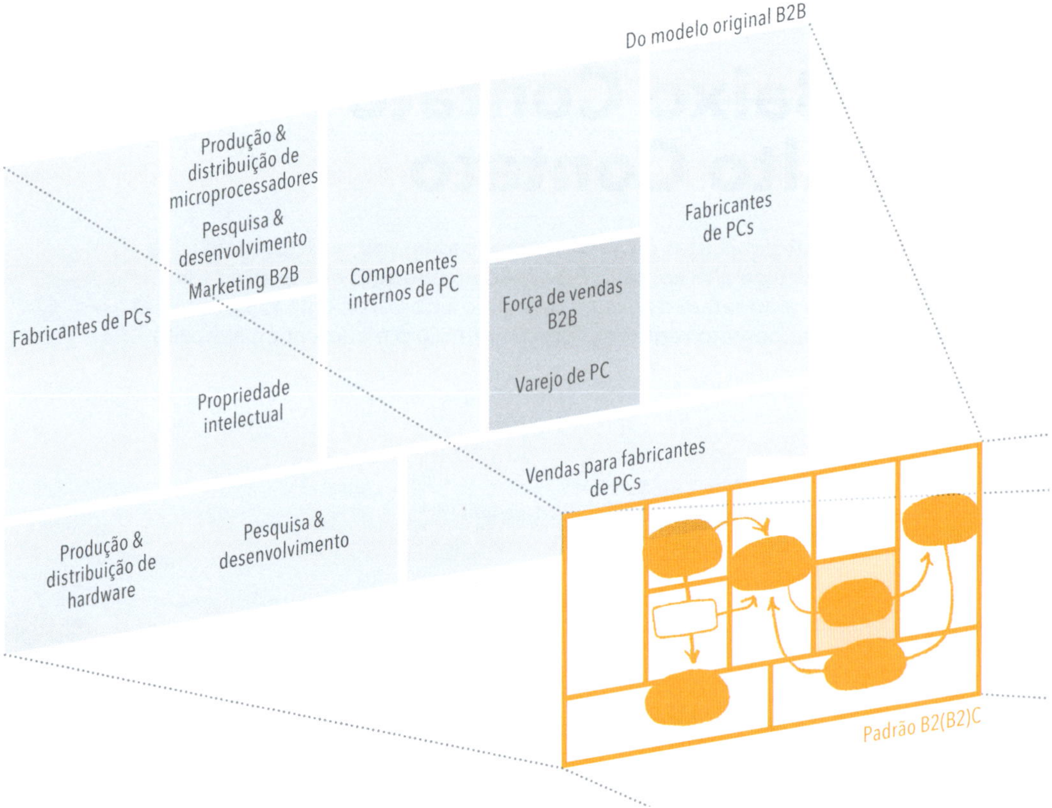

Do modelo original B2B

Produção & distribuição de microprocessadores
Pesquisa & desenvolvimento
Marketing B2B
Propriedade intelectual
Fabricantes de PCs
Componentes internos de PC
Força de vendas B2B
Varejo de PC
Fabricantes de PCs
Vendas para fabricantes de PCs
Produção & distribuição de hardware
Pesquisa & desenvolvimento

Padrão B2(B2)C

1. Do Canal B2B ao B2C

Em 1991, a Intel lança a Intel Inside como canal B2C para alcançar os clientes. Aumenta drasticamente sua visibilidade. E convence os fabricantes de PCs a adicionarem o logotipo Intel Inside em seus PCs, embalagens externas e publicidade em troca de contribuição com os custos de marketing. A Intel muda de fornecedor de microchips B2B nos bastidores para uma marca B2C com acesso direto ao consumidor.

2. Do Marketing B2B ao B2C

O marketing pouco importava quando a Intel era B2B de engenharia. Com a mudança para B2C, precisa desenvolver novas habilidades de marketing para o cliente final e uma forte marca. Cria um produto básico para o consumidor associado à qualidade, credibilidade e desempenho.

3. Mais Vendas B2B Graças ao B2C, Multiplicando a Receita

O poder da recém-adquirida marca B2C de mercado de massa ajuda a Intel a se destacar. Os fabricantes de PCs começam a confiar na Intel como um diferencial para cobrar mais do cliente final. Isso gera vendas e receitas mais altas para os fabricantes de PCs, que multiplicam as receitas da Intel de microprocessadores.

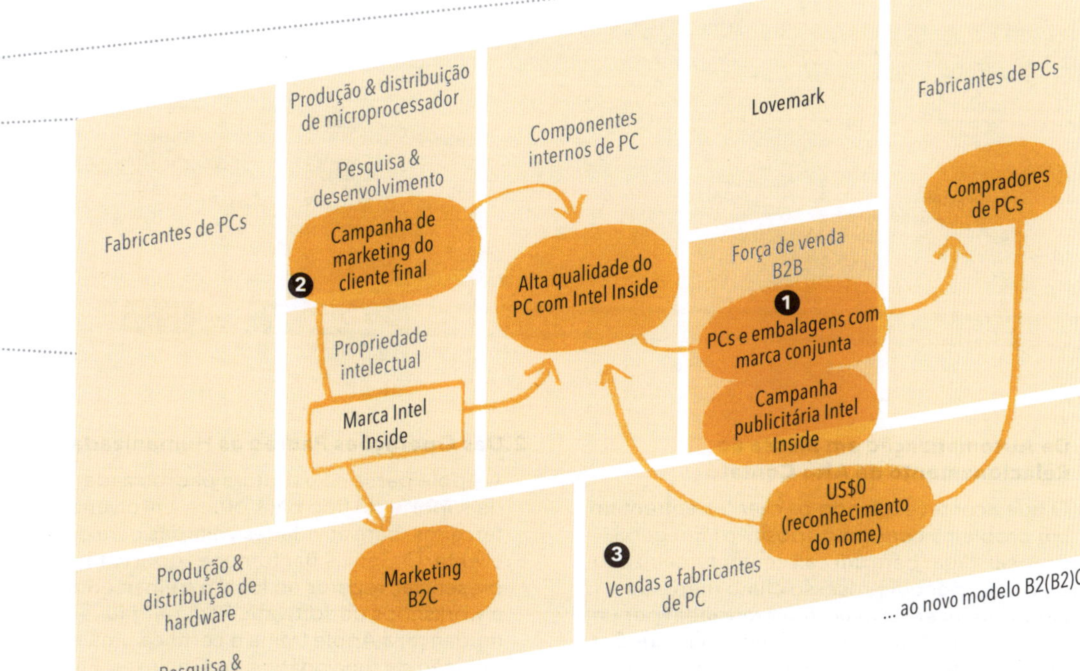

US$110 milhões

Custo da campanha publicitária nos primeiros três anos.[15]

N° 1

Líder de mercado em vendas de semicondutores, de 1992 a 2016, com 10% a 15% de participação de mercado.[16]

3 mil

Em seu primeiro ano (1991), o logotipo da Intel Inside apareceu em mais de 3 mil páginas de publicidade de seus clientes (OEM).[17]

133 mil

Em 1993, 133 mil anúncios de PCs usavam o logo da Intel Inside e 1.400 OEMs haviam entrado no programa.[15]

US$1 bilhão

O lucro líquido da Intel atingiu US $ 1 bilhão pela primeira vez em 1992, após a campanha Intel Inside[18]

Do Baixo Contato ao Alto Contato
1976 ~~~ 2001

Apple Genius Bar

Em 2001, a Apple lança o Genius Bar como componente-chave da Apple Store. Ele transforma uma experiência de compra e suporte indiferenciada e intimidadora em um legítimo serviço de concierge, de alto contato e de alto valor para os clientes.

Antes da Apple Store, a Apple usava varejistas terceirizados para vendas e suporte técnico. Isso levava a inconsistências na experiência do cliente durante e após as vendas.

Em 2001, a Apple lançou a Apple Store com o Genius Bar incorporado, como um componente essencial de sua estratégia de varejo.

O Genius Bar dava suporte técnico personalizado e amigável, além de demonstrações de produtos e workshops de treinamento. Sua abordagem era centrada no ser humano, alto contato, para fazer com que os clientes se sentissem verdadeiros mestres de seus dispositivos. Na Apple Store, o Genius Bar viabilizou um suporte muito menos intimidador para os clientes.

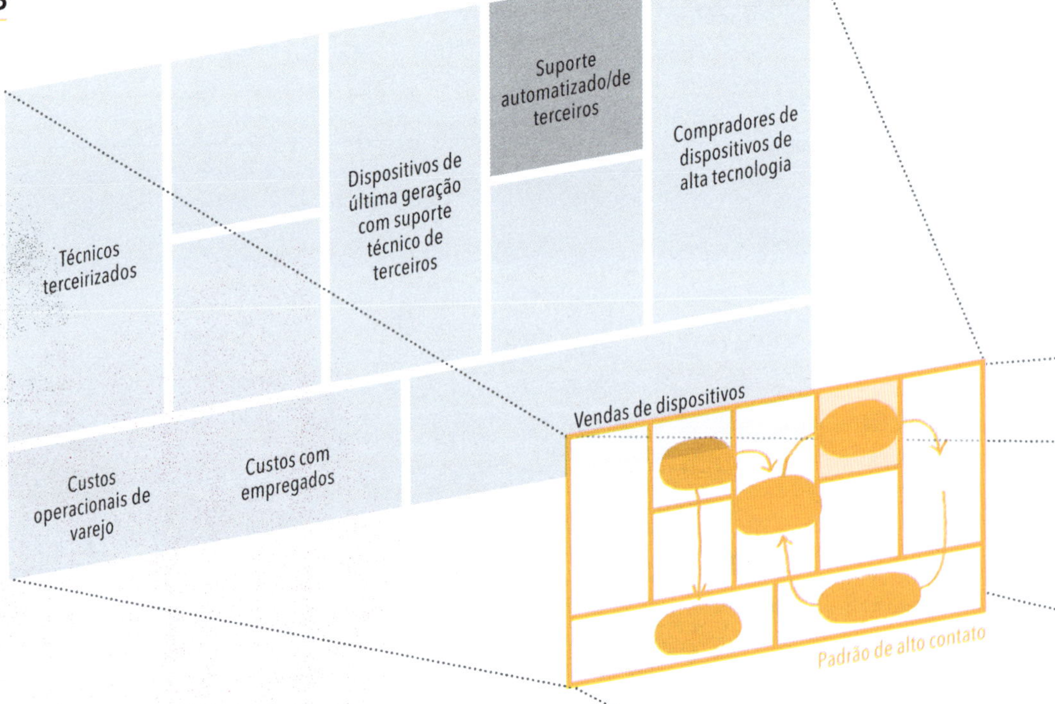

1. Da Automatização em Massa ao Relacionamento de Alto Contato

O que acontece quando os clientes enfrentam um problema com um dispositivo? Em geral, precisam ligar para um call center terceirizado ou passar por um processo chato mediado (abordagem em massa, indiferenciada) por um parceiro. Em 2001, a Apple lança o Genius Bar, dentro da Apple, para controlar a experiência do cliente durante a vida útil de um produto. Se os clientes têm um problema ou uma pergunta sobre seus dispositivos Apple, podem acessar o Genius Bar na Apple Store mais próxima.

2. Das Operações Padrão às Humanizadas

A Apple passa da estrutura padronizada de suporte do tipo back office, envolvendo terceiros, para atividades voltadas para o cliente. O Genius Bar fornece suporte técnico presencial, reparos no local e treinamento e workshops de software. Para permitir a mudança, a Apple treina e certifica uma nova geração de funcionários: os Geniuses. Eles são modelados a partir de concierges de hotéis de ponta que fornecem serviços personalizados e se concentram na construção de relacionamentos, não no aumento das vendas.

3. Maior Custo de Mão de Obra

Como consequência da abordagem high-touch, a Apple tem um aumento no custo de mão de obra e operações de varejo do Genius. A Apple considera o valor adicional criado mais importante do que os custos de varejo incorridos.

4. Receita Premium

Em um mar de dispositivos digitais indiferenciados e de baixa margem, a Apple se destaca por fornecer orientação especializada aos clientes. O serviço personalizado reforça os benefícios percebidos dos produtos e de sua marca. Em última análise, justifica os preços e margens premium da Apple.

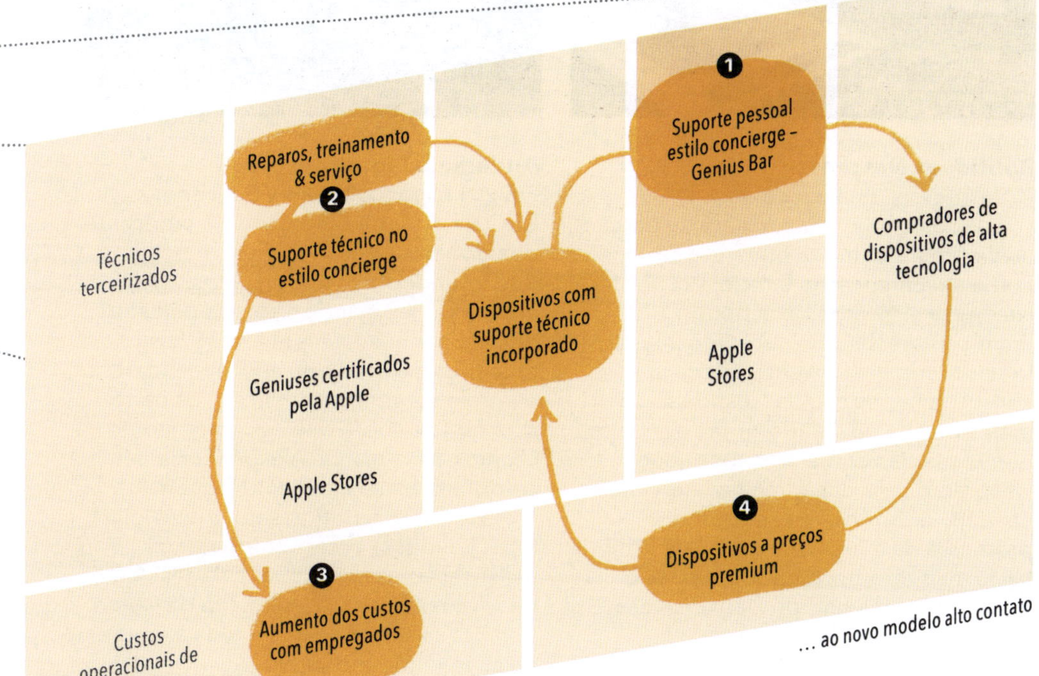

"Estou aqui para ajudar o cliente e seu produto a terem o melhor relacionamento possível."

– GENIUS NA APPLE STORE DE PALO ALTO (2014)

50 mil

Agendamentos diários ao Genius Bar em 2014.[19]

Tendência Direta ao Cliente

Apple Stores
A Apple lança suas próprias lojas de varejo em 2001, a fim de controlar a experiência do cliente. Até então, a empresa nunca havia vendido por meio de suas próprias lojas físicas aos consumidores. Sempre usou locais de varejo terceirizados. As lojas da Apple tornam-se instantaneamente um sucesso com uma experiência muito distinta da dos varejistas tradicionais de computadores. São espaços abertos e iluminados. Os clientes brincam com os dispositivos e interagem com o Genius Bar. Workshops e eventos de treinamento transformam as lojas da Apple em muito mais do que uma área de vendas.

Boutiques Nespresso
A Nespresso, uma marca de café sofisticada conhecida por café de porção única, abre a primeira boutique em 2000, em Paris, como uma loja-conceito. Na época, a Nespresso já operava um e-commerce bem-sucedido, mas precisava de uma presença física para consolidar a posição da Nespresso como marca de alta qualidade. Então abriu um número cada vez maior de boutiques Nespresso para dar a "melhor experiência em café" a seus clientes e cumprir a promessa da marca. Até o final de 2017, havia mais de setecentas boutiques da Nespresso em locais privilegiados nas grandes cidades do mundo.

Audemars Piguet
Em 2013, Francois-Henry Bennahmias, CEO da Audemars Piguet (AP), fabricante de relógios suíços, decide se afastar dos revendedores terceirizados. A AP espera se desligar de todos os parceiros de varejo multimarcas até 2024. Essa mudança radical ajuda a AP a recuperar o controle sobre a experiência e os dados do cliente e sobre o relacionamento do cliente com a marca. A experiência de compra se torna altamente personalizada e usa locais mais íntimos do que as lojas (seus Lounges), como apartamentos sofisticados nas principais cidades. Além disso, o corte do intermediário de varejo permite que a AP obtenha toda a margem de suas vendas no varejo.

Ascensão do Nicho

Cerveja Artesanal
O movimento das cervejas artesanais cresceu nas últimas décadas – forçando até os operadores tradicionais a comprá-las ou distribuí-las.

Por exemplo, na década de 1980, a cerveja nos Estados Unidos se tornou uma mercadoria produzida em massa com pouca ou nenhuma personalidade, tradição ou cultura. Os consumidores começaram a recorrer a cervejas mais saborosas criadas por pequenos fabricantes regionais. Como resultado, os pesos-pesados da indústria entraram no mercado. A AB Inbev (fabricante da Budweiser) comprou 10 cervejarias artesanais norte-americanas até então independentes entre 2011 e 2017.

Cartões de Crédito Co-branded e de Afinidade
Cartões de crédito significavam Visa, Mastercard ou American Express. Hoje, o banco ou credor financeiro é secundário ao varejista, oferecendo benefícios para a associação e uso do cartão. Os varejistas emitem os próprios cartões desde a década de 1980, mas o co-branding atingiu novos extremos de nicho: Starbucks, Uber e Amazon Prime oferecem cartões de recompensa Visa, por exemplo. Os cartões de crédito co-branded cobriam 41% do valor de compra do cartão de crédito para consumidores e pequenas empresas nos EUA em 2017 e mais de US$990 bilhões em valor de compra em 2018 (Packaged Facts).

Tênis Exclusivos
Nike e Adidas levaram o nicho a um nível totalmente novo – lançamentos semanais limitados e exclusivos, em horários específicos e varejistas exclusivos. Os tênis, produzidos em quantidades que variam de centenas a milhares, são direcionados a entusiastas de tênis que buscam uma declaração de moda exclusiva ou um item colecionável (para revenda online). Os tênis que originalmente são vendidos por US$120 podem ultrapassar US$4 mil no mercado secundário, dependendo da raridade e prestígio.

Dos Recursos Dedicados aos Multiuso
p. 256 Fujifilm

Do Ativo Pesado ao Leve
p. 260 Bharti Airtel

Da Fechada à Aberta (Inovação)
p. 262 Microsoft

Mudanças no Backstage

Uma mudança radical na forma como o valor é criado

Dos Recursos Dedicados aos Multiuso

É a mudança do uso de um recurso de uma proposta de valor para o uso do mesmo recurso para uma proposta completamente diferente – que visa um novo cliente. Isso leva a sinergias substanciais, enquanto abre um fluxo de receita totalmente novo.

REFLEXÃO ESTRATÉGICA

Como monetizar uma de nossas principais fontes de receita com uma nova proposta de valor para um novo segmento de cliente? Como as sinergias com nossos negócios existentes nos permitem causar a disrupção no novo mercado que buscamos?

EXEMPLO
Fujifilm

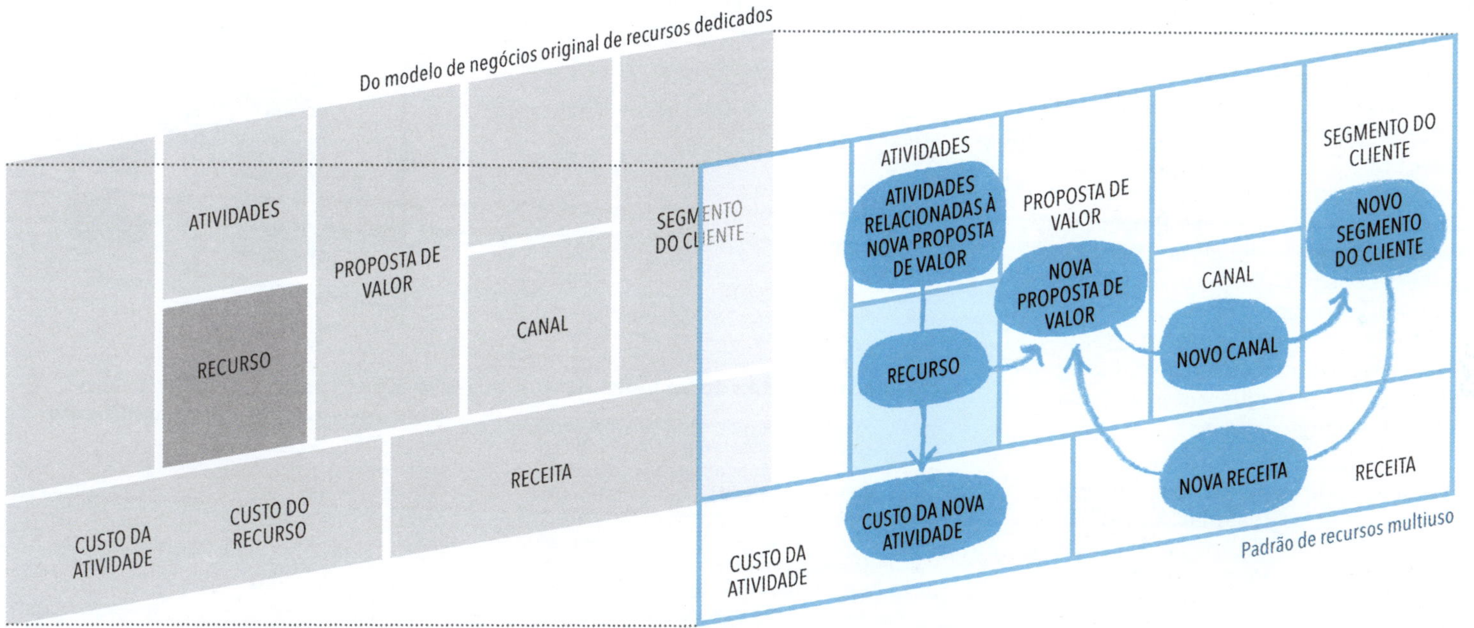

Dos Recursos Dedicados aos Multiuso
2003 — 2006

Fujifilm

Com a digitalização da fotografia nos anos 2000, a Fujifilm percebe que não pode mais confiar na receita contínua dos filmes analógicos. O presidente Shigetaka Komori inicia um período de transformação para a Fujifilm com o plano VISION 75. Em 2006, a Fujifilm revê seu conhecimento sobre filmes fotográficos e investe em cosméticos, lançando o Astalift skincare.

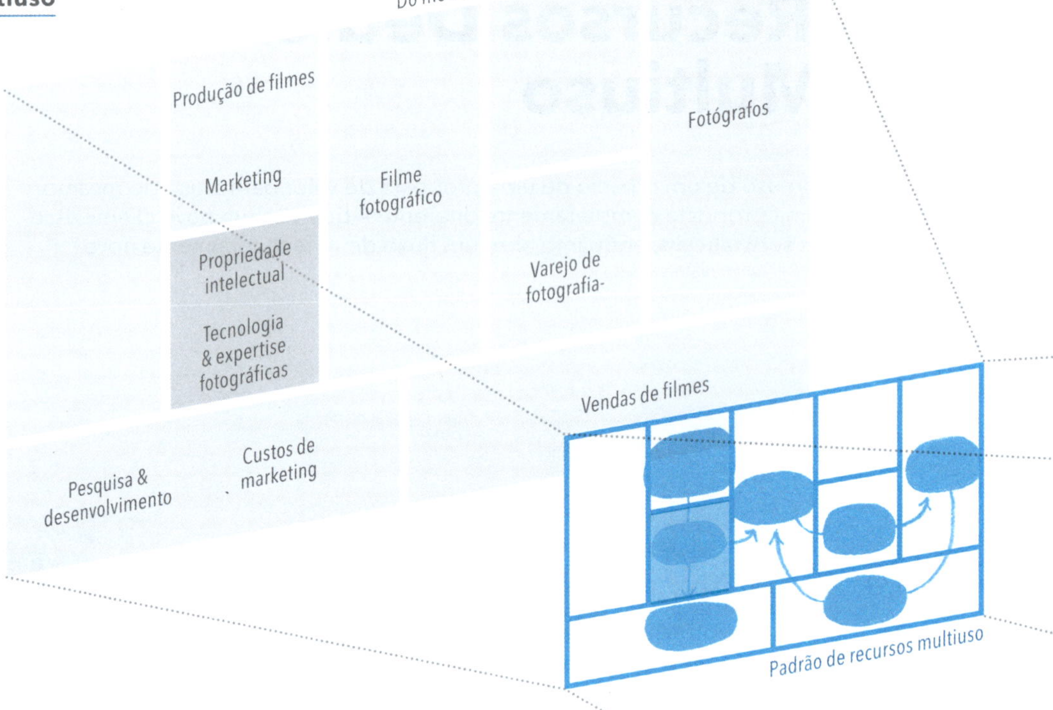

Como parte do plano VISION 75, em 2006, a Fujifilm criou os Laboratórios de Pesquisa Avançada (P&D) para procurar usos inovadores de sua tecnologia. Logo desenvolveu o Astalift e alavancou a marca para comercializar a nova linha de cosméticos. Ao criar um novo modelo de negócios bem-sucedido em torno de um recurso-chave existente, a Fujifilm conseguiu se recuperar do forte declínio do filme, diferentemente da ex-concorrente, a Kodak.

Esse sucesso se tornou uma plataforma de lançamento para explorar outros negócios (materiais funcionais, dispositivos médicos etc.), e a Fujifilm se tornou um conglomerado de tecnologia diversificado. Sua Divisão de Soluções de Imagem representava 54% da receita em 2001, contra apenas 15% em 2017.

1. Do Recurso Dedicado ao Multiuso

A Fujifilm percebe que o colágeno é um componente importante do filme e da pele e que pode aplicar sua tecnologia fotográfica e sua experiência na fabricação de filmes à produção de produtos para a pele. Ao longo dos anos, desenvolveu 20 mil compostos químicos em sua biblioteca química para uso em filmes fotográficos, e agora aplicáveis a produtos farmacêuticos e cuidados com a pele.

2. De uma Proposta de Valor a Outra, para um Novo Segmento de Cliente

A Fujifilm opera uma mudança radical de sua proposta original de valor do filme fotográfico para fotógrafos em todo o mundo. Agora, tem como alvo as mulheres asiáticas com sua proposta de valor de cuidados com a pele Astalift, de alta qualidade.

3. Do Canal Tradicional ao Novo

Os filmes fotográficos e os produtos de skin care de alta qualidade não usam os mesmos canais de varejo, por isso a Fujifilm abre canais dedicados a cosméticos para os negócios da Astalift.

4. Da Atividade e dos Custos Tradicionais aos Relacionados à Nova Proposta de Valor

A Fujifilm cria os Laboratórios de Pesquisa Avançada para procurar usos inovadores de sua tecnologia fotográfica. Investe no setor de skin care e cria uma campanha de marketing significativa para a Astalift, pois os cosméticos exigem uma marca forte. Em seguida, constrói a infraestrutura de fabricação e distribuição de produtos para a pele, com base na nova proposta de valor.

5. Da Receita à Nova Receita

Desde o seu pico, em 2001, a demanda por filmes fotográficos caiu, minguando em menos de 10 anos. Para compensar a queda na receita, a Fujifilm cria um novo fluxo de receita com produtos de skin care e suplementos que contribuem para o crescimento de sua divisão de saúde, iniciada em 2006.

2x

A Astalift ajuda a quase dobrar a receita dos negócios de cuidados com a saúde da Fujifilm de ¥288 bilhões em 2008 para ¥484 bilhões em 2018. As receitas estão incluídas na divisão de saúde.[20,21]

20 mil

Compostos químicos

A Fujifilm havia desenvolvido 20 mil compostos químicos em sua biblioteca química, originalmente todos voltados para uso em filmes fotográficos, mas agora usados para produtos farmacêuticos.[22]

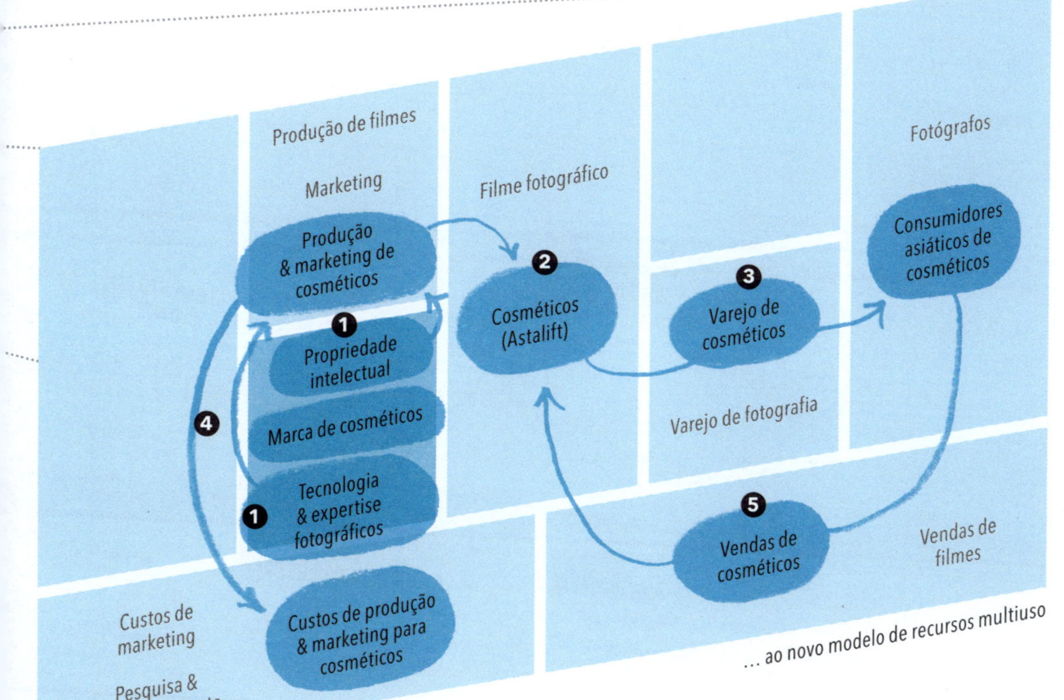

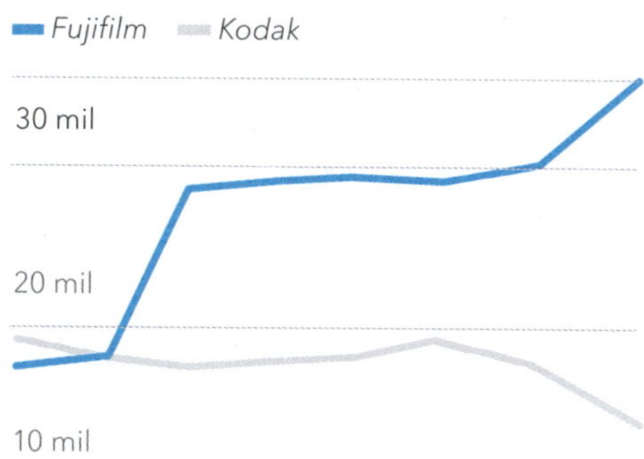

Do Ativo Pesado ao Leve

É a mudança de um modelo de negócios baseado em altos custos fixos e altos investimentos de capital para um de ativos leves, com custos variáveis. Essa mudança permite focar o fornecimento de serviços e a aquisição de clientes, em vez de a construção e a manutenção de ativos. O capital e a energia liberados são investidos em prol do impulsionamento, do crescimento e do aumento das receitas. Além disso, fornecedores terceirizados geralmente podem dividir o custo da construção e da manutenção de ativos entre vários clientes. Isso leva a um custo unitário mais baixo do que se a empresa construísse e mantivesse os próprios ativos.

REFLEXÃO ESTRATÉGICA

Como liberar capital e energia da construção e manutenção de ativos para focar o fornecimento de serviços e a aquisição de clientes? Como essa mudança pode nos ajudar a escalar nossa base de clientes e aumentar as nossas receitas?

EXEMPLO

Bharti Airtel

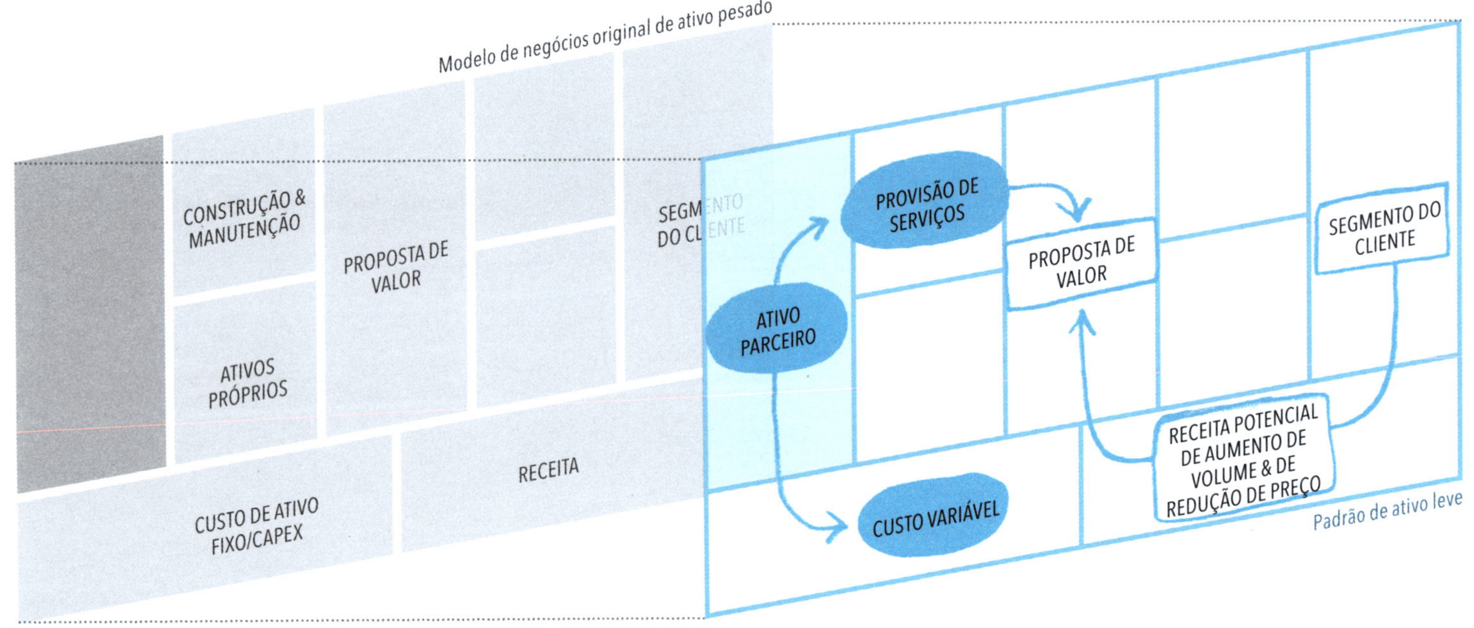

Da Fechada à Aberta (Inovação)

É a mudança de uma abordagem fechada para o desenvolvimento de novas propostas de valor para uma aberta a ele. Essa abordagem externa (à inovação) baseia-se em P&D e propriedade intelectual (PI) externos. Um tipo semelhante de mudança é a proteção rígida de P&D e PI internos para uma de dentro para fora do compartilhamento de P&D e PI com parceiros externos.

REFLEXÃO ESTRATÉGICA

Como usar mais P&D e PI externos (de fora para dentro) ou compartilhar P&D e PI internos com parceiros externos (de dentro para fora)? Ambos devem acarretar um maior retorno de P&D por meio de novas receitas.

EXEMPLO
Microsoft

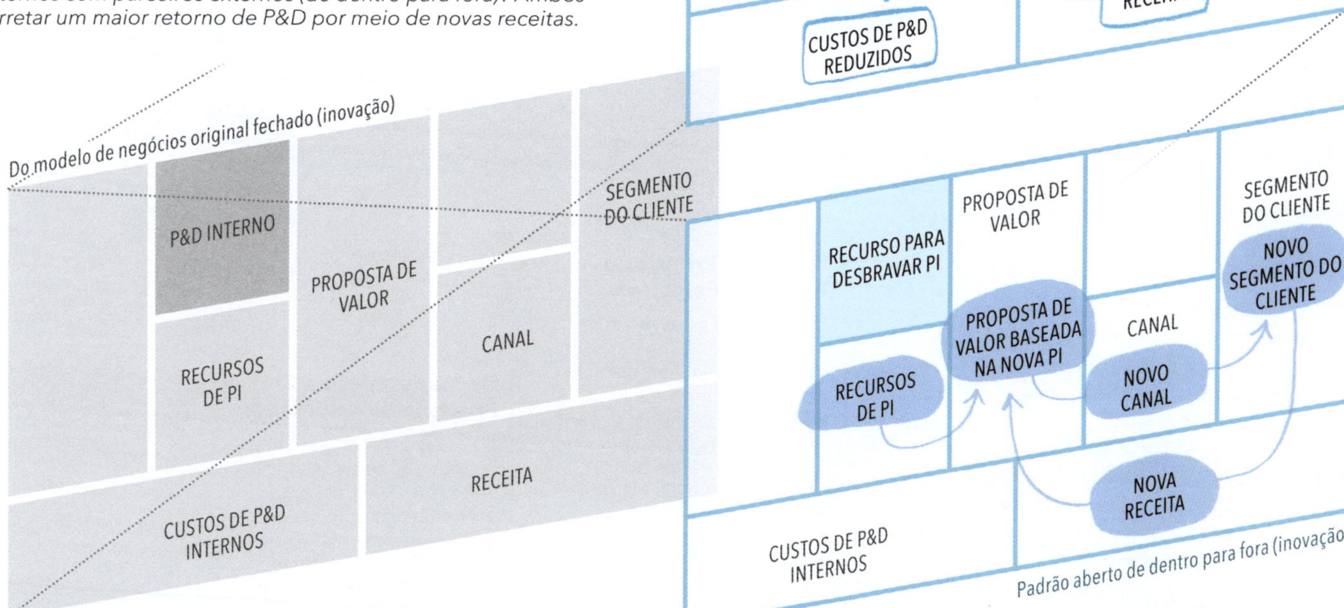

Do Ativo Pesado ao Leve
2000 ~~~ 2003

Bharti Airtel

No início dos anos 2000, a Airtel não possuía o capital necessário para aumentar a infraestrutura de telecomunicações. Decide explorar uma estratégia sem precedentes no setor. A Airtel terceiriza toda a infraestrutura de rede e a maioria das operações para competir fornecendo serviços, não desenvolvendo infraestrutura.

No início dos anos 2000, a Bharti Airtel queria conquistar a maior fatia do mercado indiano de telecomunicações. No entanto, não tinha capital para investir na infraestrutura necessária.

Em vez de competir em infraestrutura como todos os outros, decidiu competir em serviços.

Em 2003, a Airtel foi a primeira grande empresa de telecomunicações a terceirizar a infraestrutura e a maioria das operações comerciais para parceiros. Custos de capital maciços desapareceram do modelo de negócios. Essa mudança transformou as despesas de capital em despesas operacionais variáveis, com base no uso do cliente. A Airtel canalizou as economias para reduções de preços e novas propostas de valor que sustentam o rápido crescimento da base de assinantes.

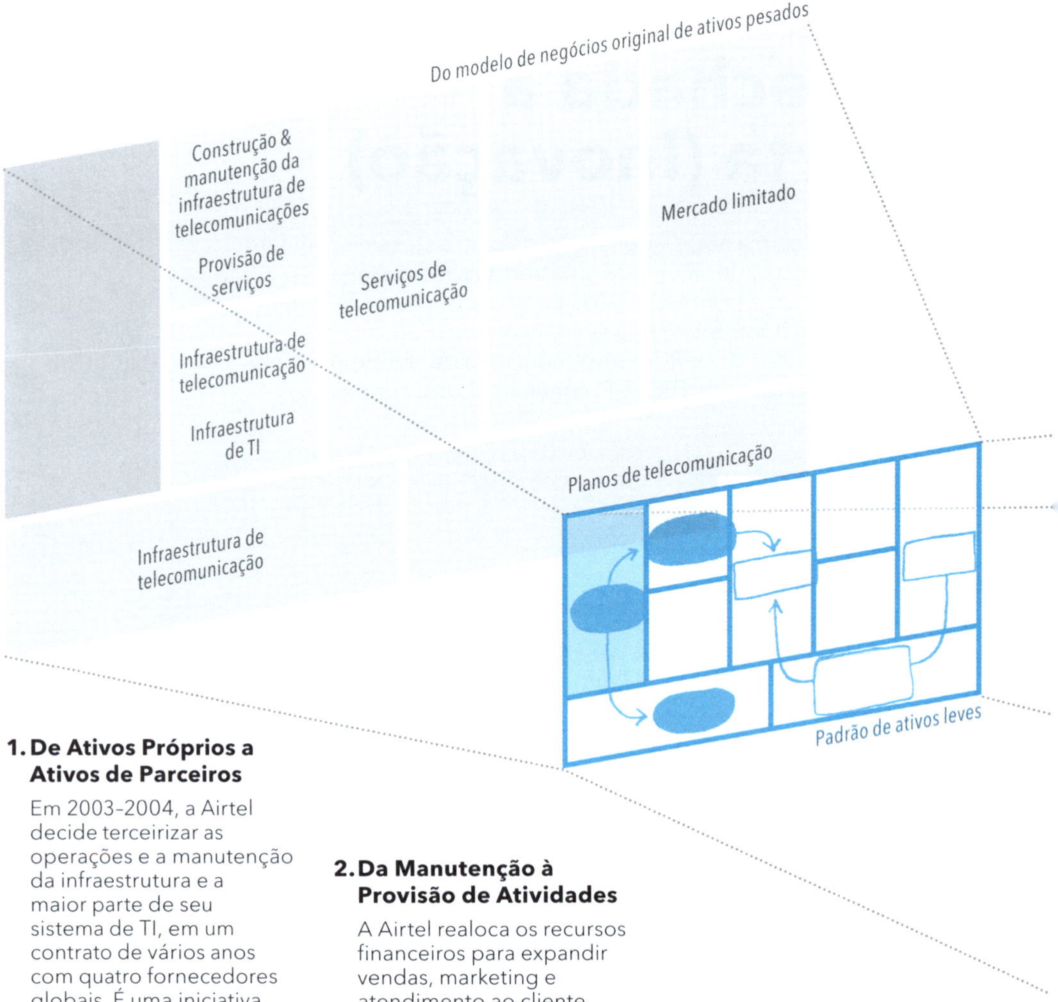

Do modelo de negócios original de ativos pesados

Construção & manutenção da infraestrutura de telecomunicações

Provisão de serviços

Infraestrutura de telecomunicação

Infraestrutura de TI

Serviços de telecomunicação

Mercado limitado

Infraestrutura de telecomunicação

Planos de telecomunicação

Padrão de ativos leves

1. De Ativos Próprios a Ativos de Parceiros

Em 2003-2004, a Airtel decide terceirizar as operações e a manutenção da infraestrutura e a maior parte de seu sistema de TI, em um contrato de vários anos com quatro fornecedores globais. É uma iniciativa sem precedentes para as operadoras de telecomunicações que veem a rede como a maior vantagem competitiva.

2. Da Manutenção à Provisão de Atividades

A Airtel realoca os recursos financeiros para expandir vendas, marketing e atendimento ao cliente, o que permite um crescimento mais rápido do cliente e uma melhor provisão de serviços.

3. Da Estrutura de Custos Fixos para a Variável

A Airtel não precisa mais de equipamentos e infraestrutura (custos fixos). Negocia com os parceiros um modelo de pagamento baseado no uso e na qualidade do serviço (custos variáveis).

4. Das Receitas de Base a Preços Mais Baixos e Maior Volume

A Airtel repassa a economia da terceirização da infraestrutura para os clientes, reduzindo o preço de seus planos. Com preços mais baixos, atinge um volume muito maior de vendas e explora o mercado de telecomunicações indiano em rápido crescimento. Como seu crescimento não se restringe pela infraestrutura, pode expandir rapidamente a base de clientes após a mudança.

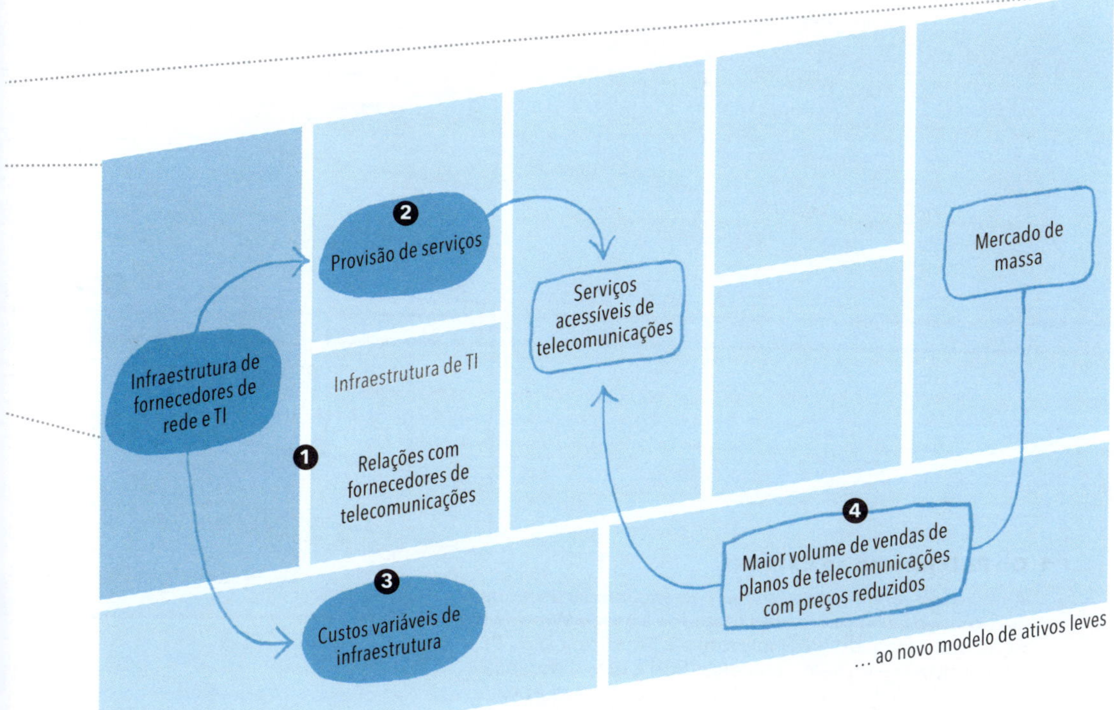

Nº 3 na Índia

Terceira maior operadora de celular em 2019.[24]

325 milhões

assinantes na Índia em 2019.[24]

27,5% fatia de mercado

de todas as assinaturas sem fio em 2019.[24]

120% crescimento

120% de crescimento anual da receita de vendas entre 2003 e 2010, e crescimento do lucro líquido de 282% ao ano.[25]

Da Fechada à Aberta (Inovação)
2012 ~~ 2018

Microsoft

Os usuários e desenvolvedores corporativos não querem mais se vincular a um sistema operacional. Para superar isso, a Microsoft adota o código aberto. Em 2001, ela faz as pazes com ele e ingressa em sua comunidade em 2014.

Na era Steve Ballmer, a Microsoft foi contra o código aberto. Litígios de patentes e ameaças evidentes contra o roubo de PI eram comuns. Em 2012, a Microsoft testou o código aberto com a criação do Microsoft Open Technologies.

Em 2014, o novo CEO Satya Nadella acelerou essa mudança rumo a uma abordagem aberta. O foco da Microsoft mudou do Windows proprietário para as soluções em nuvem independentes de sistema operacional para satisfazer usuários e desenvolvedores corporativos.

Para atender às necessidades dos clientes corporativos, a Microsoft mudou da inovação fechada à aberta. Já não se baseava apenas no desenvolvimento de software proprietário e se abriu à comunidade de código aberto. Facilitou o trabalho dos desenvolvedores com seu software e aprimorou as ofertas de serviços em nuvem do Azure.

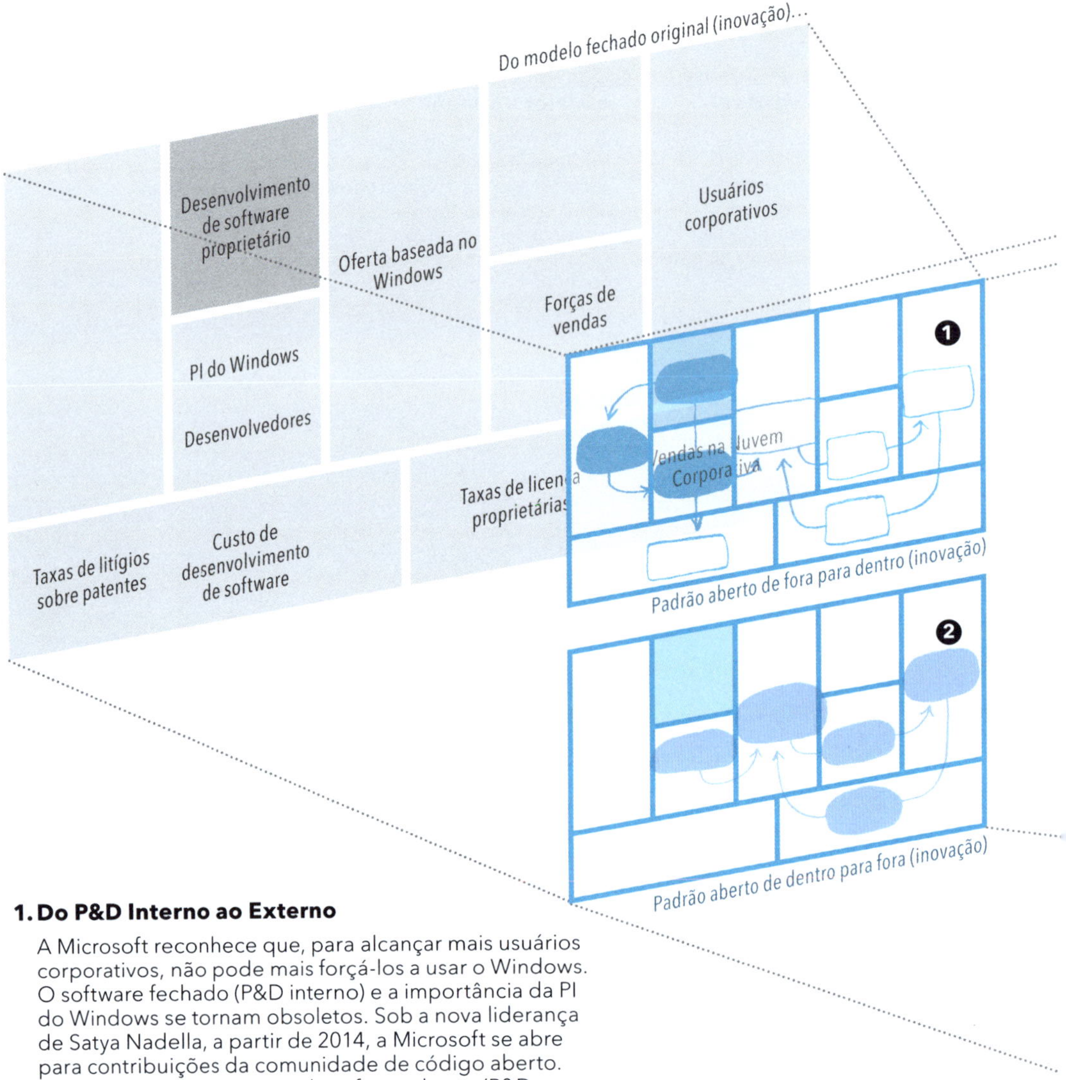

1. Do P&D Interno ao Externo

A Microsoft reconhece que, para alcançar mais usuários corporativos, não pode mais forçá-los a usar o Windows. O software fechado (P&D interno) e a importância da PI do Windows se tornam obsoletos. Sob a nova liderança de Satya Nadella, a partir de 2014, a Microsoft se abre para contribuições da comunidade de código aberto. Incorpora cada vez mais código-fonte aberto (P&D externo) nos serviços de nuvem do Azure para atender às necessidades dos usuários corporativos.

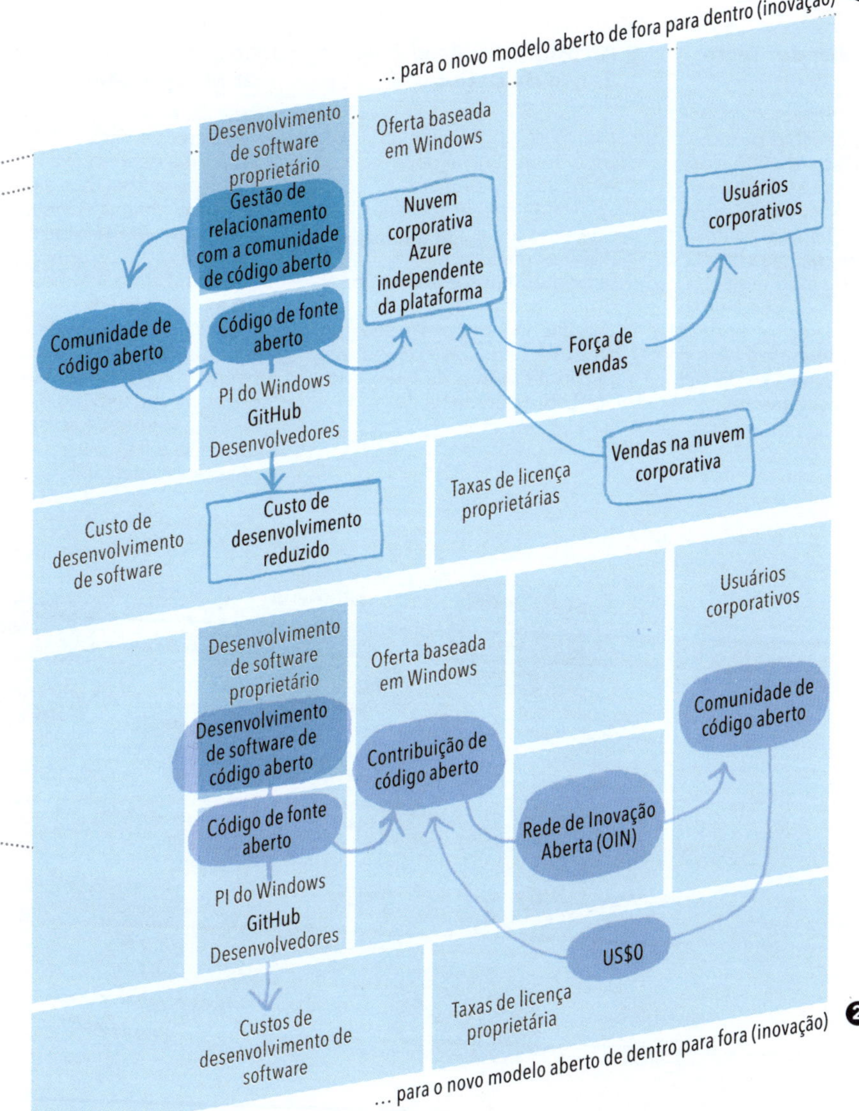

60
mil patentes

Em 2018, a Microsoft abriu 60 mil patentes ao ingressar no OIN.[26]

US$7,5
bilhões pagos pelo GitHub

Em 2018, a Microsoft compra o GitHub, a maior plataforma de software aberto do mundo.[27]

Nº 1

A Microsoft é a maior colaboradora do GitHub, com mais de 4.550 funcionários em 2018.[28]

2. Da PI Proprietária à PI Baseada na Proposta de Valor

A Microsoft ingressa na Linux Foundation em 2016, um consórcio de tecnologia aberta que promove o desenvolvimento de código aberto. Em 2018, ingressa na Open Innovation Network (ou OIN, um consórcio de patentes), abrindo mais de 60 mil patentes (PI proprietária) para a comunidade.

Em 2018, a Microsoft compra o GitHub, uma plataforma para colaboração e controle de versão de software para a comunidade de código aberto. A Microsoft logo se torna uma das maiores colaboradoras (nova proposta de valor baseada em PI).

REVERTER

Dos Recursos Dedicados aos Multiuso

2006 ~~~ 2019

Tendências do Big Data: 23andMe

Big data, a análise de conjuntos de dados extremamente grandes, abre muitas oportunidades para um novo crescimento com o padrão "do dedicado ao multiuso", conforme ilustrado pelo 23andMe.

1. Do Uso Dedicado: Teste Genético

O 23andMe começa a vender kits de teste de DNA direto ao consumidor em 2006, com relatório de ancestralidade e análise de saúde. O 23andMe pede que os clientes optem por sua pesquisa "para se tornar parte de algo maior". Em média, 80% dos usuários aceitam. A cada nova venda, o 23andMe aumenta seu banco de dados, informações de DNA e dados comportamentais.

2. Ao Multiuso: Acesso ao Banco de Dados

A 23andMe sabe que seu banco de dados será um recurso essencial para a pesquisa científica. O 23andMe vende acesso anônimo a ele a pesquisadores (na área médica, governamental e educacional). Em 2018, mais de 4 milhões dos clientes deixaram seu DNA ser usado em pesquisas. O cliente médio da 23andMe contribui para mais de 230 estudos.

3. Ao Multiuso: Descoberta de Medicamentos

Essa riqueza de dados também permite que o 23andMe explore a descoberta de medicamentos. Eles exploram esse novo campo por conta própria e por meio de parcerias com as principais empresas farmacêuticas. No início de 2020, a 23andMe, pela primeira vez, vendeu os direitos de um novo medicamento que desenvolveu usando os dados de seus clientes. Isso abre caminho para novos fluxos de receita substanciais.

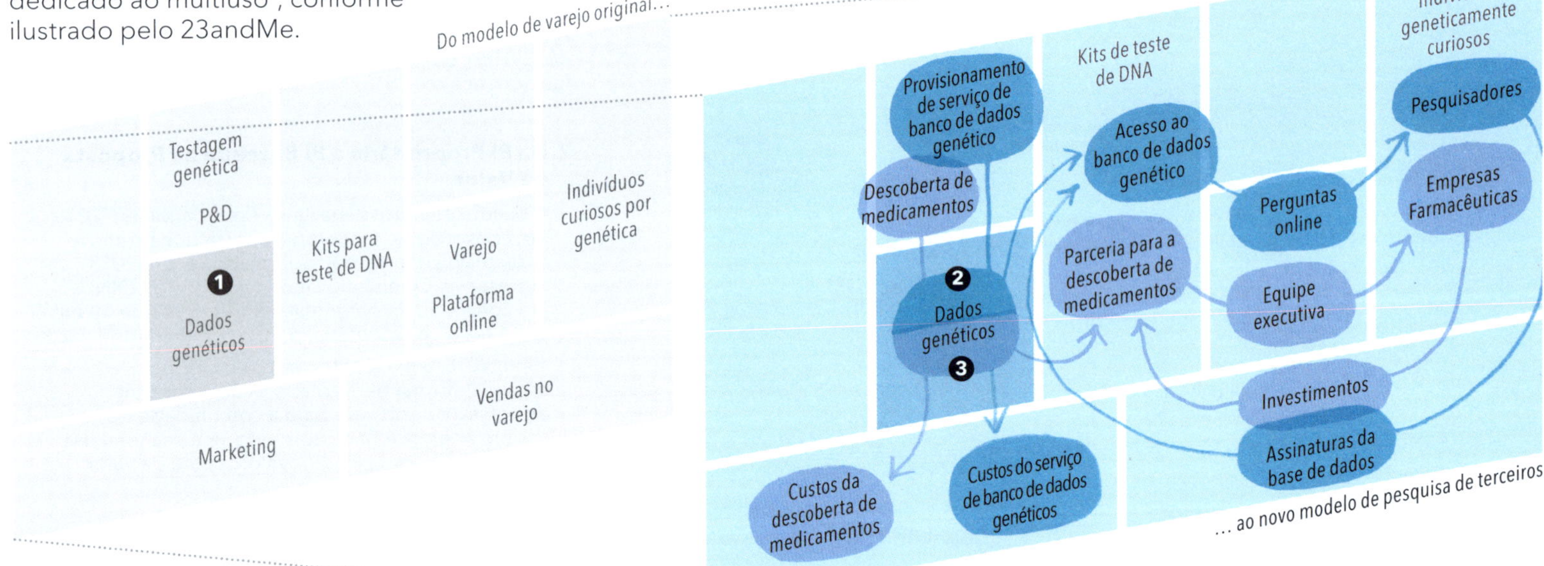

REVERTER

Do Ativo Leve ao Pesado
1928 ~~~ 1955

Parques & Resorts da Disney

Nos anos de 1930, Walt Disney sonha em proporcionar às famílias uma experiência mágica, tanto na tela quanto na vida real. Após o sucesso de seus filmes (ativos leves), ele se expande para parques temáticos em 1955 e para resorts (ativos pesados).

Walt Disney lançou o primeiro desenho animado do Mickey Mouse em 1928. Quatro anos depois, esboçou a ideia de um parque de diversões familiar. Em 1955, a Disneylândia abriu na Califórnia e, nas primeiras 10 semanas, atraiu 1 milhão de visitantes. Em 1960, chegou a 5 milhões de visitantes por ano. A Disney World foi aberta em 1971, e os dois resorts abriram para receber os turistas. Em 1983, a Disney abriu o primeiro parque temático internacional, em Tóquio, e, em 1996, lançou a Disney Cruise Line. O crescimento contínuo e o investimento em ativos pesados valeu a pena. Construiu uma rede hoteleira lucrativa junto ao seu império da mídia. E a Disney continua sendo a marca de mídia mais valiosa do mundo. Prevê-se que US$24 bilhões sejam investidos em parques até 2023.[29]

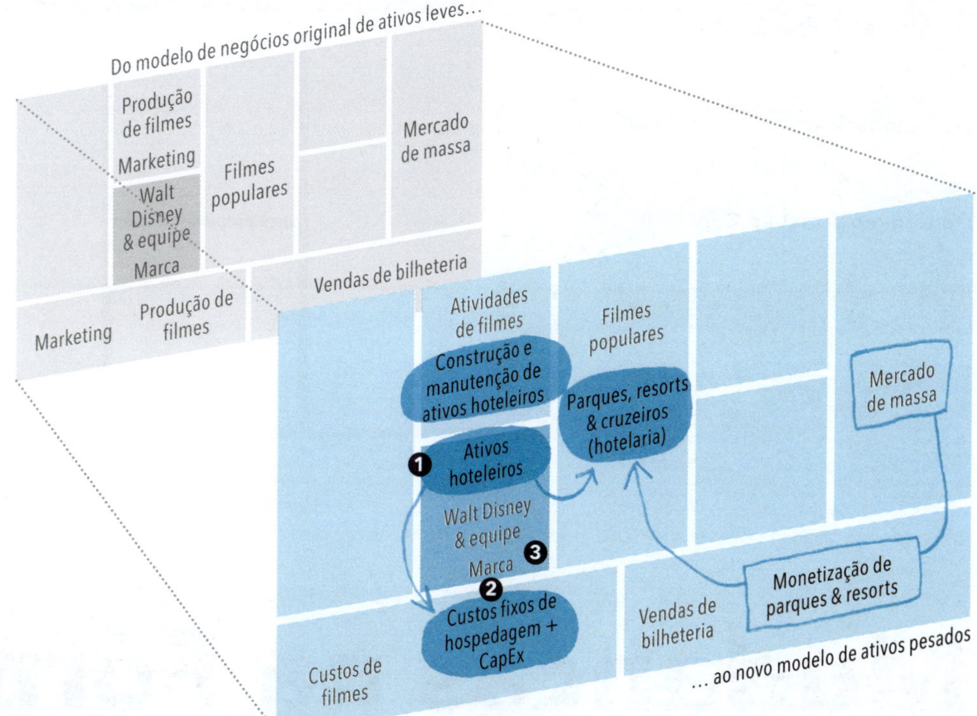

1. Do Ativo Leve ao Pesado

Os filmes exigem poucos ativos além de Walt Disney e sua equipe criativa. Quando a Disney decide criar experiências no mundo real, aceita que precisa investir em ativos pesados de hotelaria. A Disney abre o primeiro parque, a Disneylândia, em 1955 e adiciona outros 11 parques temáticos, 51 resorts, 4 cruzeiros e 1 ilha privada a seus principais recursos.

2. Da Estrutura de Custos dos Ativos Leves aos Pesados

Filmes	Parques
A Dama e o Vagabundo **US$38,1 milhões**	Disneylândia **US$162 milhões**
Mogli **US$30,6 milhões**	Disney World **US$2,02 bilhões**
A Pequena Sereia **US$82 milhões**	Estúdios da Disney em Hollywood **US$824 milhões**

3. Ativos Leves e Pesados se Reforçam

A Disney usa suas franquias e marca de filmes para comercializar parques, resorts, cruzeiros e outros produtos. Ao mesmo tempo, parques e resorts se tornam um canal para reforçar a conexão do cliente com a marca Disney.

Do Alto ao Baixo Custo
p. 268 Dow Corning Xiameter

Da Receita Transacional à Recorrente
p. 272 Adobe

Do Convencional ao Contrário
p. 274 Apple iMac

Mudanças na Fórmula do Lucro

Uma mudança radical na forma como os lucros são obtidos em termos de receitas e custos

Do Alto ao Baixo Custo

É a mudança para uma atividade mais eficiente e para a configuração de recursos, a fim de diminuir a estrutura de custos e oferecer aos clientes preocupados com o preço uma proposta de valor baixo, o que viabiliza a conquista de novos segmentos do cliente que talvez não tivessem tido acesso à proposta de valor antes.

REFLEXÃO ESTRATÉGICA
Que novo segmento de cliente consciente do preço podemos conquistar com uma proposta de valor de preço baixo? Como reconfigurar atividades e recursos para causar a disrupção da estrutura de custos e possibilitar esse preço baixo?

EXEMPLO
Dow Corning Xiameter

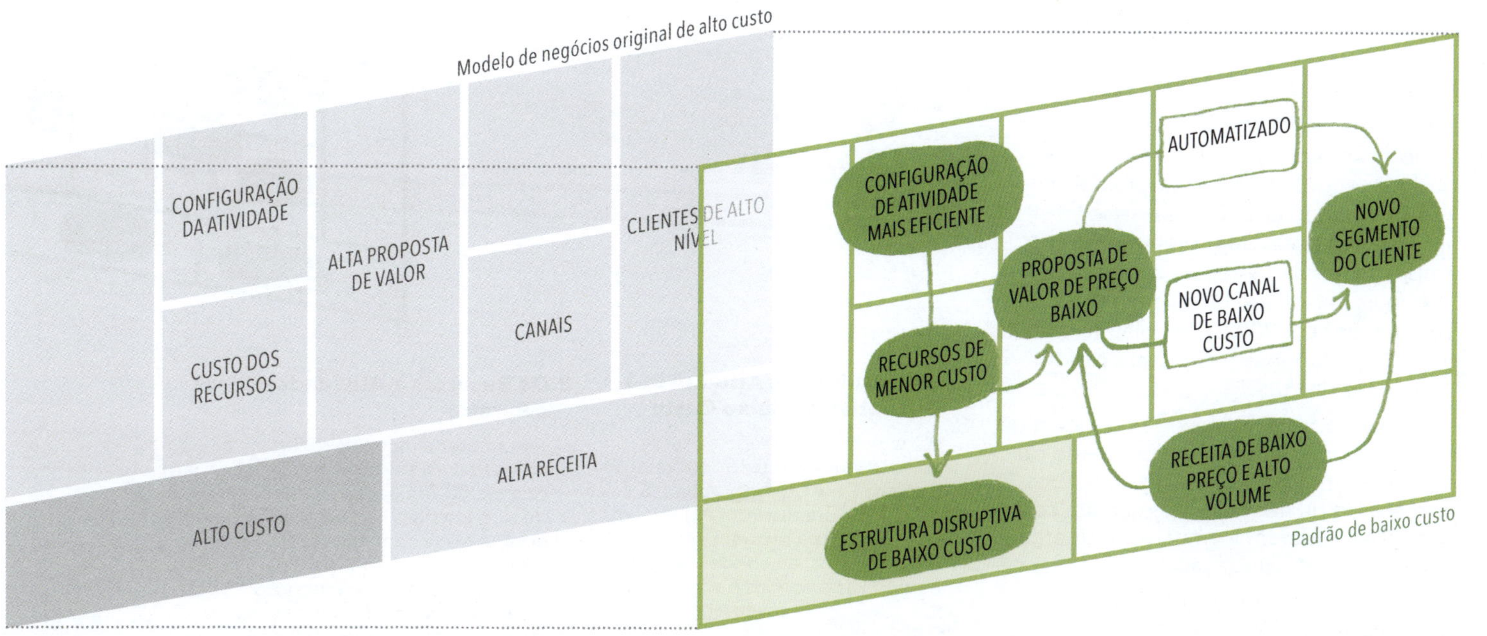

Do Alto Custo ao Baixo Custo
1990 ~~~ 2002

Dow Corning Xiameter

O silicone vira commodity no final dos anos 1990, e os negócios especializados em silicone da Dow Corning ficam ameaçados. Em resposta, a Dow Corning cria a Xiameter em 2002, uma oferta simples de silicone, vendida online a fabricantes a preço baixo.

Na década de 1990, o silicone se tornou commodity, e a Dow Corning poderia ter desistido da extremidade inferior do mercado. Em vez disso, assumiu o desafio de projetar uma empresa que o oferecesse a um preço 15% mais baixo. Isso levou ao lançamento do Xiameter em 2002: uma plataforma de distribuição apenas online para produtos padrão de silicone.

A Dow Corning manteve seu negócio de silicone especial de alto custo ao lado do padrão Xiameter de baixo custo. Ambos os modelos de negócios coexistiram com sucesso e ajudaram a empresa a superar a ameaça da comoditização.

A Dow Corning foi adquirida pela Dow Chemical em 2016.

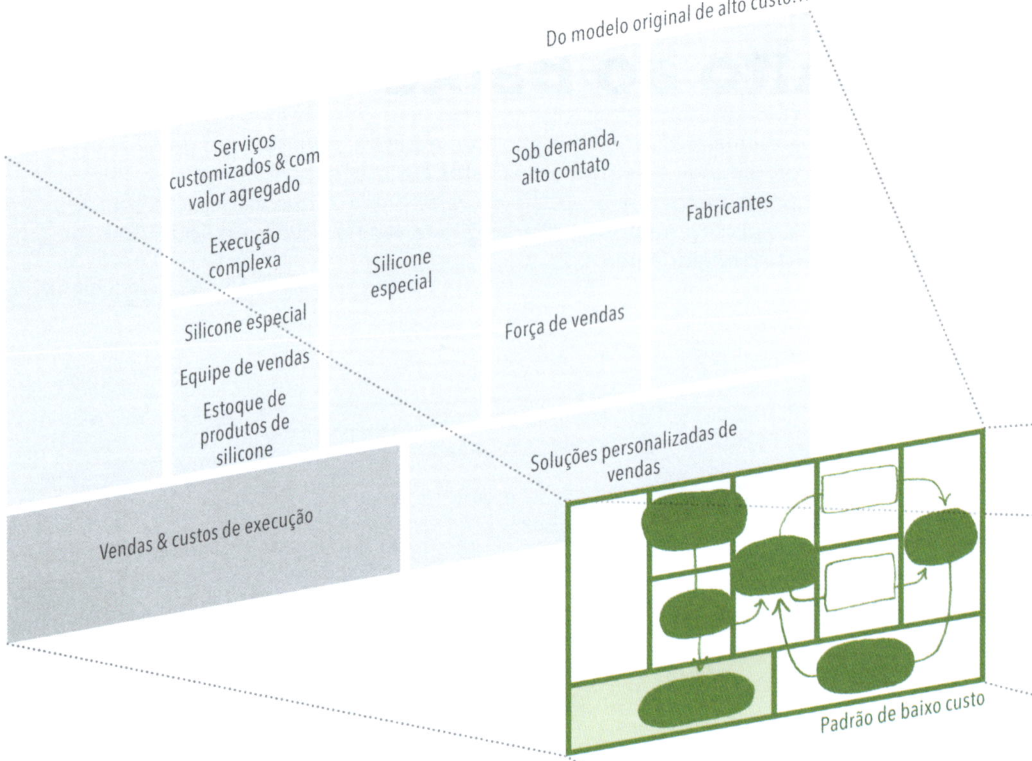

1. Da Estrutura de Alto Custo à Disruptiva de Baixo Custo

A Xiameter altera radicalmente sua estrutura de custos em relação à matriz Dow Corning. Alcança uma estrutura disruptiva de baixo custo, graças a recursos menos dispendiosos, atividades menos complexas e vendas padronizadas.

2. De Recursos e Atividades Caros a Baratos

A Xiameter elimina os recursos mais caros do modelo tradicional da Dow Corning, o que inclui eliminação de recursos especiais de silicone para reduzir o estoque e da equipe de vendas dedicada. Também reduziu a complexidade de atividades, como personalização de produtos de silicone, serviços de valor agregado ou termos contratuais específicos. O novo modelo de negócios foi projetado para vendas padronizadas e execução online.

3. Da Proposta de Valor Especializada à de Baixo Preço

Os recursos menos dispendiosos e a configuração mais eficiente das atividades permitem à Xiameter oferecer uma proposta de valor com preço mais baixo, vendendo silicone padrão online a um preço mais baixo do que a Dow Corning. Essa proposta atrai um novo segmento de fabricantes dispostos a renunciar a atividades de vendas especializadas e de alto contato em troca de velocidade, conveniência e preço.

4. Do Canal Tradicional (Offline) ao Novo (Online)

O negócio original da Dow Corning depende de uma equipe de vendas dedicada e não tem presença online. A Xiameter cria uma plataforma de e-commerce e adiciona um novo canal online para alcançar os clientes.

5. Da Receita de Alto Preço à de Baixo Preço e Alto Volume

A Dow Corning vende seus produtos especiais a um preço alto. A Xiameter visa um preço 15% menor. Em troca, os clientes compram grandes volumes, com termos de crédito padrão e entrega predeterminada. As vendas da Xiameter crescem de 0 a 30% das vendas totais da Dow Corning em menos de 10 anos.

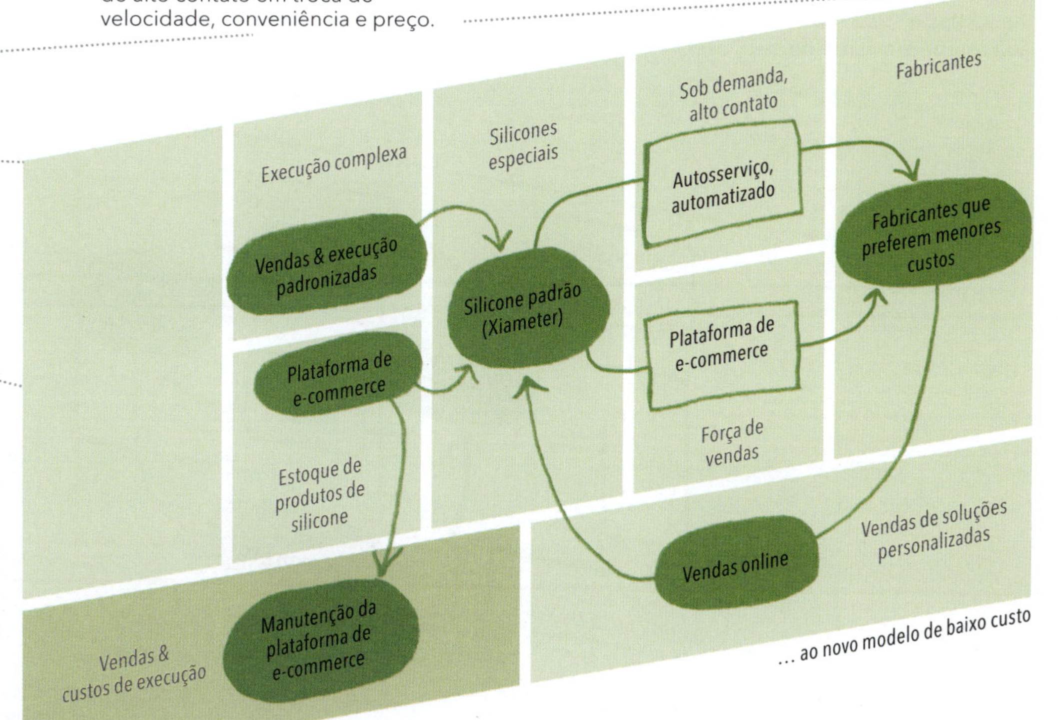

20%

menos dispendioso

diferencial de preço entre Dow Corning e Xiameter.[30]

"A estratégia de duas marcas dá soluções e opções para os clientes resolverem problemas e aproveitarem oportunidades."

– DONALD SHEETS

CFO e presidente na região norte-americana, Dow Corning

0% a 30%

vendas online em menos de 10 anos

30% das vendas da Dow online em 2011 vs. 0% antes do lançamento do Xiameter, em 2002.[31]

13%

crescimento em vendas

Pico no crescimento das vendas em 2006 e aumento de dois dígitos todos os anos desde 2002.[32]

Adaptado de Seizing the White Space, *por Mark W. Johnson*

Da Receita Transacional à Recorrente

É a mudança da necessidade de vender repetidamente com custo contínuo para adquirir clientes/usuários uma vez e obter receitas recorrentes. Demanda a identificação de um trabalho recorrente a ser realizado pelo cliente, que você pode abordar com uma proposta de valor recorrente. Devido ao aumento do valor da vida útil do cliente com receitas recorrentes, você pode pagar um custo de aquisição inicial mais alto do que em um modelo transacional. As vantagens da receita recorrente incluem o crescimento de receita composta e sua maior previsibilidade.

REFLEXÃO ESTRATÉGICA
Que tarefa recorrente a ser realizada pelo cliente pode nos permitir criar uma proposta de valor recorrente com um relacionamento de longo prazo e receitas recorrentes?

EXEMPLO
Adobe

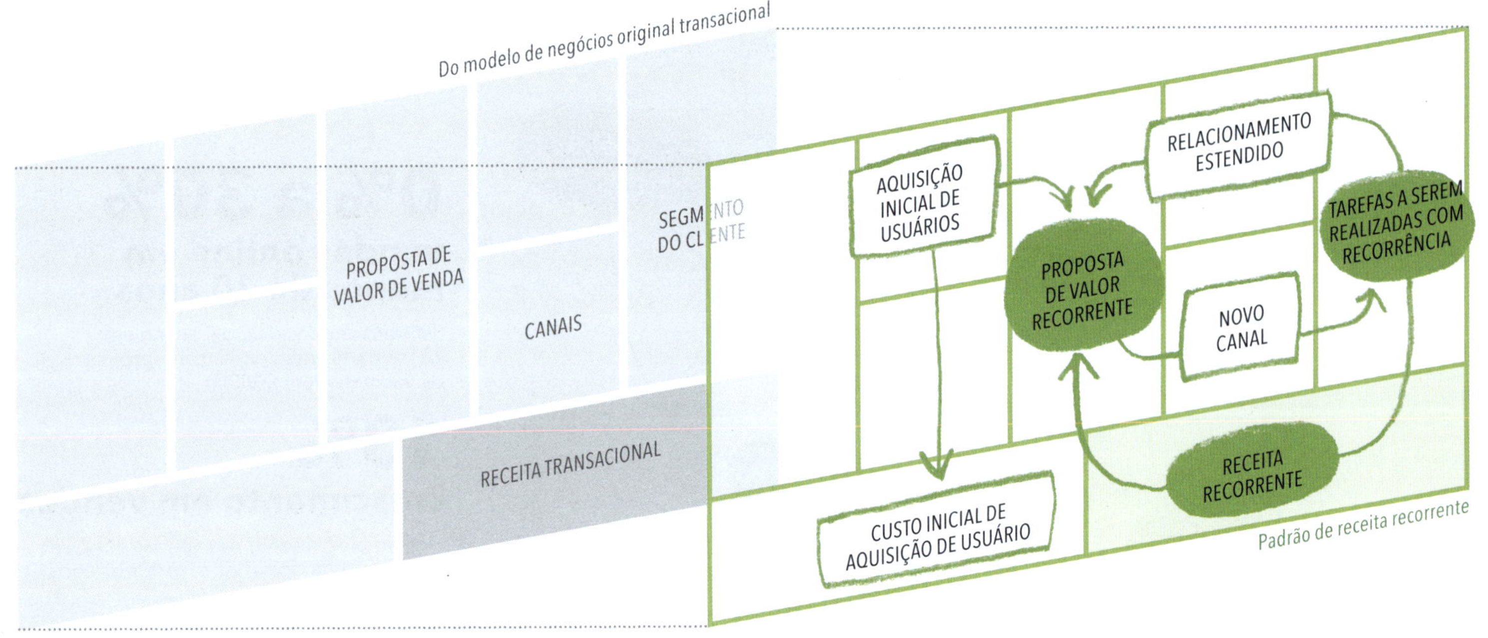

Do Convencional ao Contrário

É a mudança para reduzir significativamente os custos e aumentar o valor ao mesmo tempo. O contrário elimina recursos, atividades e parceiros mais caros do modelo, mesmo que isso signifique limitar a proposta de valor. Ele compensa concentrando-se nos recursos da proposta de valor que um segmento do cliente bem definido ama e pelo qual está disposto a pagar, mas cujo fornecimento é relativamente barato.

REFLEXÃO ESTRATÉGICA

Quais das atividades e recursos mais caros eliminar ou reduzir, mesmo que eles criem valor para os clientes? Como substituir esse valor perdido (caro) aumentando a proposta de valor com itens baratos e mais importantes para os clientes?

EXEMPLO

Apple iMac

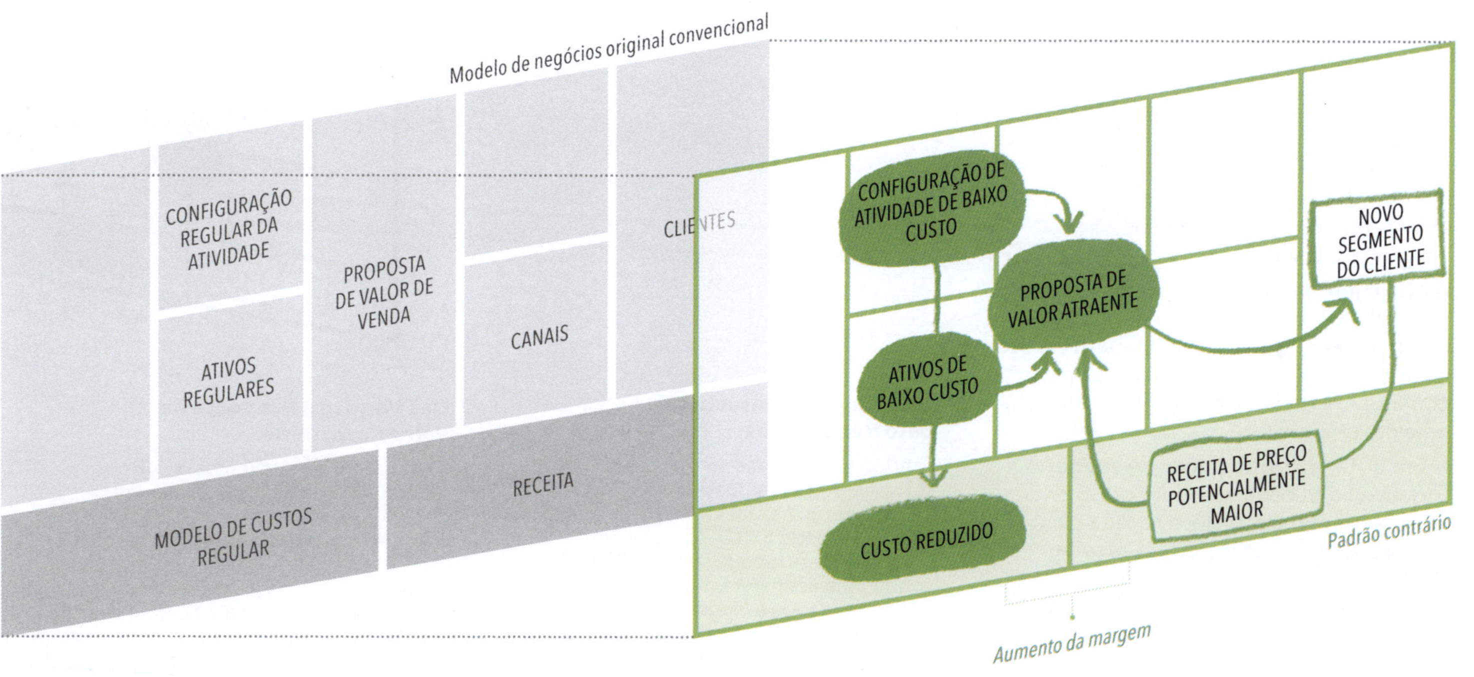

Da Receita Transacional à Recorrente

2003 ~~ 2012

Adobe

Nos anos 2010, a distribuição de software pela internet se torna possível e a indústria de software começa a mudar para o software como serviço (SaaS). A Adobe aproveita a oportunidade cedo e muda das vendas transacionais para um serviço de assinatura em nuvem em 2012.

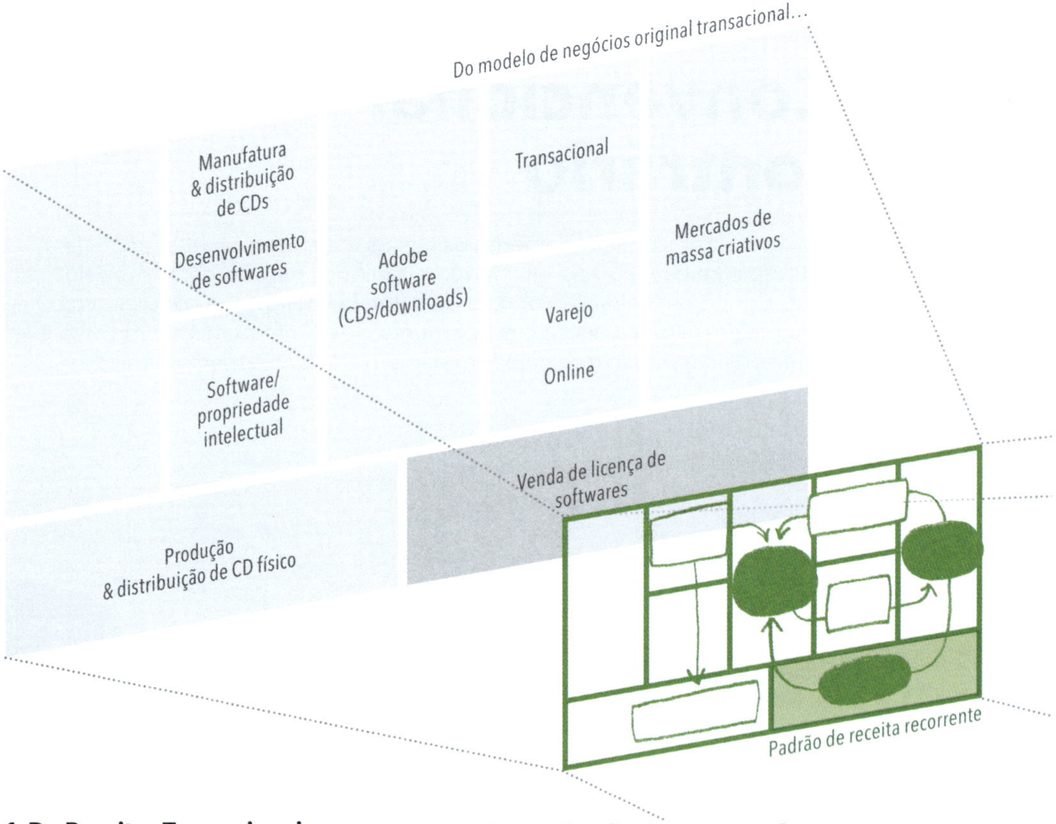

A Adobe obteve receita com venda transacional de licença perpétua de seu software. De tempos em tempos, era preciso convencer os clientes a atualizarem para a nova versão.

Em 2012, a Adobe lançou a Creative Cloud e juntou-se a um número cada vez maior de fornecedores de software que vendem SaaS. Os clientes recebem acesso a um conjunto completo de produtos continuamente atualizados e suportados pela nuvem.

Em 2013, a Adobe parou de vender o Creative Suite como produto de software independente. De início, a receita caiu, pois passou de transacional a receita recorrente. Mas logo começou a crescer drasticamente com a adoção da Creative Cloud pelo mercado de massa.

Do modelo de negócios original transacional...

Manufatura & distribuição de CDs

Desenvolvimento de softwares

Software/ propriedade intelectual

Adobe software (CDs/downloads)

Transacional

Varejo

Online

Mercados de massa criativos

Produção & distribuição de CD físico

Venda de licença de softwares

Padrão de receita recorrente

1. De Receitas Transacionais para Recorrentes

A Adobe decide passar de licenças de software permanentes a um serviço de assinatura mensal em 2012. Na época, a Master Software Collection completa da Adobe custava US$2.500, contra uma assinatura mensal de US$50 para toda a Creative Cloud.

2. Das Vendas à Proposta de Valor Recorrente

Antes de 2012, os clientes da Adobe adquiriam uma licença permanente que requeria atualizações sazonais para obter acesso ao software mais recente. Obviamente, os clientes querem acesso ao melhor e mais recente software e aos recursos o tempo todo, não uma vez por ano. A Creative Cloud satisfaz essa necessidade com atualizações automáticas, suporte técnico, armazenamento online, publicação e compartilhamento de arquivos.

3. Da Relação Transacional à de Longo Prazo

A Creative Cloud representa a transformação de uma relação transacional com os clientes em uma de longo prazo. A Adobe investe fortemente na criação de uma comunidade de usuários online. Isso leva a discussões abertas sobre o valor e os benefícios do novo modelo de assinatura.

4. Da Aquisição Contínua de Clientes/Ano à Captação

Antes de 2012, a Adobe suportava a atividade e o custo de aquisição de clientes a cada nova venda de software e a cada atualização subsequente. Com a passagem da receita transacional para recorrente, investe na aquisição de clientes uma vez, antecipadamente, a fim de coletar receitas de assinatura ao longo da vida.

Manutenção da plataforma em nuvem
Captação de clientes
Desenvolvimento de software
Plataforma em nuvem
Comunidade de usuários
Software/ propriedade intelectual
2 Adobe Creative Cloud
3 Relação de longo prazo
Online
Mercado de massa de criadores
1 Assinaturas mensais
4
Aquisição inicial de clientes
Manutenção da plataforma em nuvem
... ao novo modelo de receita recorrente

Margem de Lucro Líquido da Adobe[33]

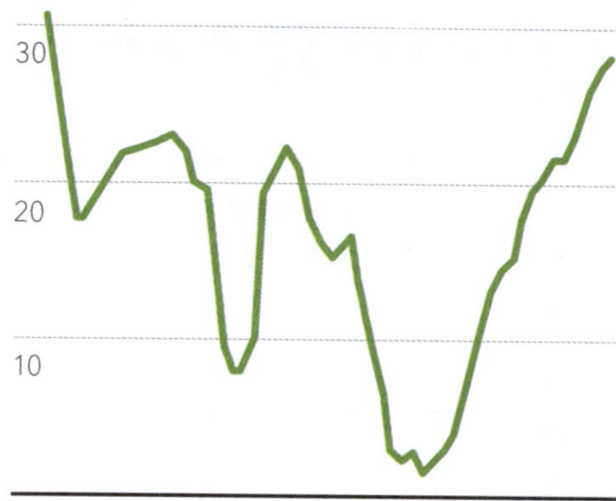

Receitas da Adobe por Segmento[34]

como porcentagem da receita total

Produto *Assinatura*

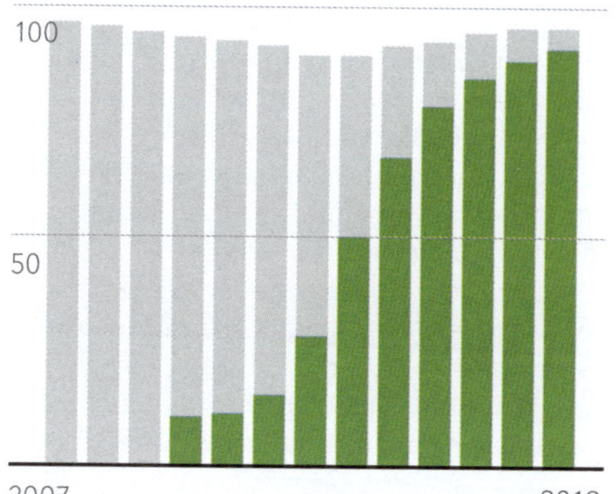

Do Convencional ao Contrário
1990 – 1998

Apple iMac

Em 1997, Steve Jobs retorna à Apple, cuja situação financeira está terrível. Jobs reduz os custos operacionais concentrando a nova proposta de valor para computadores desktop iMac no que desejam os consumidores que se preocupam com design.

No final de 1996, a Apple adquiriu a NeXT, empresa lançada pelo fundador da Apple, Steve Jobs, depois de se demitir da Apple. Esta, que estava perto da falência, colocou Steve Jobs no comando para mudar a empresa. Jobs também agiu rapidamente eliminando mais de 70% do portfólio de hardware e software da empresa, concentrando-se em poucos projetos. Essa decisão resultou na demissão de mais de 3 mil funcionários, mas permitiu à Apple reinventar o computador doméstico. O recém-nomeado chefe de design, Jonathan Ive, foi encarregado dessa reinvenção. Projetou o icônico iMac com sua caixa azul Bondi translúcida. Um ano depois, a Apple voltou a números lucrativos, e o sucesso do iMac abriu caminho para futuros produtos da Apple que mudaram o jogo (iPod, iPhone, iPad). Seu novo sistema operacional, o Mac OS X, lançado em 2001, também se originou na aquisição da NeXT.

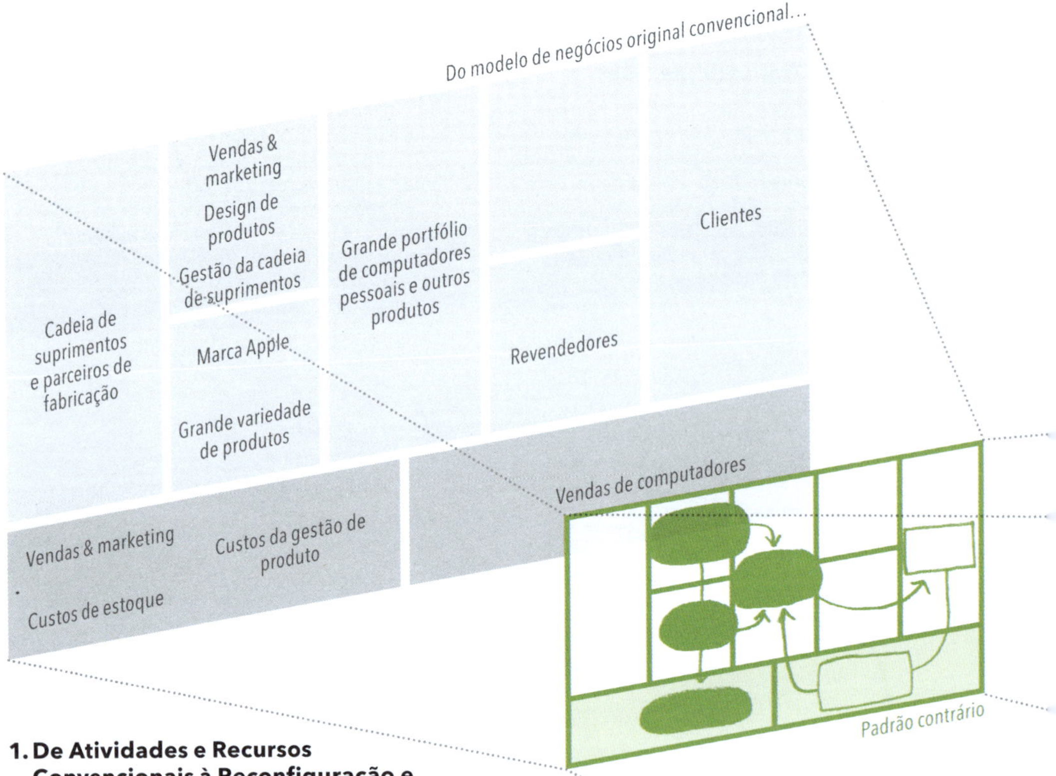

Do modelo de negócios original convencional...
Cadeia de suprimentos e parceiros de fabricação
Vendas & marketing
Design de produtos
Gestão da cadeia de suprimentos
Marca Apple
Grande variedade de produtos
Grande portfólio de computadores pessoais e outros produtos
Revendedores
Clientes
Vendas & marketing
Custos de estoque
Custos da gestão de produto
Vendas de computadores
Padrão contrário

1. De Atividades e Recursos Convencionais à Reconfiguração e Redução de Custos

A Apple vai de atividades e recursos dispendiosos e diversificados, em um portfólio desnecessariamente extenso, a uma estrutura de custos focada e reduzida. Steve Jobs elimina personalizações de produtos para diferentes revendedores e reduz os custos operacionais, matando 70% dos desenvolvimentos de hardware e software da Apple. Paralelamente, Tim Cook lidera a transformação da cadeia de suprimentos da Apple, o que resulta em uma redução significativa dos custos de estoque.

2. Da Proposta de Valor Convencional a uma Mais Atraente

A Apple lança o iMac e quebra o dogma bege ou cinza do computador no mercado de PCs. O iMac é drasticamente diferente de qualquer computador anterior: a Apple aumenta a potência e a facilidade de uso, especialmente para acessar a agora popular internet. A Apple também cria uma estética completamente nova com o design colorido e curvilíneo do iMac. Com preço razoável de US$1.299, o iMac logo atinge um segmento de consumidores sensíveis ao design.

3. De Empresa Deficitária à de Altas Margens

A Apple simplifica o portfólio de produtos, aprimora o jogo na gestão da cadeia de suprimentos e concentra os esforços de design no desktop para o segmento de consumidores do novo iMac. Em um ano, volta a lucrar.

Vendas & marketing

Design de produto

Otimização da cadeia de suprimento

Marca da Apple

1

Portfólio de produto reduzido

2

Desktop iMac

Revendedores

Apple.com

Clientes sensíveis ao design

Cadeia de suprimentos & parceiros de fabricação

3

Alta margem de venda de computadores

Custos de gestão do produto reduzidos

... ao novo modelo contrário

US$309

milhões de lucro em 1998

vs.

US$1

bilhão perdidos no ano fiscal de 1997[35]

800 mil

iMacs vendidos

nos primeiros 140 dias do lançamento, um iMac era vendido a cada 15 segundos.[36]

31 a 6

dias, valor do suprimento mantido em estoque

No ano fiscal de 1997, a Apple tinha US$437 milhões em estoque, ou um suprimento de um mês inteiro nos registros. Mas, no final do ano fiscal de 1998, reduziu os níveis de estoque em 80%, a apenas 6 dias.[37]

Ørsted

Em 2012, o novo CEO, Henrik Poulsen, lidera a transformação da Ørsted de produtora e distribuidora de energia fóssil em usina de energia ecológica. A mudança vem depois que a queda nos preços do gás desencadeia uma crise da dívida.

A Ørsted foi fundada na década de 1970 como DONG Energy, uma estatal dinamarquesa que construiu usinas a carvão e plataformas offshore de petróleo e gás em toda a Europa.

Em 2009, a DONG Energy decide mudar para a energia verde. Anuncia metas para reduzir o uso de combustíveis fósseis de 85% para 15% até 2040, com o apoio do governo dinamarquês, que subsidiou a produção de energia renovável.

Em 2012, a queda no preço do gás gera a crise da dívida na DONG Energy, e Henrik Poulsen é contratado como CEO. A DONG Energy acelera a mudança para a energia verde. Em 2019, era a maior desenvolvedora de parques eólicos offshore do mundo.

Em 2016, a DONG Energy torna-se pública com uma IPO de US$15 bilhões. Em 2017, abandona formalmente os combustíveis fósseis vendendo seus negócios de petróleo e gás e mudando seu nome para Ørsted.[38]

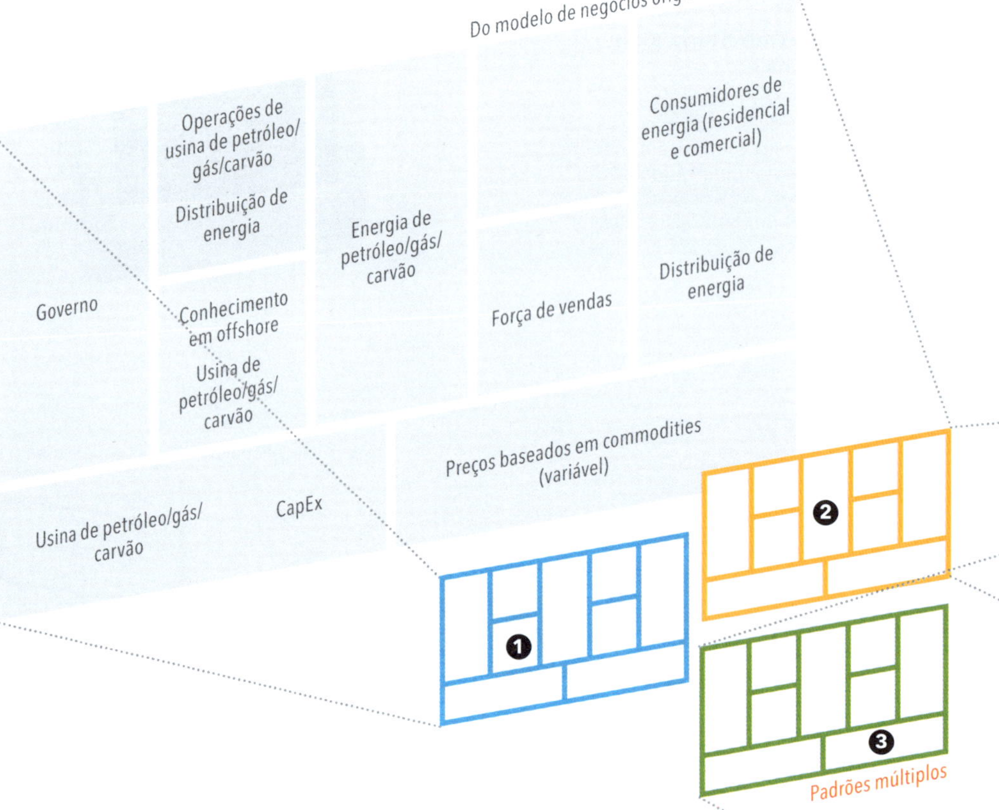

A transformação da Ørsted para se tornar um negócio sustentável combina várias mudanças:

1. Do Recurso Dedicado ao Multiuso

Quando a Ørsted inicia sua transformação, aplica seu conhecimento em offshore de anos de operações de perfuração no Mar do Norte à construção de parques eólicos offshore. Isso facilita a mudança radical do foco em combustíveis fósseis para o novo, em energia renovável.

2. Da Baixa à Alta Tecnologia

A Ørsted incorre em custos significativos de investimento para mudar da perfuração a novas usinas verdes de alta tecnologia. Os subsídios do governo ajudam. Enquanto isso, a perfuração de petróleo e gás no Mar do Norte se torna cara devido à maturidade da bacia, tornando a transição da Ørsted para a tecnologia eólica e operações de parques eólicos relevante.

3. Das Voláteis Receitas Transacionais às Previsíveis Recorrentes

As receitas tradicionais da Ørsted eram voláteis, e os preços dependiam de fatores geopolíticos e dos preços flutuantes das commodities. Os preços da energia eólica da Ørsted, no entanto, são fixos em longo prazo devido a subsídios do governo (e certificados renováveis). Em 2007, apenas 13% da produção da Ørsted se baseava em preços fixos, contra 81% em 2018.

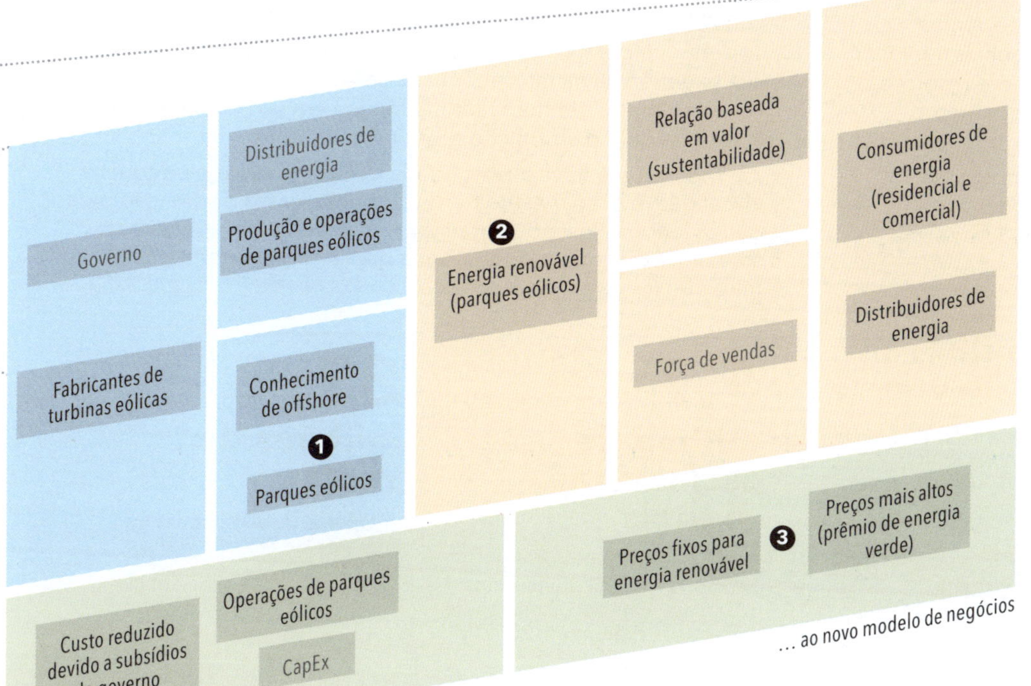

75%

de energia produzida a partir de fontes renováveis

A participação verde na geração aumentou de 64% para 75% em 2018.[39]

81%

redução na emissão de CO_2

Redução da emissão de carbono de 18 milhões de toneladas em 2006 para 3,4 milhões em 2018.[39]

87%

do capital investido em energias renováveis. Em 2007, 16% do capital total empregado foi investido em energias renováveis. Em 2018, a parcela de renováveis havia aumentado para 87%.[39]

Do Produto ao Serviço Recorrente

1990 ~~ 1999

Rolls-Royce

A Rolls-Royce lança o TotalCare© no final dos anos 1990. É a primeira fabricante de motores a jato (produto) a vender cuidados para todas as etapas do ciclo de vida do produto (serviço).

Na década de 1990, os negócios aeroespaciais civis da Rolls-Royce reconheceram que o modelo de negócios estava desalinhado com os clientes de companhias aéreas e da aviação executiva: para gerar mais vendas, os motores tinham que quebrar ou apresentar mau funcionamento.

Em 1999, a American Airlines solicitou à Rolls-Royce que entregasse não apenas um grande pedido de motor, mas também de todos os serviços pós-venda relacionados a reparo, manutenção, transporte e suprimentos periféricos. O serviço TotalCare nasceu dessa solicitação.

A TotalCare transferiu o risco de gerir um motor a jato durante a vida útil do cliente para a Rolls-Royce. A TotalCare realinhou os incentivos da Rolls-Royce com os dos clientes com um modelo de receita recorrente em que a Rolls-Royce é paga pela hora de voo do motor a jato.

Com o TotalCare, a Rolls-Royce mudou de um produto para um modelo de negócios de serviço recorrente. Seus motores a jato são vendidos com prejuízo e a Rolls-Royce recupera as perdas com o contrato de serviço ao longo do tempo.

14,3 milhões horas de voo

14,3 milhões de horas de voo de grandes motores faturadas em 2018.[40]

90% de cobertura

90% da frota da Rolls-Royce de 2018 é coberta por contratos de serviço TotalCare.[40]

Do Nicho ao Mercado de Massa

2013 ~~ 2016

The Washington Post

Jeff Bezos compra o *Washington Post* em 2013 para que o jornal local passe do nicho para uma potência nacional, digital e de mídia de massa.

Em 2103, Jeff Bezos compra o *Washington Post* (*The Post*) por US$250 milhões. *The Post* lutava para sobreviver como publicação impressa, hiperfocada na política de Washington. Bezos usou sua experiência na internet para transformar o jornal em uma empresa global de mídia digital focada em um mercado de massa, alavancando a distribuição gratuita na internet.

The Post manteve a integridade de seu jornalismo editorial e investigativo e, ao mesmo tempo, fez uma ampla divulgação para outros leitores. Instalou um paywall para aumentar a receita de assinantes e criou uma plataforma para agregar notícias, alcançando mais jornalistas e mais leitores.

1,7 milhão de assinaturas digitais

De 484 mil assinantes do impresso e 28 mil digitais em 2012 para mais de 1,7 milhão de assinaturas digitais em 2019.[41,42]

87 milhões de visitas

em março de 2019, com um aumento de 84% em 3 anos (vs. 28 milhões em 2010 e 41 milhões em 2012).[43]

Do B2B ao B2(B2)C
1976 ~~~ 1989

GORE-TEX

Em 1989, W.L. Gore lança a promessa "mantê-lo seco" com seus tecidos Gore-Tex. Isso lhe permite passar de fabricante de tecidos B2B nos bastidores para uma marca B2C confiável.

O Gore-Tex foi desenvolvido por W.L. Gore em 1969 como o primeiro tecido impermeável e respirável do mundo. A empresa recebeu o primeiro pedido comercial em 1976 para desenvolver roupas de chuva e barracas para uma empresa de atividades ao ar livre.

Em 1989, apresentou a promessa de "mantê-lo seco" com seus produtos à prova d'água, que incluíam uma garantia vitalícia para o produto. W.L. Gore, que não fabricava o produto final, convencia as marcas externas a comercializarem essa garantia com etiquetas nas roupas com seus tecidos. Isso deu aos consumidores uma sensação extra de qualidade e tranquilidade, e fez da Gore-Tex uma marca onipresente, pegando carona nos fabricantes de roupas estabelecidos.

"Uma coisa é uma empresa garantir o que faz. Outra é garantir o que os outros fazem. É exatamente o que eles fazem."

– PROMESSA DA GORE-TEX

Embora a Gore não fabricasse as peças finais, o fornecedor estendia sua promessa aos consumidores. Se os consumidores não estivessem "completamente satisfeitos", a Gore cuidaria disso. A empresa usava seu logotipo e etiqueta Gore-Tex para mostrar aos consumidores finais que as roupas eram confiáveis, independentemente do fabricante.

Dos Recursos Dedicados aos Multiuso
1981 ~~~ 1996

Delta Airlines

Em 1996, a Delta Airlines coloca seus SkyMiles em novo uso e os revende à American Express para seu programa de fidelidade.

A Delta Airlines criou seu programa de passageiro frequente, SkyMiles, em 1981. O SkyMiles foi um recurso essencial no modelo de negócios de viagens aéreas da Delta – para recompensar seus clientes fiéis.

Em 1996, a Delta Airlines percebeu que poderia reutilizar esse recurso essencial para outra proposta de valor. Começou a vender o SkyMiles para um novo cliente, o American Express (AmEx), que os distribuiria para seus próprios clientes, titulares de cartão de crédito AmEx.

Essa parceria permitiu à AmEx segmentar viajantes sofisticados interessados em ganhar os SkyMiles com seus gastos com cartão de crédito e permitiu à Delta encontrar outro uso para eles.

35%

da receita da Delta (US$3,4 bilhões) veio da venda de milhas para a American Express em 2018.[44]

2x

A Delta espera que seus benefícios com o relacionamento dobrem para quase US$7 bilhões até 2023.[45]

Questões para Líderes

Mudanças de Proposta de Valor

Mudança	Como podemos...
De → Para **Produto** ↔ **Serviço** Para ← De	... mudar para um modelo de negócios construído em torno de um serviço recorrente que fornece receitas previsíveis e recorrentes? ... adicionar produtos escaláveis aos nossos serviços para aumentar a participação na carteira e da vida útil de cada cliente e aumentar a receita geral?
De → Para **Baixa Tecnologia** ↔ **Alta Tecnologia** Para ← De	... alavancar atividades ou recursos tecnológicos para transformar a proposta de valor, modificar a estrutura de custos ou ampliar drasticamente o alcance? ... alavancar atividades ou recursos de baixa tecnologia para agregar valor que os clientes apreciam, mas sem custar muito e que a tecnologia não pode oferecer?
De → Para **Produto** ↔ **Serviço** Para ← De	... transformar um produto ou serviço em uma plataforma valiosa que conecta usuários a fornecedores terceirizados e vice-versa? ... adicionar os próprios produtos e serviços escaláveis à plataforma para aumentar o valor da vida útil de cada cliente e as receitas gerais?

Mudanças no Frontstage

Mudança	Como podemos...
De → Para **Mercado de Nicho** ↔ **Mercado de Massa** Para ← De	... mudar a proposta de valor, adaptar o marketing e a marca e ampliar o alcance para ir do nicho ao mercado de massa? ... criar propostas de valor de nicho para uma série de segmentos de nicho com necessidades específicas? Como isso afetaria a estratégia de marketing e branding e a distribuição?
De → Para **B2B** ↔ **B2C** Para ← De	... tornar-nos relevantes e visíveis para os clientes finais? Como modificar a proposta de valor para os clientes diretos (B2B) e consumidores (B2C)? ... usar nossa experiência e relacionamentos com clientes B2C, infraestrutura, recursos, atividades e conhecimento para criar valor para clientes B2B e até concorrentes?
De → Para **Alto contato** ↔ **Baixo Contato** Para ← De	... criar uma experiência alto contato, melhorar a proposta de valor e aumentar preços e receitas, mantendo as vantagens da padronização e escala? ... criar ou manter o valor do cliente, passando de uma experiência alto contato para uma de baixo contato? Quais aspectos do alto contato os clientes valorizam menos do que o preço?

Mudanças no Backstage

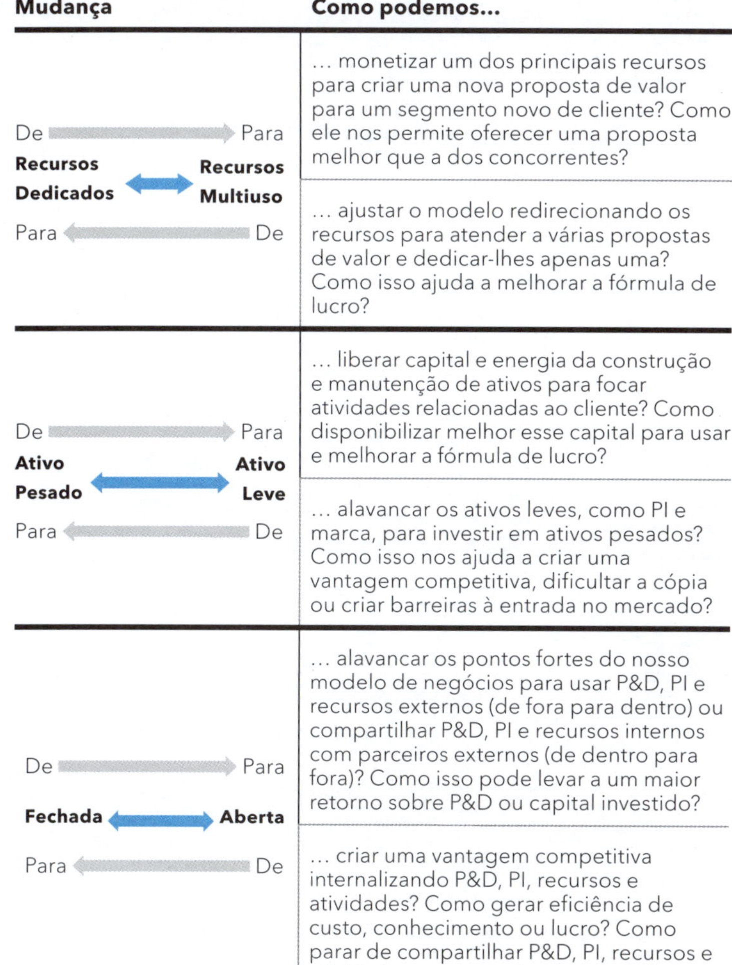

Mudança	Como podemos...
De → Para **Recursos Dedicados** ⟷ **Recursos Multiuso** Para ← De	... monetizar um dos principais recursos para criar uma nova proposta de valor para um segmento novo de cliente? Como ele nos permite oferecer uma proposta melhor que a dos concorrentes?
	... ajustar o modelo redirecionando os recursos para atender a várias propostas de valor e dedicar-lhes apenas uma? Como isso ajuda a melhorar a fórmula de lucro?
De → Para **Ativo Pesado** ⟷ **Ativo Leve** Para ← De	... liberar capital e energia da construção e manutenção de ativos para focar atividades relacionadas ao cliente? Como disponibilizar melhor esse capital para usar e melhorar a fórmula de lucro?
	... alavancar os ativos leves, como PI e marca, para investir em ativos pesados? Como isso nos ajuda a criar uma vantagem competitiva, dificultar a cópia ou criar barreiras à entrada no mercado?
De → Para **Fechada** ⟷ **Aberta** Para ← De	... alavancar os pontos fortes do nosso modelo de negócios para usar P&D, PI e recursos externos (de fora para dentro) ou compartilhar P&D, PI e recursos internos com parceiros externos (de dentro para fora)? Como isso pode levar a um maior retorno sobre P&D ou capital investido?
	... criar uma vantagem competitiva internalizando P&D, PI, recursos e atividades? Como gerar eficiência de custo, conhecimento ou lucro? Como parar de compartilhar P&D, PI, recursos e atividades com parceiros externos?

Mudanças na Fórmula de Lucro

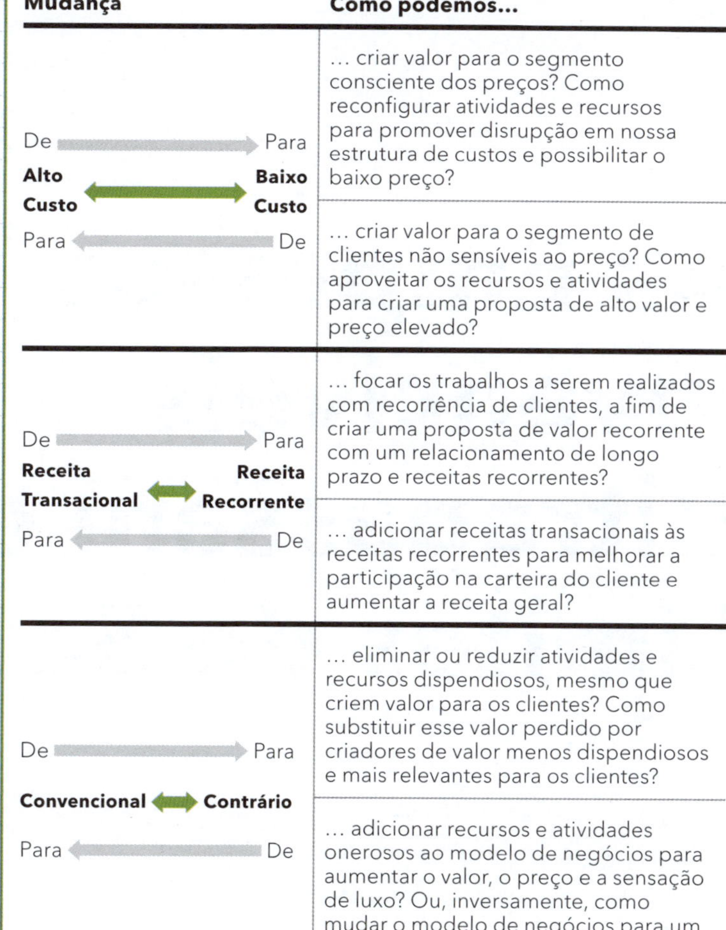

Mudança	Como podemos...
De → Para **Alto Custo** ⟷ **Baixo Custo** Para ← De	... criar valor para o segmento consciente dos preços? Como reconfigurar atividades e recursos para promover disrupção em nossa estrutura de custos e possibilitar o baixo preço?
	... criar valor para o segmento de clientes não sensíveis ao preço? Como aproveitar os recursos e atividades para criar uma proposta de alto valor e preço elevado?
De → Para **Receita Transacional** ⟷ **Receita Recorrente** Para ← De	... focar os trabalhos a serem realizados com recorrência de clientes, a fim de criar uma proposta de valor recorrente com um relacionamento de longo prazo e receitas recorrentes?
	... adicionar receitas transacionais às receitas recorrentes para melhorar a participação na carteira do cliente e aumentar a receita geral?
De → Para **Convencional** ⟷ **Contrário** Para ← De	... eliminar ou reduzir atividades e recursos dispendiosos, mesmo que criem valor para os clientes? Como substituir esse valor perdido por criadores de valor menos dispendiosos e mais relevantes para os clientes?
	... adicionar recursos e atividades onerosos ao modelo de negócios para aumentar o valor, o preço e a sensação de luxo? Ou, inversamente, como mudar o modelo de negócios para um puro modelo de baixo custo?

As Empresas Invencíveis Ultrapassam os Limites do Setor

Tencent redes sociais, jogos online, publicidade online, produção de conteúdo, serviços financeiros, software, música...

Apple smartphones, computadores pessoais, tablets, dispositivos vestíveis, software, música, filmes, saúde, fotografia, produtividade pessoal, cartões de crédito, pagamentos móveis...

Ping An bancário, seguro, saúde, serviços automotivos, imóveis, cidades inteligentes...

Amazon varejo, logística, eletrônicos, streaming, infraestrutura de TI e de e-commerce, publicações, publicidade online, empréstimos para PMEs...

Você...

Cultura

Projete Sua Cultura

Para construir uma Empresa Invencível, é preciso criar, gerir e harmonizar duas culturas antagônicas sob o mesmo teto — e ambas têm um papel importante a desempenhar. Você precisa desbravá-la e explorá-la simultaneamente.

Desbrave

A cultura desbrave cultiva a criação, a descoberta, a validação e a aceleração de ideias novas, que ainda são estranhas à organização.

Explore

A cultura explore valoriza a gestão, a melhoria sistemática e o crescimento dos negócios existentes.

Desbrave e Explore sob o Mesmo Teto

As Empresas Invencíveis projetam, gerem e mantêm uma forte cultura Desbrave e Explore. Apreciam a excelência operacional, o planejamento e as melhorias constantes ao gerir o presente. No entanto, sabem que se cortar dos custos futuros. Abraçam simultaneamente riscos, experimentação, falhas e adaptação ao explorar ideias para os próximos anos e décadas. Mesmo bem-sucedidas hoje, não descansam sobre os louros; já trabalham para o amanhã.

Desbrave		Explore
Admitimos que não sabemos e adotamos a mentalidade de um iniciante. Buscamos uma solução e aceitamos que nem todos os projetos serão bem-sucedidos.	**Qual é o mindset?**	Contamos com nossa experiência e adotamos uma mentalidade de especialista. Planejamos e executamos, e acreditamos que falhar não é uma opção.
Abraçamos riscos e incertezas. Nós os gerimos experimentando, aprendendo e adaptando. Fazemos muitas apostas pequenas para encontrar vencedores.	**Como lidamos com o risco e a incerteza?**	Evitamos riscos e incertezas. Nós os minimizamos planejando, executando e gerindo. Fazemos poucas e bem calculadas apostas nos vencedores.
Trabalhamos iterativamente e fazemos protótipos grosseiros.	**Como trabalhamos?**	Trabalhamos sequencialmente com alta fidelidade.
O fracasso é um produto secundário inevitável do desbravamento. Adotamos, gerimos e aprendemos com a falha e minimizamos o custo fazendo várias apostas pequenas.	**Qual é a nossa atitude em relação ao fracasso?**	Falha é inaceitável. Evitamos as falhas e as punimos. Nós as evitamos com planejamento cuidadoso e execução sólida.
Definimos hipóteses para explicitar o risco. Depois medimos a redução de risco de uma nova ideia.	**Como medimos o progresso e o sucesso?**	Definimos marcos para explicitar as etapas do progresso. Medimos se estamos no prazo e dentro do orçamento.
Recompensamos as pessoas por tentarem, aprenderem e reduzirem o risco de novas ideias.	**Como recompensamos as pessoas?**	Recompensamos as pessoas por planejarem, executarem e permanecerem no prazo e dentro do orçamento.
Agimos rapidamente em decisões reversíveis e as testamos o mais depressa e com menor custo possível para produzir evidências no mundo real.	**Qual é a nossa atitude em relação à velocidade da tomada de decisões?**	Dispomos de tempo para analisar cuidadosamente, refletir e planejar decisões irreversíveis com grandes custos irrecuperáveis.
Fazemos pequenas apostas quando o risco e a incerteza são altos. Aumentamos nossos investimentos com base na força das evidências.	**Como investimos?**	Levamos tempo para planejar um projeto e liberar fundos com base no alcance de marcos.
Valorizamos a capacidade de lidar com a ambiguidade, de nos movermos rapidamente e nos adaptarmos, de testar ideias e reduzir seus riscos.	**Como criamos valor?**	Valorizamos o rigor, a capacidade de planejar e executar, a habilidade de projetar processos e a entrega confiável.

Como Ajustar As Coisas

A identidade corporativa define quem você quer ser e o contexto de tudo. Permite especificar as orientações que moldarão todo o portfólio, que é um reflexo de quem você é em termos dos negócios que possui (Explore) e de quem quer se tornar em termos dos que desbrava. Para gerir sem problemas esse tipo de portfólio duplo, é preciso implementar uma cultura ambidestra de alto nível, tanto desbravando quanto explorando. Este capítulo inteiro descreve como fazer isso eliminando bloqueadores e implementando facilitadores que viabilizarão sua transformação cultural.

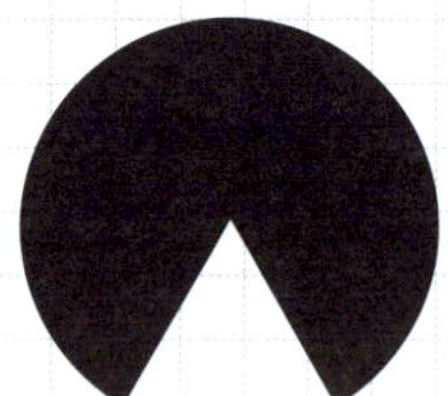

Identidade Corporativa

QUEM NÓS SOMOS

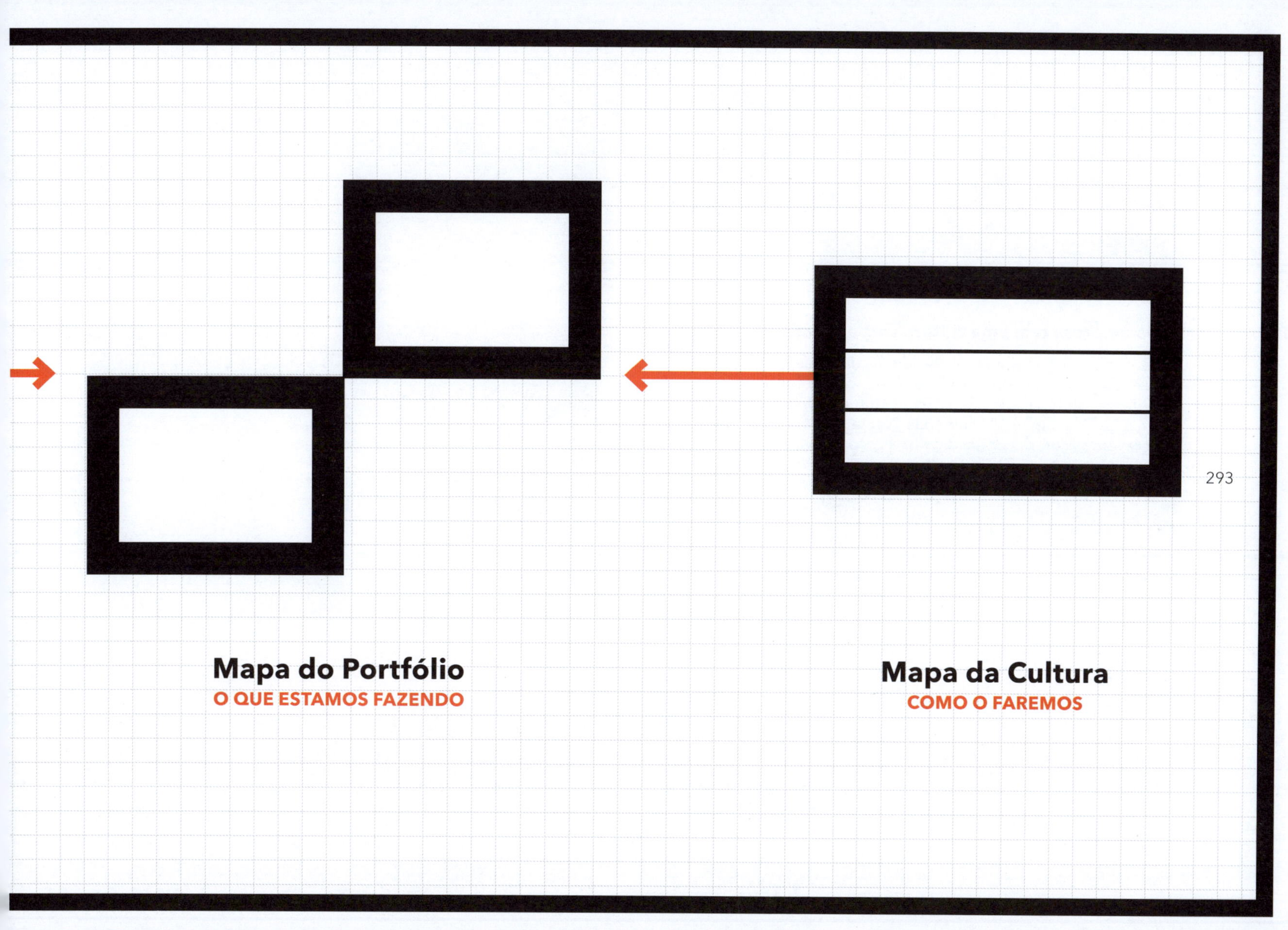
Mapa do Portfólio
O QUE ESTAMOS FAZENDO
Mapa da Cultura
COMO O FAREMOS

Toda empresa tem uma cultura corporativa.

No entanto, muitas empresas deixam a cultura se desenvolver por si. Empresas Invencíveis compreendem, projetam e gerem sua cultura. Criam culturas de inovação e execução de alto nível, alinhadas. Nesta seção, descrevemos como mapear a cultura corporativa e o que é necessário para criá-la da melhor forma possível.

Quais são os resultados que nós desejamos obter?
Quais comportamentos nos farão alcançar tais resultados?
O que viabiliza e o que retém esses resultados?

DEFINIÇÃO

O Mapa da Cultura

Com Dave Gray, a Strategyzer desenvolveu o Mapa da Cultura como ferramenta para projetar empresas com melhor desempenho. Ele é prático, simples e visual, visando entender, projetar, testar e gerir a cultura corporativa que você deseja cultivar na organização. Neste livro, usamos o Mapa da Cultura para mapear e projetar uma cultura de inovação.

DAVE GRAY
Escritor e empreendedor

"Se quer entender a cultura, precisa mapeá-la."

Resultados

Consequências positivas ou negativas concretas resultantes do comportamento das pessoas.

Comportamentos

Como o indivíduo e as equipes agem ou se comportam dentro da empresa? O que fazem ou dizem? Como interagem? Quais padrões são notados?

Facilitadores/ Bloqueadores

Alavancas que levam a comportamentos positivos ou negativos dentro da empresa. Podem ser políticas, processos e sistemas de recompensa formais ou rituais e ações informais que influenciam o comportamento das pessoas e, por fim, influenciam os resultados da empresa.

O Mapa da Cultura Beta

Uma Ferramenta para Gerir a Mudança

Feito para:

Feito por:

Data:

Iteração:

Resultados

Comportamentos

Facilitadores/Bloqueadores

DAVE GRAY:
davegrayinfo.com

Strategyzer
strategyzer.com

OS LÍDERES NÃO CRIAM O CRESCIMENTO

A cultura corporativa é como um jardim.

Você não pode projetar mecanicamente uma cultura corporativa como, por exemplo, faria com um carro. Uma organização é um sistema social infinitamente mais complexo. Isso não significa que você não deva projetar os aspectos da organização que estão sob seu controle. Gostamos da analogia de Dave Gray de tratar a cultura como um jardim.

Os **resultados** da cultura são os frutos. São o que você deseja que a cultura consiga ou o que deseja "colher" de seu jardim.

Os **comportamentos** são o coração da cultura. Uma colheita boa ou ruim é resultado das ações positivas ou negativas que as pessoas executam todos os dias.

Os **facilitadores e bloqueadores** são os elementos que permitem que o jardim floresça ou não. Alguns estão sob seu controle, como água ou fertilizantes. Você precisa cuidar do solo, das sementes e das mudas para o jardim florescer. Outros elementos, como o clima, não estão sob seu controle, e você só pode preparar seu jardim para minimizar os danos ou maximizar o impacto positivo.

O Mapa da Cultura

Cultura de Inovação da Amazon

O crescimento estelar da Amazon e a reinvenção constante não são mágica, estão enraizados na cultura da empresa. Leia as cartas de Jeff Bezos aos acionistas para entender como a Amazon construiu uma cultura pioneira em novos espaços.

"Queremos ser uma grande empresa e máquina de [...] invenção sagaz, ágil e com uma mentalidade de aceitação de risco normalmente associada a startups."

JEFF BEZOS
Fundador & CEO da Amazon

amazon.com

CARTA DE 1997 AOS ACIONISTAS
(Reimpressa a partir do relatório anual de 1997)

Aos nossos acionistas:

A Amazon.com superou muitos marcos em 1997: até o final do ano, atendemos a mais de 1,5 milhão de clientes, gerando um crescimento de 838% na receita, equivalente a US$147,8 milhões, e ampliamos nossa liderança de mercado, apesar da entrada competitiva e agressiva.

Mas este é o Dia 1 da internet e, se agirmos bem, também será o da Amazon.com. Hoje, o comércio online economiza o dinheiro e o tempo preciosos dos clientes. No futuro, com a personalização, o comércio online acelerará o próprio processo de descoberta. A Amazon.com usa a internet para criar valor real para seus clientes e, ao fazer isso, espera criar uma franquia duradoura, mesmo em mercados consolidados e de grande porte.

Temos uma janela de oportunidade à medida que os grandes agentes mobilizam os recursos para buscar a oportunidade online e os clientes, novos na compra online, são receptivos à formação de novas relações. O cenário competitivo continua a evoluir em ritmo acelerado. Muitos grandes agentes chegaram ao ambiente online com ofertas confiáveis e dedicaram energia e recursos substanciais à conscientização, ao tráfego e às vendas. Nosso objetivo é avançar rápido para solidificar e ampliar nossa posição atual enquanto começamos a buscar oportunidades de comércio online em outras áreas. Vemos oportunidades substanciais nos grandes mercados que visamos. Essa estratégia não é isenta de riscos: requer investimentos sérios e execução nítida contra os líderes de franquia estabelecidos.

Tudo Se Resume ao Longo Prazo

Acreditamos que uma medida fundamental do nosso sucesso será o valor que criamos em longo prazo para os acionistas. Esse valor será o resultado direto de nossa capacidade de ampliar e solidificar nossa atual posição de liderança de mercado.

Quanto mais forte for nossa liderança de mercado, mais poderoso será nosso modelo econômico. A liderança de mercado pode se traduzir diretamente em uma receita mais alta, maior lucratividade, maior velocidade de capital e retornos mais fortes, correspondentes ao capital investido.

Nossas decisões refletiram reiteradamente esse foco. Primeiro medimos a nós mesmos em termos das métricas mais indicativas de nossa liderança de mercado: crescimento de clientes e receita, o grau em que nossos clientes continuam comprando de nós repetidamente e a força de nossa marca.

Investimos e continuaremos investindo agressivamente para expandir e alavancar nossa base de clientes, marca e infraestrutura à medida que avançamos para estabelecer uma franquia duradoura.

Devido à nossa ênfase no longo prazo, podemos tomar decisões e ponderar as compensações de maneira diferente de algumas empresas. Dessa forma, queremos compartilhar com você nossa abordagem fundamental de gestão e tomada de decisão, para que você, nosso acionista, tenha certeza de que ela se alinha com a sua filosofia de investimento:

- Continuaremos a focar incansavelmente nossos clientes.
- Continuaremos a tomar decisões de investimento à luz de considerações de liderança de mercado em longo prazo, em vez de considerações de rentabilidade ou reações de Wall Street em curto prazo.
- Continuaremos medindo os nossos programas e a eficácia de nossos investimentos analiticamente, descartando aqueles que não fornecem retornos aceitáveis e intensificando o investimento nos que funcionam melhor. Continuaremos a aprender com nossos sucessos e fracassos.
- Tomaremos decisões de investimento ousadas, e não tímidas, quando houver uma possibilidade razoável de obter vantagens de liderança de mercado. Alguns desses investimentos serão recompensados, outros, não, e aprenderemos lições úteis em ambos os casos.
- Quando forçados a escolher entre otimizar nossa contabilidade GAAP e maximizar o valor presente de fluxos de caixa futuros, optaremos pelos fluxos de caixa.
- Compartilharemos nossos processos de pensamento estratégico com você quando fizermos escolhas ousadas (na medida em que as pressões competitivas permitirem), para que você possa avaliar por si mesmo se estamos fazendo investimentos racionais de liderança de longo prazo.
- Trabalharemos pesado para gastar com sabedoria e manter nossa cultura enxuta. Entendemos a importância de reforçar continuamente uma cultura preocupada com os custos, particularmente em um negócio que incorre em perdas líquidas.
- Equilibraremos nosso foco no crescimento com ênfase na lucratividade em longo prazo e na gestão de capital. Nesse estágio, optamos por priorizar o crescimento porque acreditamos que a escalabilidade é fundamental para alcançar o potencial do nosso modelo de negócios.
- Continuaremos focando a contratação e a manutenção de colaboradores versáteis e talentosos, e continuaremos ponderando sua remuneração pelas opções de ações, em vez de dinheiro. Sabemos que nosso sucesso será amplamente afetado por nossa capacidade de atrair e reter uma base motivada de colaboradores, que devem, todos, pensar como dono e de fato ser.

Não temos a ousadia de afirmar que a filosofia de investimento descrita é a "certa", mas ela é a nossa, e seríamos negligentes se não fôssemos claros na abordagem que adotamos e continuaremos a seguir.

Com essa base, recapitulamos nosso foco de negócios, nosso progresso em 1997 e nossas perspectivas para o futuro.

Obsessão pelos Clientes

Desde o início, nosso foco tem sido oferecer um valor atraente para os clientes. Percebemos que a web era e ainda é a rede da espera. Portanto, decidimos oferecer aos clientes algo que eles simplesmente não poderiam ter de outra maneira e começamos a servi-los com livros. Levamos a eles muito mais seleções do que era possível em uma loja física (nossa loja de hoje ocuparia seis campos de futebol) e a apresentamos em um formato prático, fácil para realizar pesquisas e para navegar em uma loja aberta 365 dias por ano, 24 horas por dia. Mantivemos um foco obstinado em melhorar a experiência de compra e, em 1997, melhoramos substancialmente nossa loja. Agora, oferecemos aos clientes certificados de presente, compras com 1-Click℠ e muito mais avaliações, conteúdo, opções de navegação e recursos de recomendação. Reduzimos drasticamente os preços, aumentando ainda mais o valor do cliente. O boca a boca continua sendo a ferramenta mais poderosa de aquisição de clientes que temos, e agradecemos a confiança que nossos clientes depositaram em nós. As compras repetidas e a propaganda boca a boca foram combinadas para tornar a Amazon.com a líder de mercado na venda de livros online.

Com base em várias medidas, a Amazon.com percorreu um longo caminho em 1997:

- As vendas cresceram dos US$15,7 milhões em 1996 para US$147,8 milhões — um aumento de 838%.
- As contas acumuladas de clientes passaram de 180 mil para 1.510.000 — um aumento de 738%.
- A porcentagem de reincidência de pedidos aumentou de mais de 46% no quarto trimestre de 1996 para mais de 58% no mesmo período em 1997.
- Em termos de alcance do público-alvo, de acordo com o Media Metrix, nosso site passou de 90° para o top 20.
- Estabelecemos relações de longo prazo com muitos parceiros estratégicos importantes, incluindo America Online, Yahoo!, Excite, Netscape, GeoCities, AltaVista, @Home e Prodigy.

Amazon

Cada Mapa da Cultura é baseado em uma análise das cartas de Jeff Bezos aos acionistas, entre 1997 e 2018. Captamos os principais resultados, comportamentos, facilitadores e bloqueadores relacionados à inovação que Bezos menciona e os colocamos em um Mapa de Cultura.

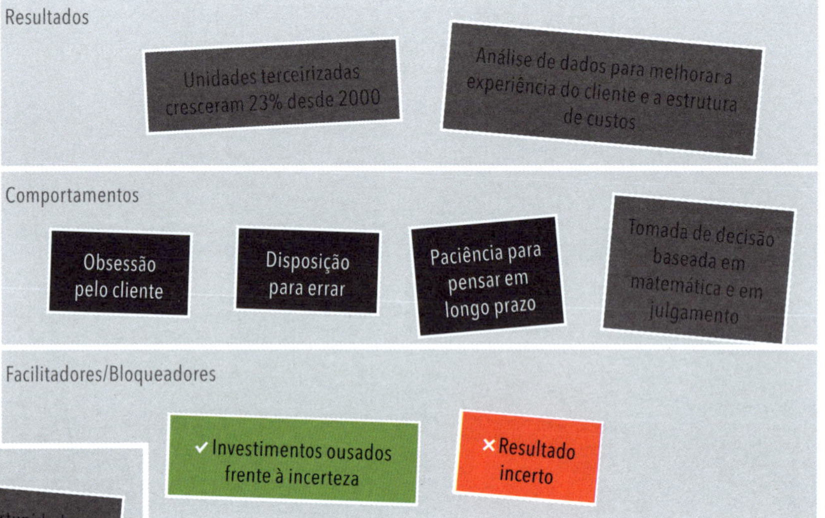

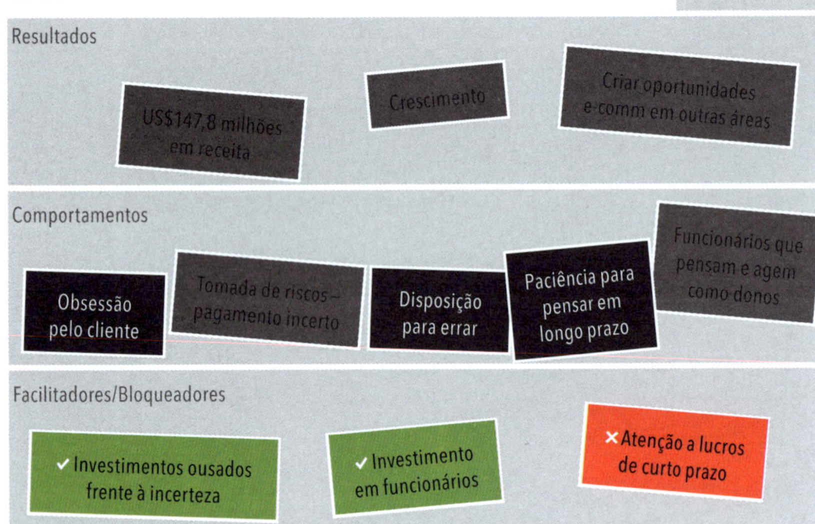

A base da cultura corporativa da Amazon foi apresentada na carta de Bezos de 1997 aos acionistas no primeiro relatório anual. Os pilares dessa cultura (obsessão pelo cliente, disposição para errar, paciência para pensar em longo prazo) permanecem inalterados, e uma cópia da carta de 1997 foi anexada a todos os relatórios anuais subsequentes. Analisamos as cartas anuais dos acionistas para você visualizar e destacar a coerência de sua cultura de inovação e mostrar a progressão dos resultados.

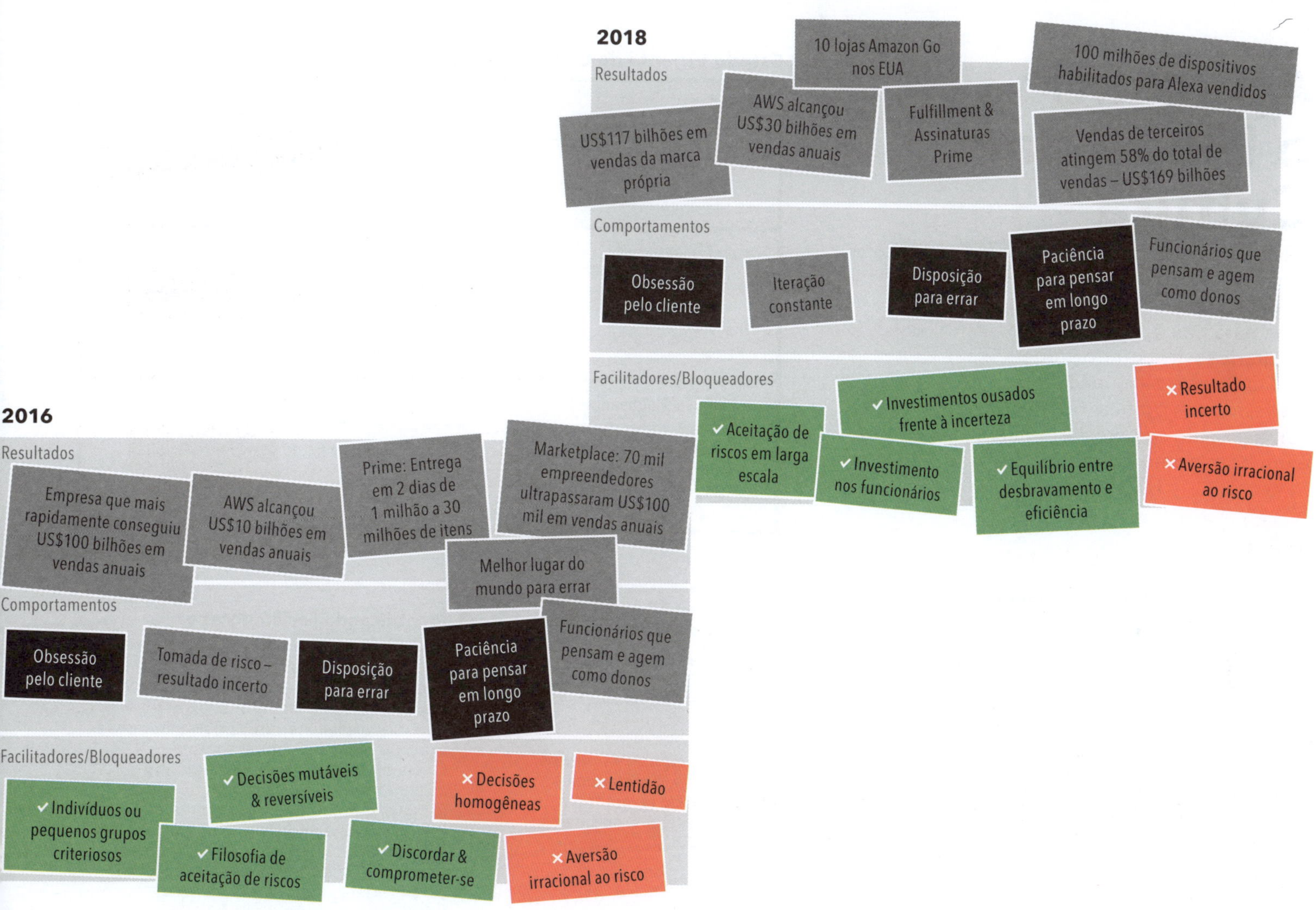
2018
Resultados
10 lojas Amazon Go nos EUA
100 milhões de dispositivos habilitados para Alexa vendidos
US$117 bilhões em vendas da marca própria
AWS alcançou US$30 bilhões em vendas anuais
Fulfillment & Assinaturas Prime
Vendas de terceiros atingem 58% do total de vendas – US$169 bilhões
Comportamentos
Obsessão pelo cliente
Iteração constante
Disposição para errar
Paciência para pensar em longo prazo
Funcionários que pensam e agem como donos
Facilitadores/Bloqueadores
✓ Investimentos ousados frente à incerteza
× Resultado incerto
✓ Aceitação de riscos em larga escala
✓ Investimento nos funcionários
✓ Equilíbrio entre desbravamento e eficiência
× Aversão irracional ao risco
2016
Resultados
Empresa que mais rapidamente conseguiu US$100 bilhões em vendas anuais
AWS alcançou US$10 bilhões em vendas anuais
Prime: Entrega em 2 dias de 1 milhão a 30 milhões de itens
Marketplace: 70 mil empreendedores ultrapassaram US$100 mil em vendas anuais
Melhor lugar do mundo para errar
Comportamentos
Obsessão pelo cliente
Tomada de risco – resultado incerto
Disposição para errar
Paciência para pensar em longo prazo
Funcionários que pensam e agem como donos
Facilitadores/Bloqueadores
✓ Decisões mutáveis & reversíveis
× Decisões homogêneas
× Lentidão
✓ Indivíduos ou pequenos grupos criteriosos
✓ Filosofia de aceitação de riscos
✓ Discordar & comprometer-se
× Aversão irracional ao risco

Aplicando o Mapa da Cultura

Da cultura existente à desejada. É claro que cabe a você decidir se sua sessão deve começar de cima para baixo, abordando os resultados e os comportamentos, facilitadores e bloqueadores associados. A prática mostra que começar com os comportamentos é um bom ponto de partida.

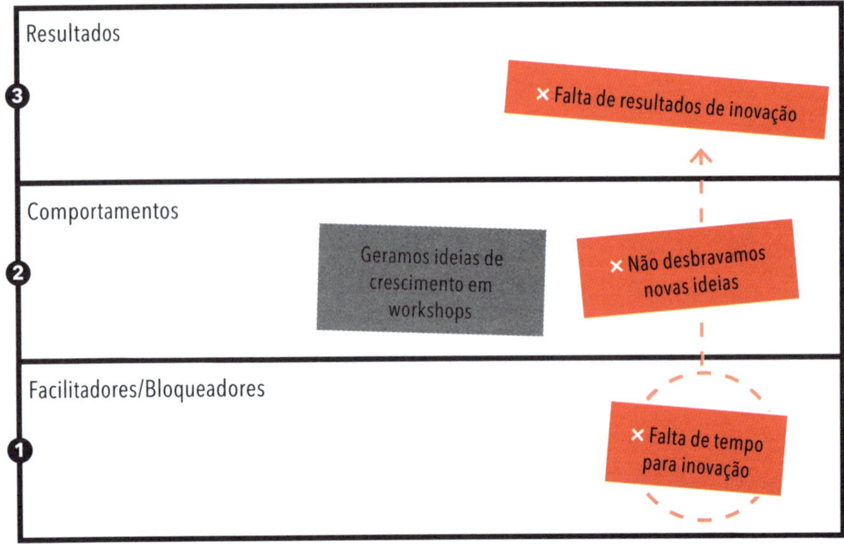

1. Mapeando os Comportamentos

Há uma tendência a descrever comportamentos de modo abstrato, como "Não inovamos". Certifique-se de usar exemplos específicos e adquira o hábito de mapear o comportamento com base em evidências, não em opiniões. Por exemplo: "No ano passado, realizamos dois workshops para desenvolver ideias de crescimento, mas ninguém teve tempo para explorá-los depois." Certifique-se de captar comportamentos positivos e negativos. Aja como um antropólogo que capta de forma neutra o que acontece na equipe ou organização.

2. Capturando os Resultados

Agora continue captando os resultados positivos e negativos dos comportamentos mapeados. Pergunte quais comportamentos faltam, se surgirem novos resultados não relacionados aos comportamentos mapeados. Novamente, permaneça neutro e certifique-se de levantar os comportamentos positivos e negativos.

3. Identificando Facilitadores e Bloqueadores

Agora que você captou comportamentos e resultados, pergunte a si mesmo o que levou a eles: "Quais facilitadores possibilitaram bons ou maus comportamentos? Quais bloqueadores os impediram?" Identifique facilitadores e bloqueadores formais, como processos e sistemas de incentivo, e informais, como rituais de reuniões ou falta de conhecimento. Observe quais comportamentos, como os dos líderes, também podem ser facilitadores e bloqueadores.

4. Projetando a Cultura Desejada

Ao concluir o Mapa da Cultura da sua cultura vigente, é hora de sonhar com o estado desejado. Projete os resultados desejados, os comportamentos necessários e os facilitadores e bloqueadores que os tornarão possíveis.

Cultura de Inovação Desejada

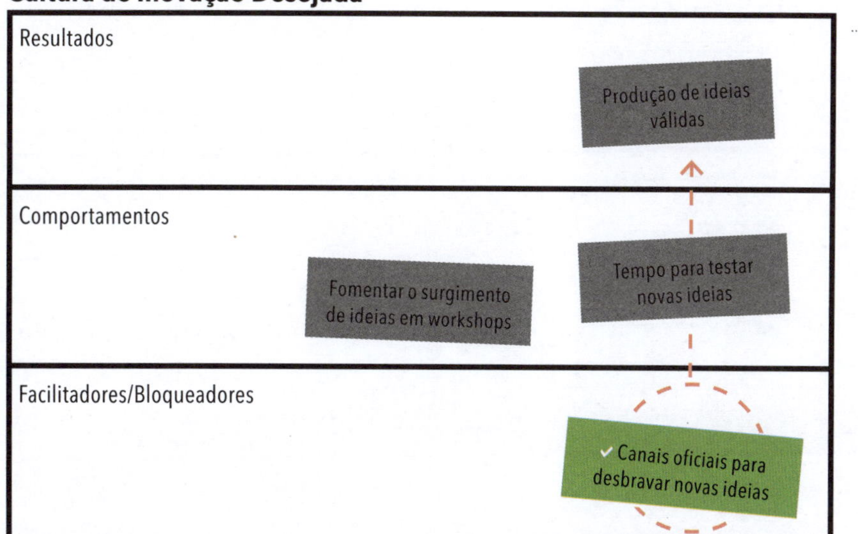

Dicas & Truques

Crie um Espaço Seguro

Projetar uma cultura de inovação sem a adesão da liderança tende à falha. Verifique se os líderes estão interessados em criar uma cultura de inovação. Mostre-lhes o atual Mapa da Cultura para interessá-los.

Apenas Bloqueadores e Facilitadores

Considere trabalhar apenas nos bloqueadores e facilitadores. Primeiro, identifique os bloqueadores que o impedem de inovar. Depois, faça um brainstorming de como eliminá-los e de quais facilitadores impulsionariam a inovação. Categorize as ideias em intervalos do que pode ser feito de imediato, em um mês, trimestre ou ano, ou o que é quase impossível de alcançar.

Exibição da Cultura Desejada

Destaque a cultura que deseja estabelecer. Coloque o mapa em um espaço onde todos vejam e lembre-se das tarefas a seguir. Coloque-o nas salas de reunião para que as decisões sejam orientadas pelas informações nele contidas.

308

As Empresas Invencíveis constroem uma forte cultura de desbravar e explorar sob o mesmo teto. Neste livro, descrevemos como construir uma forte cultura de desbravamento, uma vez que a maioria das empresas já possui uma forte cultura de exploração. Acreditamos que há três alavancas nas quais trabalhar para deslanchá-la.

Criando uma Cultura de Desbravamento

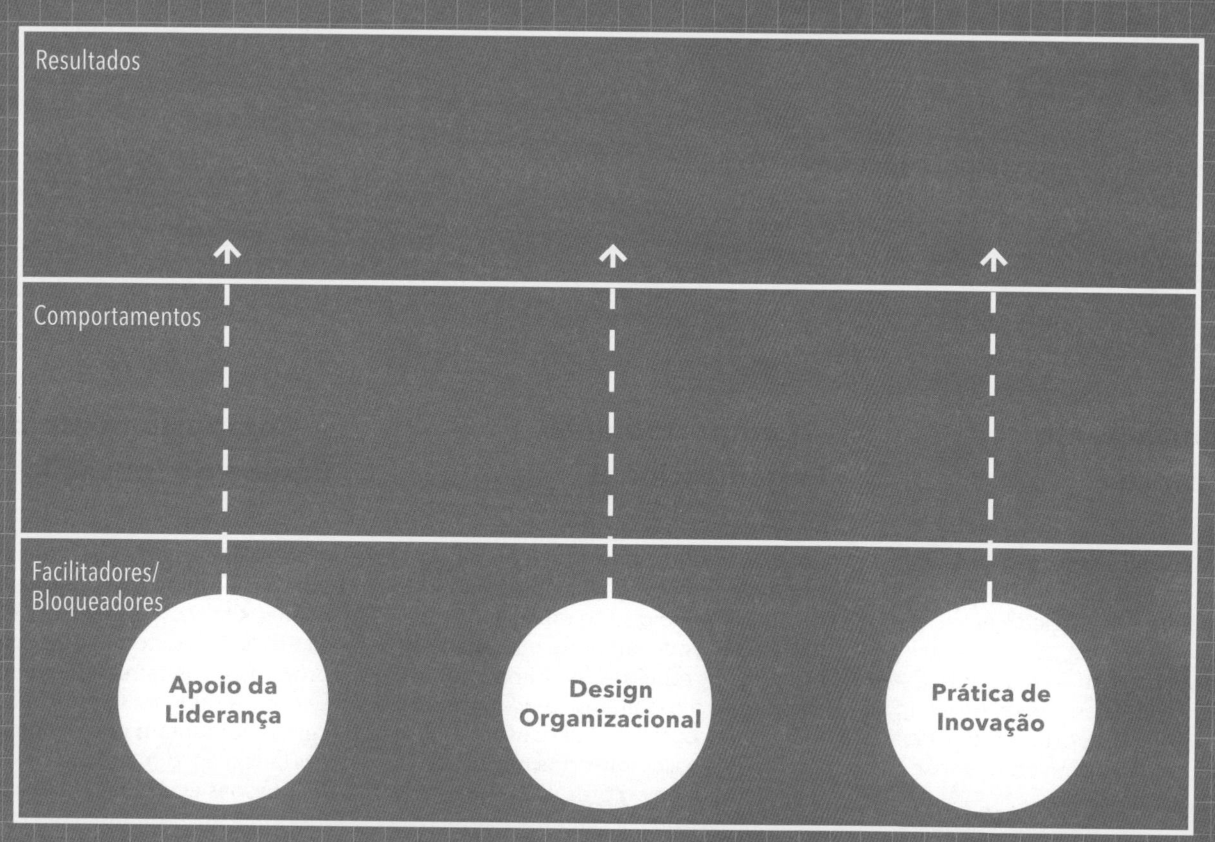
Resultados
Comportamentos
Facilitadores/
Bloqueadores
Apoio da
Liderança
Design
Organizacional
Prática de
Inovação

Comportamentos e Resultados de Inovação

As Empresas Invencíveis projetam grandes facilitadores e eliminam os bloqueadores em cada uma dessas três áreas: apoio da liderança, design organizacional e prática de inovação. Isso leva aos seguintes comportamentos de inovação que você pode observar:

✓ Comportamento de Liderança

Os líderes entendem como a inovação funciona e investem uma quantidade substancial de tempo nela. Dão uma orientação estratégica clara para projetos de inovação e revisam regularmente os portfólios Explore e Desbrave de toda a empresa. Anseiam por explorar novas oportunidades de crescimento e entendem como o risco relacionado é gerenciado.

✓ Comportamento Organizacional

Nas organizações com cultura de desbravamento, ninguém é demitido por experimentar novas oportunidades de crescimento que se encaixam na estratégia. Você encontra inovação na agenda das reuniões mais importantes, e as pessoas a escolhem como carreira. Os inovadores compreendem as restrições dos líderes e gerentes dos negócios e ajudam os inovadores. Desbravar e executar são uma legítima parceria para gerir o presente e desbravar o futuro.

✓ Comportamento da Equipe de Inovação

Os inovadores buscam ideias baseadas em evidências de experimentos, não em suas opiniões ou nas de seus chefes. O risco e a incerteza das ideias são medidos sistematicamente, e os projetos começam com experimentos baratos e rápidos. O tempo e os custos aumentam com o aumento da evidência e a diminuição da incerteza. As pessoas acumulam habilidades ao longo de anos de prática e aprendem e crescem com as falhas dos projetos.

Mapa da Cultura: Bloqueadores da Cultura de Inovação

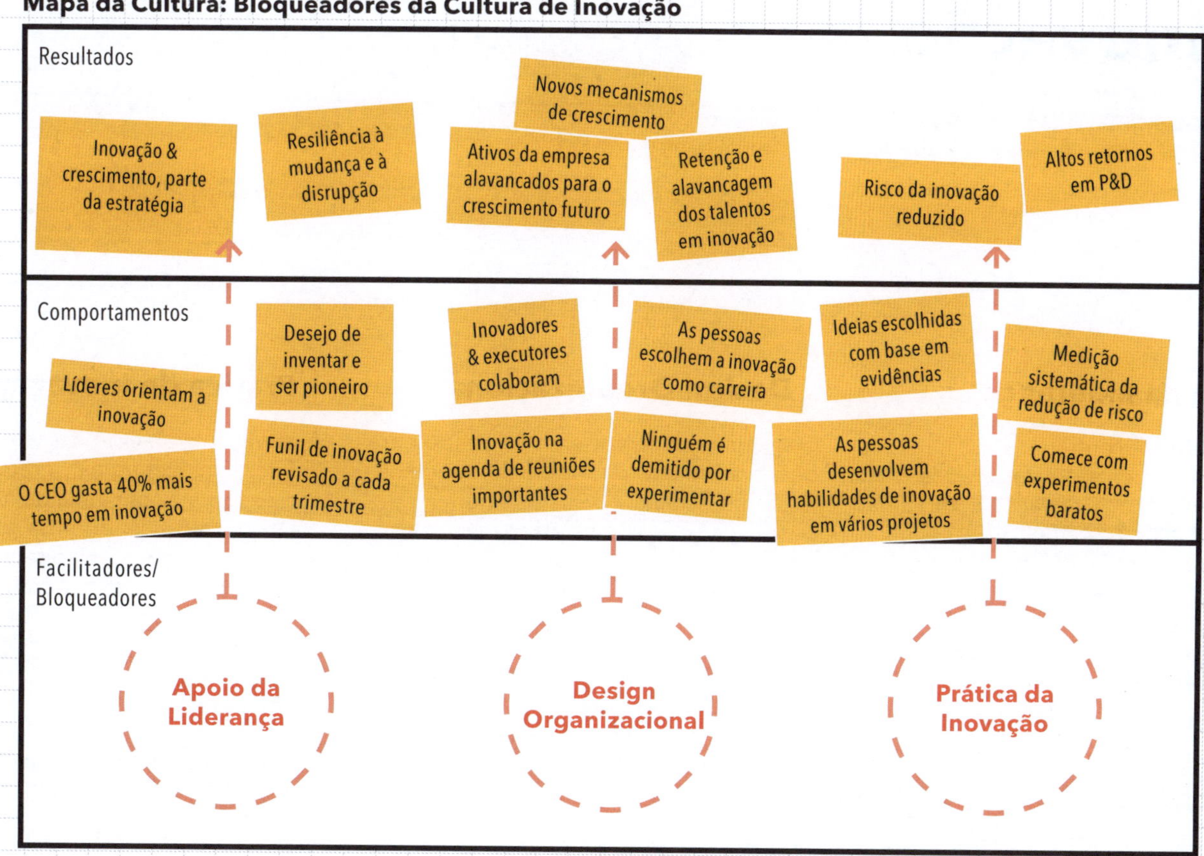

Bloqueadores da Cultura de Inovação

Em empresas que não inovam, você encontra pelo menos alguns dos seguintes bloqueadores:

× Apoio da Liderança

Os líderes se concentram predominantemente nos resultados trimestrais e veem a inovação como uma caixa-preta. Não há estratégia explícita de inovação, nem gestão geral de portfólio de inovação de longo prazo. A gerência está trancada no modelo de negócios vigente, e o desbravamento de novas direções não faz parte das discussões regulares da liderança.

× Design Organizacional

O sistema de recompensa é voltado para gerir e aprimorar o modelo de negócios existente. A falha, obrigatória para a gestão de operações de alto nível, mas letal para testar novas ideias não é uma opção. As equipes de inovação têm pouca autonomia e são desaceleradas pelos processos operacionais, e é difícil para elas acessarem clientes e recursos para testar (por exemplo, marca, recursos de prototipagem, outros conhecimentos).

× Prática de Inovação

A inovação é uma profissão em si, como finanças, marketing e operações. Você não se torna exímio nela da noite para o dia, mas com a experiência construída ao longo do tempo. Não ter uma equipe substancial de inovação como única descrição de cargo impede a organização de desenvolver uma prática de inovação de alto nível. Assim como finanças, vendas e operações, a inovação precisa de seus processos, indicadores-chave de desempenho (KPIs) e cultura particulares.

Mapa da Cultura: Bloqueadores da Cultura de Inovação

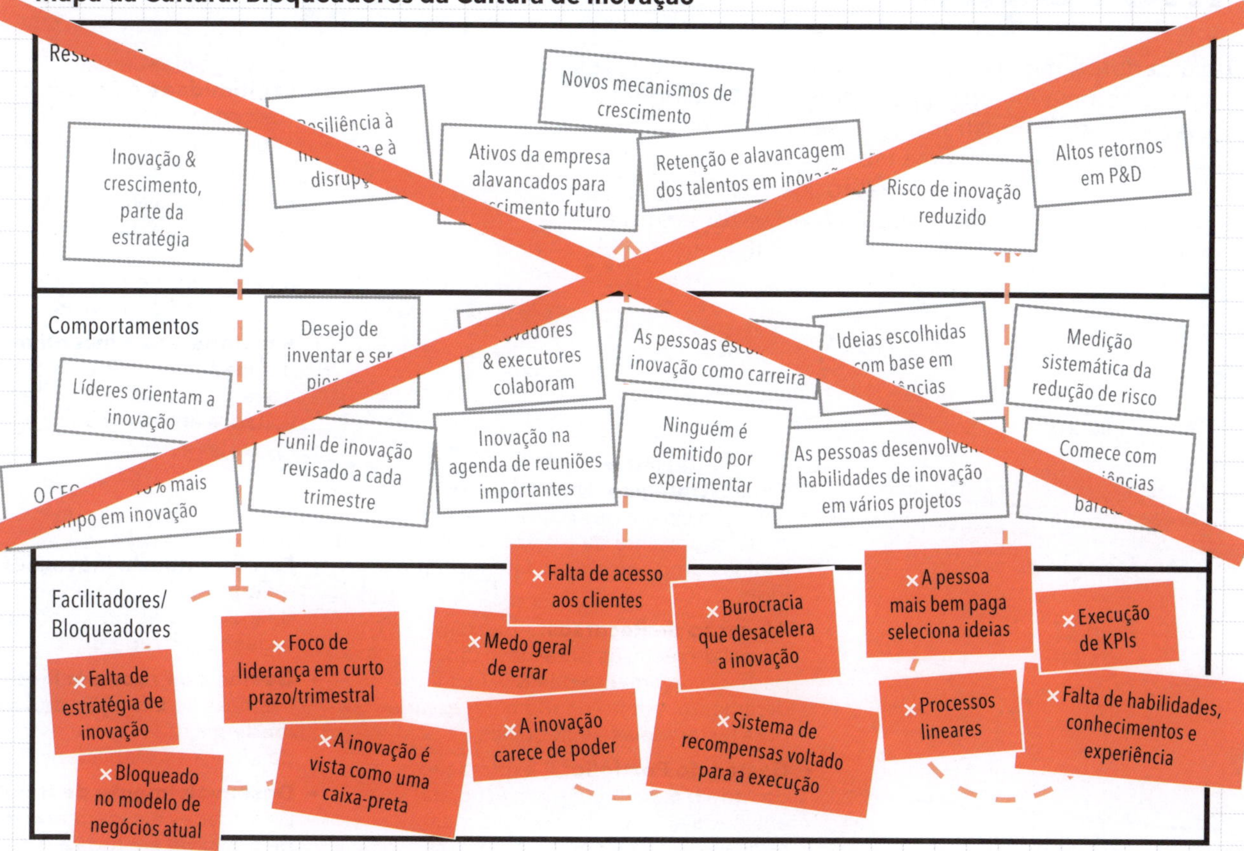

Avaliação da Cultura de Inovação

Nas seções anteriores, mostramos como as Empresas Invencíveis se comportam e como a maioria das empresas ainda bloqueia a inovação. Agora, vamos mostrar como avaliar a prontidão da sua cultura de inovação com uma tabela de desempenho que desenvolvemos com Tendayi Viki, autor de *The Corporate Startup*. Ajudaremos você a refletir sobre como se tornar uma Empresa Invencível ao alocar os facilitadores certos.

Para criar uma Empresa Invencível, há três categorias principais com três facilitadores nos quais trabalhar:

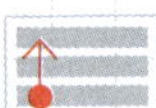

Apoio da Liderança

- **Guia Estratégico:** Uma estratégia de inovação clara e bem comunicada, parte importante da estratégia geral. Define como agir e os elementos em jogo.
- **Alocação de Recursos:** Alocação formal de recursos para inovação, à parte do orçamento de P&D. Inclui orçamento, tempo e todo o necessário para testar ideias de negócios.
- **Gestão do Portfólio:** A exploração de todo o espectro de inovação, da eficiência ao suporte, às inovações radicais de crescimento com novos modelos de negócios. Inclui um amplo funil de inovação.

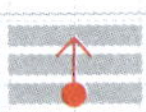

Design Organizacional

- **Legitimidade e Poder:** Status do crescimento, da inovação e das equipes que trabalham nesse tópico na organização.
- **Ponte para o Núcleo:** Acesso do crescimento e da inovação a recursos e a habilidades do negócio principal, e a parceria dos negócios existentes com as equipes de inovação.
- **Recompensas e Incentivos**: Sistema dedicado que difere da gestão e das operações, adaptado para testes voltados ao crescimento e à inovação.

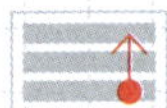

Prática da Inovação

- **Ferramentas de Inovação:** Aplicação e domínio de conceitos e ferramentas de inovação de ponta praticados nas organizações líderes.
- **Gestão do Processo:** Processos e métricas de inovação dedicados que medem a redução de risco e incerteza, da ideia à escalabilidade do negócio.
- **Desenvolvimento de Habilidades:** Habilidades e experiência de inovação de alto nível em toda a organização, de equipes profissionais de inovação a unidades de negócios existentes.

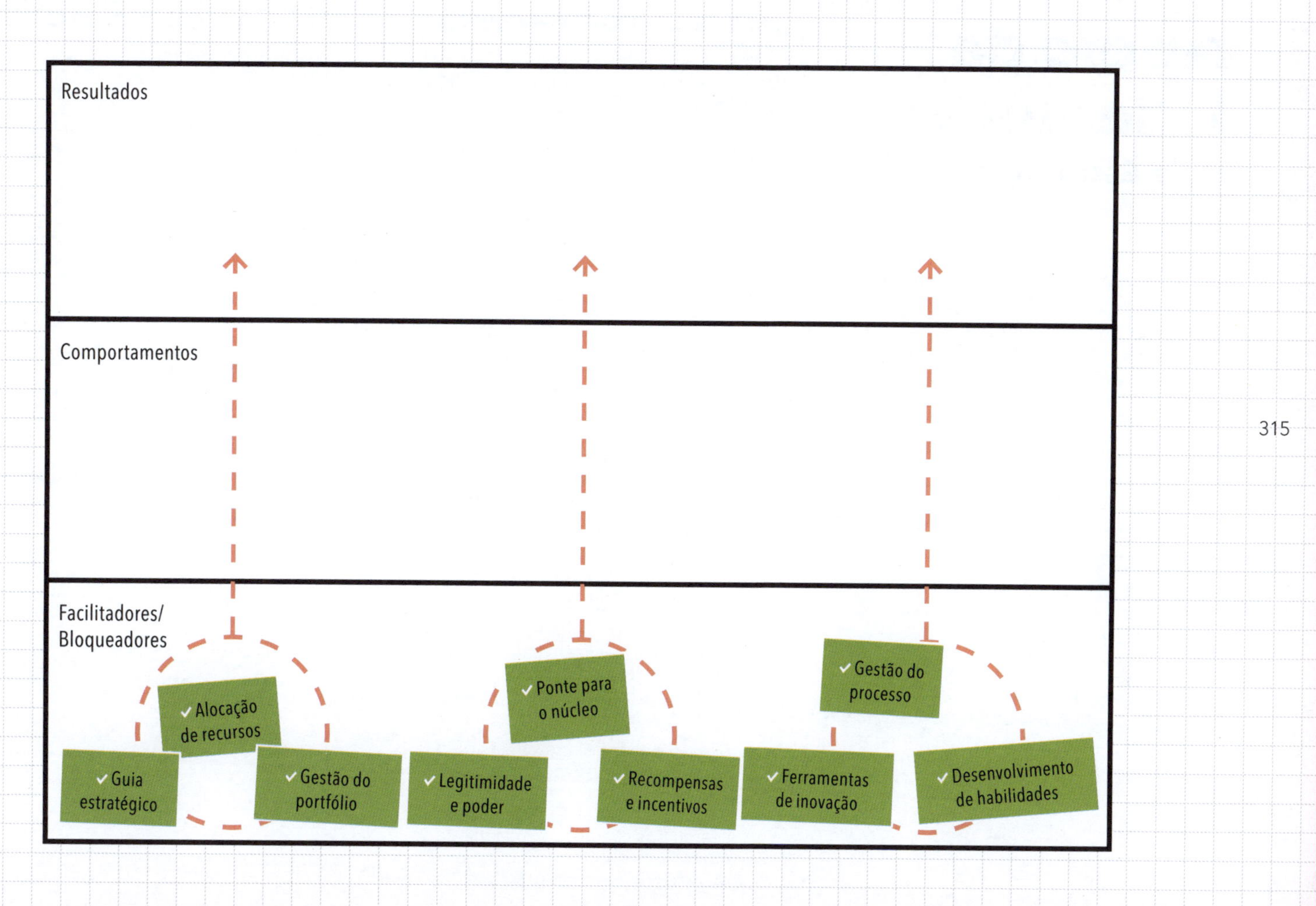
Resultados
Comportamentos
Facilitadores/
Bloqueadores
Alocação de recursos
Guia estratégico
Gestão do portfólio
Ponte para o núcleo
Legitimidade e poder
Recompensas e incentivos
Gestão do processo
Ferramentas de inovação
Desenvolvimento de habilidades

Apoio da Liderança

Guia Estratégico

Nas empresas com orientação clara à inovação estratégica, a liderança comunica a estratégia em reuniões importantes pelo menos uma vez por trimestre. Essa orientação se alinha à estratégia geral e é amplamente compreendida em toda a organização. Bons exemplos são a Amazon e a Ping An.

Alocação de Recursos

Nas Empresas Invencíveis, os recursos para a inovação são institucionalizados, e os líderes dedicam seu tempo a ela. Tais recursos incluem:

- Tempo da liderança: Nas empresas que inovam, o CEO ou um coCEO investe de 50% a 100% do seu tempo em inovação. Ótimos exemplos são Bracken Darrell, CEO da Logitech, e Jessica Tan, coCEO da Ping An.
- Fundos de inovação: Dinheiro investido em equipes de inovação internas e externas que começam com pequenas apostas e obtêm investimentos de acompanhamento com base em evidências. Diferem dos fundos de P&D.
- Equipe principal de inovação: Inovadores profissionais e experientes que lideram projetos ou orientam equipes de projetos na organização.
- Tempo: Um dos recursos mais escassos. Testar sistematicamente e eliminar riscos requer um tempo substancial das equipes de projeto.
- Recursos de prototipagem: As equipes de inovação realizam experimentos e precisam de acesso a recursos para protótipos físicos ou digitais, design gráfico, videógrafos etc.
- Acesso a clientes, marca e habilidades: As equipes de inovação precisam acessar recursos controlados pelo negócio principal. O teste requer acesso aos clientes, uso da marca e, muitas vezes, outras habilidades e recursos do negócio principal.

Gestão do Portfólio

Nas Empresas Invencíveis, a liderança anseia por pioneirismo. Os líderes investem em um grande fluxo de inovação de pequenas apostas, das quais as melhores obtêm investimentos de acompanhamento. O portfólio abrange toda a gama de desbravamento, da inovação de eficiência à inovação de transformação e crescimento.

Mapa da Cultura: Facilitadores da Cultura de Inovação

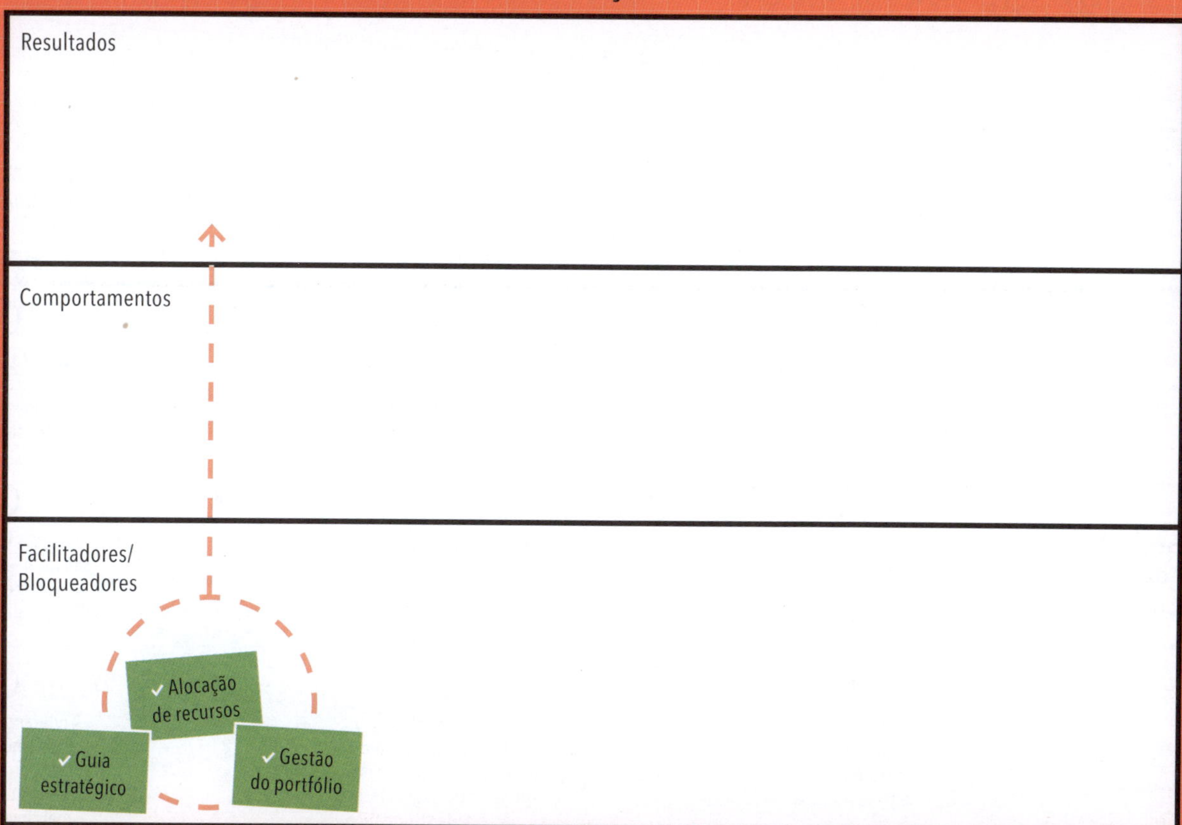

☐ Dê à sua empresa uma pontuação de 1 a 5 para cada área.

☐ Defina qual área deseja melhorar nos próximos 12 a 36 meses.

☐ Elimine os bloqueadores e implemente os facilitadores que o ajudarão a atingir seus objetivos de melhoria.

Classifique o Apoio da Liderança		**INICIANTE** *Temos pouca ou nenhuma experiência*	*Temos um pouco de experiência*	**INTERMEDIÁRIO** *Trabalhamos assim com regularidade, mas não sistematicamente*	*Trabalhamos dessa maneira com frequência*	**DE ALTO NÍVEL** *Nossa prática é estudo de caso para outras pessoas e empresas*
	Guia Estratégico	① A liderança não dá uma orientação estratégica explícita para a inovação	②	③ Há um pouco de orientação estratégica para a inovação, mas nem todos na empresa têm acesso a ela	④	⑤ A liderança dá orientação estratégica de inovação em reuniões importantes e todos sabem disso
	Alocação de Recursos	① Os recursos para a inovação são básicos ou têm base em projetos *ad hoc*	②	③ Os recursos para a inovação estão disponíveis, mas não são substanciais nem protegidos	④	⑤ Os recursos para a inovação são formais, e os líderes comprometem pelo menos 40% de seu tempo com ela
	Gestão do Portfólio	① A liderança foca principalmente a melhoria do negócio principal	②	③ Fazemos alguns investimentos para explorar o futuro e os novos modelos de negócios, mas não é nada sistemático	④	⑤ A liderança anseia por pioneirismo e investe em muitas pequenas apostas, e as melhores obterão mais investimentos

Mapa da Cultura: Facilitadores da Cultura de Inovação

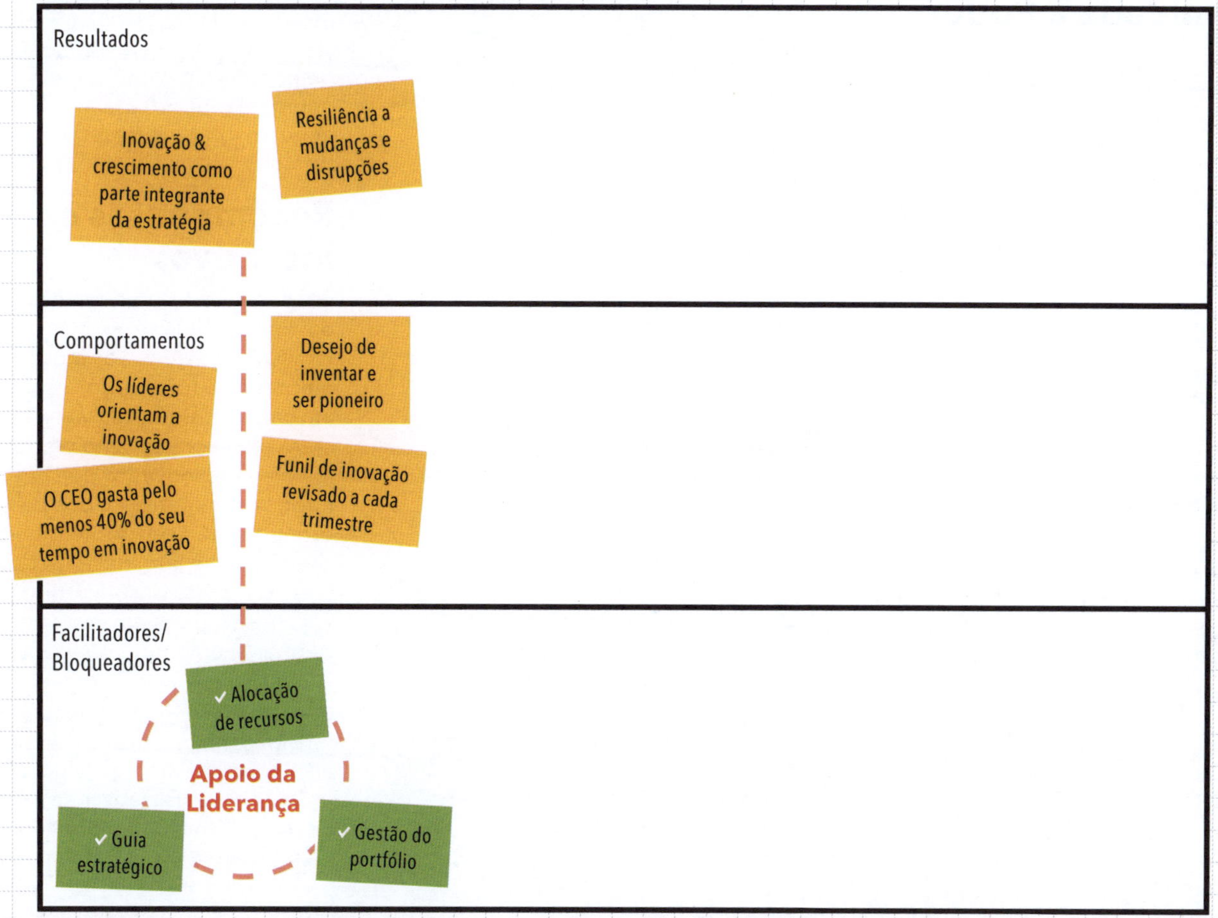

Resultados

Inovação & crescimento como parte integrante da estratégia

Resiliência a mudanças e disrupções

Comportamentos

Os líderes orientam a inovação

O CEO gasta pelo menos 40% do seu tempo em inovação

Desejo de inventar e ser pioneiro

Funil de inovação revisado a cada trimestre

Facilitadores/ Bloqueadores

✓ Alocação de recursos

Apoio da Liderança

✓ Guia estratégico

✓ Gestão do portfólio

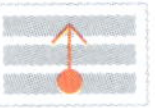

Design Organizacional

Legitimidade e Poder

Empresas Invencíveis, como Amazon e Ping An, dão poder e legitimidade à inovação. Para causar impacto, ela precisa estar no topo do organograma. O CEO, o coCEO ou algum subordinado direto do conselho precisa ser responsável pelo crescimento e pela inovação e dedicar muitos recursos, tempo e energia a ela. Falar sobre isso no alto escalão não basta.

Infelizmente, a inovação carece de legitimidade e poder na maioria das organizações. Vemos muitos chefes de inovação de dois a três níveis abaixo no organograma. Eles se reportam a um líder que se reporta a outro – pense no impacto criado.

Quando o crescimento e a inovação carecem de poder e legitimidade, enviam um sinal muito forte à empresa e levam a graves consequências com impactos de longo prazo:

1. A inovação não é prestigiada e não é vista como prioridade; portanto, todo mundo a aloca no final de sua lista de tarefas.
2. As pessoas evitam explorar novas ideias porque temem correr riscos e prejudicar suas carreiras.
3. Projetos de inovação promissores são vulneráveis, e os anticorpos na organização os aniquilam porque a inovação não é vista como crucial. Poucos são escalados, porque prevalece a agenda de curto prazo.
4. Seus melhores talentos não escolhem a inovação como carreira e vão para a concorrência ou startups.

Ponte para o Núcleo

Em Empresas Invencíveis, operações Desbrave e Explore são parceiras e convivem em harmonia. Há políticas claras para que as equipes de inovação e os principais negócios colaborem. Os inovadores têm acesso fácil a recursos valiosos desde o núcleo.

Quando não há uma ponte clara para o núcleo, as equipes de inovação têm acesso limitado, conflitante ou inexistente a clientes, recursos e habilidades do negócio principal. Na pior das hipóteses, os projetos não obtêm acesso ao que precisam para explorar e testar ideias. Basicamente têm que operar como uma startup em cadeias: com os mesmos recursos limitados que as startups, mas sem o ímpeto. Portanto, defendemos um embaixador e uma equipe de suporte para gerir a relação entre desbravar e desbravar em nome do CEO ou do conselho (p. 322).

Recompensas e Incentivos

Em nosso trabalho de consultoria, ouvimos muitas vezes que o desejo de inovar é intrínseco aos inovadores e empreendedores. Agora imagine um inovador punido toda vez que tenta algo que não estava no plano. Ou imagine um inovador que crie novos negócios multimilionários para uma organização e seja recompensado com promoções e aumentos de salário. Eles terão o melhor desempenho possível em seus talentos em inovação? Eles permanecerão na organização?

Argumentamos que uma estratégia dupla de recompensas e incentivos funciona melhor. Em primeiro lugar, elimine as desvantagens que impedem os inovadores de inovar na organização. Depois, desenvolva um sistema de recompensas pela inovação.

Mapa da Cultura: Facilitadores da Cultura de Inovação

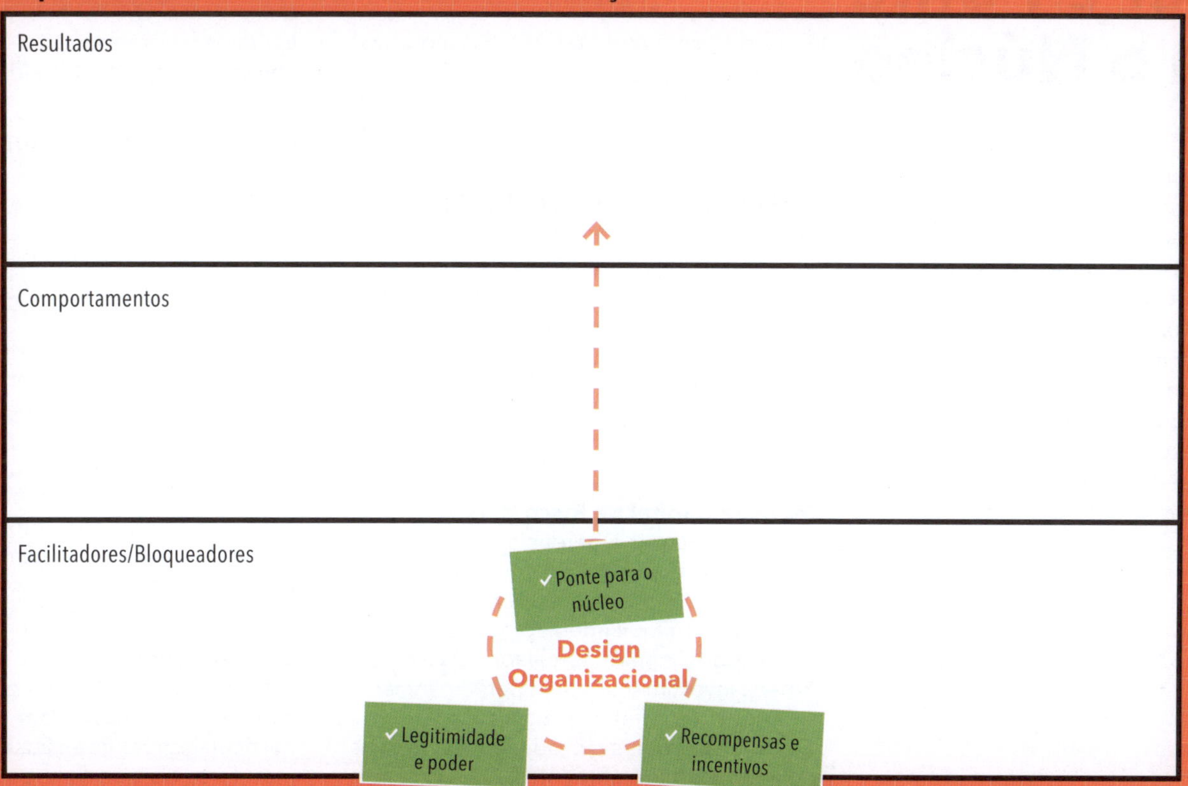

Legitimidade, Poder e Ponte para o Núcleo

Os CEOs e a equipe tradicional de liderança geralmente são excelentes no crescimento e administração de uma empresa dentro de um modelo de negócios conhecido. Mas muitas vezes ficam aquém da tarefa de inovar futuros motores de crescimento. Para criar e gerir um novo crescimento, é preciso um Chefe Empreendedor com uma equipe dedicada. Essa nova equipe é responsável por criar o futuro da empresa, enquanto os executivos tradicionais cuidam dos negócios existentes. Claro, todos precisam atuar em harmonia.

Chefe Empreendedor: É responsável por gerir o portfólio de empreendedores que testam novos modelos de negócios e propostas de valor. É alguém com histórico e paixão por assumir riscos calculados para criar um novo crescimento. Precisa ser tão poderoso quanto o CEO. Em algumas organizações, como a Amazon, o CEO é o principal empreendedor. Em outros, há um coCEO que se concentra no futuro, como Jessica Tan na Ping An.

Chefe de Gestão de Portfólio (CPM): Garante que a empresa analise uma variedade de oportunidades e modelos de negócios que geram crescimento futuro. Algumas oportunidades serão arriscadas; outras, nem tanto. Algumas terão um retorno potencial; outras, garantido. O trabalho do gerente de portfólio é estabelecer e gerir um portfólio que direcione a empresa para o futuro.

Chefe de Capital de Risco (CVC): Aloca orçamentos e gerencia rodadas de financiamento para equipes internas e externas. Um projeto não recebe financiamento total imediatamente, mas recebe dinheiro parcelado. O CVC fornece investimentos-anjo para financiar experimentos baratos e iniciais. Quando são bem-sucedidos e produzem evidências, recebem mais investimentos. O CVC reflete o papel do CFO em um negócio estabelecido. O CFO aloca orçamentos para os negócios existentes, enquanto o CVC, para a descoberta de um negócio futuro.

Chefe de Risco (CRO): Algumas das experiências que uma equipe realiza podem ser prejudiciais à marca e implicar obrigações legais. O jurídico pode ser uma grande restrição à experimentação da empresa. O CRO habilita as equipes e ajuda os empreendedores a entenderem como executar experimentos sem colocar a empresa em risco.

Embaixador Chefe Interno (CIA): É uma pessoa de confiança com influência que sabe tudo o que acontece nos dois lados da empresa. O CIA e sua equipe conhecem todos os recursos, atividades e patentes do setor de execução e confiam nas pessoas poderosas que os gerem. O CIA garante que o Chefe Empreendedor e sua equipe se beneficiem dos pontos fortes da empresa, negociando o acesso a elementos como clientes, força de vendas, marca, cadeia de suprimentos e outros. O CIA estabelece e mantém uma parceria entre negócios existentes e inovação. Vimos mais sucesso quando essa pessoa está no topo da carreira e não tem mais nada a provar nem jogos políticos com que lidar.

Empreendedores: São pessoas internas e externas que constroem os negócios, sendo cada um responsável por um projeto em particular como líder. Esse papel é muito mais forte do que o do gerente de produto ou de projeto: eles são empreendedores reais com incentivos claros e uma participação nos projetos.

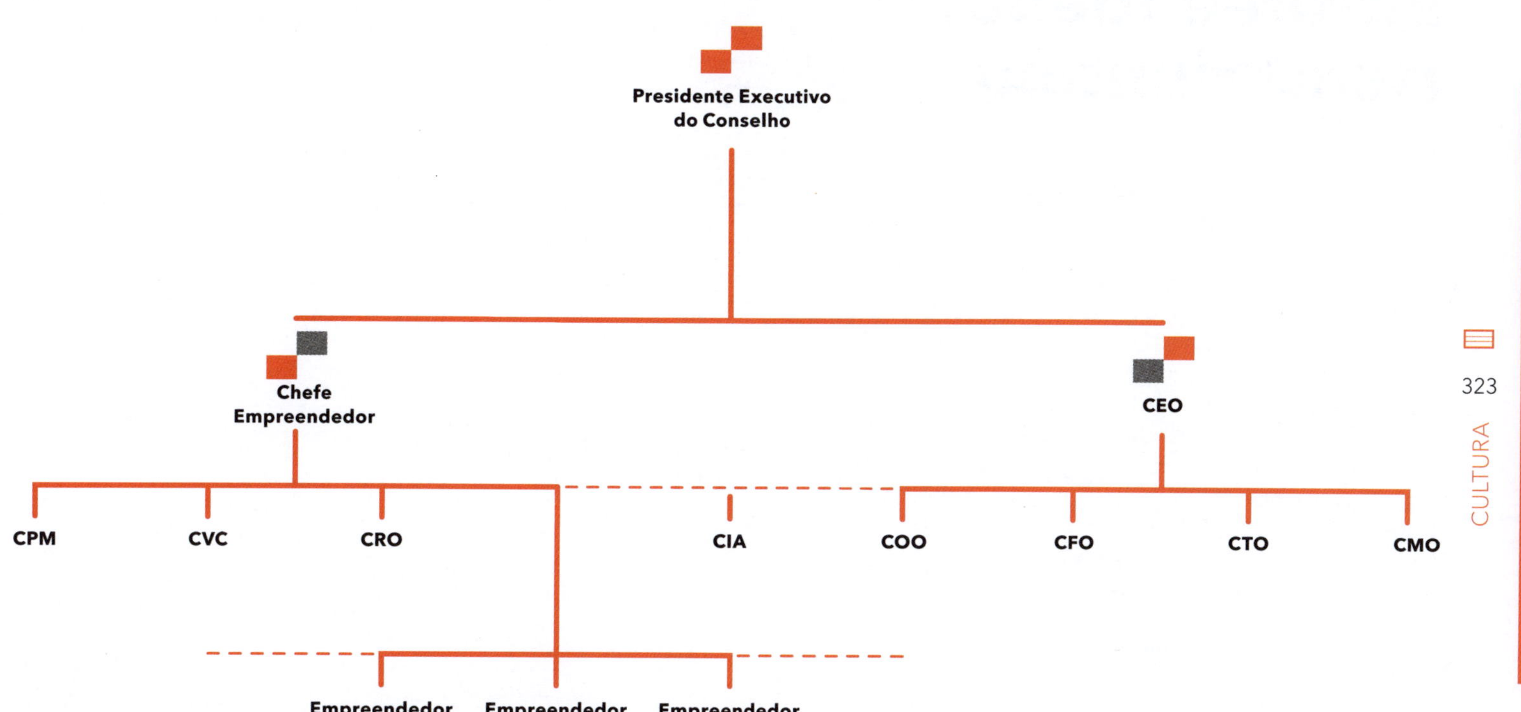
Presidente Executivo do Conselho
Chefe Empreendedor
CEO
CPM
CVC
CRO
CIA
COO
CFO
CTO
CMO
Empreendedor
Empreendedor
Empreendedor

Chefe Empreendedor Head Hunting

A Fortune 50 procura um CE que construa o futuro. O CE é responsável por gerir um portfólio de empreendedores que experimentam novos modelos de negócios e propostas de valor. O candidato é alguém apaixonado por assumir riscos calculados. Esta não é uma função de CTO ou subordinada ao CEO. O CE é um executivo tão poderoso quanto o CEO, com clara liderança sobre a inovação radical dentro da empresa.

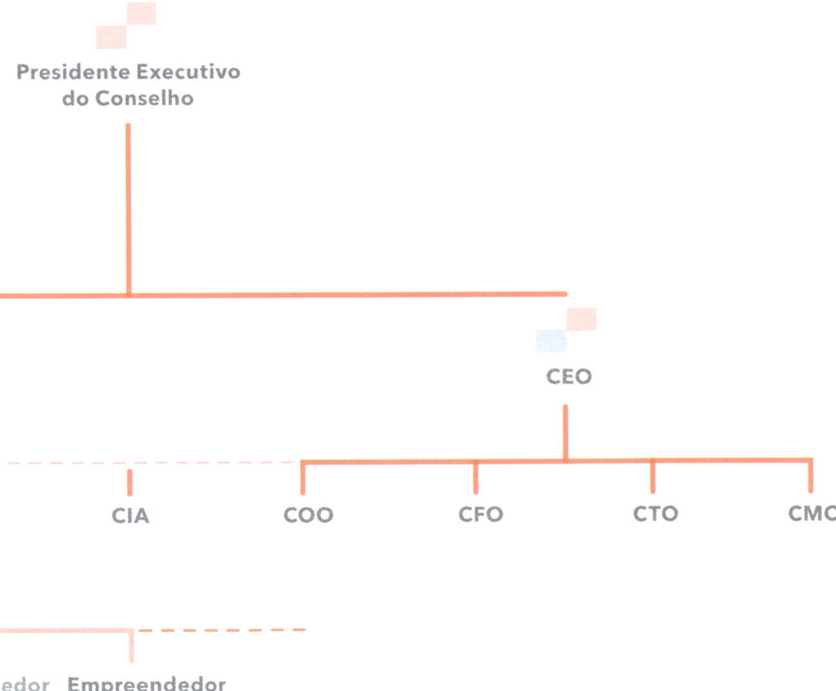

Estamos à procura de um indivíduo que...

- **Seja apaixonado por construir negócios.** *Você produz mecanismos de crescimento com apostas calculadas, não "apostas malucas".*
- **Acredite que tudo é possível.** *Você persiste. Tem traquejo, carisma, entusiasmo, ética no trabalho e mente de marketing para incentivar e fazer as equipes acharem que tudo é possível.*
- **Ergueu um negócio de mais de US$1 bilhão do nada.** *Você tem diferencial se fez esse número em uma grande corporação.*
- **Fique à vontade com a incerteza.** *Você não teme errar. Vê a falha como oportunidade de aprender e iterar rumo à solução.*
- **Seja tremendamente diplomático.** *Você encara os conflitos com um foco em mente: garantir o dinheiro e os recursos necessários para testar suas ideias.*

Parece você? Ok, agora vamos considerar suas tarefas diárias.

Responsabilidades do CE

- ☐ Construir o futuro para a empresa. Todo destaque é pouco. O CE é responsável pelo desenvolvimento de novos modelos de negócios e propostas de valor para o crescimento da empresa.
- ☐ Orientar e apoiar sua equipe de empreendedores. Você esteve nessa posição e tem conhecimento a partilhar. A equipe procura e valida modelos de negócios e propostas de valor visando oportunidades de crescimento. Isso significa gerir empreendedores que buscam tendências e comportamentos de mercado.
- ☐ Projetar e dar espaço à invenção. Você é responsável por criar o ambiente para a equipe experimentar, falhar e aprender. Essa é uma cultura em que as ideias são testadas à exaustão. Você deve defender cultura, processos, incentivos e métricas que nascem nesse espaço.
- ☐ Introduzir métricas de inovação. Você deve desenvolver um novo processo que avalie o progresso na construção de novos negócios. Como seus experimentos ajudam a equipe a aprender, reduzir incertezas e riscos e a avançar?
- ☐ Estabelecer e cultivar uma parceria com o CEO. Você precisa trabalhar com o CEO para garantir que os recursos e ativos estejam disponíveis para validar ou invalidar as ideias. Você é responsável por construir uma parceria para discutir o progresso e compartilhar novas ideias, na qual a comunicação é fundamental, porque o CEO é a pessoa que ajuda a financiar seus futuros experimentos. Você também deve ver a importância de entregar um modelo de negócios validado que demonstre oportunidades de expansão.
- ☐ Relatar o progresso diretamente ao Presidente Executivo do Conselho. Você não trabalha para o CEO, ou ao lado do CTO, CIO e CFO. Essas funções são obrigatórias para manter os negócios existentes a todo vapor. Se o CE se reportasse ao CEO, este poderia vetar ideias em potencial para reservar recursos e proteger a empresa contra falhas.

Onde a Inovação Vive?

Às vezes, os líderes dizem que todos precisam ser inovadores. Isso é, ao mesmo tempo, verdade e tolice. Há diferentes tipos de inovação que requerem habilidades, processos e mentalidades diferentes.

Distinguimos três tipos de inovação com forte base no trabalho do professor de Harvard, Clayton Christensen. Distinguimos a inovação de eficiência, de manutenção e a de transformação, que muitas vezes é disruptiva.

Desbrave

Explore

Transformação

Esse tipo de inovação é o mais radical e inclui modelos de negócios substancialmente novos com os quais a empresa não está familiarizada. Pode – mas não necessariamente – incluir a destruição do modelo de negócios estabelecido. A inovação de transformação tem maior potencial de crescimento em longo prazo e ajuda a preparar a empresa para o futuro. Requer os testes mais avançados e exploração de um amplo portfólio de projetos, devido à alta incerteza.

Impacto financeiro *Substancial em longo prazo*

Proteção contra a disrupção *Muito forte*

Local *Fora do núcleo de negócios estabelecidos para garantir a sobrevivência*

Protagonistas *Inovadores profissionais com suporte do negócio principal para habilidades e recursos específicos*

Incerteza *Máxima – porque explora um território incerto*

Testagem *Desejo, viabilidade, praticabilidade e adaptabilidade*

Manutenção

Com a inovação de manutenção, você aprimora e expande o modelo de negócios comprovado. A incerteza é maior porque pode envolver novos segmentos de mercado, novas propostas de valor e novos canais. Como consequência, você também pode ter que dominar novas atividades e recursos. Esse tipo de inovação inclui, ainda, mudanças no modelo de negócios e pode ter um impacto substancial na longevidade do modelo de negócios de uma empresa.

Impacto financeiro *Potencialmente substancial – raramente imediato*

Proteção contra a disrupção *Limitada*

Local *Dentro dos principais negócios consolidados, potencialmente fora*

Protagonistas *Funcionários dos principais negócios com apoio de inovadores profissionais*

Incerteza *Média – porque as inovações se baseiam no modelo de negócios comprovado*

Testagem *Desejo, viabilidade, praticabilidade e adaptabilidade, dependendo da natureza da inovação*

Eficiência

Visa melhorar a fluidez dos modelos de negócios existentes. A incerteza é relativamente baixa, pois trata de melhorar o modelo comprovado. No entanto, pode envolver inovações tecnológicas altamente sofisticadas com alto risco de praticabilidade. Também pode incluir risco de desejo, como quando você cria ferramentas digitais para partes interessadas internas, como vendas, suporte ao cliente, marketing, finanças ou operações. Seu impacto financeiro imediato pode ser muito alto, por exemplo, na forma de margens expandidas.

Impacto financeiro *De baixo a extremamente alto – geralmente imediato*

Proteção contra a disrupção *Nenhuma*

Local *Núcleo do negócio consolidado*

Protagonistas *Pessoal dos principais negócios*

Incerteza *Baixa*

Testagem *Principalmente praticabilidade, algum desejo interno, economia potencial de custos ou impacto na receita*

DESIGN ORGANIZACIONAL

Recompensas e Incentivos

Morte aos Bloqueadores

Em muitas empresas, inovar é sinônimo de suicídio profissional. Mas não precisa ser assim. Nesta página, descrevemos como remover as desvantagens para as pessoas que inovam em sua organização. Conversando com o especialista em inovação Scott Anthony, da Innosight, percebemos que isso ajuda bastante a impulsionar as atividades de inovação, mesmo antes de as recompensas formais entrarem em cena.

Elimine o Lado Negativo

Bloqueadores	Não...	Providencie...
Barreiras para Começar	... dificulte, na forma de disfunção burocrática ou outros obstáculos, a experimentação de novas ideias por parte dos inovadores.	... acesso fácil e tempo ou orçamento para quem deseja testar uma ideia. Forneça fundos de acompanhamento para ideias que se mostrarem interessantes.
Casos/Planos de Negócios	... force os inovadores a elaborarem planos detalhados para que as ideias fiquem boas em planilhas, mas seu verdadeiro risco se oculte.	... diretrizes de processo para testar ideias e medir a redução de riscos e incertezas. Julgue evidências, não ideias bonitas no PowerPoint.
KPIs Voltados à Execução	... recompense os inovadores só pela execução, porque os impedirá de testar e reduzir o Risco da Inovação.	... KPIs específicos para inovadores que testam novas ideias. Eles devem diferir dos KPIs para quem executa projetos e deve entregar no prazo e no orçamento.
Carência de Autonomia	... exija das equipes de inovação aprovação para todos os testes e decisões de adaptar as ideias, isso reduz a velocidade e a adaptabilidade.	...autonomia para testar ideias, encontrar evidências e adaptar ideias, desde que isso não coloque a organização em risco.
Carência de Acesso	... dificulte o acesso dos inovadores a recursos necessários para testar novas ideias (clientes, marca, prototipagem, apoio da liderança etc.).	... infraestrutura e suporte para os inovadores testarem ideias de modo rápido, barato e indolor com testes adequados.
Carência de Habilidades	... confunda habilidades gerenciais e de inovação/empreendedoras. É um jogo totalmente diferente desbravar e adaptar novas ideias.	... treinamento em empreendedorismo e inovação. Evite usar bons gerentes para desbravar novas ideias sem equipá-los com as habilidades e a mentalidade certas para testá-las.
Riscos de Carreira	... torne o fracasso ao experimentar novas ideias um limitador da carreira.	... visibilidade e promoções para quem testar novas ideias ao longo da carreira, mesmo se esses testes falharem.

Crie Facilitadores

Concentre-se no lado positivo após eliminar o negativo. Crie um sistema de recompensa que incentive as pessoas a inovar. Certifique-se de não premiar apenas resultados bem-sucedidos, porque muitas experiências fracassadas mostram pontos fora da curva que terão grande sucesso. Recompense um bom comportamento de inovação tanto quanto resultados, porque, assim, eles serão uma consequência natural. Por fim, certifique-se de se concentrar no impacto, que é uma recompensa crucial para atrair e reter os melhores talentos em inovação.

Recompense o Lado Positivo

Recompense	Ache Modos Criativos de...	Incentivos
Comportamentos *Torne a Inovação Atraente*	... tornar a inovação tão prestigiada quanto gerir grandes equipes e orçamentos. Promova as pessoas não apenas pelos méritos gerenciais, mas pela coragem de testar novas ideias, mesmo que falhem. Recompense a inovação, não apenas seus resultados. Recompense todo o portfólio de projetos de inovação, não apenas os poucos grandes vencedores.	• Promoções de carreira • Recompensas por comportamento, não apenas por resultados • Visibilidade e reconhecimento em toda a empresa • Visibilidade na alta gerência • Acesso a novos projetos interessantes • Recompensas em todas as fases do funil de inovação, mesmo com falhas
Resultados *Presença Empreendedora*	... deixar que os inovadores participem da parte financeira das novas ideias. Use mecanismos internos ou capital de risco corporativo. Permita que pessoas e equipes desbravem suas ideias fora da organização, com a opção de investir e potencialmente recomprar o empreendimento.	• Participação financeira pela ideia • Bônus dependentes de sucesso (número de novos produtos ou serviços vendidos, limites de receita, margem ou lucro etc.) • Capital inicial ou investimentos para explorar uma ideia externamente
Impacto *Mudar o Mundo*	... conquistar talentos de inovação externos com uma missão atraente da empresa. Mostre aos inovadores de alto nível como a adesão à organização lhes permitirá fazer a diferença e ter um impacto real na sociedade. Destaque o que torna a empresa mais interessante do que criar ou ingressar em uma startup ou concorrente.	• Trabalhar para uma empresa que representa um valor • Fazer a diferença (impacto social) • Acessar recursos que uma startup ou concorrentes não possuem (infraestrutura, marca, PI, alcance de mercado etc.)

☐ Dê à sua empresa uma pontuação de 1 a 5 para cada área.

☐ Defina qual área deseja melhorar nos próximos 12 a 36 meses.

☐ Elimine os bloqueadores e implemente os facilitadores que o ajudarão a atingir os objetivos de melhoria.

Classifique Seu Design Organizacional

	INCIANTE *Temos pouca ou nenhuma experiência*	*Temos um pouco de experiência*	**INTERMEDIÁRIO** *Trabalhamos assim com regularidade, mas não sistematicamente*	*Trabalhamos dessa maneira com frequência*	**ALTO NÍVEL** *Nossa prática é estudo de caso para outras pessoas e empresas*
Legitimidade e Poder	1 Projetos de inovação são marginalizados e alheios aos canais oficiais	2	3 A inovação está oficialmente no organograma, mas falta poder e influência	4	5 A inovação está no topo do organograma e tem poder e influência
Ponte para o Núcleo	1 As equipes de inovação têm acesso limitado ou inexistente aos clientes, recursos e habilidades do negócio principal	2	3 As equipes principais de negócios e inovação colaboram, mas há conflitos	4	5 Há políticas claras que ajudam as equipes de inovação e os principais negócios a colaborarem como iguais
Recompensas e Incentivos	1 A inovação não possui um sistema de incentivos dedicado que difere do negócio principal	2	3 Temos alguns incentivos para a inovação e ela é recompensada de maneira diferente da execução	4	5 A inovação tem um sistema dedicado de incentivo que recompensa a experimentação e a criação de novos valores

Mapa da Cultura: Facilitadores da Cultura de Inovação

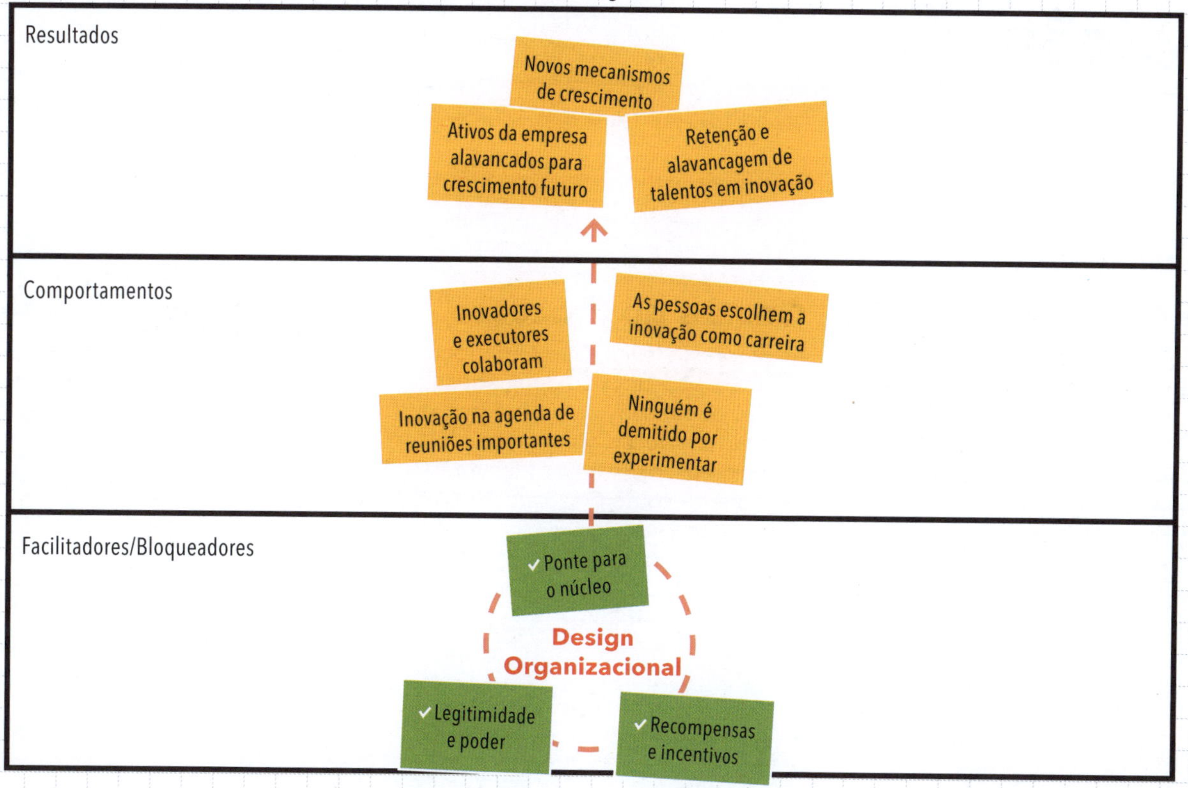

Resultados

Novos mecanismos de crescimento

Ativos da empresa alavancados para crescimento futuro

Retenção e alavancagem de talentos em inovação

Comportamentos

Inovadores e executores colaboram

As pessoas escolhem a inovação como carreira

Inovação na agenda de reuniões importantes

Ninguém é demitido por experimentar

Facilitadores/Bloqueadores

✓ Ponte para o núcleo

Design Organizacional

✓ Legitimidade e poder

✓ Recompensas e incentivos

Prática da Inovação

Ferramentas de Inovação

Os profissionais de inovação precisam dominar um conjunto de ferramentas dedicadas, assim como um cirurgião comanda um conjunto de instrumentos cirúrgicos. Acreditamos que a qualidade das ferramentas usadas tem um impacto substancial na qualidade do trabalho de crescimento e transformação.
As ferramentas não são neutras, influenciam fortemente a qualidade dos resultados. É por isso que é crucial selecioná-las cuidadosamente e aprender a aplicá-las corretamente.

Gestão do Processo

As Empresas Invencíveis têm processos e tomadas de decisão dedicados, ambos otimizados para a inovação. Medem a redução sistemática e eficaz do risco em novas ideias, em vez da entrega no prazo e dentro do orçamento, que são KPIs de execução típicos. Discutimos intensamente o processo de inovação e as métricas de inovação no Capítulo 2: Gestão.

Desenvolvimento de Habilidades

Gerenciar o existente e inventar o novo são duas profissões fundamentalmente diferentes. Os inovadores se sentem à vontade com altas incertezas e pivôs radicais para se adaptar à realidade de novas ideias de mercado. As Empresas Invencíveis desenvolvem sistematicamente talentos de inovação de alto nível com ampla experiência em inovação em toda a organização.

Mapa da Cultura: Facilitadores da Cultura de Inovação

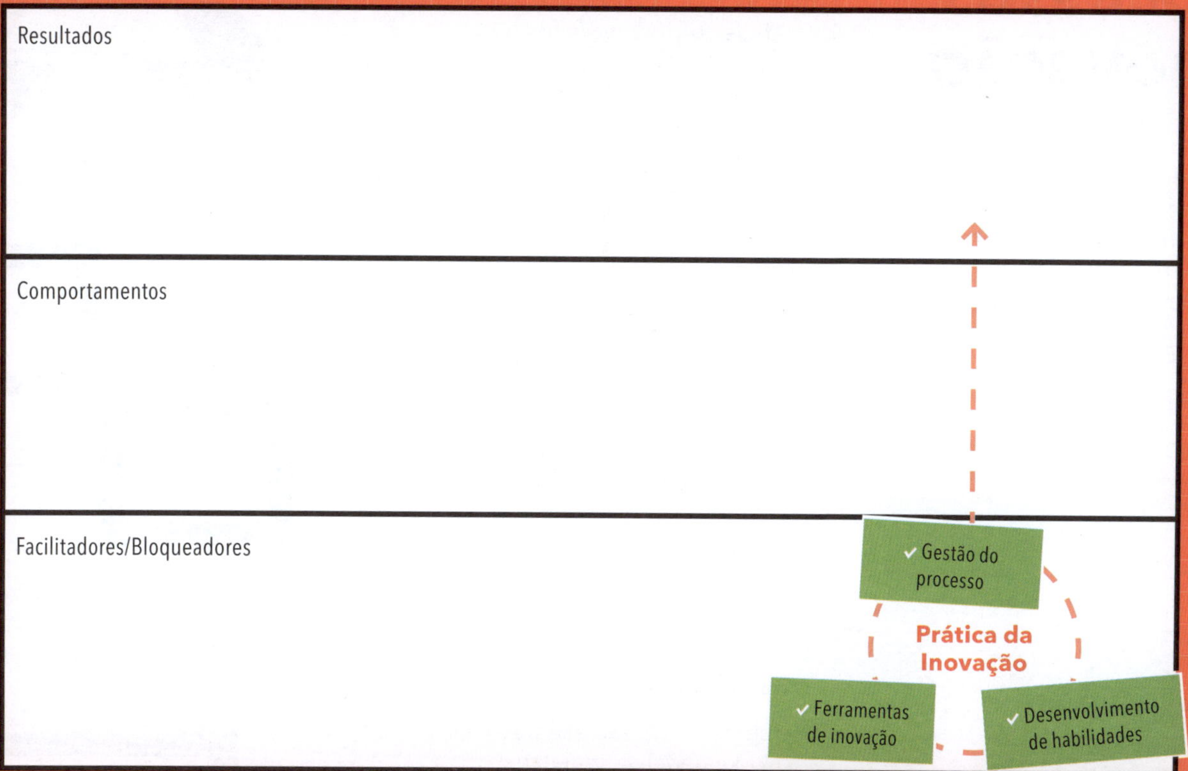

Ferramentas e Processos da Inovação

O domínio das ferramentas da inovação facilita radicalmente a busca de novos mecanismos de crescimento. Sugerimos uma caixa de ferramentas integradas para moldar, testar e ampliar as ideias na organização.

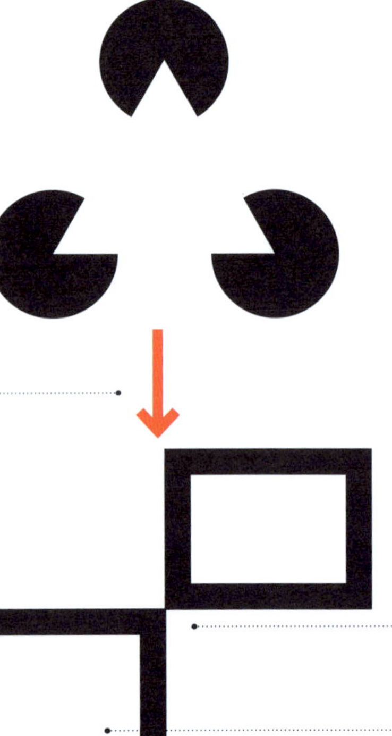

Triângulo da Identidade Corporativa

Uma estrutura de gestão estratégica para explicitar a identidade corporativa, a fim de definir a orientação do portfólio.

Guia do Portfólio

As diretrizes que definem quais tipos de inovações se deseja buscar. Explicitam "o que entra e o que sai".

Mapa do Portfólio

Ferramenta de estratégia analítica para visualizar, analisar e gerir os modelos de negócios que você está melhorando e desenvolvendo e os futuros, que procura e testa.

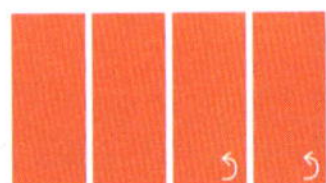

O Mapa do Alinhamento da Equipe

Ferramenta de gestão de projetos para manter as equipes alinhadas ao longo de uma jornada de projeto (inovação).

O Mapa da Cultura

Ferramenta de gestão estratégica para ajudar a avaliar, projetar, implementar e transformar a cultura (de inovação) de uma empresa.

Design de Negócios

Mapa do Ambiente de Negócios
Uma ferramenta de previsão e verificação para mapear o ambiente em que você conduz os negócios. Captura as tendências que podem atrapalhar a organização ou representar novas oportunidades de crescimento e transformação.

Canvas do Modelo de Negócios
Ferramenta de gestão estratégica para explicitar o modo como você cria, entrega e captura valor. Usado para melhorar os modelos de negócios existentes ou inventar novos. Serve como base para identificar hipóteses para testar novas ideias de negócios.

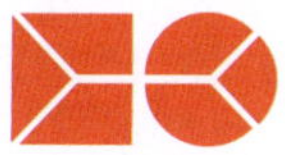

Canvas da Proposta de Valor
Ferramenta de gestão de produtos para explicitar como você cria valor para os clientes. Usado para avaliar e melhorar propostas de valor existentes ou inventar novas. Serve como base para identificar hipóteses de clientes e produtos/serviços.

Testagem

Métricas de Inovação Strategyzer
Um sistema para medir a redução de risco e incertezas de novas ideias de negócios, visualizar o progresso da ideia para negócios validados e avaliar o risco de disrupção do portfólio de negócios de uma empresa.

Mapa de Hipóteses
Ferramenta tática para identificar as hipóteses que se deve testar primeiro.

Cartão de Teste
Ferramenta tática para projetar experimentos de confiança a fim de testar.

Cartão de Aprendizado
Ferramenta tática para captar informações dos experimentos de negócios e definir decisões e ações.

PRÁTICA DA INOVAÇÃO

Desenvolvimento de Habilidades

Entre as muitas habilidades exigidas em empreendedorismo e inovação, há três que são cruciais em sua jornada e podem ser aprendidas, da grande ideia ao negócio real:

1. Projeto do Negócio (Diferente de Geri-lo):

A capacidade de moldar e adaptar constantemente propostas de valor e modelos de negócios para desenvolver os mais promissores.

Domine o Canvas da Proposta de Valor (VPC):

- Crie propostas de valor que atraem clientes.
- Crie propostas de valor pelas quais os clientes estejam dispostos a pagar.

Domine o Canvas do Modelo de Negócios (BMC):

- Crie modelos de negócios rentáveis e escaláveis.
- Projete modelos de negócios passíveis de serem protegidos.

2. Teste (e Aprendizado):

A capacidade de dividir grandes ideias em hipóteses testáveis para reduzir o risco de perseguir ideias que não funcionam.

- Identifique as hipóteses mais importantes.
- Crie e execute experimentos para apoiar ou refutar suas hipóteses.
- Detecte padrões nas evidências.

3. Liderança e Execução:

A capacidade de inspirar uma equipe e superar os maiores obstáculos.

- Lidere e coordene sua equipe, da ideia ao negócio real.
- Certifique-se de que cada membro da equipe esteja sempre focado no que melhor pode levar a equipe da ideia aos negócios escaláveis.
- Lidere frente à adversidade e motive a equipe a superar os obstáculos inevitáveis na jornada da inovação.

☐ **Evolução das habilidades, da ideia ao negócio** Ao longo da jornada de um projeto, as habilidades exigidas pela liderança e pela equipe mudam substancialmente. Veja algumas das principais diferenças, desde a descoberta até a execução e a escala.

	 **Descoberta**	 **Validação**	 **Aceleração**	**Execução e Escala**
Evidências-chave	• Tamanho do mercado e da oportunidade $ • Tarefas, dores e ganhos do cliente • Adequação Problema/Solução • Disposição para pagar (evidência básica)	• Proposta de valor • Disposição para pagar e estabelecer preços (fortes evidências) • Praticabilidade (evidência básica)	• Adequação produto/mercado • Praticabilidade (forte evidência) • Aquisição e retenção • Lucratividade	• Crescimento da receita (ou dos usuários)
Questões-chave	Existe uma oportunidade?	Podemos criar valor nesse mercado?	Qual a melhor forma de criar demanda e crescer?	Como podemos dimensionar nossa organização para atender à demanda?
Tamanho da equipe	1-3	3-8	8+	Ilimitado
Principais habilidades de liderança	• Visualização e motivação • Suposições cruciais • Reconhecer padrões • Pivô • Modelos de negócio	• Visualização e motivação • Padrões • Pivô • Modelos de negócio	• Visualização e motivação • Especialistas em assuntos relacionados à liderança • Modelos de negócio	• Motivação e envolvimento • Escala • Contratação • Gestão
Habilidades da equipe	• Engenhosidade • Testagem • Adaptabilidade extrema • Perseverança	• Testagem • Prototipagem • Perseverança	• Experiência e criação de liderança • Marketing • Perseverança	• Liderança, execução e escala • Forte experiência em questões de domínio • Contratação • Experiência funcional (marketing, finanças, jurídico etc.)

Liderança e Equipe Empreendedora

Acreditamos que as equipes de projeto mais bem-sucedidas nas Empresas Invencíveis não são lideradas por gerentes de projeto que gerenciam vários projetos em paralelo, mas por pessoas que se veem como empreendedoras. Estão prontas para levar uma ideia a cabo e se comportar como empreendedoras, mesmo que sejam funcionárias formais da empresa. Com base em pesquisas de laboratórios de desempenho empreendedor, acreditamos que inovadores e empreendedores de sucesso e suas equipes têm as seguintes características.

Inovadores e empreendedores que lideram equipes e empreendimentos costumam ser...

Capazes de distorcer a realidade

- Comunicadores talentosos e cativantes, capazes de mobilizar recursos e talentos em prol de sua causa.
- Sabem em que direção querem que as pessoas os sigam e fazem com que stakeholders e membros da equipe acreditem no impossível.
- Lideram com magnetismo a equipe em uma jornada de descoberta, validação, aceleração e escala.

Implacáveis e resilientes

- Anseiam por superar o *status quo* e melhorar as coisas.
- São voltados à ação, não ficam paralisados na análise e perseveram diante das adversidades. Trabalham persistentemente para superar obstáculos e não são perturbados por contratempos.
- Mostram uma enorme ética de trabalho e estabelecem altos padrões para si e para os outros, mas mantêm as reservas mentais e físicas necessárias para lidar com os desafios.

Profundamente curiosos

- Algumas de suas melhores ideias vêm da fertilização cruzada de diferentes domínios e mercados.
- São incrivelmente ágeis intelectualmente (Jeff Bezos: de livros a Amazon Web Services; Steve Jobs: de computadores a players de música e celulares; Elon Musk: de software de pagamento a carros elétricos e foguetes).

Independentes

- Dispostos ou inclinados a operar por conta própria, com o apoio mínimo dos outros.
- Sentem-se confortáveis longe do rebanho.
- Preferem controlar e provavelmente ficam insatisfeitos trabalhando para outra pessoa.

Acreditamos que grandes equipes fundadoras devem exibir as seguintes características para complementar o líder empreendedor:

Inventividade

- Gerar ideias e desbravar novas possibilidades.
- Separar padrões úteis de grandes quantidades de informação, dispor-se a aprender e se adaptar por meio da experiência e da experimentação.
- Navegar facilmente por questões estratégicas gerais e experimentos minuciosos ou experiência em questões de domínio.

Tolerância ao risco

- Dividir grandes ideias em hipóteses menores para testá-las com experimentos de negócios.
- Sentir-se à vontade para tomar decisões com informações incompletas ou contraditórias e lidar bem com a ambiguidade e a complexidade.
- Ser destemido e temeroso simultaneamente, mas saber distinguir entre sentimentos internos de ansiedade e medidas objetivas de risco real.

Foco no mercado

- Ver o potencial financeiro e de mercado de uma oportunidade, tecnologia ou necessidade e transformá-la em propostas de valor concretas e em modelos de negócios.
- Adaptar constantemente o modelo de negócios e as propostas de valor com base no feedback do campo e nas evidências dos experimentos.
- Ser oportunista e buscar a direção mais interessante.

Pragmatismo e (idealmente) experiência

- Perceber quais ações e decisões farão diferença.
- Trazer e aplicar uma experiência valiosa de jornadas anteriores de inovação e empreendedorismo.
- Ter um forte radar para a sensatez.

Biblioteca do Congresso, Divisão de Imagens e Fotos, NYWT&S Collection, [LC-USZ62-123247]

No auge de sua carreira, uma das mulheres mais ricas do mundo.

ELIZABETH ARDEN
Fundadora da Elizabeth Arden Inc., em 1910

"Daniel Ek, CEO e cofundador do Spotify" Stuart Isett/Fortune Brainstorm TECH/CC BY 2.0

O Spotify mudou para sempre a forma como os consumidores interagem com a música.

DANIEL EK
Fundador do Spotify, serviço de streaming de música

"Beech, Olive Ann", por San Diego Air e Space Museum Archive

Apelidada de "A Primeira Dama da Aviação" por ter sido a primeira mulher a liderar uma grande empresa de aeronaves.

OLIVE ANN BEECH
Cofundadora da Beech Aircraft Corporation

Jack Ma Fórum Econômico Mundial/Ben Hider/ CC BY 2.0

Classificado em 21° na lista das Pessoas mais Poderosas do Mundo em 2019 pela Forbes.

JACK MA
Cofundador do Grupo Alibaba

"Disrupção da TechCrunch SF 2017 - Day 2", por Techcrunch/CC BY 2.0

O kit de teste de DNA da 23andMe foi eleito a Invenção do Ano pela Time em 2008.

ANNE WOJKICKI
Cofundadora da 23andme

"Uma foto do visionário Yvon Chouinard", por Tom Frost/CC BY 2.0

Um dos pioneiros do movimento de negócios "faça o bem para fazer bem".

YVON CHOUINARD
Fundador da marca de roupas esportivas Patagonia

"Africa Progress Panel", por Rodger Bosch para APP/CC BY 2.0

Classificado em 33° na lista dos maiores líderes mundiais, na Fortune, em 2017.

STRIVE MASIYIWA
Fundador da Econet Wireless, empresa de mídias e tecnologia

"Yang Lan", por Fórum Econômico Mundial em Cologny, Suíça/CC BY 2.0

Uma das mulheres mais poderosas da China na mídia, 100° na lista das 100 mulheres mais poderosas de 2013 da Forbes.

YANG LAN
Cofundadora da Sun Media Group

Considerado o "Thomas Edison do Japão", Kiichiro converteu o negócio de tear da família em fabricação de automóveis.

KIICHIRO TOYODA
Fundador da Toyota Motor Corporation

"Jacqueline Novogratz", por Acumen/CC BY 2.0

Usa abordagens empreendedoras para combater a pobreza global.

JACQUELINE NOVOGRATZ
Fundadora do Acumen Fund

"Empresário Mexicano Carlos Slim Helú", por José Cruz/ABr/CC BY 3.0

Em 8° lugar na lista de bilionários do mundo pela Forbes e considerado a pessoa mais rica da América Latina em 2019.

CARLOS SLIM
Fundador do Conglomerado Grupo Carso

"Cher Wang, presidente da HTC, mostra nova placa mãe para celular", por Robert Scoble/CC BY 2.0

46ª mulher mais poderosa do mundo em 2013, pela Forbes.

CHER WANG
Cofundadora da HTC Corporation

- [ ] Dê à sua empresa uma pontuação de 1 a 5 para cada área.
- [ ] Defina qual área deseja melhorar nos próximos 12 a 36 meses.
- [ ] Elimine os bloqueadores e implemente os facilitadores que o ajudarão a atingir seus objetivos de melhoria.

Classifique Sua Prática de Inovação

	INICIANTE *Temos pouca ou nenhuma experiência*	*Temos um pouco de experiência*	**INTERMEDIÁRIO** *Trabalhamos assim com regularidade, mas não sistematicamente*	*Trabalhamos dessa maneira com frequência*	**DE ALTO NÍVEL** *Nossa prática é estudo de caso para outras pessoas e empresas*
Ferramentas de Inovação	1 Não usamos ferramentas de modelos de negócios, lean startup ou design thinking para a inovação	2	3 Ferramentas de modelo de negócios, lean startup ou design thinking são usadas na organização	4	5 Ferramentas de modelos de negócios, lean startup ou design thinking são comuns
Gestão do Processo	1 Nossos processos são lineares e requerem planos de negócios detalhados com projeções financeiras	2	3 Usamos ocasionalmente processos iterativos e experimentos sistemáticos de negócios para testar ideias de negócios	4	5 Nossos processos são otimizados para inovação e medimos a redução de risco em novas ideias
Habilidades de Inovação	1 Não contratamos habilidades e experiência em inovação nem as desenvolvemos	2	3 Contratamos ocasionalmente talentos experientes em inovação e treinamos pessoal especializado em inovação	4	5 Contratamos e desenvolvemos talentos de inovação de alto nível com vasta experiência

Mapa da Cultura: Facilitadores da Cultura de Inovação

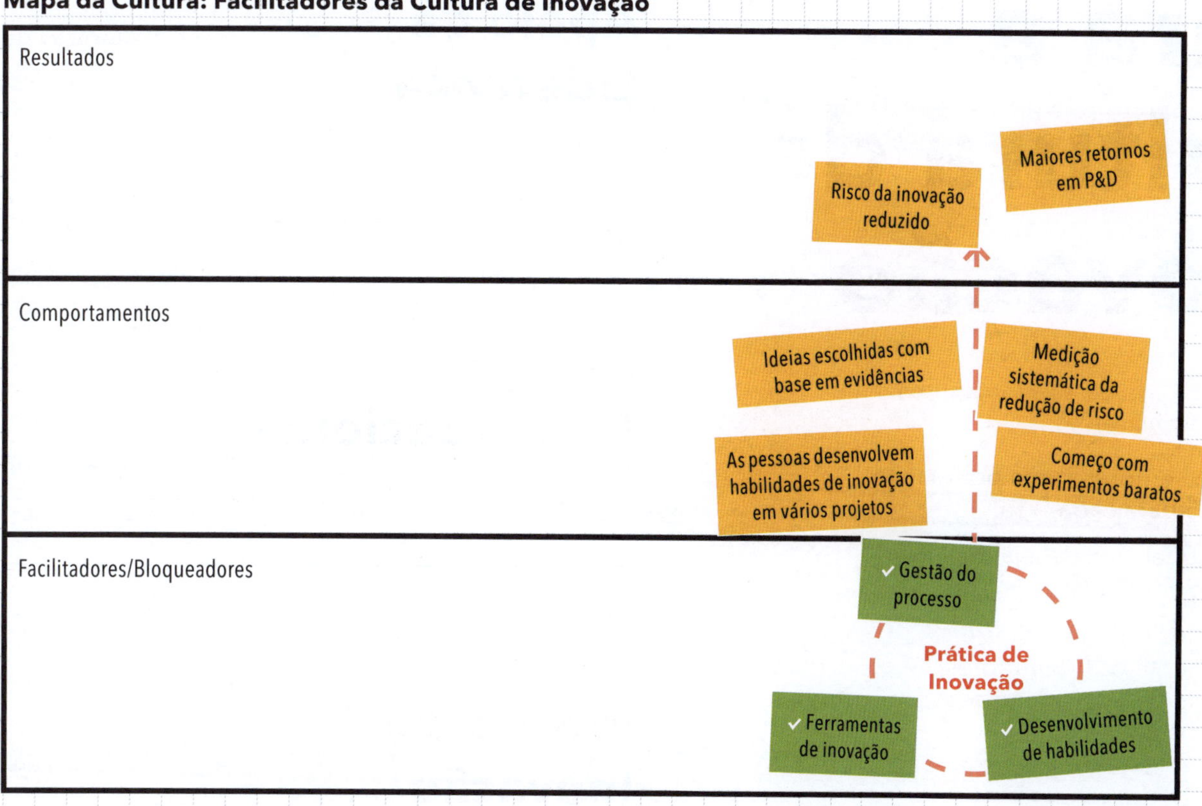

Prontidão para a Cultura de Inovação

Você está pronto para se tornar uma Empresa Invencível?

- ☐ Dê à sua empresa uma pontuação de 1 a 5 para cada área.
- ☐ Defina qual área deseja melhorar nos próximos 12 a 36 meses.
- ☐ Elimine os bloqueadores e implemente os facilitadores que o ajudarão a atingir seus objetivos de melhoria.

Apoio da Liderança	Guia Estratégico
	Alocação de Recursos
	Gestão de Portfólio
Design Organizacional	Legitimidade e Poder
	Ponte para o Núcleo
	Recompensas e Incentivos
Prática de Inovação	Ferramentas de Inovação
	Gestão do Processo
	Habilidades de Inovação

INICIANTE *Temos pouca ou nenhuma experiência neste assunto*	*Temos pouca experiência*	**INTERMEDIÁRIO** *Trabalhamos assim com regularidade, mas não sistematicamente*	*Trabalhamos dessa maneira com frequência*	**DE ALTO NÍVEL** *Nossa prática é estudo de caso para outras pessoas e negócios*
1 A liderança não dá uma orientação estratégica explícita para a inovação	2	3 Há um pouco de orientação estratégica para a inovação, mas nem todos na empresa sabem dela	4	5 A liderança dá orientação estratégica de inovação em reuniões importantes e todos sabem disso
1 Os recursos para a inovação são básicos ou têm base em projetos *ad hoc*	2	3 Os recursos para a inovação estão disponíveis, mas não são substanciais nem protegidos	4	5 Os recursos para a inovação são formais, e os líderes comprometem pelo menos 50% do tempo com ela
1 A liderança foca principalmente a melhoria do negócio principal	2	3 Fazemos alguns investimentos para desbravar o futuro e os novos modelos de negócios, mas não é nada sistemático	4	5 A liderança anseia por pioneirismo e investe em muitas pequenas apostas, e as melhores obterão mais investimentos
1 Projetos de inovação são marginalizados e alheios aos canais oficiais	2	3 A inovação está oficialmente no organograma, mas falta poder e influência	4	5 A inovação está no topo do organograma e tem poder e influência
1 As equipes de inovação têm acesso limitado ou inexistente aos clientes, recursos e habilidades do negócio principal	2	3 As equipes principais de negócios e inovação colaboram, mas há conflitos	4	5 Há políticas claras que ajudam as equipes de inovação e os principais negócios a colaborarem como iguais
1 A inovação não possui um sistema de incentivos dedicado que difere do negócio principal	2	3 Temos alguns incentivos para a inovação, e ela é recompensada de maneira diferente da execução	4	5 A inovação tem um sistema dedicado de incentivo que recompensa experimentação e criação de novos valores
1 Não usamos ferramentas de modelos de negócios, lean startup ou design thinking para a inovação	2	3 Ferramentas de modelo de negócios, lean startup ou design thinking são usadas em partes na organização	4	5 Ferramentas de modelo de negócios, lean startup ou design thinking são comuns e dominadas
1 Nossos processos são lineares e requerem planos de negócios detalhados com projeções financeiras	2	3 Usamos ocasionalmente processos iterativos e experimentos sistemáticos para testar ideias de negócios	4	5 Nossos processos são otimizados para inovação e medimos a redução de risco em novas ideias sistematicamente
1 Não contratamos habilidades e experiência em inovação nem as desenvolvemos	2	3 Contratamos ocasionalmente talentos experientes em inovação e treinamos pessoal especializado em inovação	4	5 Contratamos e desenvolvemos talentos de inovação de alto nível com vasta experiência em toda a organização

Posfácio

Glossário

Ações do Portfólio
As ações executadas no portfólio DESBRAVE (idear, investir, persistir, pivotar, retirar, spinout, transferir) e no EXPLORE (adquisição, parceria, investimento, melhoria, fusão, desinvestimento, término).

Canvas do Modelo de Negócios
Ferramenta de gestão estratégica que descreve como uma organização cria, entrega e captura valor, apresentada inicialmente no livro *Business Model Generation*.

Crescimento
Manter os modelos existentes em crescimento. Inclui escalar modelos emergentes, renovar aqueles em declínio e proteger os de sucesso. O crescimento é garantido com a melhora dos retornos e a minimização do risco de disrupção.

Design do Negócio
Processo para moldar e remodelar uma ideia de negócio para transformá-la no melhor modelo e proposta de valor possíveis. As iterações iniciais são baseadas na intuição e no ponto de partida (ideia do produto, tecnologia, oportunidade de mercado etc.). As subsequentes são baseadas em evidências e insights decorrentes dos testes.

Evidência
Dados gerados a partir de um experimento ou coletados em campo. Comprova ou refuta uma hipótese (comercial), percepção do cliente ou crença sobre uma proposta de valor, modelo de negócio, estratégia ou ambiente.

Experimento
Um procedimento que produz evidência para validar ou invalidar uma proposta de valor ou hipótese de modelo de negócios. Usado para reduzir o risco e a incerteza de uma ideia.

Financiamento Medido
Prática de financiamento, proveniente do capital de risco, em que se aumentam gradualmente os investimentos em projetos que produzem evidências de testes e arquivam-se os outros.

Funil de Inovação
Mecanismo para explorar e testar um fluxo constante de ideias de negócios e projetos de inovação. A frente do funil contém muitas ideias que você reduz gradualmente com base nas evidências dos testes e depois investe nos projetos restantes com financiamento medido.

Guia
Contexto para gerir o portfólio. Ajuda na alocação de recursos e ações de portfólio. Fornece limites explícitos para entender o que focar e o que não focar, no que investir e o que alienar, o que desbravar e o que não desbravar.

Hipótese
Uma suposição em que a proposta de valor, o modelo de negócios ou a estratégia se baseia. O que é necessário aprender para entender se a ideia de negócio pode funcionar. Relaciona-se ao desejo, praticabilidade, viabilidade ou adaptabilidade de uma ideia de negócio.

Mapa da Cultura
Ferramenta de gestão estratégica para entender, projetar, testar e gerir a cultura corporativa que se deseja ter na organização.

Mapa da Equipe
Ferramenta visual de Stefano Mastrogiacomo para aumentar o alinhamento dos membros da equipe para reuniões e conversas mais eficazes.

Mapa do Portfólio
Uma ferramenta de gestão estratégica para visualizar, analisar e gerir simultaneamente os modelos de negócios que você está melhorando e crescendo e os futuros modelos que está procurando e testando.

Métricas da Inovação (Strategyzer)
Um conjunto de ferramentas para medir a redução de risco e incerteza de novas ideias de negócios antes de investir em grande escala.

Modelo de Negócios
Lógica de como uma organização cria, entrega e captura valor.

Mudança do Modelo de Negócios
Descreve a transformação que uma organização faz de um modelo de negócios em declínio ou expirado para um mais competitivo.

P&D de Negócios
Atividades que uma empresa realiza para identificar, criar, testar, reduzir risco e investir em um portfólio de novas oportunidades de negócios para aprimorar os existentes e desbravar novos. O coração de P&D de negócios é a arte e a ciência de moldar propostas de valor e modelos de negócios e testar riscos. Complementa a tecnologia tradicional de P&D de produtos, que se concentra principalmente na praticabilidade.

Padrão do Modelo de Negócios
Uma configuração repetível de diferentes componentes de modelos de negócios para fortalecer o modelo geral da empresa. Ajuda novos empreendimentos a desenvolverem vantagem competitiva além de tecnologia, produto, serviço ou preço. Ajuda as empresas estabelecidas a mudarem de um modelo desatualizado para um mais competitivo. Um único modelo pode incorporar vários padrões.

Pesquisa
Pesquisa de novas ideias, propostas de valor e modelos de negócios para garantir o futuro da empresa. Envolve maximizar retornos esperados e minimizar os riscos de inovação.

Pivotar
A decisão de fazer uma alteração significativa em um ou mais elementos do modelo de negócios e da proposta de valor.

Portfólio Desbrave
O portfólio de projetos de inovação, novos modelos de negócios, novas propostas de valor, novos produtos e serviços, todos mapeados em termos de retorno esperado e risco de inovação.

Portfólio do Modelo de Negócios
A coleção de modelos de negócios existentes que uma empresa explora e os novos modelos que desbrava para evitar disrupções e garantir a longevidade.

Portfólio Explore
O portfólio de negócios, propostas de valor, produtos e serviços existentes, todos mapeados em termos de retorno e risco de extinção e disrupção.

Retorno
Quão lucrativa é uma área de negócios para uma empresa.

Risco de Adaptabilidade
O risco de uma empresa não se adaptar ao ambiente competitivo; às tendências sociais, tecnológicas, regulatórias ou de mercado; ou que o ambiente macroeconômico não seja favorável (sem infraestrutura, recessão etc.)

Risco de Desejo
O risco de o mercado visado por uma empresa ser muito pequeno, de poucos clientes desejarem a proposta de valor ou de a empresa não conseguir alcançar, adquirir e reter clientes-alvo.

Risco de Extinção e Disrupção
O risco de uma empresa ser extinta ou sofrer disrupção. É alto quando a empresa emerge e ainda é vulnerável ou quando está sob ameaça de disrupção de tecnologia, concorrência, mudanças regulatórias ou outras tendências. Diminui com os fossos que protegem os negócios.

Risco de Inovação
O risco de uma ideia de negócio (convincente) falhar. O risco é alto quando há pouca evidência além de slides e planilhas para apoiar as chances de sucesso. O risco diminui com a quantidade de evidências que apoiam desejo, praticabilidade, viabilidade e adaptabilidade de uma ideia de negócio

Risco de Praticabilidade
O risco de uma empresa não gerir, escalar ou acessar os principais recursos (tecnologia, PI, marca etc.), atividades ou parceiros-chave.

Risco de Viabilidade
O risco de a empresa não gerar fluxos de receita bem-sucedidos, de os clientes não se dispuserem a pagar (o suficiente) ou de que os custos sejam altos demais para gerar lucro sustentável.

Teste
Processo de identificação e teste das hipóteses mais críticas subjacentes a uma ideia de negócio para tomar decisões informadas sobre design e investimentos.

Tipos de Inovação
Distinguimos fortemente três tipos de inovação, segundo o professor de Harvard, Clayton Christensen: de eficiência, de manutenção e de transformação.

Notas

FERRAMENTAS

1. "The Bosch Group at a Glance", https://www.bosch.com/company/our-figures/.
2. Nestlé, "Acquisitions and Disposals", https://www.nestle.com/investors/overview/mergers-and-acquisitions.
3. "Nestlé Closes the Sale of Nestlé Skin Health", 02 de outubro de 2019, https://www.nestle.com/media/pressreleases/allpressreleases/nestle-closes-sale-nestle-skin-health.
4. "The Gore Story", https://www.gore.com/about/the-gore-story.

GESTÃO

1. Charles Arthur, "Amazon Writes Off $170M on Unsold Fire Phones", *The Guardian*, 24 de outubro de 2014. https://www.theguardian.com/technology/2014/oct/24/amazon-unsold-fire-phones.
2. "Ping An Tops Global Insurance Brands for the Third Consecutive Year", *PR Newswire Asia*, 30 de maio de 2018, https://www.asiaone.com/business/ping-ranks-third-among-global-financial-services-companies-2018-brandztm-top-100-most.
3. Shu-Ching Jean Chen, "Chinese Giant Ping An Looks Beyond Insurance to a Fintech Future", junho de 2018, https://www.forbes.com/sites/shuchingjeanchen/2018/06/06/chinese-giant-ping-an-looks-beyond-insurance-to-a-fintech-future/.
4. Relatório Interno da Ping An, 2019.
5. Ericson Chan, "FinTech, If It Doesn't Kill You, Makes You Stronger", 13 de abril de 2018, https://www.youtube.com/watch?v=UixV7NNSgVI.
6. "Ping An to Employ Micro-Expression Technology to Deter Scammers", 1º de novembro de 2018, https://www.chinaknowledge.com/News/DetailNews/81721/Ping-An-to-employ-micro-expression-technology-to-deter-scammers.
7. Shu-Ching Jean Chen, "Chinese Giant Ping An Looks Beyond".
8. "Ping An Powering Ahead with World-Leading Fintech and Healthtech", PR News Asia, 07 de novembro de 2018, https://www.prnewswire.com/news-releases/ping-an-powering-ahead-with-world-leading-fintech-and-healthtech-300745534.html.
9. Relatório Anual da Ping An, 2018.
10. Kane Wu, "Ping An-Backed Lufax Raises $1.3 Billion at Lower Valuation: Sources", 3 de dezembro de 2018, https://www.reuters.com/article/us-lufax-fundraising/ping-an-backed-lufax-raises-13-billion-at-lower-valuation-sources-idUSKBN1O20HG.
11. Laura He, "Ping An Good Doctor Prices US$1.12 Billion IPO at Top End Amid Retail Frenzy", 27 de abril de 2018, https://www.scmp.com/business/companies/article/2143745/ping-good-doctor-prices-us112-billion-ipo-top-end-amid-retail.
12. Relatório Anual da Autohome, 2018.

13. "Autohome Inc. Announces Transaction between Shareholders and Board Change", 22 de fevereiro de 2017, https://www.globenewswire.com/news-release/2017/02/22/926600/0/en/Autohome-Inc-Announces-Transaction-Between-Shareholders-and-Board-Change.html.
14. Michael O'Dwyer, "China In-Depth: Digital Insurance Ecosystems", https://www.the-digital-insurer.com/china-in-depth-ecosystems-in-china/.
15. "Ping An to Buy Autohome Stake from Telstra for $1.6 Billion", 15 de abril de 2016, https://www.bloomberg.com/news/articles/2016-04-15/ping-an-to-buy-stake-in-autohome-from-telstra-for-1-6-billion.
16. Tendayi Viki, "Innovation Versus R&D Spending", 20 de maio de 2019, https://www.strategyzer.com/blog/innovation-versus-rd-spending.
17. Barry Jaruzelski, Robert Chwalik e Brad Goehle, "What the Top Innovators Get Right", 30 de outubro de 2018, https://www.strategy-business.com/feature/What-the-Top-Innovators-Get-Right?gko=e7cf9.
18. Chris Wray, "Sony 2018-19 Financial Year Results – Most Profitable Year Ever", 27 de abril de 2019, https://wccftech.com/sony-2018-19-financial-year-results/.
19. Steven J. Vaughan-Nichols, "What Does Microsoft Joining the Open Invention Network Mean for You?", 11 de outubro de 2018, https://www.zdnet.com/article/what-does-microsoft-joining-the-open-invention-network-mean-for-you/.
20. Surur, "Microsoft Finally Reveals How Many HoloLens Units Have Been Sold", 25 de abril de 2018, https://mspoweruser.com/microsoft-finally-reveals-how-many-hololens-units-have-been-sold/.
21. Heather Kelly, "Microsoft's New $3,500 HoloLens 2 Headset Means Business", 25 de fevereiro de 2019, https://edition.cnn.com/2019/02/24/tech/microsoft-hololens-2/index.html.
22. Allison Linn, "Microsoft's Project Oxford Helps Developers Build More Intelligent Apps", 1º de maio de 2015, https://blogs.microsoft.com/ai/microsofts-project-oxford-helps-developers-build-more-intelligent-apps/.
23. "Microsoft to Acquire GitHub for $7.5 Billion", 04 de junho de 2018, https://news.microsoft.com/2018/06/04/microsoft-to-acquire-github-for-7-5-billion/.
24. Alex Hern e Jana Kasperkevic, "LinkedIn Bought, por Microsoft for $26.2BN in Cash", 13 de junho de 2016, Londres e Nova York, https://www.theguardian.com/technology/2016/jun/13/linkedin-bought-by-microsoft-for-262bn-in-cash.
25. "Microsoft Google Amazon Cloud Acquisitions", https://app.cbinsights.com/login?status=session&goto=https%3A%2F%2Fapp.cbinsights.com%2Fresearch%2Fmicrosoft-google-amazon-cloud-acquisitions-expert-intelligence%2F.
26. Tom Warren, "Microsoft Wasted at Least $8 Billion on Its Failed Nokia Experiment", 25 de maio de 2016, https://www.theverge.com/2016/5/25/11766540/microsoft-nokia-acquisition-costs.
27. Paul Thurrott, "To Grow, Microsoft Must Deemphasize Windows", 04 de fevereiro de 2014, https://www.itprotoday.com/compute-engines/grow-microsoft-must-deemphasize-windows.

28. Daniel B. Kline, "What Declining PC Sales Mean for Microsoft", 09 de maio de 2016, https://www.fool.com/investing/general/2016/05/09/what-declining-pc-sales-mean-for-microsoft.aspx.
29. Tom Krazit, "Azure Revenue Remains a Mystery, but Cloud Services Continue to Drive Microsoft Forward", 24 de abril de 2019, https://www.geekwire.com/2019/azure-revenue-remains-mystery-cloud-services-continue-drive-microsoft-forward/.
30. Tom Warren, "Microsoft and Amazon Release Preview of Cortana and Alexa Integration", 15 de agosto de 2018, https://www.theverge.com/2018/8/15/17691920/microsoft-amazon-alexa-cortana-integration-preview-features.
31. "Unilever's Purpose-Led Brands Outperform", 06 de novembro de 2019, https://www.unilever.com/news/press-releases/2019/unilevers-purpose-led-brands-outperform.html.
32. "Unilever Tightens Belt with Slim-Fast Sale", *The Telegraph*, 20 de janeiro de 2020 https://www.telegraph.co.uk/finance/newsbysector/retailandconsumer/10960347/Unilever-tightens-belt-with-Slim-Fast-sale.html.
33. Unilever, "Acquisitions and Disposals", https://www.unilever.com/investor-relations/understanding-unilever/acquisitions-and-disposals/.
34. Milly Vincent, "Marmite, Pot Noodles and Magnums Face Being Sold, por Unilever If They Can't Prove They Make 'Meaningful' Impact on the Planet", 27 de julho de 2019, https://www.dailymail.co.uk/news/article-7291997/Marmite-favourites-like-Pot-Noodles-Magnums-face-sold-Unilever.html.
35. Lance Whitney, "Logitech Confesses to 'Gigantic' Mistake with Google TV", 11 de novembro de 2011, https://www.cnet.com/news/logitech-confesses-to-gigantic-mistake-with-google-tv/.
36. Relatório Anual da Logitech, 2019.
37. Logitech, "Acquisitions", https://www.crunchbase.com/organization/logitech/acquisitions/acquisitions_list#section-acquisitions.
38. "Lifesize Splits from Logitech", 14 de janeiro de 2016, https://www.lifesize.com/en/company/news/in-the-news/2016/20160114-comms-business-lifesize-splits-from-logitech.
39. Anton Shilov, "Logitech Formally Exits OEM Mouse Market", 22 de janeiro de 2016, https://www.anandtech.com/show/9984/logitech-exits-oem-mouse-market.
40. "Inside the Storm Ep 2: Fujifilm", Channel News Asia, 1º de fevereiro de 2017, https://www.channelnewsasia.com/news/video-on-demand/inside-the-storm-s2/fujifilm-7824486.
41. Relatório Anual da Fujifilm, 2019.
42. "Medium Term Management Plan VISION 75 (2008)", 28 de abril de 2008, https://www.fujifilmholdings.com/en/pdf/investors/ff_vision75_2008_001.pdf.

CRIAÇÃO

1. Jessica Caldwell, "Drive, by Numbers - Tesla Model S Is the Vehicle of Choice in Many of America's Wealthiest Zip Codes", 31 de outubro de 2013, Edmunds.com.
2. Estratégia do Oceano Azul [Blue Ocean].
3. Fred Lambert, "Tesla Is Accelerating Supercharger Deployment, 10 More V3 Stations Confirmed", 25 de setembro de 2019, https://electrek.co/2019/09/25/tesla-accelerating-supercharger-deployment-v3-stations-confirmed/.

4. Alex Hern, "Tesla Motors Receives $10BN in Model 3 Pre-Orders in Just Two Days", 04 de abril de 2016, *The Guardian*, https://www.theguardian.com/technology/2016/apr/04/tesla-motors-sells-10bn-model-3-two-days.
5. "Global Top 20 November 2019", 27 de dezembro de 2019, http://ev-sales.blogspot.com/2019/12/global-top-20-de novembro-2019.html.
6. Kevin P. Donovan, "Mobile Money, More Freedom? The Impact of M-PESA's Network Power on Development as Freedom", University of Cape Town, *International Journal of Communication* 6 (2012): 2647–2669.
7. "The Mobile Money Revolution: M-Pesa", Ben & Alex, 15 de junho de 2018, https://medium.com/@benandalex/the-mobile-money-revolution-m-pesa-f3fc8f86dbc9.
8. Rob Matheson, "Study: Mobile-Money Services Lift Kenyans Out of Poverty", MIT News Office, 08 de dezembro de 2016, https://news.mit.edu/2016/mobile-money-kenyans-out-poverty-1208.
9. "M-Pesa Users Outside Kenya Hit 13.4 Million", *Business Daily*, 29 de janeiro de 2019, https://www.businessdailyafrica.com/corporate/companies/M-Pesa-users-outside-Kenya-hit-13-4-million/4003102-4956208-16s8a9/index.html.
10. World Bank, "What Kenya's Mobile Money Success Could Mean for the Arab World", 03 de outubro de 2018, https://www.worldbank.org/en/news/feature/2018/10/03/what-kenya-s-mobile-money-success-could-mean-for-the-arab-world.
11. Leo Van Hove e Antoine Dubus, "M-PESA and Financial Inclusion in Kenya: Of Paying Comes Saving?", MDPI, 22 de janeiro de 2019.
12. "What Is M-Pesa?", https://www.vodafone.com/what-we-do/services/m-pesa.
13. "Mobile Currency in Kenya: the M-Pesa", CPI, 21 de março de 2016, https://www.centreforpublicimpact.org/case-study/m-currency-in-kenya/.
14. Sears Archives, http://www.searsarchives.com/history/history1890s.htm.
15. John Murray Brown e Arash Massoudi, "Unilever Buys Dollar Shave Club for $1BN", *Financial Times*, 20 de julho de 2016, https://www.ft.com/content/bd07237e-4e45-11e6-8172-e39ecd3b86fc.
16. Youtube – Dollar Shave Club, https://www.youtube.com/watch?v=ZUG9qYTJMsI.
17. Barbara Booth, "What Happens When a Business Built on Simplicity Gets Complicated? Dollar Shave Club's Founder Michael Dubin Found Out", CNBC, 24 de março de 2019, https://www.cnbc.com/2019/03/23/dollar-shaves-dubin-admits-a-business-built-on-simplicity-can-get-complicated.html.
18. Kat Eschner, "The Story of Brownie Wise,the Ingenious Marketer behind the Tupperware Party", Smithsonian.com, 10 de abril de 2018, https://www.smithsonianmag.com/smithsonian-institution/story-brownie-wise-ingenious-marketer-behind-tupperware-party-180968658/.
19. Bob Kealing, *Life of the Party: The Remarkable story of how brownie wise built, and lost ...*, (Nova York: Crown/Archetype, 2008).

20. Dory Owens, "Tupperware Takes Its Parties into the Workplace", 12 de julho de 1987, https://www.washingtonpost.com/archive/business/1987/07/12/tupperware-takes-its-parties-into-the-work-place/1cc29d20-49ff-4d63-94b4-32f46cbca15b/.
21. Kat Eschner, "The Story of Brownie Wise", https://www.smithsonianmag.com/smithsonian-institution/story-brownie-wise-ingenious-marketer-behind-tupperware-party-180968658/.
22. Avil Beckford, "Earl Tupper, Business Leader, Invented Tupperware, Air-Tight Plastic Containers", 15 de fevereiro de 2013, https://theinvisiblementor.com/earl-tupper-business-leader-invented-tupperware-air-tight-plastic-containers/.
23. Relatório da Natura & Co., 2018, https://naturaeco.com/report_2018_en.pdf.
24. Histórico do Microsoft Windows, atualizado em 16 de novembro de 2019 pela Computer Hope, https://www.computerhope.com/history/windows.htm.
25. Amy Stevenson, "Windows History: Windows 3.0 Takes Off", 25 de janeiro de 2018, https://community.windows.com/en-us/stories/story-of-windows3.
26. Emil Protalinski, "OEMs Pay Microsoft about $50 for Each Copy of Windows", 17 de setembro de 2009, https://arstechnica.com/information-technology/2009/09/microsoft-oems-pay-about-50-for-each-copy-of-windows/.
27. James Gleick, "Making Microsoft Safe for Capitalism", 05 de novembro de 1995, https://www.nytimes.com/1995/11/05/magazine/making-microsoft-safe-for-capitalism.html.
28. "Microsoft Revenue, por Year – Fiscal 1990–2019", https://dazeinfo.com/2019/11/11/microsoft-revenue-worldwide-by-year-graphfarm/.
29. Jacob Kastrenakes, "The Halo Franchise Has Made More Than $5 Billion", 04 de novembro de 2015, https://www.theverge.com/2015/11/4/9668876/halo-franchise-5-billion-guardians-launch-sales.
30. "Police Urge Google to Turn Off 'stalking'Feature on Mobile App for Drivers", Associated Press, Washington, 27 de janeiro de 2015, https://www.theguardian.com/technology/2015/jan/26/police-pressure-google-turn-off-waze-app-feature.
31. TechCrunch, "Waze." (Sem data precisa, entre 2014–2016.)
32. Aaron Pressman e Adam Lashinsky, "Why Waze Doesn't Share Traffic Data with Google Maps - Data Sheet", 11 de outubro de 2019, https://fortune.com/2019/10/11/waze-google-maps-how-it-works/.
33. Kristen Hall-Geisler, "Waze and Esri Make App-to-Infrastructure Possible", AEDT, 12 de outubro de 2016, https://techcrunch.com/2016/10/11/waze-and-ezri-make-app-to-infrastructure-possible/.
34. Zhou Xin, Ed., "DiDi Completes 7.43 Bln Rides in 2017", Xinhua, 08 de janeiro de 2008, http://www.xinhuanet.com/english/2018-01/08/c_136880236.htm.
35. "Didi Now Serves 550M Users 30M Rides per Day, Growing against Meituan Challenges", 07 de junho de 2018, https://kr-asia.com/didi-now-serves-550m-users-30m-rides-per-day-growing-against-meituan-challenges.

36. Jane Zhang, "Didi, by the Numbers: Ride-Hailing Firm Covered More Miles in 2018 Than 5 Earth-to-Neptune Round-Trips", 23 de janeiro de 2019, https://www.scmp.com/tech/start-ups/article/2181542/didi-numbers-ride-hailing-firm-covered-more-miles-2018-5-earth.
37. Chloe Sorvino, "Inside Billionaire James Dyson's Reinvention Factory: From Vacuums to Hair Dryers and Now Batteries", 13 de setembro de 2016, https://www.forbes.com/sites/chloesorvino/2016/08/24/james-dyson-exclusive-top-secret-reinvention-factory/.
38. Michael Pooler e Peggy Hollinger, "Dyson's Perfectionists Invent a Future beyond Vacuum Cleaners, 08 de fevereiro de 2017, https://www.ft.com/content/2041b5b2-ec75-11e6-ba01-119a44939bb6.
39. Sophie Chapman, "Dyson Reaches Record Profits in 2017, Hitting £801MN", 02 de março de 2018, https://www.manufacturingglobal.com/leadership/dyson-reaches-record-profits-2017-hitting-ps801mn.
40. Brian Dolan, *Wedgwood: The First Tycoon* (Nova York : Viking, 2004).
41. "Model T", *Encyclopaedia Britannica*, 05 de dezembro de 2019, https://www.britannica.com/technology/Model-T.
42. "Henry Ford with Ten-Millionth Ford Model T and 1896 Quadricycle, 1924", https://www.thehenryford.org/collections-and-research/digital-collections/artifact/276378/.
43. "100 Years of the Moving Assembly Line", https://corporate.ford.com/articles/history/100-years-moving-assembly-line.html.
44. "Ford's Assembly Line Starts Rolling", 13 de novembro de 2009, https://www.history.com/this-day-in-history/fords-assembly-line-starts-rolling.
45. "Ford's Assembly Line Turns 100: How It Changed Manufacturing and Society", *New York Daily News*, 07 de outubro de 2013, https://www.nydailynews.com/autos/ford-assembly-line-turns-100-changed-society-article-1.1478331.
46. Mary Hanbury, "We Went Inside One of the Sprawling Factories Where Zara Makes Its Clothes. Here's How the World's Biggest Fashion Retailer Gets It Done", 29 de outubro de 2018, https://www.businessinsider.com.au/how-zara-makes-its-clothes-2018-10?r=US&IR=T.
47. Seth Stevenson, "Polka Dots Are In? Polka Dots It Is!", 21 de junho de 2012, https://slate.com/culture/2012/06/zaras-fast-fashion-how-the-company-gets-new-styles-to-stores-so-quickly.html.
48. Dell Inc. history, http://www.fundinguniverse.com/company-histories/dell-inc-history/.
49. Liam O'Connell, "Annual Revenue of IKEA worldwide from 2001 to 2019", 15 de outubro de 2019, https://www.statista.com/statistics/264433/annual-sales-of-ikea-worldwide/.
50. Liam O'Connell, "Number of Visits to IKEA Stores Worldwide from 2010 to 2019", 15 de outubro de 2019, https://www.statista.com/statistics/241828/number-of-visits-to-ikea-stores-worldwide/.
51. "Why Is IKEA So Successful?", 12 de julho de 2018, https://furnitureblog.simplicitysofas.com/blog/why-is-ikea-so-successful/.
52. Jan-Benedict Steenkamp, Global Brand Strategy: World-Wise Marketing in the Age of Branding (Nova York: Springer 2017).

53. "Quantity of Furniture U.S. Homeowners Bought from IKEA in the Last Decade 2016", Statista Research Department, 03 de setembro de 2019, https://www.statista.com/statistics/618639/quantity-of-furniture-us-homeowners-bought-from-ikea-in-the-last-decade/.
54. IBM Newsroom, "IBM Closes Landmark Acquisition of Red Hat for $34 Billion; Defines Open, Hybrid Cloud Future", Armonk, NY and Raleigh, NC, 09 de julho de 2019, https://newsroom.ibm.com/2019-07-09-IBM-Closes-Landmark-Acquisition-of-Red-Hat-for-34-Billion-Defines-Open-Hybrid-Cloud-Future.
55. Gary Sims, "ARM's Rise from a Small Acorn to a World Leader", 19 de maio de 2014, https://www.androidauthority.com/arms-rise-small-acorn-world-leader-376606/.
56. Kristin Bent, "ARM Snags 95 Percent of Smartphone Market, Eyes New Areas for Growth", 16 de julho de 2012, https://www.crn.com/news/components-peripherals/240003811/arm-snags-95-percent-of-smartphone-market-eyes-new-areas-for-growth.htm.
57. Arash Massoudi, James Fontanella-Khan e Richard Waters, "SoftBank to AcquireUK's ARM Holdings for £24.3BN", 19 de julho de 2016, https://www.ft.com/content/235b1af4-4c7f-11e6-8172-e39ecd3b86fc.
58. "Dan Swinhoe",UK Government Gives £36 Million to ARM to Develop Secure Chips", 24 de outubro de 2019, https://www.csoonline.com/article/3447856/uk-government-gives-36-million-to-arm-to-develop-secure-chips.html.
59. ARM Relatório Anual e Contabilidade 2009, http://www.annualreports.com/HostedData/AnnualReportArchive/a/LSE_ARM_2009.pdf.
60. ARM Relatório Anual e Contabilidade, 2018.
61. Jenna Goudreau, "Disney Princess Tops List of the 20 Best-Selling Entertainment Products", https://www.forbes.com/sites/jennagoudreau/2012/09/17/disney-princess-tops-list-of-the-20-best-selling-entertainment-products/.
62. Victoria Sherrow, *Encyclopedia of Hair: A cultural history* (Westport, CT: Greenwood Publishing Group, 2006).
63. Martha Matilda Harper, National Women's Hall of Fame, https://www.womenofthehall.org/inductee/martha-matilda-harper/.
64. "Martha Matilda Harper: Servant Girl to Beauty Entrepreneur", https://racingnelliebly.com/strange_times/servant-girl-beauty-entrepreneur/.
65. Jaimie Seaton, "Martha Matilda Harper, The Greatest Business Woman You've Never Heard Of", 11 de janeiro de 2017, https://www.atlasobscura.com/articles/martha-matilda-harper-the-greatest-businesswoman-youve-never-heard-of.
66. "National Economic Impact of Franchising", International Franchise Association, https://franchiseeconomy.com/.
67. Clive Thompson, "How the Photocopier Changed the Way We Worked–and Played", março de 2015, https://www.smithsonianmag.com/history/duplication-nation-3D-printing-rise-180954332/.
68. "Xerox Introduces the First Photocopier", 28 de novembro de 2019, https://www.encyclopedia.com/science/encyclopedias-almanacs-transcripts-and-maps/xerox-introduces-first-photocopier.

358

69. Daniel Gross, "Betting the Company: Joseph Wilson and the Xerox 914 from Forbes Greatest Business Stories of All Time", https://www.stephenhicks.org/wp-content/uploads/2012/01/forbes-xerox.pdf.
70. Alex Hutchinson, *Big Ideas: 100 modern inventions that have transformed our world* (Nova York: Sterling Publishing, 2009).
71. "Xerox 914 Plain Paper Copier", National Museum of American History, https://americanhistory.si.edu/collections/search/object/nmah_1085916.
72. "The Story of Xerography", https://www.xerox.com/downloads/usa/en/s/Storyofxerography.pdf.
73. Louis Columbus, "The State of the Subscription Economy, 2018", *Forbes*, https://www.forbes.com/sites/louiscolumbus/2018/03/04/the-state-of-the-subscription-economy-2018/.
74. "Activating Brave", Intrabrand, https://www.interbrand.com/best-brands/best-global-brands/2018/articles/activating-brave/.
75. James Cowling, "Kodak: From Brownie and Roll Film to Digital Disaster", *BBC News*, 20 de janeiro de 2012, https://www.bbc.com/news/business-16627167.
76. John McDonough e Karen Egolf, *The Advertising Age Encyclopedia of Advertising*, (Chicago, IL: Fitzroy Dearborn Publishers, 2002).
77. Jason Farago, "Our 'Kodak Moments' – and Creativity – Are Gone", 23 de agosto de 2013, https://www.theguardian.com/commentisfree/2013/aug/23/photography-photography.
78. David Usborne, "The Moment It All Went Wrong for Kodak", 20 de janeiro de 2012, https://www.independent.co.uk/news/business/analysis-and-features/the-moment-it-all-went-wrong-for-kodak-6292212.html.
79. Jorn Lyseggen, *Outside Insight: Navigating a world drowning in data* (Londres: Penguin, 2016).
80. Mansoor Iqbal, "Spotify Usage and Revenue Statistics (2019)", 10 de maio de 2019, https://www.businessofapps.com/data/spotify-statistics/.
81. Becky Peterson, "Spotify Has Spent $10 Billion on Music Royalties since Its Creation and It's a Big Part of Why It's Bleeding Money", 1º de março de 2018, https://www.businessinsider.com.au/spotify-has-spent-10-billion-on-music-licensing-and-revenue-since-it-started-2018-2?r=US&IR=T.
82. Monica Mercuri, "Spotify Reports First Quarterly Operating Profit, Reaches 96 Million Paid Subscribers", https://www.forbes.com/sites/monicamercuri/2019/02/06/spotify-reports-first-quarterly-operating-profit-reaches-96-million-paid-subscribers/.
83. "Spotify Technology S.A. Announces Financial Results for Second Quarter 2019", 31 de julho de 2019, https://investors.spotify.com/financials/press-release-details/2019/Spotify-Technology-SA-Announces-Financial-Results-for-Second-Quarter-2019/default.aspx.
84. Mark Mulligan, "Spotify Q4 2018: Solid Growth with a Hint of Profitability but Longer Term Questions", 14 de fevereiro de 2019, https://www.midiaresearch.com/blog/spotify-q4-2018-solid-growth-with-a-hint-of-profitability-but-longer-term-questions/.
85. Paul Sawers, "Spotify Grows Users 30% in Q3 2019, Premium Subscribers Reach 113 Million", 28 de outubro de 2019, https://venturebeat.com/2019/10/28/spotify-grows-users-30-in-q3-2019-premium-subscribers-reach-113-million/.

86. Ariel, "Spotify Was Downloaded on 25 Million iPhones in the U.S. in 2018", 23 de outubro de 2018, https://blog.appfigures.com/pandora-chases-spotify-but-spotify-charges-ahead/.
87. Keith Caulfield, "2019 U.S. On-Demand Audio Streams Surpass Half-Trillion, Ariana Grande's 'Thank U, Next' First Album to Reach 2 Billion Streams This Year", 21 de setembro de 2019, https://www.billboard.com/articles/business/chart-beat/8530681/2019-on-demand-audio-streams-surpass-half-trillion-ariana-grande.
88. Kayleigh Vanandelmdy, "Case Study: How Spotify Achieves Astonishing 46% Conversion Rate from Free to Paid", 08 de outubro de 2019, https://growthhackers.com/articles/case-study-how-spotify-achieves-astonishing-46-conversion-rate-from-free-to-paid.
89. "Fortnite Phenomenon Turns a Game Developer into a Billionaire", 24 de julho de 2018, https://adage.com/article/media/fortnite-phenomenon-turns-game-developer-into-a-billionaire/314357.
90. Catherine New, "How Much Are People Making from the Sharing Economy?", 13 de junho de 2017, https://www.earnest.com/blog/sharing-economy-income-data/.
91. Airbnb Newsroom Fast Facts, https://news.airbnb.com/fast-facts/.
92. S. Lock, "Share of Leisure and Business Travelers using Airbnb in the United States and Europe from 2015 to 2018", 16 de janeiro de 2019, https://www.statista.com/statistics/795675/travelers-using-airbnb/.
93. Zack Quaintance, "A First in 2018: American Consumers Spent More on Airbnb Than on Hilton", 13 de abril de 2019, https://tophotel.news/a-first-in-2018-american-consumers-spent-more-on-airbnb-than-on-hilton/.
94. Parmy Olson, "Exclusive: The Rags-To-Riches Tale of How Jan Koum Built WhatsApp into Facebook's New $19 Billion Baby", 19 de fevereiro de 2014, forbes.com/sites/parmyolson/2014/02/19/exclusive-inside-story-how-jan-koum-built-whatsapp-into-facebooks-new-19-billion-baby/.
95. Ryan Bushey, "Texting App WhatsApp Now Has 400 Million People Using It Every Month", 20 de dezembro de 2013, https://www.businessinsider.com.au/whatsapp-400-million-users-2013-12?r=US&IR=T.
96. Dominic Rushe, "WhatsApp: FacebookAcquires Messaging Service in $19BNDeal", 20 de fevereiro de 2014, https://www.theguardian.com/technology/2014/feb/19/facebook-buys-whatsapp-16bn-deal.
97. Diane Dragan, "10 Outrageous Markups You'd Never Guess You Were Paying", rd.com/advice/saving-money/10-outrageous-markups-youd-never-guess-you-were-paying/.
98. Mansoor Iqbal, "WhatsApp Revenue and Usage Statistics (2019)", 19 de fevereiro de 2019, https://www.businessofapps.com/data/whatsapp-statistics/.
99. "Mobile messaging volumes in the U.S. from 2004 to 2014", https://www.statista.com/statistics/215776/mobile-messaging-volumes-in-the-us/.
100. Charles Arthur, "App Messaging Damages Mobile Networks' Text Revenues", 29 de abril de 2013, https://www.theguardian.com/technology/2013/apr/29/app-messaging-damages-mobile-text-revenues.

101. Citizen M Hotel Bankside London, https://archello.com/project/citizen-m-hotel-bankside-london.
102. Matylda Krzykowski, "CitizenM byConcrete", 07 de novembro de 2008, dezeen.com/2008/11/07/citizenm-by-concrete/.
103. W. Chan Kim e Renée Mauborgne, "How CitizenM Created New Market Space in the Hotel Industry", https://www.blueoceanstrategy.com/blog/citizenm-hotels-a-blue-ocean-chain-in-a-red-ocean-industry/.
104. "Hotels That Arrive Prebuilt: How CitizenM Manufactures Its Buildings", 15 de dezembro de 2017, https://www.wired.co.uk/article/hotels-that-arrive-prebuilt.
105. "CitizenM Celebrates Yet Another Year of Affordable Luxury", https://www.citizenm.com/news/citizenm-celebrates-yet-another-year-of-affordable.
106. "A Million New iPhones Sold in the First Weekend", Reuters, 15 de julho de 2008, https://www.nytimes.com/2008/07/15/technology/15apple.html.
107. Matthew Jones, "iPhone History: Every Generation in Timeline Order", 14 de setembro de 2014, https://historycooperative.org/the-history-of-the-iphone/.
108. Recibo de Materiais da Techinsights; Apple Product Announcements.
109. Chuck Jones, "Apple's iPhone: Why Care about Units When It Captures All the Profits", https://www.forbes.com/sites/chuckjones/2015/11/16/apples-iphone-why-care-about-units-when-it-captures-all-the-profits/.
110. J. Clement, "Number of Apps Available in Leading App Stores 2019", 09 de outubro de 2019, https://www.statista.com/statistics/276623/number-of-apps-available-in-leading-app-stores/.
111. Sam Costello, "How Many iPhones Have Been Sold Worldwide?", 27 de dezembro de 2019, https://www.lifewire.com/how-many-iphones-have-been-sold-1999500.
112. How citizenM Created New Market Space in the Hotel Industry, por W. Chan Kim & Renée Mauborgne https://www.blueoceanstrategy.com/blog/citizenm-hotels-a-blue-ocean-chain-in-a-red-ocean-industry/
113. CitizenM, por Concrete Matylda Krzykowski, 07 de novembro de 2008 https://www.dezeen.com/2008/11/07/citizenm-by-concrete/ \h https://www.dezeen.com/2008/11/07/citizenm-by-concrete/
114. Innovation Management: Effective Strategy and Implementation, por Keith Goffin, Rick Mitchell 2017 Palgrave
115. OneConnect moves up in the 2019 IDC Financial Insights FinTech Rankings Top 100 list, 11 de outubro de 2019 https://finance.yahoo.com/news/oneconnect-moves-2019-idc-financial-130700278.html
116. Ping An Fintech Vehicle OneConnect Plans to List in New York by as Soon as September: Domestic Reports China Banking News http://www.chinabankingnews.com/2019/06/18/ping-ans-fintech-vehicle-oneconnect-plans-to-list-in-new-york-by-de setembro-domestic-reports/
117. finleap connect partners with OneConnect to bring superior technology to Europe, 26 de agosto de 2019, https://www.prnewswire.com/news-releases/finleap-connect-partners-with-oneconnect-to-bring-superior-technology-to-europe-300906797.html

118. Why banks can't delay upgrading core legacy banking platforms https://www.ey.com/en_gl/people/keith-pogson \h Keith Pogson, 18 de junho de 2019 https://www.ey.com/en_gl/banking-capital-markets/why-banks-can-t-delay-upgrading-core-legacy-banking-platforms
119. Ping An Accelerates Digital Transformation in Indonesia's Finance Industry, 21 de fevereiro de 2019 https://www.bloomberg.com/press-releases/2019-02-20/ping-an-accelerates-digital-transformation-in-indonesia-s-finance-industry
120. An Overview of Pingan's OneConnect Will Huyler, 20 de maio de 2019 https://www.kapronasia.com/asia-banking-research-category/an-overview-of-pingan-s-oneconnect.html

APRIMORAMENTO

1. Ramon Casadesus-Masanell, Oliver Gassmann e Roman Sauer, "Hilti Fleet Management (A): Turning a Successful Business Model on Its Head", setembro de 2018, https://www.hbs.edu/faculty/Pages/item.aspx?num=52550.
2. Dr. Christoph Loos, CEO da Hilti, correspondência.
3. Michelle Castillo, "Reed Hastings' Story about the Founding of Netflix Has Changed Several Times", 23 de maio de 2017, https://www.cnbc.com/2017/05/23/netflix-ceo-reed-hastings-on-how-the-company-was-born.html.
4. Todd Spangler, "Netflix Spent $12 Billion on Content in 2018. Analysts Expect That to Grow to $15 Billion This Year", 18 de janeiro de 2019, https://variety.com/2019/digital/news/netflix-content-spending-2019-15-billion-1203112090/.
5. Lauren Feiner, "Netflix Says It Has 10% of All TV Time in the US and Discloses Some Colossal Numbers for Its Shows", 17 de janeiro de 2019, https://www.cnbc.com/2019/01/17/netflix-how-many-people-watch-bird-box.html.
6. Amy Watson, "Number of Netflix Paid Streaming Subscribers Worldwide 2011–2019", 18 de outubro de 2019, https://www.statista.com/statistics/250934/quarterly-number-of-netflix-streaming-subscribers-worldwide/.
7. J. Clement, "Number of Available Apps in the Apple App Store 2008–2017", 12 de setembro de 2018, https://www.statista.com/statistics/263795/number-of-available-apps-in-the-apple-app-store/.
8. Alex Guyot, "A Decade on the App Store: From Day One Through Today", 11 de julho de 2018, https://www.macstories.net/news/a-decade-on-the-app-store-from-day-one-through-today/.
9. Mike Wuerthele, "Apple Has Paid Out $120 Billion to Developers since 2008", 28 de janeiro de 2019, https://www.macstories.net/news/a-decade-on-the-app-store-from-day-one-through-today/.
10. Dedicated Video Games Sales Units, 30 de setembro de 2019, https://www.nintendo.co.jp/ir/en/finance/hard_soft/.
11. "TED Reaches Its Billionth Vdeo View!", 13 de novembro de 2012, https://blog.ted.com/ted-reaches-its-billionth-video-view/.
12. "History of TED", https://www.ted.com/about/our-organization/history-of-ted.
13. "TED", https://www.ted.com/talks.

14. "TED Opens Annual Conference in Vancouver as Media Platform Sees Record Global Audience Growth", 10 de abril de 2018, https://blog.ted.com/ted-opens-annual-conference-in-vancouver-as-media-platform-sees-record-global-audience-growth/.
15. Relatório Anual da Intel, 1993, https://www.intel.com/content/www/us/en/history/history-1993-annual-report.html.
16. "Worldwide Semiconductor Revenue Grew 2.6 Percent in 2016", Stamford, CT, 15 de maio de 2017, https://www.gartner.com/en/newsroom/press-releases/2017-05-15-worldwide-semiconductor-revenue-grew-2-percent-in-2016-according-to-final-results-by-gartner.
17. Intel Annual report 1991, https://www.intel.com/content/www/us/en/history/history-1991-annual-report.html.
18. Histórico da Intel Corporation, http://www.fundinguniverse.com/company-histories/intel-corporation-history/.
19. Jim Dalrymple, "Apple Stores See 300 Million Visitors in FY 2012, 50,000 Genius Bar Visits a Day", 20 de agosto de 2012, https://www.loopinsight.com/2012/08/20/apple-stores-see-300-million-visitors-in-2012-50000-genius-bar-visits-a-day/.
20. Relatório Anual da Fujifilm, 2006.
21. Relatório Anual da Fujifilm, 2019.
22. "Inside the Storm Ep 2: Fujifilm", *Channel News Asia*, 1º de fevereiro de 2017, https://www.channelnewsasia.com/news/video-on-demand/inside-the-storm-s2/fujifilm-7824486.
23. Jake Nielson, "Story of Kodak: How They Could Have Saved the Business", 22 de agosto de 2014, https://www.ignitionframework.com/story-of-kodak/.
24. Telecom Regulatory Authority of India, Nova Déli, 30 de dezembro de 2019, https://main.trai.gov.in/sites/default/files/PR_No.128of2019.pdf.
25. Vijay Govindarajan, "Telecom's Competitive Solution: Outsourcing?", 08 de maio de 2012, https://hbr.org/2012/05/telecoms-competitive-solution-outsourcing.
26. Steven J. Vaughan-Nichols, "What Does Microsoft Joining the Open Invention Network Mean for You?", 11 de outubro de 2018, https://www.zdnet.com/article/what-does-microsoft-joining-the-open-invention-network-mean-for-you/.
27. "Microsoft to Acquire GitHub for $7.5 Billion", 04 de junho de 2018, https://news.microsoft.com/2018/06/04/microsoft-to-acquire-github-for-7-5-billion/.
28. "Microsoft Is the Largest Single CorporateContributor to Open Source on Github", https://ballardchalmers.com/2018/05/07/microsoft-largest-single-corporate-contributor-open-source-github/.
29. Brooks Barnes, "Disney Is Spending More on Theme Parks Than It Did on Pixar, Marvel and Lucasfilm Combined", 16 de novembro de 2018, https://www.nytimes.com/interactive/2018/11/16/business/media/disney-invests-billions-in-theme-parks.html.
30. Linda Rosencrance, "Dow Corning Launches Business Unit, Xiameter", 14 de março de 2002, https://www.computerworld.com/article/2587477/dow-corning-launches-business-unit--xiameter.html.
31. Bruce Meyer, "Xiameter Business a Web Success Story", 23 de agosto de 2011, https://www.rubbernews.com/article/20110823/NEWS/308239996/xiameter-business-a-web-success-story.

32. "Two-Brand Strategy Spells Success for Dow Corning", Noria Corporation, https://www.reliableplant.com/Read/5144/two-br-strategy-spells-success-for-dow-corning.
33. "Adobe Profit Margin 2006–2019", https://www.macrotrends.net/stocks/charts/ADBE/adobe/profit-margins.
34. Itu Rathore, "Adobe Quarterly Subscription Revenue, por Segment", 07 de novembro de 2019, https://dazeinfo.com/2019/11/07/adobe-quarterly-subscription-revenue-by-segment-graphfarm/.
35. John Markoff, "Company Reports; Apple's First Annual Profit Since 1995", 15 de outubro de 1998, https://www.nytimes.com/1998/10/15/business/company-reports-apple-s-first-annual-profit-since-1995.html.
36. "Apple Announces That 800,000 iMacs Sold/ 45% of Buyers New to Mac", 06 de janeiro de 1999, https://www.macobserver.com/news/99/janeiro/990106/800000imacs.html.
37. Doug Bartholomew, "What's Really Driving Apple's Recovery?", 16 de março de 1999, https://www.industryweek.com/leadership/companies-executives/article/21960994/whats-really-driving-apples-recovery.
38. "The Transformation 20: The Top Global Companies Leading Strategic Transformations", setembro de 2019, https://www.innosight.com/insight/the-transformation-20/.
39. Ørsted ESG Performance Report 2018, https://orsted.com/-/media/Annual_2018/Orsted_ESG_performance_report_2018.ashx?la=en&hash=315A4E48E0AD794B64B9AC56EE7ED2F1.
40. Relatório Anual da Rolls-Royce Holdings PLC, 2018.
41. Amy Mitchell, Mark Jurkowitz e Emily Guskin, "The Washington Post: By the Numbers", 07 de agosto de 2013, https://www.journalism.org/2013/08/07/the-washington-post-by-the-numbers/.
42. Joshua Benton, "The L.A. Times' Disappointing Digital Numbers Show the Game's Not Just about Drawing in Subscribers – It's about Keeping Them", 31 de julho de 2019, https://www.niemanlab.org/2019/07/the-l-a-times-disappointing-digital-numbers-show-the-games-not-just-about-drawing-in-subscribers-its-about-keeping-them/.
43. "The Washington Post Records 86.6 Million Unique Visitors in March 2019", 18 de abril de 2019, https://www.washingtonpost.com/pr/2019/04/17/washington-post-records-million-unique-visitors-march/.
44. Matthew Kazin, "Delta's American Express Credit Card Helps Boost Airline's Bottom Line", https://www.foxbusiness.com/markets/deltas-american-express-credit-card-helps-boost-airlines-bottom-line.
45. "American Express and Delta Renew Industry-Leading Partnership, Lay Foundation to Continue Innovating Customer Benefits", https://news.delta.com/american-express-and-delta-renew-industry-leading-partnership-lay-foundation-continue-innovating.

Créditos das Imagens

FERRAMENTAS

Bosch-Cortesia de Bosch

Gore-Cortesia de Gore

GESTÃO

Amazon-Cortesia de Amazon

Ping An-Cortesia de Ping An

Sony Startup Accelerator Program-Cortesia de Sony

Microsoft-Cortesia de Microsoft

Unilever-Cortesia de Unilever

Logitech-Cortesia de Logitech

Fujifilm-Cortesia de Fujifilm

CRIAÇÃO

Tesla-Cortesia de Tesla

Tesla-"2018 Tesla Model S 75D Taken in A464, Priorslee Road, Shifnal", por Vauxford / CC, por 4.0, https://commons.wikimedia.org/wiki/File:2018_Tesla_Model_S_75D.jpg

Toyota Prius-"Toyota Prius", por SPanishCoches / CC, por 2.0, https://www.flickr.com/photos/39302751@N06/6790397898

Smart Electric-"Smart Electric Drive", por John Karakatsanis /CC, por 2.0, https://www.flickr.com/photos/johnkarakatsanis/14408896673/in/photostream/

Dollar Shave Club-Dollar Shave Club youtube, https://www.youtube.com/watch?v=ZUG9qYTJMsI

Tupperware-Serious Partying, Tupperware Ad. Cortesia de the Smithsonian, National Museum of American History, https://americanhistory.si.edu/object-project/refrigerators/tupperware

Ikea-"Shopping at IKEA: backyard patio tiles", por osseous / CC, por 2.0, https://www.flickr.com/photos/10787737@N02/46561611371

Harper-(ca. 1914) Rear view of woman, possibly Martha Matilda Harper, with hair reaching down near her ankles., ca. 1914. [Fotografia] Recuperada da Library of Congress, https://www.loc.gov/item/2002698518/.

Xerox- Xerox 914 Plain Paper Copier. Cortesia de the Smithsonian, National Museum of American History, https://americanhistory.si.edu/collections/search/object/nmah_1085916

Kodak Brownie-"the Basic Brownie Camera", por Alan Levine / CC0 1.0, https://en.wikipedia.org/wiki/Brownie_(camera)#/media/File:2014-365-233_The_Basic_Brownie_Camera_(14809795240).jpg

Kodak Film-"Eastman Kodak Non Curling 116 Film by", por Thistle33 is licensed underCC BY-SA 4.0, https://commons.wikimedia.org/wiki/File:Kodak_NonCurling_1925.jpg#/media/File:Kodak_NonCurling_1925.jpg

Airbnb-Photo, por Matthew T Rader on Unsplash, https://unsplash.com/photos/9ZaqDVDdMwg

citizenM-(a) Cortesia de citizenM (b) "citizenM", por Jumilla / CC, por 2.0, https://flic.kr/p/aSSQUe (c) Cortesia de citizenM

APRIMORAMENTO

Hilti-Cortesia de Hilti

Apple Genius Bar-"Genius Bar", por renatomitra / CC BY-SA 2.0, https://www.flickr.com/photos/33029569@N00/3554552146/

TENDÊNCIA DIRETA AO CONSUMIDOR

Apple Stores: "1373", por ptwo / CC, por 2.0, https://search.creativecommons.org/photos/45d908ee-a3d2-4ce4-85b9-babae4603d4a

Nespresso Boutique: Photo, por Ayach Art on Pexels, https://www.pexels.com/photo/coffee-market-room-shop-453098/

Audemars Piguet: "Place de la Fusterie: magasin Audemars Piguet", por MHM55 / CC, por 4.0, https://commons.wikimedia.org/wiki/File:Place_de_la_Fusterie-03.jpg

ASCENSÃO DO NICHO

Craft Beer: "Craft Beer Booze Brew Alcohol Celebrate Refreshment" /CC0 1.0, https://www.rawpixel.com/image/33597/premium-photo-image-beer-bar-alcohol

Co-branded credit card: "Amazon Prime Rewards Card", por Ajay Suresh / CC, por 2.0, https://commons.wikimedia.org/wiki/File:Amazon_Prime_Rewards_Card_(32861518627).jpg

Limited edition sneakers: Photo, por Florian Olivo on Unsplash, https://unsplash.com/photos/5d4EhqeV0Og

Apple iMac-"Apple iMac G3 computer.", por Musee Bolo / CC, por 2.0 France, https://upload.wikimedia.org/wikipedia/commons/2/22/IMac-IMG_7042.jpg

Orsted-Photo, por Nicholas Doherty on Unsplash, https://unsplash.com/photos/pONBhDyOFoM

CULTURA

The Culture Map-Cortesia de David Gray

Amazon Innovation Culture-Cortesia de Amazon

Entrepreneurial Leadership and Team:

Elizabeth Arden-Library of Congress, Prints and Photographs Division, NYWT&S Collection, [LC-USZ62-123247] http://hdl.loc.gov/loc.pnp/cph.3c23247

Jack Ma-Jack Ma attends the 20th Anniversary Schwab Foundation Gala Dinner, em 23 de setembro de 2018, em Nova, NY USA. Copyright, por World Economic Forum / Ben Hider / CC, por 2.0, https://commons.wikimedia.org/wiki/File:20th_Anniversary_Schwab_Foundation_Gala_Dinner_(44887783681).jpg

Anne Wojcicki-"TechCrunch Disrupt SF 2017 - Day 2", por Techcrunch / CC, por 2.0, https://www.flickr.com/photos/52522100@N07/36938473750/

Yvon Chouinard-"A photo of rock climber Yvon Chouinard.", por Tom Frost / CC, por 2.0, https://commons.wikimedia.org/wiki/File:Yvon_Chouinard_by_Tom_Frost.jpg

Daniel Elk-Daniel Ek, CEO and Co-founder of Spotify, is interviewed, por Andy Serwer of Fortune Magazine at Fortune Brainstorm TECH at the Aspen Institute Campus. Fotografia por Stuart Isett/Fortune Brainstorm TECH / CC, por 2.0, https://commons.wikimedia.org/wiki/File:Fortune_Brainstorm_TECH_2011_(5961801428).jpg

Strive Masiyiwa-"Africa Progress Panel", por Rodger Bosch for APP /CC, por 2.0, https://www.flickr.com/photos/africaprogresspanel/8738568324/in/photostream/

Olive Ann Beech-"Beech, Olive Ann", por San Diego Air e Space Museum Archive, https://commons.wikimedia.org/wiki/File:Beech,_Olive_Ann.jpg

Cher Wang-"HTC Chairwoman, Cher Wang, shows off new mobile phone mother board", por Robert Scoble / CC, por 2.0, https://www.flickr.com/photos/scobleizer/2215637255

Carlos Slim-"Mexican businessman Carlos Slim Helú.", por José Cruz/ABr / CC, por 3.0, https://commons.wikimedia.org/wiki/File:Carlos_Slim_Hel%C3%BA.jpg

Yang Lan-"Yang Lan", por World Economic Forum from Cologny, Switzerland / CC, por 2.0, https://zh.m.wikipedia.org/wiki/File:Yang_Lan_-_Annual_Meeting_of_the_New_Champions_2012.jpg

Kiichiro Toyoda-"Kiichiro Toyoda was an engineer in Japan.", https://de.m.wikipedia.org/wiki/Datei:Kiichiro_Toyoda.jpg

Jacqueline Novogratz-"Jacqueline Novogratz", por Acumen / CC, por 2.0, https://www.flickr.com/photos/acumenfund/38439020321/in/photostream/

Índice

23andMe, 264, 340

A

A10 Lab Co., Ltd., 107
Acesso, a recursos de inovação, 328
Ações, Métricas de Inovação e, 91, 93
Ações do portfólio:
  definição, 350
  gestão, 49, 96-105, 114-115
  Portfólio Desbrave, 22-23, 96-105
  Portfólio Explore, 32-33, 114-115
  seleção, na avaliação de risco, 100-101
  Tabela de Desempenho da Inovação do Projeto, 96-99
  tipos de, 22-23, 32-33
  tipos de investimento/financiamento, 102-105
Acumen Fund, 341
Adaptação, na jornada da inovação, 17
Adobe, 272-273
Aeroespacial Civil Rolls-Royce, 278
Aeroportos secundários, uso de, 203
Airbnb, 200-201
Ajuste estratégico, 96-98
Akio Morita, 106
Alan Jope, 118
Alexander Osterwalder, 78, 79, 82-83
Allistair Curtis, 120
Alocação de recursos, 314, 316, 318, 344-345
Alto Nível, 189, 205, 208-209
Amazon, 60-61, 68, 116, 241, 283, 302-305, 320
Amazon, Marketplace, 60
Amazon, Private Label, 241
Amazon, Web Service (AWS), 60
Amir Shinar, 166
Analise, 4, 42
Apoio da liderança, 98, 312, 316-319, 344-345
App Store, 208, 238-239
Apple, 68, 208, 238-239, 283.
Apple Genius Bar, 250-251
Apple Store, 252
Aprimorar (ação), 32-34, 41, 114-115
Aquisição (ação), 32-34, 114-115
Aquisição de clientes, 192, 194, 273
Área Segura, 18
ARM Holdings, 182-183
Ascensão, 18, 29, 73
AstaLift, 123
ASTRO Gaming, 121
Atividades-chave:
  disrupção da fórmula de lucro, 192, 194, 196, 202, 206
  e disrupção de backstage, 168, 170, 174-177, 180, 182
  e disrupção de frontstage, 152
  explore vs. desbrave, 88
  nas mudanças da fórmula de lucro, 268
  nas mudanças da proposta de valor, 232, 233, 236, 237, 239-241
  nas mudanças de backstage, 257, 260, 261
  nas mudanças de frontstage, 245, 248-251
  no Canvas do Modelo de Negócios, 78-79
  Tabela de Desempenho da Inovação do Projeto, 99
Atividades da cadeia de valor, 239
Ativos de parceiros, 260
Audemars Piguet (AP), 252
Autohome, 64, 65
Automação, 250
Autonomia, 328
Avaliação da Cultura de Inovação, 314-315, 344-345
Avaliação de oportunidades e ameaças, 110, 112-113
Avaliação de pontos fortes e fracos, 110-111
Avaliação de risco de disrupção, 110-113
Azure Cognitive Services, 117

B

Baixo custo, 189, 199, 203
Beech Aircraft Corporation, 340
Beyond Entertainment, 121
Bharti Airtel, 260-261
Biblioteca de padrões de modelos de negócios, xiii
  aumentando o desempenho do modelo com, 75
  inventando padrões em, 130-131, 138-139
  mudanças de padrões, 125, 130-131, 226-227

Big data, 264
Bill Gates, 116
Bloqueadores da inovação, 328
Bloqueadores (Mapa da Cultura), 295-297
cultura de inovação, 311-313
e cultivo/cultura do projeto, 300-301, 307
eliminação, 328
identificação, 295-297, 306
Blue Microphones, 121
Bracken Darrell, 120, 121
Branding, 170, 195
Brownie, 194
Brownie Wise, 154
Business Model Generation (Osterwalder & Pigneur), 78

C

Cadeia de suprimentos just-in-time, 177
Canais:
disrupção do backstage, 184
disrupção do frontstage, 152, 154, 158
em mudanças da fórmula de lucro, 269
em mudanças da proposta de valor, 233, 238, 239
em mudanças do backstage, 257
em mudanças do frontstage, 244, 245, 248, 249
no Canvas do Modelo de Negócios, 78-79
Tabela de Desempenho da Inovação do Projeto, 98
Canal Líder, 74, 139, 143, 150-155, 161, 213
Canvas da Proposta de Valor, 76, 79, 335, 336
Canvas do Modelo de Negócios, 40, 76, 78-79
como ferramenta de inovação, 335
definição, 348
padrões inventivos, 214, 216, 218
habilidades de design de negócios, 336
Carros elétricos inteligentes, 147
Cartão de Aprendizado, 335
Cartão de Teste, 335
Cartões de crédito cobranded e de afinidade, 253
Castelos de Bases de Usuários, 163, 165-167
Castelos de Marca, 163, 165, 171
Castelos de PI, 163, 165, 170-171
Castelos de Plataformas, 163, 165, 168-169
Castelos de Recursos, 74, 139, 164-171, 187, 213
Cerveja artesanal, 253
Chefe de Capital de Risco, 322-323
Chefe de Gestão do Portfólio, 322-323
Chefe de Risco, 322-323
Chefe Empreendedor, 322-325
Chester Carlson, 192
Chris Anderson, 245
Christoph Loos, 233
Ciclo de design de negócios, 72-73, 76, 78-79
Ciclo de teste, 72-73, 76-77, 80-85
CitizenM, 206-207, 214-215
Clayton Christensen, 38
Clientes:
acesso a, 316
como força de trabalho, 180
criação de valor para, ix
em P&D de negócios, 67
Construção do backstage, 195
Crescimento, 9, 12, 13, 30-31, 290, 298-299, 349
Criadores de Atração, 74, 139, 143, 156-159, 161, 213
Coerência da marca, 184
Comfort One Rinse, 119
Comitês de investimento, 100, 104
Comportamento de liderança, 310
Comportamento organizacional, 310
Comportamentos (Mapa da Cultura), 295-297, 300-301, 306, 307, 310-311, 329
Comportamentos de inovação, 105, 310-311
Compras no aplicativo, 197
Comunicação, na Zara, 175
Comunidade, Airbnb, 201
Conceito promissor, 18
Construtores de oportunidades, 143, 151, 154-155
Consumo colaborativo, 201
Consumíveis, 194
Contrarians, 189, 205-207
Contribuintes estáveis, 29
Criação de Valor, viii-ix
Crowdfunding, 107
Cultura(s), 50, 287-345
concepção, 307
criando, 294-295
cultivando, 300-301
desbrave, 8, 288-291, 308-345
identidade corporativa, Mapa do Portfólio e, 292-293
em Empresas Invencíveis, 287
exemplos de, 62, 116, 118, 120, 122, 302-305

explore, 8, 288-291, 308
Mapa da Cultura, 296-307
Cultura ambidestra, 292
Cultura corporativa, *veja Cultura(s)*
Cultura de Inovação, xiii
apoio da liderança para 316-319
bloqueadores da, 311-313
design organizacional para, 320-331
prática de inovação para, 332-343
Cultura Desbrave, 308-345
apoio da liderança para 316-319
bloqueadores da cultura de inovação, 312-313
componentes de, 309
comportamentos e resultados de inovação para 310-311
concepção, 308-343
cultura desbrave 290-291
definição, 288
design organizacional para 320-331
de Empresas Invencíveis, 8, 308
prática de inovação para, 332-343
prontidão para, 314-315, 344-345
Cultura Desbrave, 288-291, 308
Cultura organizacional, *veja Cultura(s)*
Curiosidade, 339
Custo(s):
como indicador-chave de desempenho, 89
no nível do modelo de negócios, 92
Tabela de Desempenho da Inovação do Projeto, 99
Custos com empregados, 251
Custos de atividades, 176
Custo total, em Métricas de Inovação, 92

D

Dave Gray, 296
David J. Bland, 82-83
Delegadores, 163, 179-181
Dell Computers, 177
Delta Airlines, 279
Democratizadores, 143, 145, 149
Descoberta de medicamentos, 264
Design do negócio, 20-21, 336, 348
Design Organizacional:
avaliando seu, 330, 344-345
bloqueadores de cultura relacionados a, 312
componentes de 320-321
e responsabilidade pela inovação, 326-327
Chefe Empreendedor e equipe, 322-324
para cultura desbrave, 320-331
recompensas e incentivos em, 328-329
Desintermediadores, 143, 151-153
DiDi, 168-169
Diferenciadores de atividade, 74, 139, 163, 172-177, 187, 213
Diferenciadores de custos, 74, 139, 189, 198-203, 211, 213
Diferenciadores de receitas, 74, 139, 189-197, 211, 213
Diosynth RTP LLC, 123
Direção estratégica, 50, 62, 116, 118, 120, 122
Disrupção, 122-123, 133, 195, 220-221, 327
Disrupção da fórmula de lucro, 188-211
definição, 74, 138, 189
para Diferenciadores de Custos, 198-203
para Diferenciadores de Receitas, 190-197
para Mestres de Margem, 204-209
perguntas sobre avaliação, 211, 213
sobre avaliação de risco de disrupção, 111, 113
tipos de, 139
Disrupção do backstage, 162-187
para Diferenciadores de Atividade, 172-177
perguntas de avaliação, 187, 213
definição, 74, 138, 163
sobre avaliação de risco de disrupção, 111, 113
para Castelos de Recursos, 164-171
para Escaladores, 178-185
tipos de, 139
Disrupção do Frontstage, 142-161
definição, 74, 138, 143
para Canais Líderes, 150-155
para Criadores de Atração, 156-159
para Exploradores do Mercado, 144-149
perguntas sobre avaliação, 161, 213
sobre avaliação de risco de disrupção, 111, 113
tipos de, 139
Disrupção do mercado, 177
Disruptores da eficiência, 163, 173, 174
Distribuição direta, 146
Diversificação, 49, 103
Dollar Shave Club (DSC), 152-153
Domestos, 119
Donald Sheets, 269
Dove, 119
Dow Chemical Company, 268
Dow Corning, 268-269
Duração do projeto, em Métricas de Inovação, 92
Dyson, 170-171

E

Earl Tupper, 154
easyJet, 203
Econet Wireless, 341
Economia compartilhada, 201
Efeitos de rede, 167, 169, 239
Efeitos de rede frente e verso, 169
Efeitos diretos de rede, 167
Ehud Shabtai, 166
Elizabeth Arden, Inc., 340
Embaixador Chefe Interno (CIA), 320, 322-323
Embalagem plana, 180, 181
Empreendedores, xiii, 42, 100, 322-323
Empreendedorismo, 17, 120-121
Empresa(s) Invencível(is), v
  cultura em, 287, 308, 320
  desbravar e explorar em 8-9
  gestão de portfólio para, 49
  limites do setor para, 282-283
  portfólio de modelos de negócios de, 4
  tornando-se uma, vi - ix
Epicentros, Modelo de Negócio, 138
Epic Games, 197
Equipe, criação de valor para, ix. *Veja também Equipes de inovação*
Equipes de inovação, xiii, 17, 42, 96, 100, 105, 310, 316, 339
Equipe principal de inovação, 316
Escaladores, 74, 139, 163, 178-185, 187, 213
Escalada, 182, 184
Estágio de mudança de rumo, 20-21
Estágio de validação, 20-21, 83, 105, 337
Estratégia de retenção, 158
Estratégia de negócio, 67
Estrutura de custo variável, 261
Estrutura de custos:
  disrupção no backstage, 174-176, 180
  e disrupção da fórmula de lucro, 196, 200, 202, 206, 208
  mudanças da proposta de valor, 233, 237, 240
  mudanças na fórmula de lucro, 268, 269
  mudanças no backstage, 261, 265
  mudanças no frontstage, 251
  no Canvas do Modelo de Negócios, 78-79
Estrutura de Quatro Ações, 214
Etapa da aceleração, 20-21, 83, 105, 337
Etapa da Hipótese, 77, 80-81
Etapa de descoberta, 20-21, 83, 105, 337
Etapa de teste, 76
Etapa do aprendizado, 77, 84-85
Etapa do experimento, 77, 82-83
Etapa do protótipo de negócios, 76
Etapa Idear, 76
Evidência, 81, 83, 84, 349
Execução, 17, 336, 337
Exemplo de caso, 140-141
Existência de evidência (mapa de hipóteses), 81
Experiência, da equipe de inovação, 339
Experiências, 82-83, 105, 349
Explore, 8-9, 17, 88
Exploradores de Mercado, 74, 139, 143-149, 161, 213

F

Facilitadores (Mapa da Cultura):
  apoio da liderança, 309-311, 314-319
  criatividade, 329
  cultivo, 300-301
  descrição, 295-297
  design organizacional, 309-311, 320-331
  identificando, 306
  para a cultura de inovação, 309-311, 314-343
  prática de inovação, 309-311, 332-343
  projeto desejado, 307
Falha, 60-61, 87, 88, 291
Fase de crescimento, 30-31
Fase de crise, 30-31
Fase de disrupção, 30-31
Fase de escalada, 30-31, 337
Fase de mudança e reemergência, 30-31
Fase de proteção, 30-31
Fatos, como evidência, 84
Ferramentas de inovação, 314, 332, 334-335, 342, 344-345
Festivais, 197
FES Watch U, 107
Fluxos de receita:
  disrupção da fórmula de lucro, 192, 194, 196
  nas mudanças da proposta de valor, 237, 239, 241
  disrupção no backstage, 170, 174, 176, 177, 182
  disrupção no frontstage, 148, 154, 158
  em mudanças na fórmula de lucro, 272, 273, 275
  em mudanças no backstage, 257, 261
  em mudanças no frontstage, 249, 251
  em múltiplos padrões de mudanças, 277
  no Canvas do Modelo de Negócios, 78-79

Folha de avaliação do design do modelo de negócios, 75
Forças do mercado, 99
Forças macroeconômicas, 99
Ford Modelo T, 174
Fortnite: Battle Royale, 197
Francois-Henry Bennahmias, 252
Franqueadores, 163, 179, 184-185
Franquias, 184, 185
FUJIFILM Holdings, 122-123, 256-257
FUJITAC, 123
Fundos de inovação, 316
Funil de inovação, 40, 54-57, 349
Fusão (ação), 32-33

G

Gastos com inovação 68
Gênio criativo, 67
George Eastman, 194
Gerber, 34, 35
Gestão de negócios, 4, 42
Gestão de portfólio, 49-125
  ações do portfólio, 96-105, 114-115
  avaliando seu, 318, 344-345
  ciclo de design de negócios, 72-79
  ciclo de teste, 72-73, 76-77, 80-85
  e P&D de negócios, 66-69, 68
  e testando mudanças, 124-125
  exemplos de, 60-65, 106-107, 116-123
  Mapa do Portfólio para, 12-13
  métricas de extinção e disrupção para 110-113
  métricas de inovação para 88-95
  orientação para, 50-69
  para comitês de investimento, 105
  para Empresas Invencíveis, 49
  para o portfólio Desbrave, 12-13, 72-107
  para o portfólio Explore, 12 a 13, 110 a 125
  portfólio de modelos de negócios, 5
  possibilitando a cultura de inovação com, 314, 316
  Teste do funil de portfólio, 52-57
Gestão de processos, 314, 332, 342, 344-345
GitHub, 117
Good Doctor, 64-65
Genevieve Gore, 40
GORE® Thermal Insulation, 41
GORE-TEX® Fabrics, 40, 279
GORE-TEX® INFINIUM, 41
GRAZE, 119
Greenfields, 140-141
Greg Hannon, 40
Grupo Alibaba, 65, 340
Grupo Bosch, 25
Grupo Carso, 341

H

Habilidades:
  negócio principal, 316
  desenvolvimento de, 314, 332, 336-337
  gerenciais vs. de inovações, 328
Habilidades de inovação, 342, 344-345
Habilidades de liderança, desenvolvimento, 336
Harper (empresa), 184-185
Henrik Poulsen, 276
Henry Ford, 174
Herta, 34, 35
Hilti, 232-233
Hipótese(s), 80-81, 83, 89-91, 349
Hipótese de adaptabilidade, 80-81
Hipótese de desejo, 80-81
Hipótese de praticabilidade, 80-81
Hipótese de viabilidade, 80-81
Hololens, 117
HTC Corporation, 341

I

Idear (ação), 22-23, 100-101
Identidade corporativa, 50, 98, 292-293, 334
IKEA, 180-181
iMac, 274-275
Imagem da marca, 50, 62, 116, 118, 120, 122
Implacabilidade, 338
Importância (mapa de premissas), 81
Incentivos, 314, 320, 328-330, 344-345
Incerteza, 8, 83, 89, 291, 327
Incidência financeira, dos tipos de inovação, 327
Independência, do líder empreendedor, 339
Indicadores-chave de performance (KPIs), 88, 89, 105, 328
Indústria, vii, 99, 174, 220-221, 282-283
Indústria de câmeras digitais, 195
Indústria de smartphones, 183, 202
Inovação, 38-39, 66-68, 326-327, 350
Inovação da eficiência, 39, 327
Inovação da transformação, 39, 133, 327
Inscrições, 193, 196
Insights, 85, 91
Intel, 248-249
Inventividade, da equipe, 339

Investimentos, 17, 52-58, 88, 102-105, 291
Investimentos baseados em evidências, 105
Investimentos em capital de risco, 54-55, 102-105
Investir (ação), 22-23, 32-33, 100-101, 114-115
iPhone, 208-209
Isca & Anzol, 189, 191, 194-195

J

James Dyson, 170
Jan Koum, 202
Jaybird, 121
Jeff Bezzos, 60-61, 278, 302-304
Jessica Tan, 64
Jonathan Ive, 274
Jornada da Inovação (Jornada Desbrave), 16-21
Josiah Wedgwood, 171

K

Kazuo Hirai, 106
Kindle, e-reader, 241
Kodak, 194-195, 257

L

Laundress, The, 119
Legitimidade, equipe, 314, 320-323, 330, 344-345
Licenciadores, 163, 179, 182-183
Licenciamento, 182, 183
Liderança empreendedora, xiii, 338-339
Líderes de equipe de inovação, xiii, 96
Líderes seniores, xiii, 42, 66-67, 298-301
Lifesize, 121
LinkedIn, 117
Living Proof, 119
Logitech, 120-121
Lovemark, 146, 201, 207
Lufax, 64, 65

M

M-Pesa, 148-149
Mapa da Cultura (CM), 296-307, 309-315, 334, 348
Mapa de Hipóteses, 81, 335
Mapa Desbrave, xiii
Mapa do Alinhamento da Equipe, 334, 350
Mapa do Ambiente de Negócios, 335
Mapa do Portfólio, xiii, 4, 10-13, 42-43, 292-293, 334, 350
Marc Randolph, 236
Marca, acesso à, 316
Marcas diretas ao consumidor (DTC), 152, 153, 252
Marketing, 245
  para o cliente final, 248
Martha Matilda Harper, 184-185
Masaru Ibuka, 106
Mecanismos de Lucro, 29
Mecanismos em Risco, 29
Mentalidade, cultura e, 291
MESH, 107
Mestres de Margem, 74, 139, 189, 204-209, 211, 213
Mestres da Sustentabilidade, 163, 173, 176
Métrica do Financiamento, 55, 105, 350
Métrica, em gestão de portfólio, 49
Métricas financeiras para inovação 88
Métricas de Inovação da Strategyzer, *veja também Métricas de Inovação*
Métricas da inovação, 88-95, 335, 349
Métricas de teste e inovação, xiii
Michael Dell, 177
Michael Dubin, 152, 153
Microsoft, 116-117, 157-159, 262-263
Modelo 3 (Tesla), 146, 147
Modelo 914 (Xerox), 193
Modelo S (Tesla), 146
Modelo T (Ford), 174
Modelos de negócios:
  adaptar/aprimorar, 68, 133
  avaliações de desempenho para, 74-75, 110-111, 133
  avaliar, em termos de tendências, 110, 112-113
  de Empresas Invencíveis, vii
  definição, 348
  e mudanças de padrão, 228-229
  Métricas de inovação relacionadas a, 89, 92-93
  Padrões de modelos de negócios e, 129, 132-133
Monetização, 192
MSD Biologics Limited, 123
Mudança do modelo de negócios, 124-125, 225, 348
Mudança na Fórmula do Lucro, 266-279
  alto custo – baixo custo, 267-269
  com múltiplos padrões de mudança, 276-277
  convencional – contrário, 271, 274-275
  definição, 266
  produto – serviço recorrente, 278

receita transacional – recorrente, 270, 272-273
reflexões estratégicas para líderes sobre, 267, 270, 271, 281
teste, 125
tipos de, 227
Mudança na Proposta de Valor, 227, 230-241
da baixa à alta tecnologia, 234, 236-237
das vendas à plataforma, 241
de baixa e alta tecnologia, 240
definição, 230
produto – serviço recorrente, 231-233
reflexões estratégicas para líderes sobre 230, 234, 235, 280
teste, 125
tipos de, 227
vendas – plataforma, 235, 238-239
Mudanças no backstage, 254-265
ativo pesado – ativo leve, 258, 260-261, 265
definição, 254
inovação fechada – aberta, 259, 262-263
recursos dedicados – múltiplos recursos, 255-257, 264, 279
reflexões estratégicas para líderes sobre, 255, 258, 259, 281
teste, 125
tipos de, 227
Mudança no padrão
da alta à baixa tecnologia, 227, 230, 234, 236-237, 240, 277, 280
da inovação aberta à fechada, 227, 254, 259, 262-263, 281
das vendas à plataforma, 227, 230, 235, 238-239, 241, 280
de alto a baixo custo, 227, 266-269, 281
de ativo pesado ao leve, 227, 254, 258, 260-261, 265, 281
de B2B a B2(B2)C, 227, 242, 246, 248-249, 279, 280
de produto ao serviço recorrente, 227, 230-233, 278, 280
de receita recorrente a transacional, 227, 266, 270, 272-273, 277, 281
de recursos dedicados ao multiuso, 227, 254-257, 264, 276, 277, 279, 281
do convencional ao contrário, 227, 266, 271, 274-275, 281
do alto contato ao baixo contato, 227, 242, 247, 250-251, 280
do nicho ao mercado de massa, 41, 227, 242-245, 278, 280
Mudanças no frontstage, 242-253
B2B–B2(B2)C, 246, 248-249, 279
definição, 242
e ascensão de nichos de mercado, 253
e tendência direta ao consumidor, 252
nicho de mercado – mercado de massa, 243-245, 278
reflexões estratégicas para líderes sobre, 243, 246, 247, 280
teste, 125
tipos de, 227
baixo contato – alto contato, 247, 250-251
Múltiplos padrões de mudança, 276-277

N

Natura, 155
Negócio principal, 314, 320-323, 330, 344-345
Nespresso, 252
Nestlé, 34-35
Nestlé Skin Health, 34, 35
Netflix, 236-237
NeXT, 274
Nintendo, 240
Nível de confiança, 85, 91
Nível de portfólio, da Métrica da Inovação, 89, 94-95
Nokia, 117
Novos empreendimentos, padrões de modelo de negócios para, 129

O

Objetivos, 88, 105
Objetivos ambientais, 176
Office (Microsoft), 117
OneConnect, 64, 216-217
Opiniões, como prova, 84
Oportunidades, 68, 96, 99
Oportunidades de nicho, 18
Orientação do portfólio, 50-69
definição, 349
em gestão de portfólio, 49
e pesquisa e desenvolvimento de negócios, 66-69
exemplos, 60-65
na prática da inovação, 334
para o comitê de investimento, 105
Teste do funil de portfólio, 52-57
Orientação estratégica, 50-51, 314, 316, 318, 344-345
Orientação para a inovação, 98
Orientação para o mercado, equipe, 339
Ørsted, 276-277

P

Padrões de modelos de negócios, 129-221
  aplicando, às atividades do modelo de negócios, 132-133
  de mudança, 130-131, 226-281
  definição, 129, 348
  desempenho do design do modelo de negócios, 74-75
  funções de, 129
  padrões inventivos, 130-131, 138-221
Padrões de mudança, 226-283
  e modelos de negócios, 228-229
  em Biblioteca de Padrões de Modelos de Negócios, 125, 130-131, 226-227
  na fórmula de lucro, 266-279
  nas propostas de valor, 230-241
  no frontstage, 242-253
  no backstage, 254-265
  para Empresas Invencíveis, 282-283
  reflexões estratégicas para líderes sobre, 280-281
Padrões Inventivos, 138-221
  com disrupção da fórmula de lucro, 188-211
  com disrupção do backstage, 162-187
  com disrupção do frontstage, 142-161
  em Biblioteca de Padrões de Modelos de Negócios, 130-131, 138-139
  exemplos de casos para, 141
  questões de avaliação, veja também *Perguntas sobre avaliação de padrões para líderes*
Padronização, 203, 206, 250
Parceria (ação), 32-33, 114-115
Parcerias principais, 78-79, 99, 184, 200, 208, 273
Participação na liderança, para a cultura, 307
Patagonia, 176, 340
Patentes, 170
Paul Allen, 116
Paul Polman, 118
Perseverar (ação), 22-23, 100-101
Pesquisa, 9, 12, 13, 20-21, 290, 350
Pesquisa e desenvolvimento de negócios (P&D), 66-69, 348
Peter Ma, 62
Ping An Insurance (Grupo) da China, Ltd., vii, 62-65, 216, 283, 320
Pivotar (ação), 22-23, 92, 100-101
Planos de negócios, para projetos de inovação, 102-103, 328
Plataforma de mão dupla, 200
Poder, equipe, 314, 320-323, 330, 344-345
Poder de preço, em Zara, 175
Ponderação de impacto, 112, 329
Portfólio Desbrave, 16-25
  ações do portfólio, 22-23, 96-105
  ciclo de design de negócios, 72-79
  ciclo de teste, 72-73, 76-77, 80-85
  de Empresas Invencíveis, 4
  definição, 349
  exemplos de, 24-25, 40-41, 106-107
  gestão do portfólio, 12-13, 72-107
  jornada de inovação com, 16-17
  Mapa do Portfólio, 10-11
  Métricas de inovação para, 88-95
  orientação para, 51
  padrões inventivos para, 131
  Portfólio Explore vs., 8-9
  retorno esperado e risco de inovação com, 18-19
  trajetórias de pesquisa e pivô com, 20-21
Portfólio do Modelo de Negócios, 3-44
  continuum desbrave/explore, 8-9
  de Empresas Invencíveis, 4
  definição, 3, 348
  exemplos, 24-25, 34-35, 40-41
  gestão de portfólio, 5, 12-13
  Mapa do Portfólio, 10-13, 42-43
  Portfólio Desbrave, 16-25
  Portfólio Explore, 28-35
  tipos de inovação, 38-39
Portfólio Explore, 28-35
  ações do portfólio, 32-33, 114-115
  de Empresas Invencíveis, 4
  definição, 349
  exemplos de, 34-35, 40-41, 116-123
  gestão de portfólio, 12-13, 110-125
  jornada em 30-31
  Mapa do Portfólio, 10-11
  métricas de extinção e disrupção para 110-113
  mudanças de teste para 124-125
  orientação para, 51
  padrões de mudança para, 131. *Veja também padrões de mudança*
  Portfólio Desbrave vs., 8-9
  risco de retorno e extinção e disrupção com, 28-29
  trajetórias de crescimento e declínio com, 30-31
  transferir para, 22-23, 100-101
Pragmatismo, da equipe, 339
Prática de inovação, 332-345

avaliando sua, 342, 344-345
bloqueadores de cultura relacionados a, 312
componentes de, 332-333
desenvolvimento de habilidades em, 336-337
ferramentas de inovação para, 334-335
para liderança e equipe empreendedora, 338-341
Preço premium, 170, 176, 251
Previsibilidade, desbrave versus explore, 88
Prius (Toyota), 147
Processo de inovação, 334-335
Produção sob encomenda, 163, 173, 177
Produtos de consumo da Disney, 183
Programa Acelerador da Bosh, 24-25
Programa Acelerador de Startups da Sony (SSAP), 106-107
Projeto e fabricação modular, 180
Proposta de Valor, 78-79
adaptar, em P&D, 68
disrupção da fórmula de lucro, 192, 194, 200, 202, 206, 208
disrupção do backstage, 166, 168, 170, 174-176, 180, 182, 184
disrupção do frontstage, 146, 147, 152, 154
em múltiplos padrões de mudanças, 277
na jornada da inovação, 17
na mudança da fórmula do lucro, 269, 272-275
na mudança da proposta de valor, 232, 233, 236-241
na mudança do backstage, 256, 257, 262, 263
Tabela de Desempenho da Inovação do Projeto, 98
Proposta de valor de vendas, 272
Proprietários, criação de valor para, ix
Proprietários de ativos, 200
Provedores Freemium, 189, 191, 196-197
Provisão de serviços, 260

Q

Qrio, 106
Queda, 29
Questões de avaliação para líderes, xiii, 212-221
exemplos, 214-219
padrões inventivos nas, 213, 215, 217, 219
sobre disrupção na fórmula do lucro, 190, 198, 204, 211, 213
sobre disrupção no backstage, 164, 172, 178, 187, 213
sobre disrupção no frontstage, 144, 150, 156, 161, 213
Questionamento, baseado em padrões, 133

R

Ragu, 119
Receita recorrente, 189, 191-194
Recompensas, 291, 314, 320, 328-330, 344-345
Recursos-chave:
disrupção da fórmula de lucro, 192, 200
disrupção do backstage, 166, 168, 170, 177, 182, 184
disrupção do frontstage, 148
em mudanças da fórmula de lucro, 268, 274, 275
em mudanças no backstage, 256, 257, 260, 261, 264, 265
em mudanças no frontstage, 245
em múltiplos padrões de mudanças, 276, 277
nas mudanças da proposta de valor, 236, 237, 239
no Canvas do Modelo de Negócios, 78-79
Tabela de Desempenho da Inovação do Projeto, 99
Recursos de prototipagem, 316
Red Hat, 181
Rede de agentes, 148
Rede de distribuição, 195
Reed Hastings, 236, 237
Registro de Hipóteses, 90, 9
Registro do Aprendizado, 91, 93
Registro do Experimento, 90, 93
Regra de Ouro, 105
Reinvenção, vii, 4
Relacionamentos de longo prazo com os clientes, 272
Relações com o consumidor:
e disrupção do frontstage, 158
em mudanças do frontstage, 250, 251
na disrupção da fórmula do lucro, 194, 196, 207
na mudança da fórmula do lucro, 273
na Tabela de Desempenho do Projeto, 98
no Canvas do Modelo de Negócios, 78-79
Rentabilidade esperada, 89, 92
Rentabilidade, na CitizenM, 205, 206
Resiliência, 62, 338

Resultados (Mapa da Cultura), 295-297, 300-301, 306, 307, 311, 329
Retirar (ação), 22-23, 41, 100-101
Retorno:
definido, 11, 350
em investimentos, 52-57
e risco de extinção e disrupção, 28-29
esperado, 10, 11, 18-19, 72, 349
no mapa do portfólio EXPLORE, 10, 11
para o portfólio DESBRAVE, 103
Risco:
como principal indicador de desempenho, 89
redução de, 92, 96, 98-99
Risco de adaptabilidade, 19, 99, 348
Risco de carreira, 328
Risco de desejo, 19, 98, 349
Risco de disrupção do modelo de negócios externo, 28
Risco de extinção e disrupção, 10, 11, 28-29, 110-113, 349
Risco de inovação, 10, 11, 18-19, 72, 92, 349
Risco de praticabilidade, 19, 99, 350
Risco de viabilidade, 19, 99, 349
Risco interno de design de modelo de negócios, 28
Roadster (Tesla), 146
Rotatividade, cliente, 196, 197
Royalties, 183

S

Sabores, Padrão de Modelo de Negócios, 141
Safaricom, 148
Salek Pro Voo, 121
Salesforce.com, 218-219
Satya Nadella, 116, 117, 262
Schmidt's Natural, 119
Sears, Roebuck and Co., 149-150
Segmentos de clientes:
disrupção da fórmula de lucro, 192, 194, 196, 202, 208
disrupção do backstage, 166, 168, 174
disrupção do frontstage, 146, 147, 154, 158
em mudanças do frontstage, 244, 245
nas mudanças da proposta de valor, 240
no Canvas do Modelo de Negócios, 78-79
Tabela de Desempenho da Inovação do Projeto, 98
Desinvestir, 32-34, 114-115
Serviço premium, 196, 197
Seventh Generation, 119
Shigetaka Komori, 122, 256
Shinji Odashima, 106
Skippy, 119
Slimfast, 119
Sociedade, criação de valor para, ix
Software, 147, 158
Sony Group, 106, 116
Speed Masters, 163, 173, 175
Spinout (ação), 22-23, 100-101
Spotify, 196-197, 340
SRE Holdings, 107
Starbucks, 34, 35
Startups, 134-135
Steve Ballmer, 116, 262
Steve Blank, 77
Steve Jobs, 238, 274
Steven Sasson, 195
Subsidiários, 189, 191, 197
Sucesso, na cultura de exploração versus desbravamento, 291
Sun Media Group, 341
Superaproximadores, 143, 157, 159
Sustentabilidade, na Unilever, 118-119
Sustentando a inovação, 39, 327
Sweet Earth, 34, 35

T

Tabela de Desempenho da Inovação do Projeto (IPS), 96-99
tails.com, 34, 35
Tecnologia, em pesquisa e desenvolvimento de negócios, 66
TED, 244-245
Tempo, alocação de, 316
Tempo de liderança, alocação de 316
Tempo de turnaround, 203
Tencent, 283
Tenday Viki, 314
Tendências, 99, 175
Tênis, lançamentos exclusivos, 253
Término (ação), 32-33
Tesla Motors, 146-147
Testando Ideias de Negócios (Bland e Osterwalder), 82-83
Teste, 17, 20-21, 68, 124-125, 327, 335, 336, 350
TG Tips, 119
The Corporate Startup (Viki), 314
Tim Cook, 274
Tomada de decisão, 17, 291
Toyama Chemical, 123
Toyota Motor Corporation, 341

Trajetória de pivô, 21-22, 350
Transferir (ação), 22-23, 41, 51, 100-101, 107
Transmissão de dados, em Zara, 175
Transparência, 44
Tupperware, 154-155

U

Ulf Mark Schneider, 34
Unilever, 118-119
Uri Levine, 166
Uwe Kirschner, 25

V

Valor da vida útil (LTV), 196
Valores, na cultura Desbrave vs Explore, 291
Value Proposition Design (Osterwalder, et al.), 79
Velocidade do aprendizado, 89
Vendas de veículos elétricos, 147
Vendas diretas, 177, 203, 264
Visionários, 143, 145-147
Visualização, 4, 42
Volkmar Denner, 25

W

Walt Disney, 183, 265
Walt Disney Company, 265
Wang Tao, 65
Washington Post, 278
Waze, 166-167
Wedgwood, 171
Wedgwood Jasper Vase, 171
WhatsApp, 202-203
Wii (Nintendo), 240
WiL, 106
Wilbert Gore, 40
Windows (Microsoft), 116, 117, 158-159
Wish-Bone, 119
W.L. Gore, 40-41, 279

X

Xbox (Microsoft), 159
Xerox, 123, 192-193
Xiameter, 268-269

Y

Yang Lan, 341
Yinlu, 34, 35
Yves Pigneur, 78
Yvon Chouinard, 176

Z

Zara, 175

Agradecimentos

Este livro não seria possível sem o afeto e o apoio de nossas famílias, da equipe da Strategyzer, dos intelectuais que nos inspiraram, dos adeptos que fazem acontecer e de todos que nos deram feedback.

Queremos agradecer à equipe principal que contribuiu para o conteúdo e o design do livro, Lauren Cantor, Matt Woodward e Erin McPhee.

Um agradecimento especial a todos os intelectuais e autores que nos inspiraram e embasaram, e aos muitos que nos deram feedback. Gostaríamos de agradecer particularmente a Dave Gray, Steve Blank, Rita McGrath, Roger Martin, Henry Chesbrough, Luis Felipe Cisneros Martinez, Scott Anthony, Bill Fischer, Saul Kaplan e Marshall Goldsmith.

Vários líderes de negócios e inovação encontraram tempo em sua agenda para contribuir com estudos de caso, como Amy Calhoun, Bracken Darrell, Christoph Loos, Dave Liss, François-Henry Bennahmias, Uwe Kirschner e Shinji Odashima.

Toda a equipe da Strategyzer ajudou a tornar este livro possível e freou muitos projetos para concluí-lo. A equipe consultiva da Strategyzer fez um esforço especial para testar partes do livro. Agradecemos a Tendayi Viki, Shamira Miller, Paris Thomas, Greg Bernarda, Christian Doll e Michael Wilkens.

Também agradecemos à comunidade geral de instrutores e profissionais de inovação da Strategyzer que ajudaram a testar o conteúdo, a saber, Caroline Baumgart, Pete Cohen, Tim Daniel, Josie Gibson, John Hibble e Nick Rakis.

Gostaríamos de agradecer aos executivos que destinaram um tempo de sua agenda a testar o conteúdo dos livros, a saber, Sally Bateman, Vincent Besnard, Thierry Bonetto, Baudouin Corman, Carol Corzo, Eglantine Etiemble, Jay Jayamaran, Andrew Jenkin, Kate Koch, Tim Regan, Michel de Rovira e Henning Trill.

Por último, mas não menos importante, gostaríamos de agradecer a toda a equipe da Wiley, que publicou todos os livros da série Strategyzer, em particular, Richard Narramore, que conhecemos com *Business Model Generation*.

AUTOR

Alex Osterwalder

Fundador de empresas, palestrante e intelectual de negócios

Alex é um dos principais autores, empreendedores e palestrantes cujo trabalho mudou o modo como as empresas estabelecidas fazem negócios e como novos empreendimentos começam. Classificado em 4º lugar entre os 50 principais pensadores de administração do mundo, também possui o Thinkers50 Strategy Award. Com Yves Pigneur, inventou o Canvas do Modelo de Negócios, o da Proposta de Valor e o Mapa do Portfólio de Negócios – ferramentas aprovadas por milhões de profissionais de negócios.

@AlexOsterwalder
strategyzer.com/blog

COAUTOR

Yves Pigneur

Professor, intelectual de negócios

Yves é professor na Universidade de Lausanne desde 1984 e foi professor visitante da Universidade do Estado de Geórgia, da Colúmbia Britânica, da Universidade Nacional de Cingapura e da HEC Montreal. Com Alex Osterwalder, inventou o Canvas do Modelo de Negócios e foi coautor dos best-sellers internacionais *Business Model Generation* e *Value Proposition Design*. Yves e Alex estão em quarto entre os pensadores de gestão mais influentes do Thinkers50 no mundo e detêm o Thinkers50 Strategy Award.

COAUTOR

Fred Etiemble

Consultor executivo, implementador

Fred é consultor executivo em estratégia e inovação. Trabalha com líderes corajosos sobre como desenvolver uma cultura de inovação, explorar novos mecanismos de crescimento e transformar os negócios. Trabalha com grandes organizações há mais de 20 anos e conhece seus desafios por dentro. Fred cocria ferramentas e metodologias para estratégia e inovação com outros intelectuais de negócios e facilita coachings regulares para usá-los na Europa e na Ásia. É associado da Strategyzer desde 2017.

fredericetiemble.com

COAUTOR

Alan Smith

Fundador, explorador, designer

Alan usa sua curiosidade e criatividade para fazer perguntas e transformar as respostas em ferramentas simples, visuais e práticas. Acredita que as ferramentas certas dão às pessoas confiança para mirar alto e construir grandes coisas significativas.

Cofundou a Strategyzer com Alex Osterwalder, onde trabalha com uma equipe inspirada para criar produtos excelentes. Os livros, ferramentas e serviços da Strategyzer são usados por empresas líderes de todo o mundo.

strategyzer.com

DESIGNER

Chris White

Designer, diretor de arte

Chris é um designer multidisciplinar que vive em Toronto. Trabalhou em diversas publicações de negócios em várias funções, mais recentemente como assistente de diretor de arte do *Globe and Mail*, com foco no design de apresentações para histórias impressas e online.

Este é o primeiro livro em que colaborou com a equipe da Stategyzer.

DESIGNER

Trish Papadakos

Designer, fotógrafa, inventora

Trish é mestre em design pelo Central St. Martins, de Londres, e bacharel em design pelo York Sheridan Joint Program, de Toronto.

Ensinou design em sua *alma mater*, trabalhou com agências premiadas, lançou várias empresas e está colaborando pela quinta vez com a Strategyzer.

@trishpapadakos

DIRETORA DE CONTEÚDO

Lucy Luo

Consultora, solucionadora de problemas

Lucy é consultora de inovação para organizações grandes e pequenas, e as ajuda a conceber e a lançar novos produtos para buscar um crescimento revolucionário. Trabalha com multinacionais para desenvolver e implementar suas estratégias de inovação, bem como startups, na Europa e Ásia.

Lucy é apaixonada por enfrentar desafios sociais e de sustentabilidade por meio do uso de kits de ferramentas de inovação e trabalhou com várias organizações empresariais e sem fins lucrativos, como as Nações Unidas, o Conselho do Atlântico e o Global Economic Forum, do World Economic.

A Strategyzer usa o melhor da tecnologia e do treinamento para apoiar seus desafios de transformação e crescimento.

Descubra o que podemos fazer por você em: Strategyzer.com

TRANSFORMAÇÃO

Crie a Mudança

Desenvolva habilidades em escala com a biblioteca de cursos da Strategyzer Cloud Academy e o treinamento online.

Domine propostas de valor, modelos de negócios, testes de negócios, a cultura e o alinhamento da equipe.

CRESCIMENTO

Crie o Crescimento

Sistematize e escale os esforços de crescimento, a cultura de inovação e o portfólio de negócios.

Avalie a prontidão da cultura de inovação, da estratégia de crescimento, do projeto e da implementação de um funil de crescimento, métricas de gestão, coaching e inovação.

Projetos corporativos e edições personalizadas dentro da sua estratégia de negócio. Já pensou nisso?

Coordenação de Eventos
Viviane Paiva
viviane@altabooks.com.br

Assistente Comercial
Fillipe Amorim
vendas.corporativas@altabooks.com.br

A Alta Books tem criado experiências incríveis no meio corporativo. Com a crescente implementação da educação corporativa nas empresas, o livro entra como uma importante fonte de conhecimento. Com atendimento personalizado, conseguimos identificar as principais necessidades, e criar uma seleção de livros que podem ser utilizados de diversas maneiras, como por exemplo, para fortalecer relacionamento com suas equipes/ seus clientes. Você já utilizou o livro para alguma ação estratégica na sua empresa?

Entre em contato com nosso time para entender melhor as possibilidades de personalização e incentivo ao desenvolvimento pessoal e profissional.

CONHEÇA OUTROS LIVROS DA **ALTA BOOKS**

Todas as imagens são meramente ilustrativas.

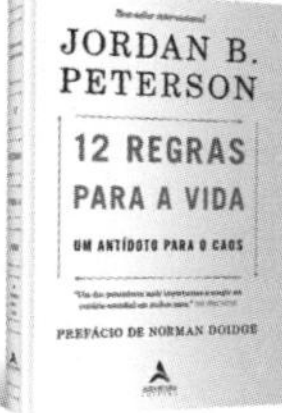

PUBLIQUE **SEU LIVRO**

Publique seu livro com a Alta Books. Para mais informações envie um e-mail para: autoria@altabooks.com.br

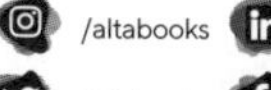

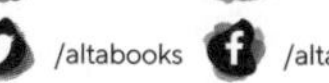

/altabooks /alta-books
/altabooks /altabooks